“船舶与海洋结构物先进设计方法”丛书编委会

船舶与海洋结构物先进设计方法

船舶与海洋工程动力系统

Machinery Equipment and Systems of Ship and Offshore Strutures

李 楷 陈 明 著

科 学 出 版 社
北 京

内 容 简 介

本书综合了目前船舶与海洋工程动力系统设计的核心内容，主要包括：船舶与海洋工程动力系统的组成、基本特性指标、可靠性和热力学基础知识；船用汽轮机、船用燃气轮机、船用柴油机，以及船用柴油-LNG双燃料主机等船舶与海洋工程主动力装置；船舶推进的传动形式，船舶轴系、船用螺旋桨和特种推进器设计；船用泵、船用风机、船用锅炉、船舶海水淡化装置、船舶防污染装置、船用阀门等辅机知识；燃油系统、滑油系统、冷却管系、压缩空气系统、排气系统等动力管路系统；舱底水系统、压载水系统、消防系统、供水系统、空调系统、冷藏系统、货油输送系统和压载水处理系统等辅助管路系统；机舱布置原则、设备布置要点和机舱布置实例；船舶与海洋工程动力系统设计实例。

本书可作为高等院校船舶与海洋工程专业的教材，也可供船舶与海洋工程、轮机工程领域的技术人员参考。

图书在版编目(CIP)数据

船舶与海洋工程动力系统/李楷，陈明著. —北京：科学出版社，2017.11
(船舶与海洋结构物先进设计方法)
ISBN 978-7-03-054593-0

Ⅰ.①船… Ⅱ.①李… ②陈… Ⅲ.①船舶工程-动力系统②海洋工程-动力系统 Ⅳ.①U664.81

中国版本图书馆CIP数据核字(2017)第236451号

责任编辑：裴 育 朱英彪 纪四稳 / 责任校对：桂伟利
责任印制：吴兆东 / 封面设计：陈 敬

科学出版社 出版
北京东黄城根北街16号
邮政编码：100717
http://www.sciencep.com
北京厚诚则铭印刷科技有限公司 印刷
科学出版社发行 各地新华书店经销
*
2017年11月第 一 版 开本：787×1092 1/16
2023年 1 月第二次印刷 印张：24
字数：564 000
定价：168.00元
(如有印装质量问题，我社负责调换)

“船舶与海洋结构物先进设计方法”丛书序

船舶与海洋结构物设计是船舶与海洋工程领域的重要组成部分，包括设计理论、原理、方法和技术应用等研究范畴。其设计过程是从概念方案到基本设计和详细设计；设计本质是在规范约束条件下最大限度地满足功能性要求的优化设计；设计是后续产品制造和运营管理的基础，其目标是船舶与海洋结构物的智能设计。“船舶与海洋结构物先进设计方法”丛书面向智能船舶及绿色环保海上装备开发的先进设计技术，从数字化全生命周期设计模型技术、参数化闭环设计优化技术、异构平台虚拟现实技术、信息集成网络协同设计技术、多学科交叉融合智能优化技术等方面，展示了智能船舶的设计方法和设计关键技术。

（1）船舶设计及设计共性基础技术研究。针对超大型船舶、极地航行船舶、液化气与化学品船舶、高性能船舶、特种工程船和渔业船舶等进行总体设计和设计技术开发，对其中的主要尺度与总体布置优化、船体型线优化、结构形式及结构件体系优化、性能优化等关键技术进行开发研究；针对国际新规范、新规则和新标准，对主流船型进行优化和换代开发，进行船舶设计新理念及先进设计技术研究、船舶安全性及风险设计技术研究、船舶防污染技术研究、舰船隐身技术研究等；提出面向市场、顺应发展趋势的绿色节能减排新船型，达到安全、经济、适用和环保要求，形成具有自主特色的船型研发能力和技术储备。

（2）海洋结构物设计及设计关键技术研究。开展海洋工程装备基础设计技术研究，建立支撑海洋结构物开发的基础性设计技术平台，开展深水工程装备关键设计技术研究；针对浮式油气生产和储运平台、新型多功能海洋自升式平台、巨型导管架平台、深水半潜式平台和张力腿平台进行技术设计研究；重点研究桩腿、桩靴和固桩区承载能力，悬臂梁结构和极限荷载能力，拖航、系泊和动力定位，主体布置优化等关键设计技术。

（3）数字化设计方法研究与软件系统开发。研究数字化设计方法理论体系，开发具有自主知识产权的船舶与海洋工程设计软件系统，以及实现虚拟现实的智能化船舶与海洋工程专业设计软件；进行造船主流软件的接口和二次开发，以及船舶与海洋工程设计流程管理软件系统的开发；与 CCS 和航运公司共同进行船舶系统安全评估、管理软件和船舶技术支持系统的开发；与国际专业软件开发公司共同进行船舶与海洋工程专业设计软件的关键开发技术研究。

（4）船舶及海洋工程系统分析与海上安全作业智能系统研制。开展船舶运输系统分析，确定船队规划和经济适用船型；开展海洋工程系统论证和分析，确定海洋工程各子系统的组成体系和结构框架；进行大型海洋工程产品模块提升、滑移、滚装及运输系统的安全性分析和计算；进行水面和水下特殊海洋工程装备及组合体的可行性分析和技术设计研究；以安全、经济、环保为目标，进行船舶及海洋工程系统风险分析与决策规划研究；在特种海上安全作业产品配套方面进行研究和开发，研制安全作业的智能软硬件系统；开展机舱自动化系统、装卸自动化系统关键技术和 LNG 运输及加注船舶的 C 型货舱系统国产化研究。

本丛书体系完整、结构清晰、理论深入、技术规范、方法实用、案例翔实，融系统性、理论性、创造性和指导性于一体。相信本丛书必将为船舶与海洋结构物设计领域的工作者提供非常好的参考和指导，也为船舶与海洋结构物的制造和运营管理提供技术基础，对推动船舶与海洋工程领域相关工作的发展也将起到积极的促进作用。

衷心地感谢丛书作者们的倾心奉献，感谢所有关心本丛书并为之出版尽力的专家们，感谢科学出版社及有关学术机构的大力支持和资助，感谢广大读者对丛书的厚爱！

大连理工大学

2016年8月

前　言

本书根据大连理工大学船舶与海洋工程专业本科生培养计划中“船舶动力系统”课程教学大纲的要求和作者多年来积累的教学经验撰写而成。

“船舶与海洋工程动力系统”是一门综合性、专业性、实践性和应用性都很强的课程，涉及的知识面非常广泛。在本书撰写过程中，根据该课程的特点，着重考虑船舶与海洋工程专业本科生的使用及培养需求，在介绍船舶与海洋工程动力系统、设备的基本理论和原理基础上，拓宽了实用内容。

本书综合目前船舶与海洋工程动力系统设计的核心内容，各章结构以船舶与海洋工程动力系统设计为主线，结合典型船舶与海洋工程动力系统设计实例，包括主机选型、设备估算、轴系设计、管系设计、机舱布置等教学内容，通过实例讲解原理。全书共八章：第一章介绍船舶与海洋工程动力系统的组成、基本特性指标、可靠性和热力学基础知识。第二章介绍船用汽轮机、船用燃气轮机、船用柴油机，以及船用柴油-LNG 双燃料主机等船舶与海洋工程主动力装置。第三章介绍船舶推进的传动形式，船舶轴系、船用螺旋桨和特种推进器设计。第四章介绍船用泵、船用风机、船用锅炉、船舶海水淡化装置、船舶防污染装置、船用阀门等辅机知识。第五章介绍燃油系统、滑油系统、冷却管系、压缩空气系统、排气系统等动力管路系统。第六章介绍舱底水系统、压载水系统、消防系统、供水系统、空调系统、冷藏系统、货油输送系统和压载水处理系统等辅助管路系统。第七章介绍机舱布置原则、设备布置要点和机舱布置实例。第八章集中介绍设计实例，以系统地阐述轮机系统设计流程。

本书从船舶与海洋工程设计应用角度解释船舶与海洋工程动力系统的原理或结构特点，而不以船舶动力装置设计者的观点论述技术实现，也不以船舶动力装置使用者的角度论述运行维护。例如，本书舍弃了船舶柴油机装置的调速系统、操纵系统、振动与平衡等方面的内容，只介绍其工作原理、主要机件和主要工作系统。

船舶设计活动的一个重要特点是依据规范进行设计。本书在介绍系统设计、设备选型、管系布置等设计及计算工作时，突出说明法规、规范、公约所起的作用。

船舶与海洋工程动力系统本身的内涵非常丰富，涉及的工业门类较广，各类设备、系统均由世界上各类专业生产厂商不断地研发以提升性能、升级换代，环保、法规、经济和安全方面的要求也催生着技术的不断改进。本书的一大重要特色就是紧跟时代，介绍船舶与海洋工程动力系统中的新技术、新设备、新材料，以及技术发展的趋势，为感兴趣的读者进行深入研究提供参考。

本书第一章由陈明撰写，第二章至第八章由李楷撰写，全书由李楷统稿，由林焰教授主审。大连理工大学黎俊杰、张小亮、郑美芳、金伟和赵智超等硕士研究生承担了本书的资料收集、文字编排和插图绘制工作。在撰写过程中得到大连理工大学纪卓尚教授的关心、支持与指导。本书的出版得到国家自然科学基金项目(51509033)的资助,科学出版社对本书的出版也给予了大力支持和帮助,在此一并致以谢意。

因作者学识和水平受限,书中难免存在不妥之处,敬请各位读者批评、指正。

作　者

2017 年 7 月

目　录

第一章　船舶与海洋工程动力系统概述

第一节　船舶动力系统的组成

一、船舶动力系统的定义和内涵

船舶动力系统是保证船舶正常航行、作业、停泊以及船员与旅客正常工作和生活所必需的机械设备与系统的综合体。

船舶动力系统的主要任务是:发出一定功率,产生各种能量,通过能量转化和分配,使船舶各种设备系统正常运行。现代的船舶动力系统主要由推进装置、辅助装置、管路系统、甲板机械、防污染设备和自动化设备六部分组成。

1. 推进装置

推进装置是指发出一定功率,经传动设备和轴系带动螺旋桨,推动船舶并保证一定航速航行的设备。它是船舶动力系统中最重要的组成部分,包括:

(1) 主机。主机是指提供推动船舶航行动力的机械。主要包括柴油机、汽轮机和燃气轮机等。

(2) 传动设备。传动设备的功用是隔开或接通主机传递给传动轴和推进器的功率;同时也可使推进器达到减速、反向或减振的目的。主要包括离合器、减速齿轮箱和联轴器等。

(3) 轴系。轴系用来将主机的功率传递给推进器。主要包括传动轴、轴承和密封件等。

(4) 推进器。推进器是能量转换设备,用于将主机发出的能量转换成船舶推力。主要包括螺旋桨、喷水推进器和电磁推进器等。

2. 辅助装置

辅助装置是指提供除推进船舶运动所需能量以外,用以保证船舶航行和生活需要的其他各种能量的设备。主要包括船舶电站、辅锅炉装置、海水淡化装置、风机和空压机组等。

3. 管路系统

管路系统是用来连接各种机械设备并输送相关流体的管系,由各种阀件、管路、泵、滤器和热交换器等组成,包括:

(1) 动力管系。动力管系是为推进装置和辅助装置服务的管路系统。主要包括燃油系统、滑油系统、海/淡水冷却系统、蒸汽系统和压缩空气系统等。

(2) 辅助管系。辅助管系是为船舶平衡和稳性、人员生活和安全服务的管路系统。主要包括压载系统、舱底水系统、消防系统、日用海/淡水系统、通风系统、空调系统和冷藏系统等。

4. 甲板机械

甲板机械是为保证船舶航行、停泊、装卸货物所设置的机械设备。主要包括舵机、锚机、绞缆机、起货机、舱口盖启闭装置、吊艇机及舷梯升降机等。

5. 防污染设备

防污染设备是用来处理船上的含油污水、生活污水、油泥及各种垃圾的设备。主要包括油水分离装置(附设有排油监控设备)、生活污水处理装置及焚烧炉等。

6. 自动化设备

自动化设备是为改善船员工作条件、减轻劳动强度及维护工作量、提高工作效率以及减少人为操作失误所设置的设备。主要包括遥控、自动调节、监控、报警和参数自动打印等设备。

二、船舶动力系统发展趋势及轮机管理重心的变化

1. 船舶动力系统发展的趋势

(1) 柴油机动力装置继续占主导地位,并在不断发展。

① 大型低速机向两极发展,即开发多缸、大缸径和少缸、小缸径的机型,以适应大型、超大型船舶和小型船舶。

② 大功率中速柴油机仍然是大型客船、滚装客船、滚装船的推进动力装置的首选。

③ 船用柴油机的控制技术向电子化、智能化方向发展。

④ 双燃料发动机用于船舶推进装置的前景可观。

液化天然气(liquefied natural gas,LNG)船的动力装置基本上是蒸汽轮机,蒸汽轮机输出功率大、排出废气少、维护量少、可靠性高,但是蒸汽轮机的热效率低、燃油消耗率高。近年来,各种替代方案应运而生,如天然气-燃油的双燃料二冲程和四冲程发动机等。与常规动力装置相比,双燃料发动机最大限度地利用了气体燃料,明显降低了燃油消耗(节约燃料 20%～30%),同时,双燃料发动机的 NO_x 排放量只相当于普通柴油机的 1/10,CO_2 的排放量也相当低。因此,双燃料发动机是 LNG 船主机的首选。目前,主要机型有瓦锡兰(Wärtsilä)公司生产的 Wärtsilä DF 系列双燃料发动机、曼恩(MAN)公司生产的 ME-GI 双燃料发动机。随着人们对不污染海洋环境和大气"绿色船舶"的期望,世界上众多科研机构正在努力,以期减少柴油机动力装置的排放污染。

(2) 大型豪华旅游船的建造促进了电力推进系统的发展。

电力推进系统是通过电子变频技术,采用简单的交流电机带动定螺距螺旋桨,根据需

要从零到满负荷自由选择转速，以满足机动性和操纵性的要求。

电力推进系统的优点如下：

① 可省去中间轴及轴承，机舱布置灵活。

② 可选用中高速柴油机，使螺旋桨的转速得到均匀、大范围的调节。

③ 倒车功率大，操纵容易，倒航迅速，船舶机动性高。

④ 主电机对外界负荷变化适应性好，甚至可短时堵转。

(3) 高速船的发展为燃气轮机动力装置带来了生机。

由于燃气轮机在单位功率重量和尺寸方面的优势，加上其优良的加速性能和可靠性高、振动小、NO_x 排放量低等优点，常被有较高航速要求的军船采用。与柴油机相比，燃气轮机的不足之处主要是其较低的经济性，因此在作为推进动力时经常配备柴油机，而将燃气轮机具有的良好起动性能用于加速工况，燃气轮机和柴油机组成联合动力装置克服低工况油耗高的缺点，是高速船较合适的动力装置。实践表明，燃气轮机机组可靠性达99.5%，热效率已达39%，加上其特有的 NO_x 排放量低的优势，也特别适合渡轮的使用要求。

(4) 推进装置一改以往单一供货方式而向成套供货方式发展。

(5) 环境保护要求更安全、更低排放的船舶动力装置。

① 安全要求动力装置的冗余配置。除了将化学品船、液化气体船和油船等设计成双壳船体，还应采用冗余配置推进装置及舵系，或设置应急动力装置，保证即使主推进装置失效，船舶仍能在恶劣海况下以6kn航速前进。最常见的方式是轴带发电机，当需要时主机与齿轮箱脱开，轴带发电机转为电动机，以发电机的电力带动螺旋桨实现船舶应急推进。更进一步的发展是双套主推进系统。

② 低排放的船舶动力装置。人类对环境保护的要求日益严格，使得船用柴油机废气排放对大气污染的影响也受到密切的关注。根据《MARPOL73/78公约》附则VI中对功率大于130kW的柴油机 NO_x 排放的规定，现今的智能柴油机通过控制燃烧，已能够满足低排放和经济性的要求。此外，燃烧良好还可减少颗粒物排放。在低排放方面，电力推进及燃气轮机更具有优势。

2. 轮机管理重心的变化

由于船舶自动化程度大幅度提高，计算机技术迅速发展，与20世纪的船舶相比，轮机管理工作的重心发生了根本性的改变。因此，对轮机管理人员提出了更高的要求，其重点体现在以下几个方面：

(1) 在轮机设备的检修方面。由于对船舶设备的工况检测仪器与仪表、故障诊断方法的日益完善，设备的维护、检修将从定时、定期模式向视情模式发展。

(2) 在船机设备的使用方面。由于船机设备的自动控制系统、自动故障监测系统的广泛使用，设备的使用管理已由传统的“管机为主”、“管电为辅”向“机电综合管理”方向发展。

(3) 在轮机人员的业务要求方面。轮机人员不但要有精湛的船机方面的知识，还要掌握船电方面专业的知识和自动化方面的知识，这对于在现代化船舶上担任轮机管理工作的轮机人员显得尤为重要。

(4) 在轮机人员的业务培训方面。加强轮机人员的业务培训工作,使轮机人员尽快掌握和更新机电一体化方面的新技术和相关知识。

(5) 在机电设备故障远程诊断方面。加强专家故障诊断系统的建设和完善。

(6) 在机舱资源管理方面。加强机舱资源(包括人力和设备等)的管理,使机舱的资源能够充分发挥各自应有的作用。

第二节　船舶与海洋工程动力系统的基本特性指标

一、对动力系统的要求

对船舶动力系统的要求,主要包括可靠性、经济性、机动性、重量和尺度、续航力、生命力等相关指标。

1. 可靠性

影响可靠性的因素主要有三个方面:设计制造(包括修复)的质量、安装工艺的水平、使用管理技术能力。使用管理技术能力对可靠性的影响表现在:严格按照造船规范建造是取得可靠性的先决条件;备件的数量和保管是提高可靠性的有力保障;管理人员的业务能力是影响可靠性的重要因素。

2. 经济性

船舶在营运中,船舶动力系统的维护费用占船舶营运总费用的比例很大,现在已超过50%。为了提高船舶的营运效益,必须尽量提高动力系统的经济性。

3. 机动性

机动性是指改变船舶运行状态的灵敏性,它是船舶安全航行的重要保证。船舶起动、变速、倒航和回转性能是船舶机动性能的主要体现,而船舶机动性取决于动力装置的机动性。动力装置的机动性由以下几个指标来体现。

1) 起航时间

起航时间是指从接到起航命令开始,经过暖机、备车和冲试车,使发动机达到随时可用状态的时间。起航时间越短,船舶机动性越好。

2) 发动机由起动开始至达到全功率的时间

发动机由起动开始至达到全功率的时间是加速性能的指标,这段时间的长短主要取决于发动机的型式、船体形状、螺旋桨型式、吃水及外界阻力等因素。影响发动机加速的因素是其运动部件的质量惯性和受热部件的热惯性,受热部件的热惯性更为突出,中速机的热惯性优于低速机。船舶本身的阻力对发动机的加速性能也有很大的影响,由于调距桨对外界条件有很好的适应性,它的加速性能明显好于定距桨。

3）发动机换向时间

发动机换向时间是指主机在最低稳定转速时，由发出换向指令到主机以相反方向开始工作所需的时间。换向时间越短，发动机的机动性越好。主机换向时间不得大于15s。

4）船舶由全速前进变为倒航所需的时间（滑行距离）

船舶由全速前进变为倒航所需的时间（滑行距离）是体现主机紧急倒车性能的指标。由于船舶惯性大，由全速前进变为后退所需的时间，总是明显超过发动机换向所需的时间。船舶开始倒航前滑行的距离主要取决于船舶的装载量、航速、主机的起动换向性能、空气瓶空气压力和主机倒车功率。

5）发动机的最低稳定转速和转速禁区

在多缸柴油机中，各缸喷油泵柱塞偶件、喷油器针阀偶件的间隙和喷孔孔径间的差别，以及一般油量调节杆安装间隙的不同，使得船用主柴油机在低转速（低负荷）运转时各缸供油量显著不均。严重时，个别缸不能发火而使转速不稳，甚至自动停车。因此，船用主柴油机有一个使各缸都能够均匀发火的最低转速，称为最低（工作）稳定转速。

船用主柴油机（尤其是直接驱动螺旋桨的主柴油机）的最低稳定转速直接影响船舶微速航行性能。一般低速柴油机的最低稳定转速不高于标定转速的30%，中速机不高于40%，高速机不高于45%。在主机使用转速范围内如果存在引起船舶或轴系共振的临界转速，则应规定为转速禁区，并以红色在主机转速表上标示。在主机使用转速范围内，转速禁区越窄越好。

4. 重量和尺度

动力系统各种设备的重量和尺度是由制造厂决定的。

5. 续航力

续航力是指船舶在加足航行所需物资（燃油、滑油和淡水等，主要指燃油）后所能航行的最大距离或最长时间，它是根据船舶的用途和航区确定的。续航力不仅与动力装置的经济性、物资储备量有关，也与航速有很大关系。

6. 生命力

生命力是指船舶在船机发生故障的情况下最大限度地维持工作的能力。

二、船舶动力装置的基本性能指标

动力装置的基本特性指标是指技术指标和经济指标。这些指标是对船舶进行选型、设计和判断性能优劣的重要依据。

1. 船舶动力装置的技术指标

技术指标是表示动力装置的技术性能和结构特性的参数，主要包括下列几个指标。

1）功率指标

功率指标表示船舶做功的能力。为了保证船舶具有一定的航速，就要求推进装置提供足够的功率。动力装置的功率是按船舶的最大航速确定的。在船舶以一定的航速前进时，螺旋桨产生的推力必须克服船体对水和风的阻力，这些阻力取决于船舶线型、尺寸、航行速度，以及风浪大小和航道深浅等。

(1) 船舶有效功率。船舶有效功率 P_R 是指推进船舶航行所需的功率。设运行阻力为 R(N)，船舶的航行速度为 V_s(m/s)，则有效功率 $P_R=R\times V_s\times 1/1000$。

P_R 常称为拖曳功率，可以从船模(或实船)的静水试验中得出；阻力 R 相当于速度 V_s 拖动船模(或实船)时绳索上的拖曳力。

(2) 主机的输出功率。主机的输出功率即主机的制动功率或主机的有效功率。考虑推进轴系的传动损失，主机的输出功率实际上就是主机的额定功率。

新船设计时，估算船舶的有效功率 P_R 可用海军部系数法进行估算。

(3) 相对功率。相对功率就是对应于船舶每吨排水量所需的主机有效功率，即

$$P_r=P_e/D$$

式中，D 为船舶排水量，t；P_e 为主机有效功率，kW。

2) 重量指标

(1) 主机的单位重量。主机的单位重量 g_m 是指主机单位有效功率的重量，即

$$g_m=G_m/P_e$$

式中，G_m 为主机重量，kg；P_e 为主机有效功率，kW。

(2) 动力装置的单位重量。动力装置的单位重量 g_z 是指动力装置单位有效功率的重量，即

$$g_z=G_z/P_z$$

式中，G_z 为动力装置重量，kg；P_z 为动力装置有效功率，kW。

(3) 主机的相对重量。主机的相对重量 a_m 是指主机重量 G_m 与船舶排水量 D 之比，即

$$a_m=G_m/D$$

式中，G_m 为主机重量，kg；D 为船舶排水量，t。

(4) 动力装置的相对重量。动力装置的相对重量 a_z 是指动力装置重量 G_z 与船舶排水量 D 之比，即

$$a_z=G_z/D$$

式中，G_z 为动力装置重量，kg；D 为船舶排水量，t。

3) 尺寸指标

对于不同船舶，机舱尺寸要求也不统一，为了表征机舱的面积和容积利用率，特引入面积饱和度和容积饱和度两个指标。

(1) 面积饱和度。面积饱和度 K_s 是指每平方米机舱面积所分配的主机有效功率，即

$$K_s=P_e/S$$

式中，P_e 为主机有效功率，kW；S 为机舱所占的面积，m^2。

(2) 容积饱和度。容积饱和度 K_v 是指每立方米机舱容积所分配的主机有效功率，即

$$K_v=P_e/V$$

式中，P_e 为主机有效功率，kW；V 为机舱所占的容积，m^3。

2. 船舶动力装置的经济指标

船舶动力装置的经济指标常用以下六个指标表示。

1) 动力装置的总效率

动力装置的总效率主要由推进装置的热效率、柴油发电机组的热效率和燃油辅助锅炉的热效率组成。

(1) 推进装置的热效率。推进装置的热效率是指推进装置所产生的有效功的热当量与其所消耗热量之比。

(2) 柴油发电机组的热效率。柴油发电机组的热效率是指柴油发电机组电功率的热当量与其所消耗热量之比。

(3) 燃油辅助锅炉的热效率。燃油辅助锅炉的热效率是指燃油辅助功率有效利用的热量与其所消耗热量之比。

2) 主机的燃油消耗率

主机的燃油消耗率 g_e 是指在单位时间内主机额定功率所消耗的燃油量，即

$$g_e = G_e / P_e$$

式中，G_e 为柴油机每小时燃油消耗量，g/h；P_e 为主机有效功率，kW。

3) 船舶主机日耗油量

船舶主机日耗油量 G_{de} 是指主机在 24h 内的燃油消耗量。

4) 船舶日耗油量

船舶日耗油量 G_D 是指每 24h 船舶主机与辅机所消耗的燃油总量。

5) 船舶每海里耗油量

船舶每海里耗油量 g_n 是指船舶航行每海里所消耗的燃油总量，即

$$g_n = G_T / V_s = (G_{Te} + G_{Tg} + G_{Tb} + G_{To}) / V_s$$

式中，G_T 为船舶每小时燃油消耗量，t/h；V_s 为航速；G_{Te}、G_{Tg}、G_{Tb}、G_{To} 分别为主机、发电柴油机、燃油辅助锅炉、焚烧炉等其他耗油设备每小时的耗油量，kg/h。

一般情况下，G_{Tg}、G_{Tb}、G_{To} 与航速无关。

船舶主机每海里燃油消耗为

$$g_{Te} = P_e \cdot g_e / V_s$$

6) 船舶经济航速

船舶经济航速是指船舶营运时取得某种经济效果的航速，常用的经济航速包括节能航速、最低营运费用航速和最大盈利航速。

(1) 节能航速。节能航速是指每小时燃油消耗量最低时的静水航速，常由主机按推进特性运行时能维持正常工作的最低稳定转速决定。营运船舶在实现减速航行时，主机输出的功率明显减少，其每海里燃油消耗率大幅度降低。但航速降低后，营运时间延长，运输的周转量减少，故当船舶需实现减速航行时，应结合企业的货源、运力及完成运输周转量的情况综合考虑。

(2) 最低营运费用航速。船舶航行一天的费用，主要由其固定费用(折旧费、修理费、船员工资、港口使用费、管理费、利息、税金以及船舶停泊期间燃/滑油费等)和船舶航行时

燃/滑油费用构成。最低营运费用航速是指船舶每航行 1n mile 上述固定费用及航行费用最低时的航速,可用于船舶及其动力装置的性能评价及选型。在满足完成运输周转量的前提下,船舶按最低营运费用航行,其成本最低,但它并未考虑停港时间及营运收入的影响,故不够全面。

(3) 最大盈利航速。最大盈利航速是指每天(或船舶在营运期间)能获得最大利益的航速。此航速往往与每海里(或公里)运费收入、停港天数及船舶每天付出的固定费用有关。一般在运费收入低、停港时间长、运距短、油价高的情况下,其最大盈利航速较小。

第三节　船舶动力装置的可靠性

一、船舶的特殊性

船舶动力装置的可靠性与船舶的特殊性密切相关。船舶的特殊性主要表现如下:

(1) 船舶大部分时间在海上航行。

(2) 设备发生故障时往往处于复杂的航区和严酷的气象条件,局部故障可能影响全局,甚至导致严重后果。

(3) 船舶动力装置的使用环境苛刻多变、运行时工作参数变化范围较大,随时需要船员进行操纵,有时还要求采取应急措施,因此对船员的要求较高。

(4) 船用机械特别是主机制造台数少,且母型机的试验难以在陆地上充分进行。

(5) 主机型式更新换代速度较快。

(6) 机器部件和元件以及它们的质量与功能各异,所需知识面较广。

(7) 现场数据主要由船员整理和提供。

二、可靠性在船舶动力装置中的应用

船舶的特殊性不仅体现出动力装置可靠性的重要性,而且说明动力装置的可靠性是个复杂的课题。它既与各组成设备的可靠性、维修性有关,也涉及参与管理的人的因素,因此它和人机工程学、劳动管理学、心理学等领域交错在一起,使问题难以解决。

三、船舶各种机械的故障统计

世界四大柴油机制造公司近几年的统计资料表明,在柴油机船上,主机故障占总故障数的比例达到 40%,主机是动力装置中最重要的但也是可靠性最薄弱的环节。在主机发生故障的原因中,约一半是材料质量不良和机件污损,前者是制造阶段的原因,后者是使用阶段的原因。因此,从设计者到管理者,对主机可靠性都要给予足够的重视。

劳氏船级社、中国远洋运输总公司、日本船级社等相关机构对船舶主机故障的统计表明,低速柴油机发生故障最多的部件是活塞、气缸盖和十字头轴承。中速柴油机(包括柴油发电机)中曲轴及其轴承的故障比较突出。这些部件应作为可靠性技术中的重点问题给予研究,在运行管理中也应格外注意。

要保证和提高船舶动力装置的可靠性，首先在设计时就应满足可靠性要求，然后在制造和工艺方面应尽可能达到设计时规定的可靠度，这样才能在使用中体现出是否可靠。显然，船舶动力装置的可靠性问题贯穿于整个设计、制造和工艺阶段以及全部运行期间。因此，可以把影响动力装置可靠性的因素分为设计、制造工艺和管理三个方面。下面从管理与维修保养方面探讨如何提高动力装置的可靠性。

1. 提高管理水平

一个产品工作是否可靠，除取决于出厂质量外，使用、管理、维护的好坏对其可靠性也有决定性影响。因此，管理人员的业务水平，对于保证船舶的可靠性具有重要的意义。统计表明，许多故障是由于船员采取了不正确的措施和违反技术操作规程导致的。船舶的设备日趋复杂，对船员业务水平、熟练程度、操作技能、发现和排除故障等能力的要求越来越高，其完成任务的职责也在加强。业务水平高的船员，可以保证船舶技术设备的使用和维护的质量始终处于较好状态；能正确执行操作规程，充分做好设备起动前的准备工作，正确判断设备的技术状态，正确地确定负荷高低，还可以迅速发现和排除故障，用较短的时间完成维修工作。在拆装机械、更换零部件时，如果船员水平不高，则可能使部件遭受异常负荷和额外应力，从而导致故障次数增加。

国内外的故障统计资料表明，人为故障所占比例已经越来越大。在人为原因造成的故障中，属于责任心不强(工作不仔细、检查不及时和违章操作)与属于管理水平低(保养维护不良、指挥命令不当、判断错误、操作错误等)所引发的故障几乎各占一半，且低职船员的人为事故所占比例高于高职船员。这些事实说明了提高船员管理水平的重要性和迫切性，并应从职业道德教育和提高业务水平两方面去努力。

2. 提高维修质量

维修是恢复和保证产品可靠性的一个重要措施。为了使产品发生故障后能很快修好，除了要求有先进的维修手段、熟练的维修人员，产品本身也应有良好的可维修性。可维修性包括易拆卸性、可达性、可还原性、通用性、互换性和适检性等，因此维修时应着重考虑以下几个方面：

(1) 对设备的维修要及时。

(2) 在有条件的情况下，鼓励船员对设备进行自修。

(3) 在厂修时要做好监修工作。

(4) 做好备件的管理工作。

(5) 要有防错措施。

(6) 维修前应将维修时的方法、步骤及可能发生的问题考虑周全。

3. 充分利用技术管理指导性文件

1) 利用技术资料制定操作规程

遵守操作规程可以避免或减少误操作、减少事故，有利于延长设备使用寿命。

2）根据文件资料判断设备的实际技术状态

主机的推进特性曲线和柴油发电机的负荷特性曲线，都是发动机实际工作状态好坏的衡量标准，依据它们可尽早发现故障的隐患，及时采取有效措施。

3）制定维修计划与标准

依据技术文件制定出设备维护、维修计划及标准。利用这些计划及标准，对设备进行维修保养，可以使设备保持在最佳的技术状态。对复杂、重要、技术维护所用平均年劳动量高的设备，若采用事后维修则会造成较大的经济损失、可靠性损失（质量损失）和安全事故。因此，应依靠平时的检查和维修，使系统和设备始终保持在最佳状态，防止事故的发生，这就是预防性维修。为了做好这项工作，必须按指导性文件的要求，结合设备的具体状态，对作业的内容、时间、判断缺陷的方法和缺陷特征、应达到的标准等，进行周密计划并实施。

4）指导对设备的维修保养

在对设备进行维修保养时，可根据相应技术文件提供的技术参数、拆卸与安装的步骤、安全注意事项和检修操作注意事项等，对设备进行正确的维修保养，确保设备恢复到最佳的技术性能。

4. 做好可靠性数据的收集与管理

可靠性数据的收集与管理是开展提高可靠性活动的基础工作和主要内容。通过对可靠性数据的收集、整理、分类、统计和分析，可达到两个目的：

（1）了解整个动力系统中各种机械设备和零部件的可靠性状况，为新型船舶的开发设计、对有关设备和部件的改进提供可靠的依据，促进造船业的发展。

（2）通过故障发生的时间、产生原因、维护和管理工作量的统计分析，正确制定使用和维修的标准及规范，改进管理维修工作，提高管理水平。

第四节　热力学基础知识

轮机在工程上称为船舶动力装置，是因为常规的船舶主机均属于热能动力装置，如蒸汽动力装置、柴油机动力装置以及燃气轮机动力装置等。热能动力装置是将燃料燃烧产生的热能的一部分转化为机械能的装置。要想对船舶动力系统有一个清晰的认识，必须具有一定的热力学基础知识。

一、热力状态参数

1. 工质

热能动力装置中将热能转化为机械能的各种流动介质，称为工质。例如，燃气是内燃机做功的工质，水蒸气是蒸汽机做功的工质。在热能动力装置中，把热能转化为机械能是通过工质受热膨胀做功来实现的。因此，作为工质的物质必须具有良好的膨胀性和流动性。

2. 状态参数

在对热能动力装置进行热力学分析时，通常要在相互作用的各种热力设备中划分出一个(或几个)作为研究对象，这种被划分出来的研究对象称为热力系统。要对热力系统进行分析，首先需要对系统的热力状态进行描述。在热力学中，用来描述系统宏观特性的物理量称为系统的热力状态参数，简称状态参数。常用的状态参数有压力、温度、容积、内能、焓和熵。压力、温度、容积三个状态参数可直接通过仪表来测量，因此工程上称它们为基本状态参数。状态参数的数值仅由系统的状态来确定，当系统状态变化时，状态参数的变化量只与系统的初、终状态有关，而与变化过程或路径无关。

1) 压力

在工程热力学中，把工质垂直作用在单位容积壁面或分界面上的力称为压力。气体的压力是气体分子撞击壁面的宏观结果，因此气体作用在器壁上的压力与单位容积内的分子数和分子的平均移动动能成正比。

压力的单位分为国际单位制、工程单位制和英制单位。在国际单位制中的压力单位为 N/m^2，称为“帕”，以符号 Pa 表示，实际多用 10^6 Pa，称为“兆帕”，以符号 MPa 表示。各单位之间的换算关系如表 1.1 所示。

表 1.1　压力单位换算表

单位	Pa	bar	kgf/cm^2	atm	at	Torr	mmH_2O	mmHg	psi
1Pa	1	0.00001	0.00001	0.00001	0.00001	0.0075	0.10197	0.0075	0.00014
1bar	100000	1	1.01972	0.9869	1.01972	750.062	10.1972	750.062	14.504
$1kgf/cm^2$	98066.5	0.98067	1	0.9678	1	735.6	10	735.6	14.22
1atm	101325	1.01325	1.033	1	1.0332	760	10.332	760	14.7
1at	98067	0.98067	1	0.9678	1	735.6	10	735.6	14.22
1Torr	133.3	0.00133	0.00136	0.00132	0.00136	1	13.6	1	0.01934
$1mmH_2O$	9.8067	0.000098	0.0001	0.0000968	0.0001	0.07356	1	0.07356	0.00142
1mmHg	133.322	0.00133	0.00136	0.00132	0.00136	1	13.5951	1	0.01934
1psi	6894.76	0.06895	0.07031	0.06805	0.07031	51.7149	703.07	51.7149	1

(1) 大气压力。大气压力是由地面上几百千米高的空气层的重量引起的，以 p_b 表示，其中下标 b 表示 barometric(大气压力)。有时下标也用 a，表示 atmospheric pressure (大气压力)。其大小随纬度、高度、空气温度和水蒸气含量而变化。物理学中把纬度 45° 海平面上常年大气压的平均值定义为标准大气压，以符号 atm 表示。工程上现已规定 1atm＝760mmHg＝101325Pa＝0.101325MPa。

(2) 绝对压力。工质作用在器壁上的实际压力称为绝对压力，以 p 表示。

(3) 表压力。用压力表测得的压力数值称为表压力，以 p_g 表示，其中下标 g 表示 gauge(测量仪表)。压力表测定的压力以大气压力作为测量基准，其数值不是绝对压力，而是绝对压力与当地大气压力的差值，即

$$p_g = p - p_b$$

(4) 真空度。当容器内的绝对压力比大气压力低时，用压力表测得的压力为负值，取其绝对值，称为真空度，以 p_v 表示，其中下标 v 表示 vacuum(真空)。真空度也是表压，其数值是当地大气压力与绝对压力的差值，即

$$p_v = p_b - p$$

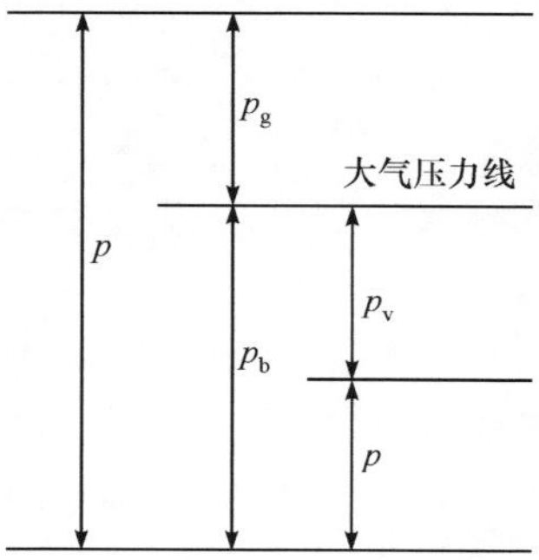

图 1.1　表压力、真空度和绝对压力的关系

表压力和真空度是以当地大气压力为基准的相对压力，表压力表示比大气压力高出的压力值，真空度表示比大气压力低的压力值，它们之间的关系如图 1.1 所示。

在工程计算中，当 $p_g \gg p_b$ 时，可近似取 $p_b = 0.1\text{MPa}$，则绝对压力

$$p = p_g + 0.1\text{MPa}$$

2) 温度

温度是表明工质冷热程度的状态参数，以 t 表示。温度的数值表示方法称为温标。常用的温标有以下三种：

(1) 华氏温标。在标准大气压下，将纯水的冰点标定在 32 度，沸点为 212 度，在这两点之间均分 180 等份，取其中的 1 份称为华氏 1 度，记为 1℉；用符号 t℉表示。

(2) 摄氏温标。在标准大气压下，将纯水的冰点标定在 0 度，沸点为 100 度，在这两点之间均分 100 等份，取其中的 1 份称为摄氏 1 度，记为 1℃；用符号 t℃表示。

(3) 开尔文温标。开尔文温标又称热力学温标，以零下 273.15 摄氏度为零度，每度的间隔和摄氏温标相同。1 度记为 1K，用符号 TK 表示。三种温标之间的换算关系为

$$t℉ = 9/5 \times t℃ + 32$$

$$t℃ = 5/9(t℉ - 32)$$

$$T\text{K} = t℃ + 273.15$$

3) 比容和密度

质量为 1kg 的工质所占的容积称为比容，用符号 ν 表示，单位为 m^3/kg。设质量为 $m$kg 的工质所占容积为 $V\text{m}^3$，则其比容为

$$\nu = V/m$$

1m^3 工质具有的质量称为密度，用符号 ρ 表示，单位为 kg/m^3。设 $V\text{m}^3$ 工质的质量为 $m$kg，则其密度为

$$\rho = m/V$$

由以上两式可知，比容 ν 和密度 ρ 互为倒数，即

$$\rho = 1/\nu \quad 或 \quad \nu = 1/\rho$$

4) 理想气体状态方程

根据气体的试验定律推导的气体的基本状态参数 p、ν、T 之间的关系即状态方程为

$$p\nu = RT$$

更精确的试验表明，并非所有气体的 p、ν、T 之间的关系和上式完全相同，有时甚至偏离很大。把完全符合上式的气体称为理想气体，上式称为理想气体状态方程。式中的

R 称为气体常数，其数值只与气体种类有关，而与气体状态无关，单位为 J/(kg · K)。例如，空气的 R 为 29.3J/(kg · K)，氧气的 R 为 26.5J/(kg · K)，氮气的 R 为 30.3J/(kg · K)，二氧化碳的 R 为 19.3J/(kg · K)。

在热能动力装置中所用的空气和燃气以及空气调节设备中空气所含的少量水蒸气，均可以按理想气体进行计算。然而，蒸汽动力装置中的水蒸气以及压缩制冷装置中的制冷剂蒸气，不能作为理想气体，不能按适用于理想气体的状态方程进行计算。

二、热量与功

1. 热量

在热力学中，把系统和外界因温差而通过边界传递的能量称为热量，用符号 Q 表示。外界给系统加热，Q 取正值，反之，系统对外界放热，Q 取负值。

热量单位在国际单位制中为 kJ(千焦耳)，工程单位为 kcal(千卡或大卡)。1kcal 即在标准大气压下将 1kg 纯水的温度从 14.5℃升到 15.5℃所吸收的热量。在英制单位中，将标准大气压下 1 磅(即 lb，1lb＝0.453592kg)纯水的温度从 59.5℉升高到 60.5℉所吸收的热量规定为一个热量单位，称为 Btu(英制单位)。三种单位之间换算关系为

$$1\text{kJ}=0.2389\text{kcal}=0.9478\text{Btu}$$

将质量为 1kg 工质的加热量(或放热量)称为单位质量热量，用符号 q 表示，其单位为 kJ/kg 或 kcal/kg。

2. 功

在热力学中，功的定义为"当封闭系统(与外界没有物质交换的热力学系统)通过边界和外界之间发生相互作用时，如外界的唯一作用是升起重物，则系统对外界做了功；反之，如外界的唯一效果是降低重物，则外界对系统做了功"。

如图 1.2 所示，取气缸中有一定质量的高压气体作为封闭系统，活塞、曲柄连杆机构和重物为外界。当系统膨胀时，系统通过边界对外界做功使重物升起；相反，如果重物受外界力的作用下降，则外界通过边界对系统做功，使系统压缩。

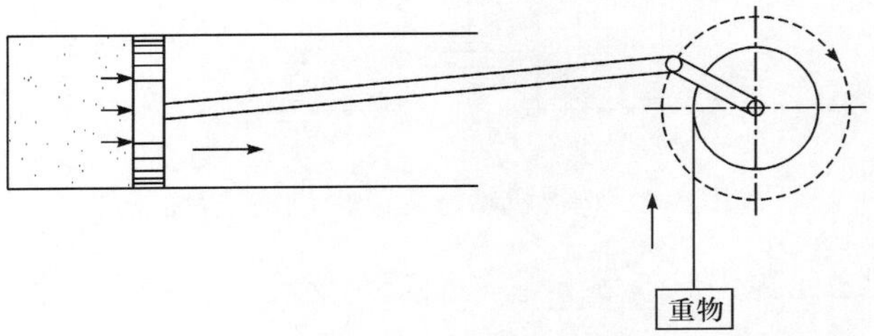

图 1.2　封闭系统做功

功的单位，在工程单位制中为 kgf · m，在国际单位制中为 N · m，即焦耳。二者之间的换算关系为

$$1\text{kgf}\cdot\text{m}=9.8\text{N}\cdot\text{m}=9.8\text{J}$$

工程中称单位时间内所做的功为功率，其单位为马力或千瓦。它们之间的关系为

$$1\text{ps}=75\text{kgf}\cdot\text{m/s}=0.735\text{kW}$$

英制马力(hp)比公制马力(ps)略大，即

$$1\text{ps}=0.986\text{hp}$$

3. 功和热量的关系

功和热量均为系统与外界之间能量传递的方式，两者都是传递过程中出现的能量，单纯说某个系统具有多少功或热量是没有意义的。然而，两者有着本质的区别，热量是不规则热运动的能量传递方式，功则是规则运动的能量传递方式。功可以完全转化为热量，热量却只能部分转化为功，而且只能通过工质的热膨胀来实现。

4. 热效率

图 1.3 为内燃机动力装置的工作原理简图。燃油在高压下喷入汽缸，同汽缸内的空气混合燃烧产生热量 Q_1，高温高压的燃气膨胀推动活塞移动，并通过连杆曲柄机构变成回转运动，带动推进器回转，对外界做功 W。做功后的低温低压燃气排出汽缸，并带走热量 Q_2，完成一个工作循环。根据能量守恒定律，工质在一个循环中对外界做的功等于从高温热源吸收的热量 Q_1 减去传给低温热源的热量 Q_2，即

$$W=Q_1-Q_2$$

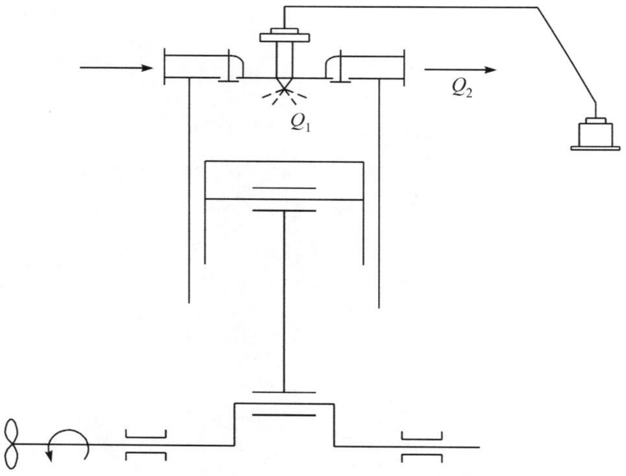

图 1.3　内燃机动力装置的工作原理简图

将效果与代价之比称为热效率 η，它是衡量热能动力装置的一个经济性指标，即

$$\eta=\text{效果}/\text{代价}=W/Q_1=(Q_1-Q_2)/Q_1=1-Q_2/Q_1$$

工质向低温热源放热是不可避免的，因此 Q_2 永远不可能为 0，热效率 η 也就不可能等于 1，即热效率 η 永远小于 100%。最理想的循环即效率最高的循环就是“卡诺循环”，其热效率只与高温热源的热力学温度 T_1 和低温热源的热力学温度 T_2 有关，用公式表示为

$$\eta_{\text{卡诺}}=(T_1-T_2)/T_1=1-T_2/T_1$$

三、水蒸气与湿空气

1. 水蒸气

水在 1atm 下加热到 100℃开始沸腾，再继续加热，水逐渐变为蒸汽而减少，这个过程称为汽化过程。当压力变化时，水开始沸腾的温度也开始变化。因此，将一定压力下水开始沸腾的温度称为该压力下水的“饱和温度”。压力越高对应的饱和温度越高，如在 2atm 下的饱和温度为 120℃。同样，在某一温度下，压力只有下降到某一定值时水才开始沸腾。因此，将在一定温度下水开始沸腾时的压力称为该温度下的“饱和压力”。水蒸气的饱和压力仅与温度有关，温度越高，饱和压力越高，饱和压力与饱和温度是一一对应的关系。

在等压加热汽化过程中，水和蒸汽的温度均高于饱和温度，而且保持不变。当水完全汽化为蒸汽后，再继续加热，蒸汽温度就会升高，压力不变。这样的蒸汽称为过热蒸汽。过热蒸汽的温度 t 与饱和温度之差为过热度 Δt，即

$$\Delta t = t - t_s$$

2. 湿空气

自然界的空气多少都含有一些水蒸气，工程上称为“湿空气”。空气中可以含有水蒸气的最大限度值与温度有关，温度越高，最大限度值就越大。如果空气中所含水蒸气已经达到最大量，称这时的湿空气为“饱和空气”，通俗来讲，就是“喝饱水的空气”。如果不是饱和空气，空气就有继续吸水的能力，这时的湿空气称为“未饱和空气”，通俗来讲，就是“未喝饱水的空气”。

在一定温度下，$1m^3$ 湿空气中所含的水蒸气量与 $1m^3$ 饱和空气中所含的水蒸气量之比称为“相对湿度”。由此可见，干空气中不含水蒸气，其相对湿度为零，而饱和空气的相对湿度为 100%。相对湿度表示湿空气接近饱和空气的程度。

未饱和空气如果在等压下冷却，其相对湿度将随温度下降而升高，当相对湿度达到100%时所对应的温度，称为该湿空气的露点温度，简称露点。当未饱和空气温度达到露点时，就会有水蒸气凝结出来，出现结露现象。

四、传热的三种基本方式

热传递过程相当复杂，为了便于分析，按照热传递过程中物质运动的特点，热传递可分为三种基本方式：导热、对流换热、辐射换热。

1. 导热

当物体各部分温度不同时，热量就会自发地从温度较高的部分传递到温度较低的部分。这种不依赖于物体各部分的相对位移而在物体内部进行的热量传递称为导热。

单位时间内通过物体的导热量 Q 称为导热热流量。导热传递的热量 Q 与壁面两侧表面温差 Δt_1 及垂直热流的截面积 F 成正比，而与其厚度 δ 成反比，另与材料性质有

关,即

$$Q=\lambda \cdot \Delta t_1 \cdot F/\delta$$

式中,Q 为导热热流量,W;F 为垂直于导热方向的物体横截面面积,m^2;δ 为物体厚度,m;λ 为导热系数,与材料的性质有关,W/(m · ℃)。

不同物质具有不同的 λ 值,λ 值越大表明导热性能越好。金属的 λ 值最大,非金属固体的 λ 值较大,液体的 λ 值较小,气体的 λ 值最小。

2. 对流换热

运动着的流体与固体表面接触时的换热过程称为对流换热。对流换热的传热量 Q 与传热接触面积 F 和传热温差 Δt 之间的关系为

$$Q=\alpha \cdot F \cdot \Delta t_2$$

式中,Δt_2 为固体壁面温度与液体或气体温度之差,℃;α 为放热系数,W/(m^2 · ℃)。

放热系数 α 的大小表明对流换热的强烈程度,液体或气体流动时在壁面附近扰动程度越强烈,放热系数越大。液体或气体在壁面附近产生相态变化时,放热系数也较大。

3. 辐射换热

辐射换热靠电磁波中的可见光线和红外线来传递热量,它不需要冷、热两物体直接接触,只要有温差存在,就能进行辐射换热。

任何温度高于 0K 的物体,每时每刻都在以热辐射的方式向外辐射热量,与此同时,物体又在每时每刻接收其他物体以热辐射的方式向它辐射的能量。物体表面温度越高,辐射的热量越多。当辐射能 Q 投射到一个物体时,一部分能量 Q_A 被吸收,另一部分能量 Q_R 被反射,其余能量 Q_D 透过物体,如图 1.4 所示。被物体吸收的热量 Q_A 与辐射能 Q 之比称为吸收率 A,即

$$A=Q_A/Q$$

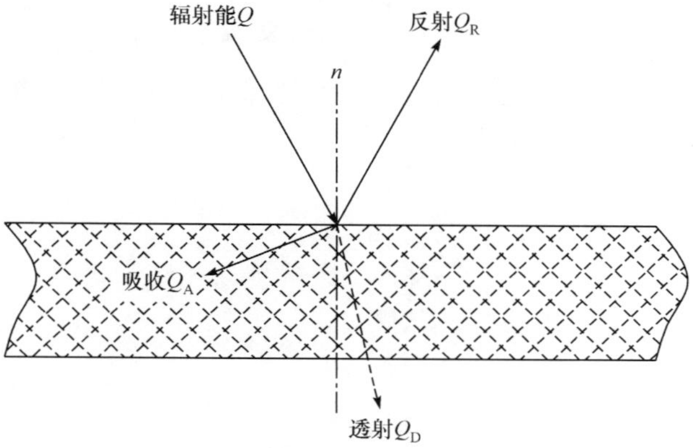

图 1.4　辐射能的吸收、反射和透射

物体之间的相互辐射或吸收,形成了辐射换热过程。高温物体总是辐射出更多的热量被低温物体吸收,辐射换热量可用化简的公式表示为

$$Q=\alpha_{辐} \cdot F_2 \cdot \Delta t$$

式中，$\alpha_{辐}$为辐射换热强弱的辐射放热系数，W/(m^2 · ℃)；F_2 为吸收辐射热的物体表面积，m^2；Δt 为两物体表面的温度差，℃。

4. 传热过程

传热过程是以上三种传热方式的复合过程。例如，锅炉中高温燃气与水的传热过程同时具有导热、对流换热和辐射换热三种基本方式。高温燃气对炉胆壁面的传热以辐射换热和对流换热两种方式进行，炉胆下壁面向炉胆上壁面的传热以导热方式进行，而炉胆上壁面向水的传热过程是对流换热方式。传热过程的基本规律是传热温差越大，传热量越多；传热面积越大，传热量也越多。传热过程的传热量可由下式计算：

$$Q=K \cdot F \cdot \Delta t$$

式中，F 为传热面积，m^2；Δt 为传热温差，℃；K 为传热系数，W/(m^2 · ℃)。

传热系数 K 表示在传热过程中除了 Δt、F 以外其他各种因素对传热影响的强弱程度，包含导热系数 λ、厚度 δ、对流放热系数 α 以及辐射放热系数 $\alpha_{辐}$ 的全部数值。传热系数 K 越大，传热越强烈。

第二章　船舶与海洋工程主动力装置

第一节　船用汽轮机

现代汽轮机的结构较复杂，往往由若干级组成，每一级包括一列静叶(或喷嘴)和一列动叶。根据用途，船用汽轮机可以分成主汽轮机和辅汽轮机两种，前者在船舶主推进系统中用来驱动推进器，后者则用来驱动各种船用辅机。船舶主汽轮机机组主要由主汽轮机、冷凝器和齿轮减速器组成。

一、船用汽轮机的分类

船用汽轮机种类很多，并有不同的分类方法，下面进行简要介绍。

(1) 按结构形式分类：单级汽轮机和由若干级组成的多级汽轮机；各级装在一个汽缸内的单缸汽轮机和各级分装在几个汽缸(分高、中、低压汽缸)内的多缸汽轮机；各级装在一根轴上的单轴汽轮机和各级装在两根平行轴上的双轴汽轮机。

(2) 按工作原理分类：蒸汽主要在各级喷嘴(或静叶)中膨胀的冲动式汽轮机；蒸汽在静叶和动叶中都膨胀的反动式汽轮机；蒸汽在喷嘴中膨胀后的动能在几列动叶上加以利用的速度级汽轮机。

(3) 按热力特性分类：凝汽式、供热式、背压式、抽汽式和饱和蒸汽汽轮机等。

① 凝汽式汽轮机。凝汽式汽轮机排出的蒸汽流入凝汽器，排汽压力低于大气压力。它具有良好的热力性能，是最为常用的一种汽轮机。

② 供热式汽轮机。供热式汽轮机既提供动力驱动发电机或其他机械，又提供生产或生活用热，具有较高的热能利用率。

③ 背压式汽轮机。背压式汽轮机是排汽压力大于大气压力的汽轮机。

④ 抽汽式汽轮机。抽汽式汽轮机是从中间级抽出蒸汽供热的汽轮机。

⑤ 饱和蒸汽汽轮机。饱和蒸汽汽轮机是以饱和状态的蒸汽作为新蒸汽的汽轮机。

(4) 按蒸汽流方向分类：蒸汽沿轴向逐级流动的轴流式汽轮机；蒸汽沿径向从内径向外径逐级流动的径流式汽轮机。

二、船用汽轮机组的构造

船用主汽轮机都是多级汽轮机，现代船用主汽轮机的级数一般为 20～30，且分置在两个或三个气缸里。汽轮机按工作原理是不能倒转的，为了保证船舶能够倒航，在汽轮机上必须安装由若干级组成的倒车级。船用主汽轮机的倒车级一般都安装在中压缸和低压缸内(三缸式机组)，或者只装在低压缸内(双缸式机组)，它的叶片安装方向与正车级正好相反。当正车旋转时，没有蒸汽通往倒车级，倒车级只是空转，因此会增加一些能量损失。

当船舶要倒航时，关闭正车进汽阀而打开倒车进汽阀，蒸汽被引入倒车级，主汽轮机就反转。通常倒车汽轮机的功率取为正车汽轮机功率的40%～50%，因为并不要求倒车汽轮机具备高度的经济性，所以级数都不多。

对于军舰用汽轮机，为了提高其在低负荷时的经济性，还可采用附加的低速级。低速级分为在巡航速度下用的巡航级和在经济速度下用的经济级。

为了使蒸汽能从一个汽缸流入另一个汽缸，并使低压缸流出的蒸汽进入凝汽器，在装置中安装有一定长度的大直径容汽管。为了便于操纵，还设有各种仪表和阀等。这些均是汽轮机组的重要辅助设备。

凝汽器是汽轮机组的重要组成部分，蒸汽凝结在其中进行。汽轮机组的另一个组成部分为传动设备，它安装在汽轮机与推进器轴系之间。

新鲜蒸汽按顺序在各汽轮机内膨胀，工作后排入横挂在低压缸汽轮机下的凝汽器中。高速的汽轮机将热能转化为机械能，通过齿轮减速机构和传动轴系，带动螺旋桨产生推力，克服船舶阻力使船以一定速度前进。

汽轮机本体由静止部分和转动部分构成。静止部分称为静子，包括喷嘴、隔板、汽缸和轴承等主要部件；转动部分就是转子，它由动叶片、叶轮及主轴等组成。

1. 喷嘴

汽轮机第一级喷嘴是直接装在汽缸上的。近代汽轮机采用喷嘴调节方式，这种汽轮机的第一级常称为调节级。调节级喷嘴总是分成若干组布置在汽缸上，其喷嘴的组数通常与调节汽阀个数相对应，称为喷嘴组或喷嘴弧段。中压机组常采用单个铣制的喷嘴块焊接而成。

2. 汽缸

汽缸就是汽轮机的外壳，它的作用是将汽轮机的通流部分(喷嘴、动叶片等)与大气隔绝，形成一个封闭的汽室，以使蒸汽在其中流动做功。由于汽缸的外面敷装着厚厚的保温层，所以平时看不到它的真实形状。汽缸的形状较为复杂，并且要承受较高的蒸汽压力，因此都做得比较厚。它是汽轮机中最笨重的部件。

为了便于加工、安装与检修，通常汽缸沿水平中分面做成上下两半，上部称为上缸(又称大盖)，下部称为下缸，它们之间通过法兰、螺栓相连。汽缸的水平接合面必须保证严密，不允许漏汽，因此连接上、下缸的法兰常常比汽缸壁厚得多。同时，螺栓采用加热紧固的方法以防止热松弛，保证上、下缸的连接有足够的强度与预紧力。

由于蒸汽在汽缸内的压力和温度是逐级降低的，所以常采用垂直接合面或者分缸的办法，将汽缸分成高压缸、中压缸和低压缸。这样只在压力、温度较高的高压缸和中压缸采用高温耐热合金钢材，从而节约优质的合金钢材料。在新蒸汽参数较高的再热机组中，常采用双层汽缸结构。在双层汽缸之间通有一定压力和温度的蒸汽，这样内外缸承受的压差均较低，而且只有内缸承受高温蒸汽的作用，因此内、外缸壁和法兰均可做得薄一些。外缸由于承受的温度和压差均较低，所以还可用次一级的材料制造。这样不但可节约优质合金钢材，更重要的是汽缸变薄以后，在起动、停机及负荷改变时的热应力明显减小，可为汽轮机运行带来极大的方便。

为了提高凝汽式汽轮机低压段各级的通流能力，在现代大型汽轮机中常采用低压缸分流的结构。若把汽轮机的最后几级分设在两个形状完全对称的汽缸中，使低压蒸汽流（其比容非常大）分别在两个汽缸中同时膨胀，这就相当于把有关各级的通流面积增加了1倍，那么蒸汽的容积流量即可明显增加。

在主轴穿过汽缸的地方还设有轴封装置，以限制汽缸内的高压蒸汽向外漏出和阻止外界大气漏入处于负压条件下工作的低压缸内。轴封装置有多种不同的型式，但其原理大同小异，其中以曲径式轴封（又称迷宫式轴封）应用最为广泛。

3. 动叶片

动叶片是汽轮机中数量最多的重要组成部件之一。叶片制造有铣制、轧制、模锻及精密铸造等方式。叶片的根部常有T型、外包T型、叉型及纵树型等不同型式。T型叶根常用于离心力不大的高压级，叉型及纵树型则用于离心力较大的低压级，特别是末几级长叶片。

汽轮机在运行中其动叶片承受很大的应力，不仅承受蒸汽流加给的弯曲应力，还要承受高速旋转时离心力作用产生的拉伸应力。在多级汽轮机中，由于蒸汽比容随着压力的逐级降低而迅猛增大，蒸汽的容积流量会越来越大，这就要求动叶片逐级加长。高压段的前几级叶片较短。中小型机组的第一级叶片长度通常为15～20mm；大型汽轮机末级叶片长度可达650～800mm，甚至更长。随着叶片长度的增加，长叶片将承受巨大的拉伸应力。

4. 转子和主轴

汽轮机的转动部分总称转子，包括主轴、叶轮、动叶片和其他各种附设在主轴上的转动部件。

汽轮机转子可分为转轮型和转鼓型两大类，前者用于冲动式汽轮机，后者用于反动式汽轮机。多级汽轮机各级叶轮的直径从高压段至低压段是逐渐增大的，这是由蒸汽压力逐级降低，其比容不断增大，通流面积也逐渐增大所致。

根据转轮型制造工艺的不同，转子又可分为套装式转子、整锻式转子和焊接式转子三类。套装式转子的叶轮是单独加工的，其内孔直径比相应部位的轴径略小，套装时首先将叶轮加热，待内孔受热膨胀变大后热套在轴上，冷却后叶轮即紧紧地固定在轴上。为了传递叶轮的扭矩，还设置一个或两个对称布置的平键。套装式转子的缺点是在高温下工作时，叶轮可能松动，故只适用于中、低参数的汽轮机或高压机组的低压部分。

汽轮机的转子由两个相隔一定距离的轴承来支承，成为一弹性体，具有一定的横向振动自振频率。汽轮机的工作转速不应与转子的自振频率重合，数值上等于转子横向自振频率的转速，称为该转子的“临界转速”，汽轮机实际运行中绝不允许汽轮机转子以临界转速运行，否则机组将毁于强烈的大振幅振动。多数汽轮机制造厂都采用比工作转速高20％～25％或30％～40％的转速为临界转速。临界转速高于工作转速的转子称为刚性转子；临界转速低于工作转速的转子称为挠性转子。挠性转子的汽轮机在起动升速的过程中，为避免出现大振幅的振动，当转速接近临界转速时，必须迅速开大主汽阀，使转速尽可能快地通过临界转速区。

三、船用汽轮机推进装置

1. 单级汽轮机速度特性曲线

单级汽轮机速度特性曲线如图 2.1 所示，其中 n 为叶片速度与蒸汽流速之比。当叶片速度是蒸汽流速的 1/2 时，汽轮机发出最大功率。当叶片速度为零时，汽轮机转矩(力)最大，但不输出机械功；当叶片转速逐渐上升时，汽轮机转矩(力)逐渐下降，功率逐渐上升，当叶片速度与蒸汽流速之比超过 1/2 时，功率和转矩都下降，当叶片速度与蒸汽流速之比为 1 时，汽轮机输出的转矩(力)和功率都为零。实际上，当转速改变时，汽轮机中发生的现象要复杂得多，因为各级中的蒸汽参数以及流过的蒸汽量都会改变。然而，上面介绍的扭矩和功率随转速变化的关系大体上仍适用于多级汽轮机。

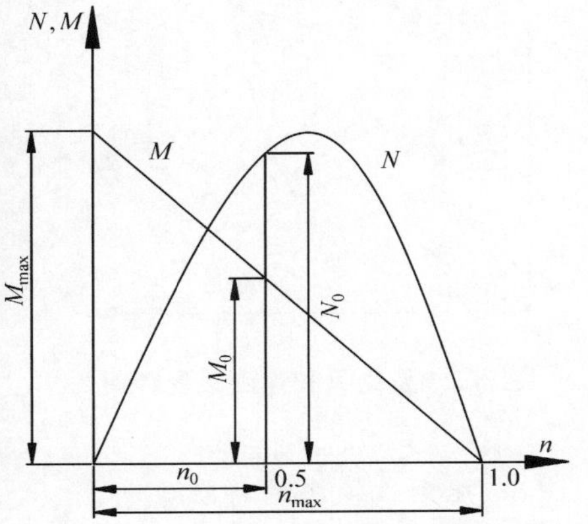

图 2.1　单级汽轮机速度特性曲线

实验证明，汽轮机开始回转时的扭矩值约为正常工作时的 2 倍，这点对于船用汽轮机的起动是一个有利的特性，汽轮机功率随转速的变化呈抛物线形状，当转速降低时功率的下降较为缓慢。

2. 汽轮机推进装置的工作特点

汽轮机推进装置的工作特点如下：

(1) 由图 2.1 的单级汽轮机速度特性曲线可见，汽轮机在开始回转时(即 $n_0=0$)的扭矩值约为正常工作时的 2 倍，这样使汽轮机带螺旋桨起动比较迅速。这一特性对汽轮机推进装置的起动是十分有利的。

(2) 汽轮机和内燃机的 M-n 特性曲线如图 2.2 所示，虚线表示发动机保持额定功率(N_{PH})时的 M-n 曲线。汽轮机推进装置在系泊工况下，即 $\lambda_p=0$ 时，螺旋桨转速降低，汽

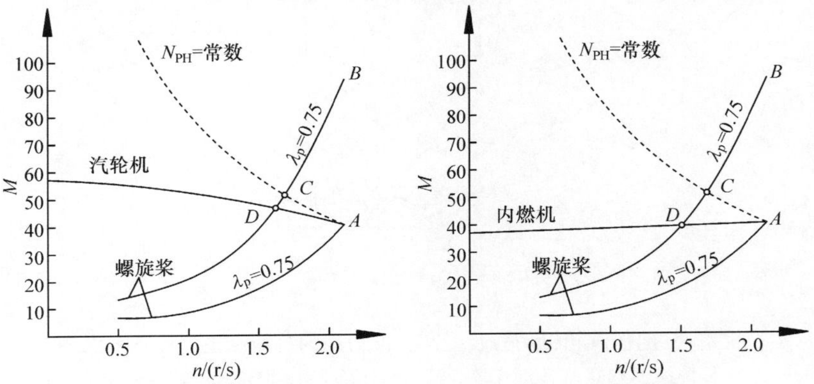

(a) 汽轮机　　(b) 内燃机

图 2.2　汽轮机和内燃机工作特性曲线对比

轮机效率下降，功率也降低，交点 D 所能发出的扭矩较额定功率不变所能发出的扭矩(点 C)略低，如图 2.2(a)所示。而内燃机的 M_e-n_e 特性曲线近似为一直线，为安全起见，系泊工况下的功率较额定值进一步降低，D 点的扭矩值仅为 C 点的 90%，如图 2.2(b)所示。将汽轮机和内燃机两者的 M_e-n_e 特性相比可以发现，汽轮机具有较良好的驱动性能，能更高效地利用额定功率，保证发出较大的驱动力。这对船舶起航、倒车、螺旋桨被木头或冰块卡住等场合是很有用的。

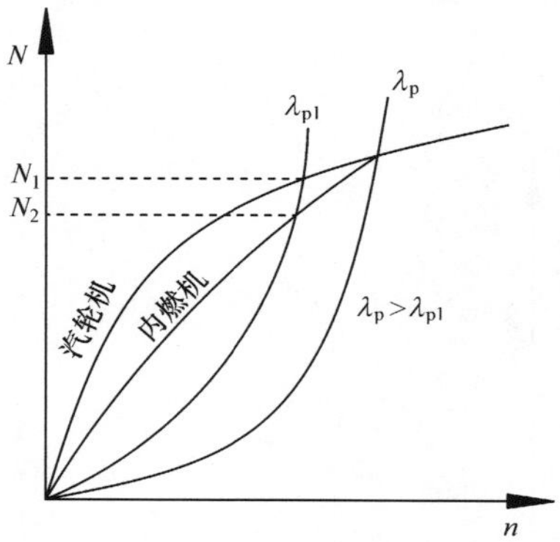

图 2.3　发动机和螺旋桨配合图

(3) 汽轮机的速度特性曲线形态接近二次抛物线，表明外界航行阻力工况的变化(如航行时遇到了较大的阻力)，如图 2.3 所示。汽轮机推进较之内燃机推进能输出更高的功率($N_1 > N_2$)，即负荷较大时，汽轮机具有较好的推进性能。

3. 船用汽轮机的特点

以汽轮机为主机的推进装置，其汽轮机需要蒸汽锅炉及时供应蒸汽，因此蒸汽锅炉及其系统也属于主发动机组。为使汽轮机和蒸汽锅炉正常工作，还分别需要滑油、燃油、空气、凝水-给水、冷却水等，因此相应要配备一些水泵、油泵、冷却器、加热器、油水柜、过滤器等机械和设备，这些往往都围绕机炉舱中的汽轮机、锅炉布置，它们相互之间以及与汽轮机、锅炉之间均用管路连接。

图 2.4 为船舶汽轮机推进装置产生推力能的过程和主要设备示意图。图中简要地描述了船舶汽轮机推进装置、汽轮机推进螺旋桨的推力能的产生过程及主要设备和系统连接概况。

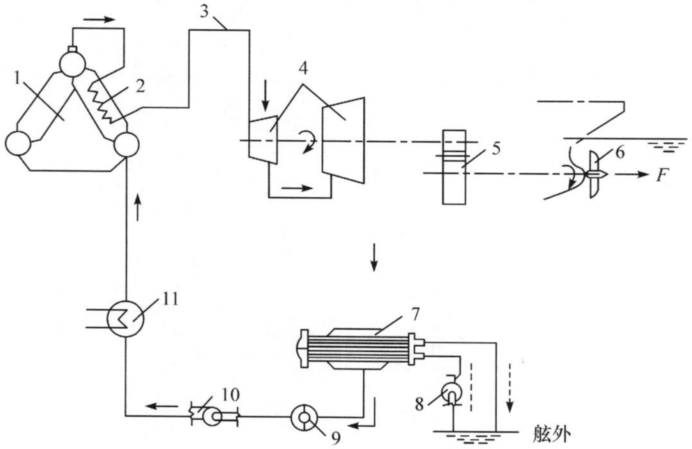

图 2.4　船舶汽轮机动力装置产生推力能的过程和主要设备示意图
1-锅炉；2-过热器；3-蒸汽管路；4-高、低压汽轮机；5-齿轮减速器；6-螺旋桨；
7-冷凝器；8-冷却水循环泵；9-凝水泵；10-给水泵；11-给水预热器

采用燃油的汽轮机动力装置产生螺旋桨推力能的过程是一系列能量转换的过程。如图 2.4所示，供应能量的燃油由燃油（日用）柜送到锅炉中燃烧。燃油在锅炉内燃烧时，它的化学能首先转变为烟气的热能。当烟气沿锅炉炉膛及其后面的烟道流过时，它的热能就逐步传递给在锅炉各部分受热面内流动的水、蒸汽以及空气。锅炉产生的新蒸汽进入汽轮机后逐级进行膨胀，蒸汽的部分热能先转变为蒸汽流的动能，高速蒸汽流施加作用力于汽轮机的叶片上，推动叶轮连同整个转子旋转，于是蒸汽流的动能被转换成汽轮机轴上的机械能。汽轮机通过联轴器、齿轮减速箱和轴系带动螺旋桨推进器转动，螺旋桨推进器将轴系传递的机械能转变为推动船舶前进的动力。

汽轮机是利用蒸汽的热能做功的热力发动机。它是先把蒸汽的热能转变为动能，再以高速度的气流作用在转动的叶片上，从而转变为机械能的旋转发动机。汽轮机本身没有往复运动的部件，因此这类装置的特点如下：

（1）单机功率大。在现有动力中，汽轮机的单机功率最大。它的功率不受汽缸尺寸的限制，在汽轮机中蒸汽的流速很高，可在较小的通流面积中流过大量的蒸汽，因此有大的单机功率。陆用火电站汽轮机组单机最大功率为 1300MW，舰船汽轮机单机功率受舰船推进器尺寸和制造上的限制，远远小于陆用机组功率。目前，单机功率最大已达 55000kW。

（2）工作可靠性好，寿命长。汽轮机是一种直接产生回转运动的机械，它不存在像柴油机那样一套曲柄连杆机构的周期性往复运动部件，因此工作过程连续、稳定，工作转数较高。高的工作转数使其重量轻、尺寸小、结构紧凑、工作时很平稳，因此机械磨损小，检修间隔长。其工质初温较燃气轮机低得多，因此循环寿命长，可高达 100000h 以上。在工作中汽轮机的故障率很低，工作可靠性高。

（3）可燃用廉价劣质燃料。汽轮机动力装置提供蒸汽工质的蒸汽锅炉可以烧廉价的劣质燃料，在柴油机没有解决燃用重油的年代里，更显示出其优越性。

然而，汽轮机动力装置经过多次能量转换，循环过程中有大量的汽化潜热在凝汽器中被冷却水带走，加上采用的工质初温较低，因此汽轮机动力装置的热效率较低，既不如柴油机，额定功率下也不如燃气轮机。装置组成复杂，蒸汽来自锅炉，为汽轮机、锅炉服务配套的机械设备较多。另外，汽轮机装置的机动性比柴油机和燃气轮机装置都差，重量指标也不如燃气轮机装置小。

由于汽轮机装置蒸汽循环的放热温度极低、汽轮机装置工作可靠性高等特点，它与燃气轮机等动力装置组成联合动力装置，如燃-蒸联合动力装置（COGAS）、蒸-燃联合动力装置（COSAG）等，可以充分发挥各机型的优势，具有较好的发展前景。

第二节　船用燃气轮机

燃气轮机是一种以空气及燃气为工质、靠连续燃烧燃料做功的旋转式热力发动机。其主要结构有三部分：压气机、燃烧室、动力涡轮。其工作原理为：轴流式压气机从外部吸收空气，压缩后送入燃烧室，同时燃料（气体或液体燃料）也喷入燃烧室与高温压缩空气混合，在受控方式下进行定压燃烧。生成的高温高压烟气进入透平膨胀做功，推动动力叶片高速旋转，从而使转子旋转做功，转子的大部分功用于驱动压气机，约 1/3 的功被输出用来驱动负载，如发电机、螺旋桨等。

船用燃气轮机以其功率大、结构紧凑、重量轻、效率高、便于操纵和实现自动化等突出特点，已成为当今世界包括炮艇、护卫舰、驱逐舰、登陆舰、巡洋舰、轻型航母在内的舰船的主要推进主机和发电机组的原动机，并且正在进入高速、大功率、先进的民用船舶市场。

一、燃气轮机的工作原理

船用燃气轮机主要由压气机、燃烧室和燃气涡轮等部件组成。图 2.5 显示了船用燃气轮机工作原理。

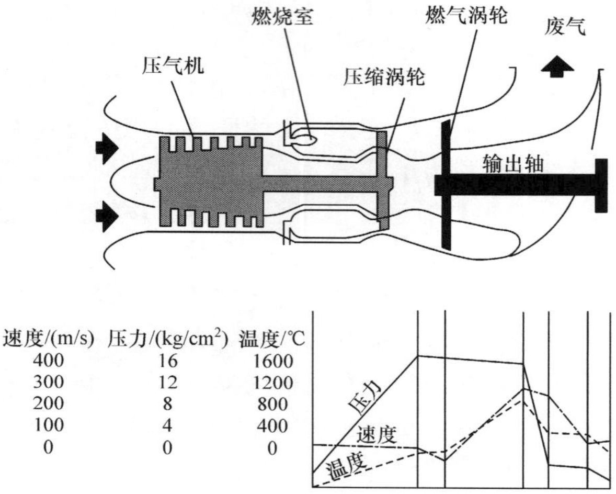

图 2.5　船用燃气轮机工作原理

在运转中，燃气轮机的压气机从大气中吸取一定量的空气并将其压缩到某一压力后供向燃烧室以及燃烧室与机匣之间的环形通道。流向燃烧室的那部分空气供给燃烧室用作油气混合燃烧，流向环形通道的空气则用作冷却燃烧室和掺混高温燃气。燃油和空气混合、燃烧后所产生的炽热气体，其温度高达 1500～2000℃。这种高温燃气必然要对燃烧室进行强烈的辐射热交换和对流热交换。如果燃烧室的内壁不进行冷却，那就极易被烧坏。因此，保证在环形通道中间有一定量的空气流过是很有必要的。另外，燃烧室的高温燃气如果直接流入燃气涡轮中，涡轮的材料也不能承受，需要有大量的冷却空气去和这种高温燃气掺混，将燃气温度降到燃气涡轮材料所许可的最高持续温度。燃气经掺混达到一定允许温度后，就流向燃气涡轮并膨胀做功，然后排入大气。

燃气涡轮组件分为高压涡轮和低压涡轮两部分。高压涡轮通过联轴节驱动压气机，低压涡轮则通过中间轴和挠性联轴节驱动螺旋桨。习惯上，常将压气机、燃烧室和驱动压气机的高压涡轮看成一个整体，称为燃气发生器，而将驱动螺旋桨的低压涡轮称为动力涡轮，或称自由涡轮。

二、船用燃气轮机装置的主要优缺点

船用燃气轮机动力装置是指以燃气轮机为主机的全燃化动力装置。它自 20 世纪 50

年代末起，尤其是60年代中期以来，已得到了极其广泛的应用。功率总数日益增长，装舰使用范围日益扩大，这完全在于船用燃气轮机装置比其他装置有着一些突出的优点：

(1) 燃气轮机对舰船所需的功率指令反应迅速，从冷态起动到发出全功只需2～3min，在紧急状态下，还可缩短到1min左右。这一点明显优于蒸汽轮机和大功率中、低速柴油机，为改善舰船的机动性和操纵性创造了优越的条件。

(2) 船用燃气轮机的单机功率比较大。各国在4000～12000kW和20000～32000kW的功率范围内均已有各自比较成熟的机组，目前有些单机功率已达50000kW。因此，燃气轮机的发展已为舰船航速的提高和其动力装置的简化提供了有利的条件。

(3) 船用燃气轮机重量轻，尺寸小，非常轻巧。加速用燃气轮机装置的单位重量为0.65～1.3kg/kW，全工况用燃气轮机装置为2～4kg/kW。每持续轴功率的机组重量约为柴油机的1/10。这一点对于舰船极其可贵。它既能有效地缩小动力装置的重量与尺寸、增加燃油装载量、扩大通信设备和武备的容量，又能提高动力装置的生命力和续航力。

(4) 船用燃气轮机的所有辅助系统和设备均附设于机组本体上，而且配有可靠的自动控制和调节设备。因此，其操作简便，容易实现全船自动化和远距离集中操纵。

(5) 因为燃气轮机是回转机械，又比较轻巧，结构上容易实施合理的减振支承和挠支承，所以机械噪声源少，机械噪声量小，且不易通过舰体向水下传播，使作战舰船的隐蔽性有所改善。

(6) 船用燃气轮机的运行可靠性较好，其翻修寿命有的已能达到10000h。另外，也正由于机组本身的重量尺寸比较小，容易实现快速更换。当需要翻修时，极易将整机通过进、排气管道吊离舰船。目前，已能在24h内完成整个吊装和更换工作。这样就明显提高了舰船的实际服役率。同时，也明显简化了舰船上的维修保养工作，有利于减少舰船人员数量。

(7) 与蒸汽和柴油机动力装置相比，燃气轮机的滑油消耗量比较低，目前已达1～5kg/h，因此可用较小的滑油柜来代替庞大的滑油储存舱。

(8) 由于燃气轮机轻巧，又容易实现全自动化监控和远距离集中控制，一般均将机组置于密闭机罩内，以利隔声、隔热、防化、防核，从而改善机舱工作条件。这在蒸汽动力装置和柴油机动力装置舰船上是难以做到的。

基于上述独特的优点，世界各国均大力研究和发展船用燃气轮机，且将其装于各类新建水面舰船特别是中小型水面舰船上。但是，任何事物总是一分为二的。在船用燃气轮机动力装置的发展中，与蒸汽、柴油机动力装置相比，还有许多亟待进一步研究解决的问题：

(1) 燃气轮机的油耗率与柴油机相比偏高，特别是在非额定工况。3000～9000kW的船用燃气轮机，额定负荷下的燃油消耗率为313～435g/(kW·h)；15000kW以上的大功率机组，典型例子是LM2500燃气轮机(图2.6)，从20世纪70年代初期开始，经40年的不断完善、改进、发展和提高，其发展型LM2500＋的压缩比从18.8增加至22.2，功率从21MW提高到30MW，耗油率从233g/(kW·h)降至218g/(kW·h)，接近中、高速柴油机的水平。因此，还有待进一步研究改进，以利节省燃油和增大舰船续航力。

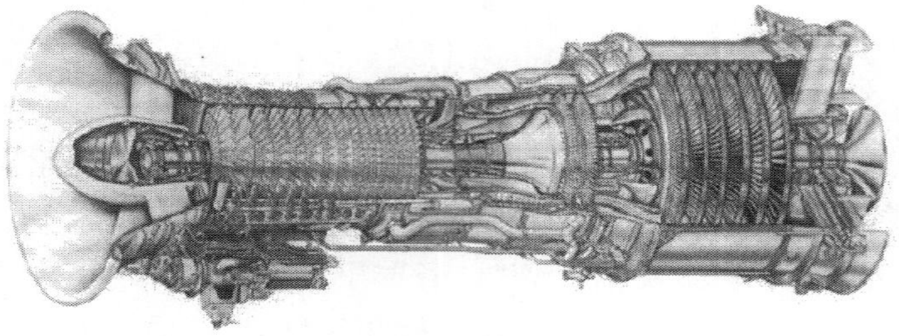

图 2.6 美国 LM2500 船用燃气轮机机组

Rolls-Royce 公司联合另外两家公司研制的 WR-21 型船用燃气轮机，采用中冷-回热循环(intercooled recuperated cycle，ICR)的热力循环方式，这种复杂循环燃气轮机在最大功率(ISO 条件下，25.2MW)时的燃油耗油率仅为 184g/(kW・h)。可见，WR-21 是迄今效率最高的船用燃气轮机，这样的经济指标足以与大功率低速船用柴油机相媲美。因此，燃气轮机的这一弱点将逐步得以改善。

(2) 目前的舰船燃气轮机几乎均使用轻柴油以上的、低黏度、优质的燃料油，而不像柴油机那样能用重油，其经济性就更差。

(3) 船用燃气轮机的低负荷运行性能比较差、效率低、油耗高、易超温、易喘振，不宜长期处于低负荷工况下运行。

(4) 虽然船用燃气轮机的比功(每秒 1kg 空气在机组内所能发出的机组有效功率)已由过去的 120～150kW/(kg・s)逐渐提高到 300kW/(kg・s)，但是，它的耗气量仍然很大。以 18650～20900kW 的机组为例，每秒空气消耗量仍然要高达 61～110kg/s。此外，考虑到进、排气管系流阻的大小、流场的分布对燃气轮机装置的有效功率有很大的影响，在舰船上必须设置非常庞大的进、排气管。这样就迫使动力装置的重量尺寸明显增大，也影响全舰有效甲板面积的利用。

(5) 在燃气轮机的气体流路中，气流的紊流度强，涡流源多，燃气轮机在工作时会发出频谱很宽的、能量较强的气动噪声。在进、排气管管口附近的噪声可达 115dB 以上，严重影响舰船人员的正常工作和健康，因此必须采取消声措施。

(6) 目前的船用燃气轮机不能逆转，当舰船需要制动和倒航时必须依靠可调螺距螺旋桨或倒车传动齿轮来解决，这就导致动力装置的复杂化。

综上所述，虽然燃气轮机动力装置还存在一些需要进一步完善的问题，但是这绝不会影响它在舰船上的重要作用和应用。目前，燃气轮机是大中型水面舰艇的主动力装置，已有近 30 个国家的海军舰船使用燃气轮机。其中，美国、英国和俄罗斯使用的数量最多。随着燃气轮机使用范围的扩大，使用方式由一轴一机扩展到一轴多机；由汽轮机和燃气轮机联合动力装置(COSAG)发展到柴油机和燃气轮机联合使用动力装置(CODAG)、柴油机和燃气轮机交替使用动力装置(CODOG)、燃气轮机和燃气轮机联合使用动力装置(COGAG)、燃气轮机和燃气轮机交替使用动力装置(COGOG)。

目前世界主要海军国家的船用燃气轮机的研制生产已经形成系列，14700kW(20000hp)左右及其以上的大功率船用燃气轮机发展得非常成熟，并在各类舰艇上广泛应用。按不同的使用方式，用同一种燃气轮机组合的功率范围几乎可以覆盖从快艇到轻型航空母舰等各类大中型水面舰艇，燃气轮机的装舰数量不断增加。在目前世界各国海军使用的船用燃气轮机中，美国的 LM2500 型、俄罗斯的 ГТД15000 型和英国的斯贝 SMIC 型发动机用得最多，性能最令人满意，特别是美国的 LM2500 应用最为广泛，总的装舰使用量已超过 1000 台，装备在 27 个国家的近 400 艘舰船上使用。

第三节　船用柴油机

柴油机自 1897 年由 R. Diesel 发明以来，已经得到了巨大的发展。下面就有关柴油机发展的历史进行简要介绍。

任何一门科学技术的发展总是与社会生产力的需要和当时科学的发展水平相适应的。18 世纪初，英国资本主义生产力的发展促进了 1776 年瓦特蒸汽机的发明，并由此开始了产业革命，推动了生产力的发展。随着生产力的发展，这种热机由于热效率低、过于笨重而不再适应社会生产力的发展，所以社会对新型动力机械的需求增加。1876 年，德国的奥托(N. A. Otto)第一次提出了四冲程循环(即进气、压缩、膨胀、排气)原理并发明了电点火的四冲程煤气机。该煤气机运转平稳，热效率可高达 14%，在当时曾得到普遍使用。在 1880 年，一些工程师如英国的 D. Clerk 和 J. Robson 以及德国的 K. Benz 等成功地开发了二冲程内燃机。

1892 年，德国工程师 R. Diesel 申请了压缩发火内燃机专利，并于 1897 年在曼恩公司制成第一台实际使用的柴油机(压燃式、空气喷射、定压燃烧)。该柴油机可采用较大的压缩比，效率比煤气机显著提高。1904 年，柴油机首次用于船舶推进装置(输出功率 294kW、转速 260r/min)，从此在船舶领域开始了与蒸汽推进装置的竞争局面。在此后 40 多年中，柴油机在自身逐步完善中有了很大发展，如 1927 年在柴油机上正式使用由 R. Bosch 发明的喷油泵(回油孔式)-喷油器喷射系统，代替原需用 7MPa 压缩空气喷油的空气喷射系统，实现了混合燃烧。1905 年，瑞士的 A. Buechi 提出了涡轮增压的设想；1926 年，曼恩公司制造了第一台船用废气涡轮增压柴油机，但由于受增压器制造水平的限制，此项技术未能迅速推广。但总体来看，柴油机在与蒸汽推进装置竞争中无突破性进展，在船舶使用中蒸汽推进装置仍占领先地位。

从第二次世界大战到 20 世纪 50 年代中后期，社会生产力的迅速发展对船舶推进装置提出了新的要求。柴油机在此期间完成了大缸径、焊接结构、废气涡轮增压以及使用劣质燃油四项重大技术成果并逐步发展了船用低速柴油机系列。期间，国外约有八种船用低速柴油机型号(由八大船用柴油机制造厂生产)。在这些技术成就中，废气涡轮增压技术在船用二冲程柴油机上的成功使用是船用低速柴油机发展中的重要里程碑。国外称这一时期是船用低速柴油机的第一次飞跃，其技术特征是废气涡轮增压技术的普及。至此，在与蒸汽动力装置的竞争中，柴油机逐渐取得了领先地位。

20 世纪 60～70 年代，船用低速柴油机进入黄金时代，它在船舶动力装置中取得了压倒性优势。各船用柴油机厂之间开始进行调整、合并、淘汰。柴油机技术趋于完善。此期间，船用低速柴油机的性能参数大致范围为缸径 600～1050mm，行程 1000～1800mm，单缸有效功率达 3000kW(单机组达 36000kW)，油耗率约为 210g/(kW·h)(有效热效率 η_e=40%)。船用低速柴油机发展的特点按顺序大致为增大机组功率、提高可靠性和提高经济性。

20 世纪 70 年代的两次能源危机诱发了世界范围内的能源危机。石油产品价格大幅上涨使船用柴油机的燃油费用支出一跃占总营运成本的 40%～50%。由此，人们长期以来的传统观念发生改变，降低柴油机的燃油支出费用、提高柴油机经济性成为第一要求。70 年代末～80 年代，各类节能型柴油机大量出现，机型更新周期明显缩短(甚至仅为 2～3 年)，各类柴油机采用多种节能措施降低油耗率，努力提高柴油机的有效热效率；同时供给船用柴油机的燃油质量日益低劣，使得船用柴油机在使用劣质燃油的技术上又有了新的发展。目前，现代船用低速柴油机的油耗率已降低到 155～160g/(kW·h)，有效热效率高达 55%。国外把这一时期称为船用柴油机发展的第二次飞跃，其主要技术特征是节能技术的普及。随着柴油机节能技术的发展，柴油机的可靠性也有了长足的发展。各种先进技术的运用明显提高了船用柴油机的可靠性。现代船用低速柴油机的吊缸周期已从 60 年代的 5000～6000h 提高到 8000～12000h，甚至高达 20000h。现代船用柴油机发展中的第三个特点是控制与操纵自动化，即对船用柴油机及其附属设备进行自动控制及自动监视。60 年代初曾进行在控制室内对主机集中控制与集中监视，70 年代电子技术开始在柴油机上使用。80 年代柴油机的电子控制技术有了很大发展，除可监视柴油机的运行工况外，还可保持柴油机各运行参数的最佳值以求得柴油机功率、燃油消耗率和其他有关性能的最佳平衡，并由此发展了对柴油机的故障诊断、未来趋势预报等技术，把柴油机的管理技术提高到一个崭新的水平。2000 年，瓦锡兰瑞士公司成功地推出了全电子控制的智能型柴油机并开始装船使用。目前，低速柴油机的冲程可达 3150mm(RTA84)，单缸功率可达 5000kW，单机功率可达 80080kW(14RTA96)。

在船用低速二冲程柴油机发展的同时，大功率四冲程中速柴油机自 20 世纪 50 年代开始也得到了稳步发展，至今已经历了四代机型。它的最大优点是重量轻、尺寸小，可选用最佳的螺旋桨转速。在工作可靠性、使用寿命、经济性及对劣质燃油的适应性方面均有明显改进，基本上达到与低速机相近的水平。近年建造的 2000 总吨以上船舶中使用中速机作为主机的约占 25%。

一般对于船用主机，经济性、可靠性和使用寿命是第一位的，重量和尺寸是第二位的。据此低速二冲程柴油机因其效率高、功率大、工作可靠、寿命长、可燃用劣质油以及转速低(通常为 100r/min 左右，最低可达 56r/min)等优点适于用作船舶主机。大功率四冲程中速柴油机因其尺寸与重量小较适于用作滚装船和集装箱船的主机。船舶发电柴油机因其发电机要求功率不大、转速较高以及结构简单，均采用中、高速四冲程筒形活塞式柴油机。

经过近几十年尤其是近十多年的发展，现代船用柴油机已经发展到一个较高的技术水平。生产力的发展对船用柴油机提出更高的要求，船用柴油机也将继续发展改进。当前柴油机的发展可以概括为以节能为中心充分兼顾排放与可靠性的要求，全面提高柴油机性能。根据此发展目标，今后的研究趋势大致如下：

(1) 提高经济性的研究。包括燃烧、增压、低摩擦、低磨损等。

(2) 降低柴油机排放的研究。排放是现代柴油机面临的严重挑战，对船用柴油机排放的限制使得经济性的提高更加困难，这也是船用柴油机发展中的新课题。

(3) 提高可靠性与耐久性的研究。

(4) 电子控制技术的研究。

(5) 代用燃料的研究等。

目前，柴油机技术发展中存在如下几个热点。

(1) 船用柴油机采用共轨喷油技术。

在汽车发动机上采用共轨喷油系统是很普遍的，而 MTU 柴油机公司首先将这种技术用在船用柴油机上。该公司将共轨喷油系统最先用于 4000 系列柴油机，后来又用于新推出的 8000 系列柴油机。采用共轨喷油系统和相应的柴油机控制装置后，柴油机能适应多种工况。由于柴油机的各种喷油参数是可以单独控制的，所以可使燃油消耗量显著降低，废气排放量有所减少。与采用普通喷油系统的柴油机相比，采用共轨喷油系统的柴油机可以在慢速低负荷运行时降低噪声。

在低速机方面，瓦锡兰公司和曼恩公司走在了前列，瓦锡兰公司开发的 RT-flex 系列已经装船实用，首台采用电控等压喷射系统的 RT-flex58T-B 型柴油机装在一条由现代尾浦造船公司建造的 47000DWT 散货船上，其采用的共轨喷油系统可用于无凸轮轴柴油机。曼恩公司研制的无凸轮轴、完全采用电子控制的 7S50ME-C 型柴油机，也已正式投放市场。该型机由阿尔法工厂制造，首台机安装在挪威船主订造的 37500DWT 级化学品船上。MAN7S50ME-C 型柴油机(输出功率 10415kW、转速 120r/min)采用定时控制燃油喷射和排气阀排气，可有效地降低燃油耗率。此外，该型机还具有 NO_x 数值和排烟浓度低等优点。

(2) 柴油机进入智能化时代。

曼恩公司研制的智能系统可将普通十字头式低速柴油机改造成完全由计算机控制的柴油机。曼恩公司对智能系统的研制是从 1991 年开始的，目的就是提高柴油机的可靠性、灵活性。2000 年 11 月，该公司研制的智能系统装在挪威的一艘 37500DWT 化学品运输船的主机上。船舶上的柴油主机装上电子智能控制系统可以全面提高柴油机的性能，使柴油机的各种功能得到充分发挥。电子智能控制系统一般包括柴油机的起动、调速、扭矩限制、运行状况监测、数据和诊断信息传递等。

(3) 减少 NO_x 排放，保护生态环境。

在提高柴油机性能的同时，人们并没有忘记保护生态环境。市场上现已出现了结构简单的降低 NO_x 排放的装置。法国热机协会推出了利用蒸发湿空气系统减少 NO_x 排放的装置。为了使增压空气达到接近饱和的状态，蒸发湿空气系统将蒸发增压空气中的大量水分。通过试验台试验和实船试验证明，蒸发湿空气系统可以使柴油机的 NO_x 排放量减少 70%。从经济角度看，该系统有效利用海水，通过添加廉价的添加剂即可避免水中钙的沉积。该系统已与主机配套运行 6000h 未出现问题。专家对装有蒸发湿空气系统的柴油机运行 3300h 后进行了检测。检测结果表明，这台柴油机的缸套、活塞和活塞环的工作状况良好，活塞上积炭很少。该机在运行一年后经再次检测发现，安装蒸发湿空气系统后增压器涡轮不易被腐蚀。当然作为减少排放的有效措施，SCR(selective catalytic reduction)、EGR(exhaust gas recirculation)等技术也在发展之中。

一、柴油机的总体结构

1. 柴油机的基本组成

船用柴油机的结构比较复杂，它由许多机构和系统组成。尽管各种柴油机的结构、型号各异，但在工作原理和总体结构上有很多共同之处。柴油机主要由以下机构和系统组成。

1）主要固定件

柴油机的主要固定件由机座、机架、气缸和气缸盖等组成，对于中小型柴油机，常将气缸体和机架做成一体（称为机体），并省去机座代之以轻便的油底壳。它们构成了柴油机的骨架，支撑运动件和辅助系统。

2）主要运动件

柴油机的主要运动件由活塞、连杆组件及曲轴组成，对于大型低速柴油机，还有十字头组件。活塞与气缸及气缸盖构成燃烧室，保证柴油机工作过程的进行，同时通过连杆将活塞的往复运动变为曲轴的回转运动，使燃气推动活塞的动力通过曲轴以回转的方式向外输出。

3）配气机构及进排气系统

配气机构由进排气阀、气阀传动机构、凸轮轴及凸轮轴传动机构组成。进排气系统由空气滤器、进排气管和消声器组成，对于增压柴油机，还有增压器和空冷器。它们的作用是按照工作循环的需要，定时向气缸内供应充足、清洁的新鲜空气，并将燃烧后的废气排出气缸。

4）燃油系统

燃油系统由燃油供给系统和燃油喷射系统组成。燃油供给系统是把符合使用要求的燃油畅通无阻地输送到喷油泵入口端。该系统通常由加装和测量、储存、驳运、净化处理、供给五个基本环节组成。燃油喷射系统由喷油泵、喷油器和高压油管组成，其作用是定时、定量向燃烧室内喷入雾化良好的燃油，保证燃烧过程的进行。

5）润滑系统

润滑系统的作用是将清洁的润滑油送至柴油机的各运动件摩擦表面，起到减磨、冷却、清洁、密封和防锈作用，保证柴油机的正常工作。大型低速柴油机通常由气缸注油系统和曲轴箱油系统两部分组成，而中小型柴油机只有曲轴箱油系统，也称为机油系统。

6）冷却系统

冷却系统由泵、冷却器和温控器等组成。船用柴油机通常以淡水和滑油为冷却剂，冷却剂在机内流动，将受热零部件吸收的热传导出去，保证零部件有正常的工作温度。而淡水和滑油本身被海水冷却。

7）起动和控制系统

起动系统是借助外力带动曲轴回转，使其达到一定的转速，实现柴油机的第一次着火燃烧，由静止转入工作状态。根据柴油机的不同，起动系统可分为两类：一类是借助外力矩使曲轴转动，如人力手摇起动、电机起动和气马达起动等；另一类是借助加在活塞上的外力推动活塞运动使曲轴旋转，如压缩空气起动。

柴油机的控制系统是为了满足船舶机动操作的要求，使起动、换向和调速装置各种装置联合动作的操纵机构。

2. 柴油机的典型结构

船用柴油机在结构上主要分为十字头式柴油机和筒形柴油机。随着柴油机的发展，曼恩公司生产的 MC 系列柴油机和瓦锡兰公司(Wärtsilä)生产的 SULZERRTA 系列柴油机已成为二冲程十字头式柴油机市场的主导产品，而瓦锡兰、曼恩、MTU(Motoren-und Turbinen-Union Friedrichshafen GmbH)等公司的产品则在四冲程中速柴油机市场占主导地位。下面以曼恩公司生产的 S50MC-C 型柴油机和瓦锡兰公司的 Wärtsilä32 型中速柴油机为例介绍低速二冲程柴油机和四冲程柴油机的总体结构。

1) S50MC-C 型柴油机

自 1982 年 MC 系列柴油机投入使用以来，这一系列柴油机已成为最常被选用的船用主机，占据了最大的市场份额。在近 20 年的发展过程中，这一系列柴油机仍在不断地改进和发展，经验、新技术、新材料都在柴油机的发展过程中得到体现，MC-C 型柴油机就是近年内发展起来的广泛用于货船主机的一个新机型。

MC-C 型柴油机首先是在大缸径机上实现的，这些发动机是为大型集装箱船设计制造的，相对原型机其转速有所提高。根据市场需求，曼恩公司又推出了中缸径的 MC-C 型柴油机(S50MC-C、S60MC-C 及 S70MC-C，简称 S-MC-C 系列)。S-MC-C 系列柴油机的发展目标是在提高功率输出的前提下改善可靠性，减轻重量，缩短柴油机的长度，这就是 C 紧凑型的概念。一般来说，对相同尺寸的发动机其长度约缩短 10%，而功率上升 10%，重量下降 10%，例如，S50MC-C 型机的气缸中心距从 S50MC 的 890mm 下降到 850mm，6S50MC-C 型机的长度比 6S50MC 的长度短 700mm。

S50MC-C 型机结构上最明显的特征是以双贯穿螺栓代替传统的单贯穿螺栓，与传统的贯穿螺栓的不同之处还在于它不再一直插到机座底部，而是拧入机座顶部的螺孔之中。机座在不增加宽度的情况下将地脚螺栓移到外侧，这样，简化了焊接工艺并有利于厂家的安装。在气缸体设计上，S50MC-C 的显著特点是气缸体的高度减小，重量变轻，加工制造和维护管理更加方便。特别是将凸轮轴箱和气缸体做成一体，并取消了气缸体内的冷却水腔。

新型 S-MC-C 柴油机所有的大型轴承普遍采用现代薄壁轴瓦结构，轴承材料采用 Sn40Al，这种轴承材料具有较低的温度敏感性和很强的抗疲劳能力，这明显提高了主轴承的可靠性。由于 S50MC-C 型柴油机的行程/缸径比已经达到了 4.0，最高燃烧压力达到 150bar，对曲轴刚度和轴承负荷的影响很大。因此，在曲轴设计上采用加大主轴颈和曲柄销直径的方法，并减少轴颈的长度。轴颈直径的增加和长度的缩短增强了曲轴的刚度，弥补了行程/缸径比增大对刚度的影响，而轴颈直径的加大又可以增大轴承的承载面积，在相同的轴承负荷下缩短轴颈长度，当然这也和采用新型轴承材料有关。轴颈的缩短使气缸中心距和整机长度减小，减轻了机器的重量，也可以使机舱空间减小，从而增大用于营运的货舱容积。

S50MC-C 型油机(图 2.7)采用短连杆结构，其主要目的是降低机器的高度，减轻机器重量，减少振动质量和降低成本。其十字头销设计成非常简单的直段轴形，省去了两个端销，直径也缩小。这样既简化了加工过程，又减轻了重量。

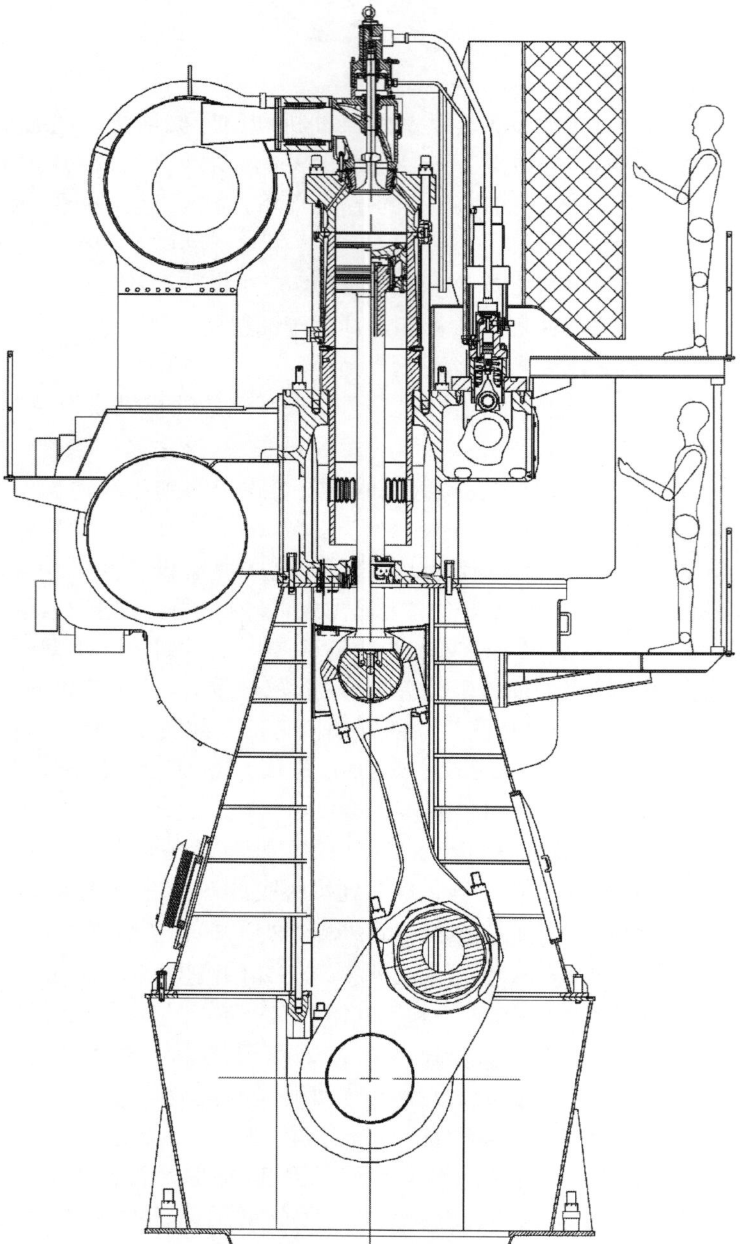

图 2.7　S50MC-C 型柴油机

S50MC-C 型柴油机在活塞结构上采用了低置活塞环组，以提高活塞顶岸高度，这对于柴油机气缸的工作是非常有利的。活塞环位置的降低，使活塞环处于温度较低的区域，离燃气区较远，燃烧产物不易进入摩擦面，活塞环的工作条件和润滑性能改善，活塞环组的工作性能提高，活塞的磨损明显减轻。

活塞顶岸高度的提高也使气缸盖与气缸套结合面的降低成为可能，这使得气缸盖与气缸套结合面以及气缸套的热负荷降低，其工作条件得到改善。主要的热负荷由钢制的气缸盖承受。由于钢制的气缸盖的抗热负荷能力比铸铁缸套要大，其可靠性得到提高。

2) Wärtsilä32 型中速柴油机

Wärtsilä32 型中速柴油机(图 2.8)是以在燃烧技术上取得的最新成就为基础而设计制造的。它具有 NO_x 排放低、可靠性高、维护管理方便、运转费用低等优点。在结构上有如下特点。

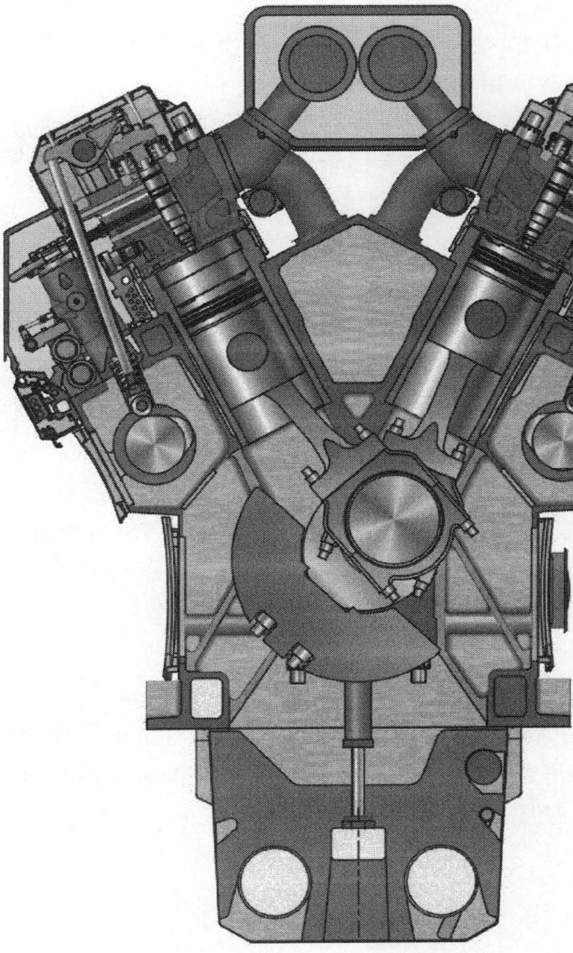

图 2.8　Wärtsilä32 型中速柴油机

(1) 柴油机的机体用球墨铸铁铸造。Wärtsilä32 型中速柴油机使用最新的铸造技术，将所有的油水管路设置在机体之内，成为外部光洁的真正无管路的发动机。柴油机采用弹性底座，确保柴油机的振动不会传到机外。

(2) 柴油机的曲轴是整体锻造的并进行全面的机加工，对曲柄直径和过渡圆角进行仔细优化，对轴承负荷进行精心计算，并且在每个曲柄臂上都装有平衡重，保证曲轴在高的气缸压力下的可靠工作，并将轴承负荷控制在允许的范围之内。这样的设计也使柴油机的总体长度达到最小。主轴承采用倒挂式主轴承，通过选择最合适的轴承材料和对关键区域油槽的优化设计，可保证足够的油膜厚度，确保轴承的良好工作。

(3) 活塞是由铸钢的活塞头和铸铁活塞裙制造的组合式活塞，Wärtsilä32 型柴油机活塞的特点是在其裙部设有润滑装置，这确保了活塞环和活塞裙的可靠润滑并使摩擦损失降低到最小。在活塞上仅装有两道压缩环和一道刮油环，第一道环设有特殊的耐磨层，从而使摩擦损失达到最小。

(4) 柴油机的气缸套在其上部加高加厚，有足够的强度和刚度承受机械负荷和热负荷，通过钻孔冷却，控制其温度及热负荷。在缸套内部上端设有一个防磨环，可以除去活塞头部的积炭，减少缸套的磨损和滑油的消耗。

(5) 采用船用大端连杆，对于这种持续在高燃烧压力下工作的柴油机，这种连杆是最安全的。杆身与连杆大端的结合面正处于连杆大端轴承座的上方，可以方便地拆卸和维护。螺栓用液压工具同时上紧。

(6) 气缸盖采用四螺栓结构，通过内部结构设计使其具有最大的刚度，可以确保阀和阀座的均匀接触及气缸套的圆度。进排气道在设计上通过计算流体力学的分析，使其流动损失最小。气缸盖上采用多管道元件代替传统柴油机上单独元件的结构，可以完成空气进入气缸、废气排至排气系统、冷却水从气缸盖排出等多项功能。

(7) 增压系统可采用脉冲增压系统和单管脉冲增压系统并带有废气和空气旁通阀，确保了废气侧和空气侧最小的流动损失。

(8) 冷却水系统分为高温水系统和低温水系统。气缸套和气缸盖及增压空气冷却器的高温部分等的温度由高温水系统控制，系统温度保持在约 95℃，保证燃用低质燃烧油时的良好工作。低温系统则用于冷却增压空气冷却器的低温部分及滑油冷却器。对于动力装置总体，这种冷却方式能够获得最大的热回收和总体效率。

二、燃烧室部件

燃烧室部件是柴油机中最重要的部件，包括活塞组件、气缸盖组件和气缸组件。当活塞处在上止点时，由气缸盖底面、气缸套内表面及活塞顶共同组成的燃料与空气混合和燃烧的这一空间称为燃烧室，如图 2.9 所示。柴油机的工作主要是在这里完成的。

1. 燃烧室部件承受的负荷及结构特点

由于在燃烧室中进行着压缩、燃烧和膨胀过程，燃烧室部件将受到燃气高温、高压和腐蚀作用，活塞的摩擦、敲击和侧推力作用及冷却水的腐蚀和穴蚀作用，它是柴油机中工作条件最恶劣的部分。

1) 机械负荷

机械负荷是指柴油机部件承受最高燃烧压力、惯性力和振动冲击等的强烈程度。燃

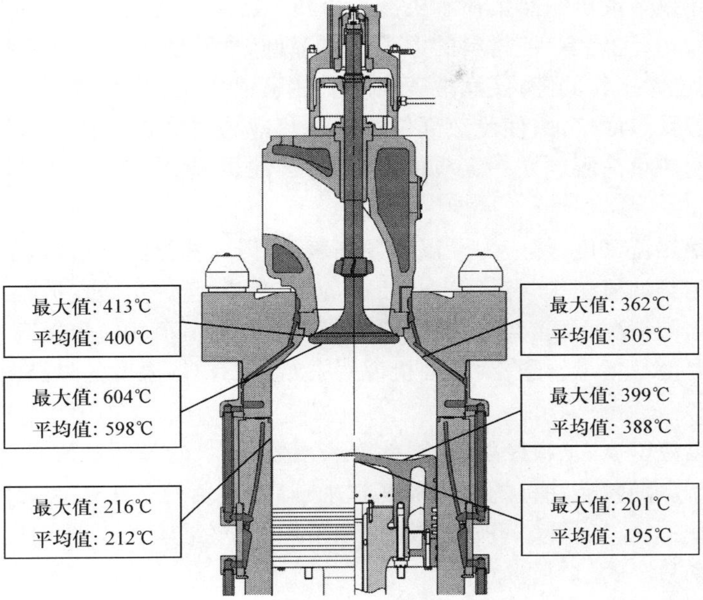

图 2.9　燃烧室

烧室部件所承受的机械负荷，对气缸盖和气缸套主要是气体压力和安装预紧力，对活塞还有往复惯性力。柴油机的机械负荷有两个特点：一是周期交变；二是具有冲击性。

(1) 安装预紧力引起的负荷。为了在柴油机运转中的任何工况下气缸盖不与气缸套脱开，应保证固定螺栓的预紧力 p_d 在安装时不过大与过小。当代新型柴油机的气缸盖紧固螺栓均采用液压拉伸器，按规定液压力固紧。气缸盖和气缸套的安装应力与最高爆发压力成正比，与其构件的高度成反比。

(2) 气体力引起的机械应力。由于气缸内的气体力是周期变化的，其最大值为最高爆发压力 p_z，变化频率与单位时间内的循环次数(转速)有关。因此，由气体力产生的机械应力又称高频应力。燃烧室部件中由气体压力产生的机械应力都与最高爆发压力成正比，与部件壁厚成反比。

当柴油机工作时，气缸盖和活塞在气体压力 p 作用下产生弯矩，并使上下表面产生机械应力：水冷面为拉应力，触火面为压应力。

气缸套内部在承受最高爆发压力 p_z 作用时，其应力分布如图 2.10 所示。触火面切向应力最大(拉应力)，径向应力最大(压应力)；水冷面切向应力最小(拉应力)，径向应力为零。

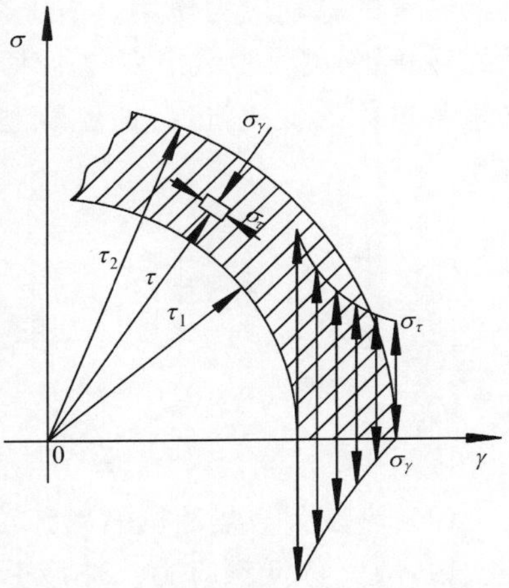

图 2.10　气缸套壁内机械应力分布图

2) 热负荷

热负荷是指柴油机的燃烧室部件承受温度、热流量及热应力的强烈程度。柴油机强化程度的提高导致柴油机的热负荷和机械负荷随之提高。热负荷过高对燃烧室部件造成的危害是多方面的，主要有:使材料的力学性能降低，承载能力下降;使受热部件膨胀、变形，改变原来的正常工作间隙;使润滑表面的滑油迅速变质、结焦、蒸发乃至烧掉;使有些部件(如活塞顶)受热面烧蚀;使受热部件承受的热应力过大，产生疲劳破坏等。因此，将运转中柴油机的热负荷限制在一定范围之内，对柴油机经济、安全、可靠地运转是十分重要的。

热负荷可用热流密度、热应力及温度场来表示，但这些方法不够直观，在船舶上，轮机管理人员通常用柴油机的排气温度来判断热负荷。它对于评定既定的柴油机是简单和实用的。因为在正常情况下，当柴油机循环喷油量增加(热负荷相应也提高)时，燃烧室部件的温度和排气温度都增加。通常，柴油机说明书给出了排气温度的最高值，作为限制热负荷的标准。

热应力与热流密度、顶板厚度、材料的膨胀系数、材料的弹性系数成正比，而与材料热传导系数成反比。随着柴油机的强化程度越来越高，热负荷越来越大。为了把热应力保持在原有的水平上，要尽量减少顶板的厚度而采用薄壁结构，且应选用传热系数大、热膨胀系数和弹性系数小的材料。

燃烧室部件在交变的热应力作用下出现的破坏现象称为热疲劳。热疲劳的产生和发展过程可用图 2.11 说明。图 2.11(a)表示热量从壁的触火面 A 流向水冷面 B。图 2.11(b)表示温度分布，温度沿壁厚近似直线变化。图 2.11(c)表示应力的变化，A 面产生压应力，B 面产生拉应力。当壁面的温度足够高、应力足够大时，就会在运行期间产生较大的蠕变。特别是在触火面因温度高、应力大时在金属晶粒之间发生挤压，产生较大的塑性变形，并使该区域应力下降。当停车冷却后，非塑性变形的冷却面要复原，而塑性变形的触火面不能复原，致使壁面产生残余应力。这种残余应力的分布情况如图 2.11(e)所示，它使触火面一侧受到拉伸。随着起动-停车的多次重复，上述现象也多次出现，使壁面受到低频率的脉动应力作用。由于在高温下材料强度降低，而低频应力在柴油机起动-全负荷运转-停车过程中数值变化很大，一些燃烧室零件在短期内出现裂纹。柴油机在运转中如果有负荷的变化，也会使燃烧室受热部位受低频应力的作用，只是此时的应力幅值比较小。

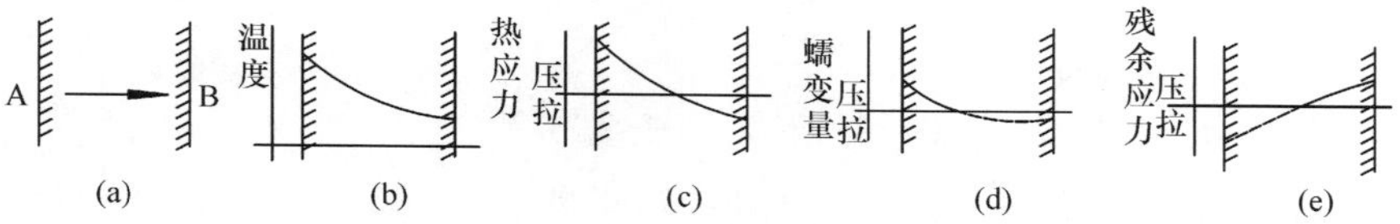

图 2.11　热疲劳的产生和发展过程

(1) 热疲劳与柴油机的累计转数并无太大关系，主要取决于机器的起动-运行-停车循环次数，故又称低频应力。热疲劳产生的裂纹多数在触火面上形成和发展，以致造成损坏，因为这里受到较大的残余拉应力和较大的热应力与机械应力合成的压应力的交变作用。另外，在触火面上还作用着高频热应力，虽然高频热应力仅涉及很薄的一层，但它会使触火面加速损坏。

(2) 柴油机在使用中因管理不当使燃烧室部件过热或局部过热，整机或个别缸超负荷运行或进行频繁的起停，这均会加速热疲劳破坏的出现。因此，在管理中应注意机器的冷却状态，不超负荷运行，尽量减少起停柴油机的次数，这对提高燃烧室部件的可靠性、延长使用寿命是非常有利的。

燃烧室部件上承受的应力除上面已分析过的之外，在铸造件内还不可避免地存在着铸造应力，柴油机运转时活塞上还要承受因自身惯性力引起的机械应力。在这些应力中，有高频的，也有低频的。因此，燃烧室部件承受的应力是按一定的关系叠加起来的综合应力。要使燃烧室部件工作可靠，一定要有合理的结构来保证。

3) 燃烧室部件的结构特点

当代新型超长行程柴油机的强化程度已达到非常高的水平，燃烧室部件的机械负荷和热负荷也已接近其材料允许的极限，因此对其结构形式要求日益苛刻。要降低机械负荷应采用厚壁结构，要降低热负荷应采用薄壁结构，两者相互矛盾。解决此矛盾的最合理结构是“薄壁强背”结构，这是兼顾机械应力和热应力的有效方法。薄壁是指燃烧室部件的受热壁要薄，以减少热应力。而强背是在薄壁的背面设置强有力的支承，以降低机械应力。在现有的各种薄壁强背结构中，钻孔冷却是一种最理想的形式。因此，当代新型超长行程柴油机燃烧室大多采用钻孔冷却结构。图 2.12 为在气缸盖和气缸套上钻出的冷却水孔的分布情况。由图可见，冷却水孔离触火面很近，这些水孔共同构成了一层热屏障，挡住了热流向外传递。也就是说，无论气缸套还是气缸盖，冷却水孔实际上将它们分为冷热两部分，热流基本可以被限制在燃烧室壁表面与冷却水孔道之间的狭窄区域。因此，热区很薄(薄壁，减少了热应力)，冷区很厚(强背，减少了机械应力)。由于钻孔冷却效果好，目前已普遍应用在现代大型强载柴油机上。

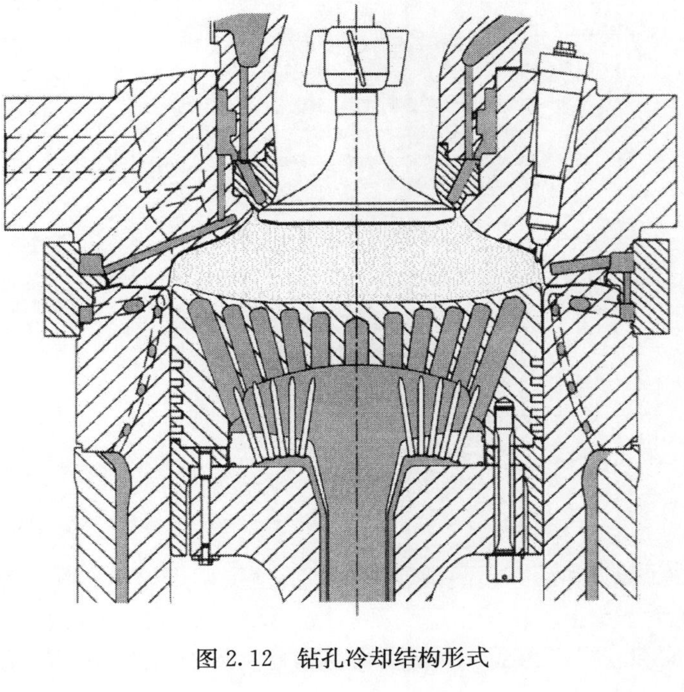

图 2.12　钻孔冷却结构形式

2. 活塞

1）活塞的作用及工作条件

活塞是柴油机中的关键部件，可分为十字头式活塞和筒形活塞两大类。它既是燃烧室部件的组成部分，又与连杆、曲轴等部件组成运动机构。活塞的主要作用是在保证密封的情况下完成压缩和膨胀过程，并将气体力经连杆传递给曲轴。在筒形活塞式柴油机中，活塞承受侧推力，起着滑块的作用。在二冲程柴油机中，活塞还启闭气口，控制换气。

在柴油机工作中，活塞受到燃气的高温、高压、烧蚀和腐蚀作用，它的热负荷和机械负荷很高，而活塞材料在高温下力学性能又有所降低，因此容易发生裂纹和变形。活塞与气缸之间，在相对运动中产生摩擦和撞击。在气缸中，活塞温度很高、燃气冲刷、往复运动等，与气缸之间不可能建立液体动力润滑，因此摩擦损失功大，磨损严重。在中、高速柴油机中，活塞具有较大的往复惯性力，使得柴油机的振动加剧。

由于活塞对柴油机的动力性、经济性和可靠性影响很大，所以要求活塞强度高、刚度大、密封可靠、散热性好、冷却效果好、摩擦损失小、耐磨损。对中、高速柴油机，还要求活塞重量轻。

2）十字头式柴油机活塞的构造

十字头式柴油机活塞由活塞头、活塞裙、活塞环、活塞杆和活塞冷却机构组成。图 2.13 为曼恩公司的 S50MC-C 型柴油机活塞。

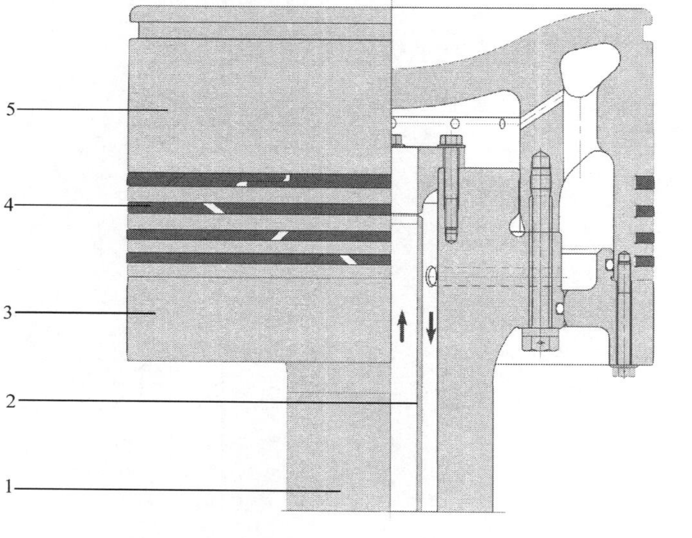

图 2.13　十字头式活塞

1-活塞杆；2-冷却油管；3-活塞裙；4-活塞环；5-活塞头

活塞主要由活塞头和活塞裙两部分组成。活塞头用螺栓固定在活塞杆的顶部，活塞裙由螺栓固定在活塞头上。由于活塞头部与燃气接触，承受高温和高压，活塞裙部与气缸套接触，产生摩擦和磨损。为了合理使用材料和方便制造，活塞头和活塞裙分别用耐热合金钢和耐磨铸铁制造。活塞头的顶部呈下凹形，利于燃油和空气混合。活塞头的内部支承体现了薄壁强背的设计原则。

活塞头的侧面有四道镀铬的活塞环槽，构成活塞环带，以装配活塞环密封燃烧室。由于第一、二道环承受的气体压力较高，环的高度较高。第一道环是压力释放环，为重叠搭口，其上有六个释压槽，可以使第一、二道环承受的气体压力更加均匀。第二、三、四道环为斜搭口，活塞头的顶部环槽用于吊缸时安装起吊工具。

十字头式活塞在结构上采用了低置活塞环组，以提高活塞顶岸(活塞顶至第一道环的距离)高度，这对于柴油机气缸工作是非常有利的。由于活塞环位置的降低，活塞环处于温度较低的区域，离燃气区较远，使燃烧产物不易进入摩擦面，活塞环的工作条件和润滑性能得到改善，活塞环组的工作性能提高，活塞的磨损明显减轻。

活塞裙为圆筒状，因十字头式活塞不受侧推力的作用，对于直流扫气柴油机，活塞裙做得较短。

活塞杆由锻钢制造，表面经硬化处理。工作中活塞杆承受气体力和惯性力的作用，一般不受拉力只受压力，因而应有足够的抗压强度。又因为它的长度与直径的比值较大，所以还要满足压杆稳定性的要求。活塞杆的底部与十字头连接，并由十字头上的凹槽定位。为了适应不同工况，可在活塞杆与十字头之间装配调节垫片。活塞杆用四个螺栓与十字头固紧。

活塞采用滑油冷却，在空心活塞杆顶端固定着滑油管。冷却油由固定在十字头上的套管供入，经十字头与活塞杆底部的钻孔进入活塞杆中的滑油管内部，再进入活塞头的冷却油腔，通过活塞头支撑部分的油孔到达外部环形油腔，冷却活塞后经滑油管外的环形空间和十字头流出。

3）筒形柴油机活塞的构造

筒形柴油机活塞由活塞头、活塞裙、活塞环和活塞销组成。对于中型强载柴油机，活塞头和活塞裙是分开制造的，而对于强化程度不大的柴油机及小型柴油机，通常将活塞头和活塞裙制成一体，称为活塞本体。图 2.14 为 Wärtsilä32 型柴油机的活塞。

活塞头由铸钢制造，活塞裙由球墨铸铁制造并组合在一起。浅盆形活塞顶与气缸盖的平底面相配合，形成一定形状的空间，以适应喷油器喷出的油束，利于油、气混合和燃烧。活塞顶部四周突起，在与气阀开启相干涉的部位铣出避让坑。活塞头的环带上车有两道压缩环槽和一道刮油环槽。活塞头和活塞裙之间的空间为冷却腔。活塞采用滑油冷却，滑油由曲轴、连杆、活塞销和活塞裙中的通道送至环形冷却腔，再由此流入中央冷却腔，最后由冷却腔的中央孔泄至曲轴箱中。中央孔的位置及孔径，保证了振荡冷却的实现。由于活塞头是钢制的，活塞顶板和侧壁较薄，冷却腔较大，使冷却油振荡作用得到加强，提高了传热效果。活塞顶的这种结构也明显体现了薄壁强背的设计思想。

筒形活塞的活塞裙，除承受气体力的作用外，还受较大的侧推力的作用，因此要造得十分坚韧。对于筒形活塞的活塞裙，活塞销处金属较多，受热时会使活塞销轴线方向的膨胀较大；活塞裙在侧推力作用下也会使活塞销轴线方向伸长，这样，在工作时活塞裙变成椭圆形，使活塞和气缸发生卡阻。为了避免这种现象，Wärtsilä32 型柴油机的活塞裙在设计阶段就除去了这部分金属。

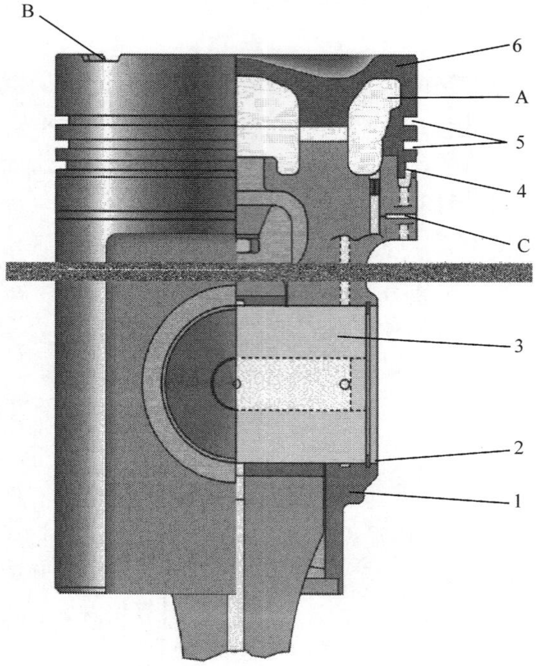

图 2.14　筒形活塞(Wärtsilä32 型)

1-活塞裙;2-卡簧;3-活塞销;4-刮油环槽;5-压缩环槽;6-活塞头;A-冷却腔;B-避让坑;C-注油孔

Wärtsilä32 型柴油机的活塞裙设有四个滑油孔,这确保了活塞环和活塞裙的可靠润滑并使摩擦损失降到最小。在活塞上仅装有两道压缩环和一道刮油环,第一道环设有特殊的耐磨层,这使得摩擦损失达到最小。

4) 活塞环

活塞环根据所起的作用不同分为压缩环(气环)和刮油环两种。压缩环主要用来保证活塞和气缸之间在相对运动条件下的密封。刮油环的作用是除去气缸套表面过多的滑油,通常用于筒形活塞式柴油机。而十字头式柴油机气缸采用注油润滑,一般只装压缩环,在活塞裙较长的活塞上还要安装承磨环。

活塞环的工作条件十分恶劣,第一道活塞环直接受到高温高压燃气的作用,其他环由于燃气经环的搭口、气缸壁面和环槽处泄漏,也不同程度地受燃气的作用。活塞环在工作中被活塞带动相对于气缸套做往复运动。由于气体压力、活塞环往复运动的惯性力和气缸套间产生的摩擦力、活塞横向振动和气口挂碰等作用,活塞环在环槽中产生十分复杂的运动,包括轴向运动和轴向振动、径向运动和径向振动、回转运动、扭曲振动等。由于气缸套壁面失圆、有锥度,活塞环在本身弹力作用下还要产生张合的交变运动。活塞环在高温下工作,润滑条件较差,在环槽中的运动状态又十分复杂,使得它与气缸套、活塞环槽之间产生严重的摩擦和磨损。活塞环因振动、与气口挂碰、弹性张合等作用有可能产生裂纹或折断。柴油机在运行中,还会因燃烧不良、滑油过多而将活塞环黏着在环槽里,使活塞环失去密封作用,造成燃烧室窜气,使得活塞环损坏。因此,要求活塞环应具有良好的密封性能，且要耐磨，特别是抗熔着磨损的性能要高；要具有适当的弹性、足够的强度和热稳定性。

活塞环的材料弹性要好，摩擦系数小，耐磨、耐高温；有良好的初期磨合性、储油性和耐酸腐蚀。一般采用合金铸铁（加硼、高硅）、可锻铸铁、球墨铸铁。为了提高活塞环的工作能力，常采用的结构措施和制造工艺有：表面镀铬以提高耐磨性；松孔镀铬，以提高表面储油性，加快磨合；内表面刻纹以提高弹性；环外表面开设蓄油沟槽；环外表面镀铜以利磨合，喷镀钼以防止黏着磨损等。

(1) 压缩环。压缩环的主要作用是防止气缸中的气体泄漏和将活塞上的部分热量传给气缸。压缩环的密封作用是依靠本身的弹性、作用在其上面及泄漏到环内侧气体的压力，使压缩环紧紧贴合到气缸壁和环槽壁上，如图 2.15 所示。这样就阻止了气体通过活塞与气缸壁之间的间隙漏至气缸下部空间。由于活塞环在气缸中要留有搭口间隙，所以正常工作的压缩环也不可能完全阻断燃气的泄漏。再加上活塞环可能出现的失效，为了提高密封效果，一个活塞上要设多道压缩环。但为了减少摩擦损失，压缩环也不能设置过多，通常高速柴油机装 2～4 道，低速柴油机装 4～6 道。每道压缩环的密封作用可由燃气压力在各道环槽中的变化情况看出。第一道压缩环由于高温高压燃气的直接作用，承受的负荷最大，在新型柴油机上，采用将第一道压缩环加高的方法提高其承载能力，并在压缩环的外侧开设4～6 道压力释放槽，以使第 1、2 道压缩环的负荷更加均匀，如图 2.13 所示。

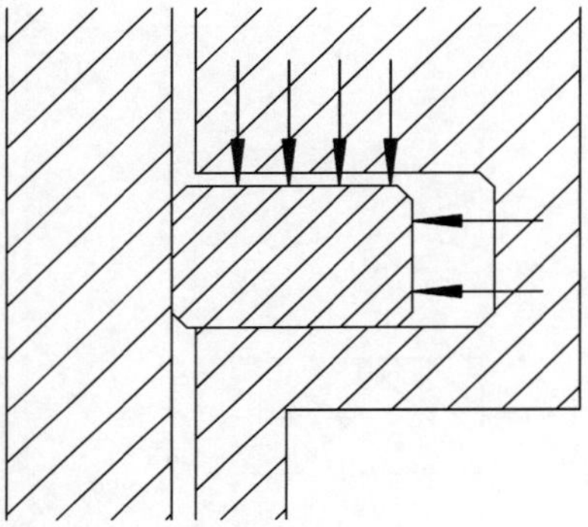

图 2.15 压缩环的密封作用

压缩环的结构形式是多种多样的，如图 2.16 所示，根据其断面形状，可分为矩形环（图 2.16(a)）、梯形环（图 2.16(b)）、倒角环（图 2.16(c)）、扭曲环（图 2.16(d)～(h)）等。矩形环制造简单，应用最广，但温度超过 200℃时容易结焦卡死。梯形环、倒角环和扭曲环用在中、高速柴油机中。如图 2.17 所示，压缩环的搭口形式有直搭口（图 2.17(a)）、斜搭口（图 2.17(b)和(c)）和重叠搭口（图 2.17(d)），直搭口和斜搭口结构简单，加工方便。重叠搭口气密性好，但容易折断。为了减少通过搭口的漏气，安装时活塞环搭口不要摆在上下一条直线上，应该错开且相邻环的斜搭口方向要彼此相反。

(2) 刮油环。在筒形活塞柴油机中，做回转运动的曲柄销轴承会把润滑油甩到气缸壁上。活塞和气缸套之间就是依靠这样飞溅出来的油进行润滑的，因此称为飞溅润滑。飞溅到气缸壁上的滑油过多，压缩环会通过泵油作用将这些油泵入燃烧室，这不仅增加了滑油的消耗量，还会严重地污染活塞、气缸、气阀和排气道，因此筒形活塞要在压缩环下面装设 1～2 道刮油环。新型柴油机通常只装设一道刮油环。

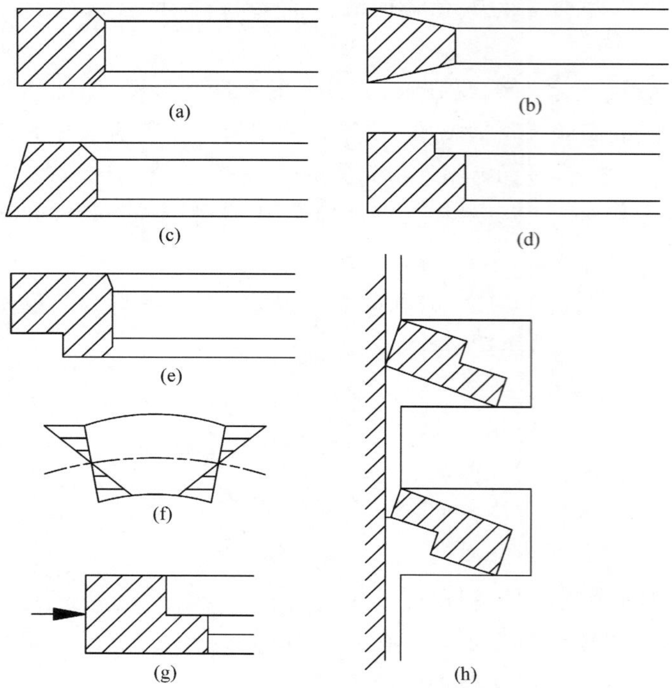

图 2.16　压缩环的断面形状

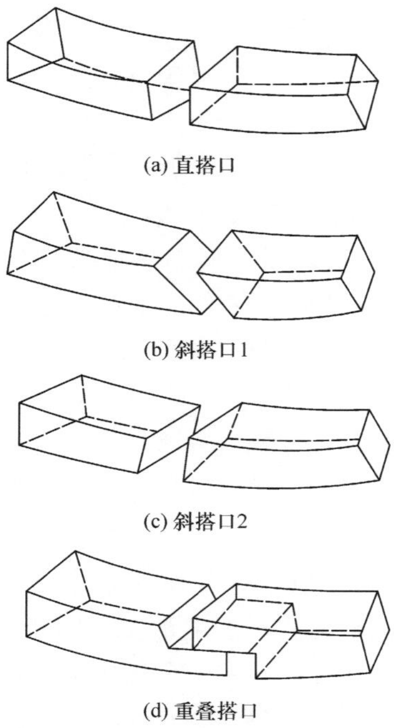

图 2.17　压缩环的搭口形式

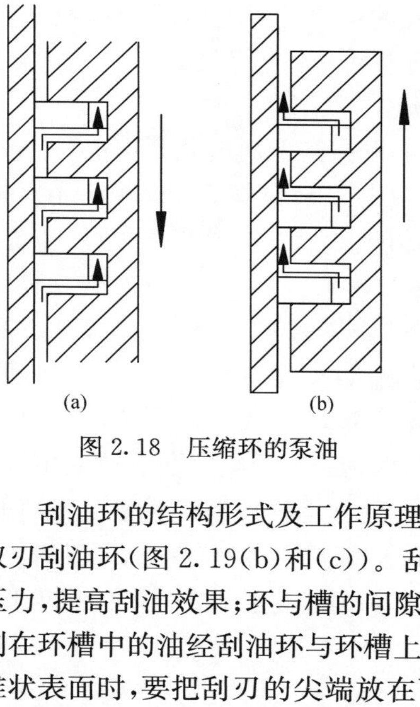

图 2.18　压缩环的泵油

压缩环的泵油作用是由活塞环在缸壁上的刮油作用和在环槽中的挤油作用引起的。活塞环在环槽中的运动是由气体力、惯性力和摩擦力的合力决定的。例如，在进气过程中，如图 2.18(a)所示，如果合力向上，压缩环紧压在环槽顶面上。压缩环在运动中把缸壁上的油刮到环槽中。当活塞经过下止点回行时，压缩环所受的合力向下，压缩环由槽的顶面移向底面，把环槽中的油由下方挤到上方，如图 2.18(b)所示。而第一道环槽上方的油被挤入燃烧室。压缩环在其他工作过程中也有类似的运动，随着柴油机工作循环的进行，滑油就从一道压缩环到另一道压缩环逐渐泵上去，最后被第一道压缩环泵入燃烧室。

刮油环的结构形式及工作原理如图 2.19 所示，其可分为单刃刮油环(图 2.19(a))和双刃刮油环(图 2.19(b)和(c))。刮油环的特点是：环与缸壁的接触面积小，以增加接触压力，提高刮油效果；环与槽的间隙小，以减小泵油作用；刮油环及环槽开有泄油孔，可将刮在环槽中的油经刮油环与环槽上的泄油孔排回曲轴箱。注意，当安装的刮油环刮刃为锥状表面时，要把刮刃的尖端放在下方，如图 2.19(a)和(c)所示，以便刮油环下行时刮油，上行时让滑油从它的倾斜面上流过。如果装反了，它就会向上刮油，加强压缩环的泵油作用，使大量的滑油窜入燃烧室中。

(a)　(b)　(c)

图 2.19　刮油环的结构形式及工作原理

(3) 承磨环。十字头式活塞的承磨环是专为活塞与气缸的磨合而设置的。超短裙活塞可不装承磨环，短裙活塞装 1～2 道承磨环，长裙活塞装 2～4 道承磨环。在活塞裙上开设燕尾形的环槽，如图 2.20 所示。首先把截面中如图 2.20(a)所示的青铜条分成 3～4 段敲进环槽中，然后加工到工作尺寸，如图 2.20(b)所示。承磨环的直径比活塞裙部直径大。在磨合中，先是减磨金属与气缸磨合，待承磨环逐渐磨平后，磨合过的气缸再与活塞裙逐渐接触进行磨合。实践证明，如果在裙较长的活塞上不安装承磨环，活塞与气缸在磨合中就会出现拉缸。在中、小型筒形活塞的活塞裙上通常不设承磨环。

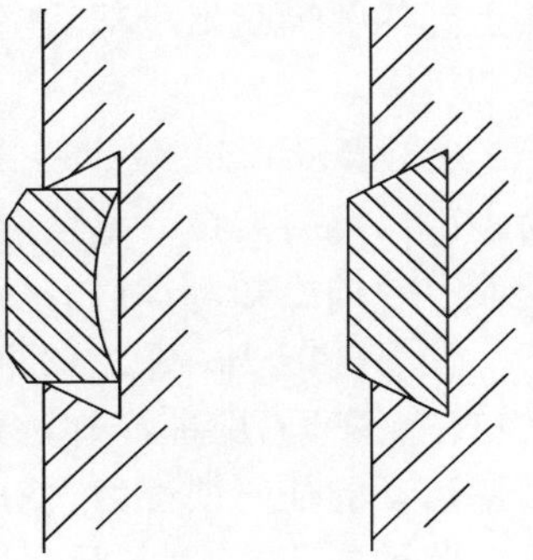

(a)　(b)

图 2.20　承磨环

承磨环在运行中磨平不必更换。但是，如果发现缸套有不正常的磨损和擦伤，或当承磨环出现单边严重磨损或碎裂时，在对缸套进行修整的同时应更换新承磨环。缸套、活塞换新时承磨环应予以换新。可通过承磨环的磨损情况分析活塞的对中情况。

5) 活塞销

在筒形活塞中，活塞和连杆小端靠活塞销相连。活塞销要传递周期变化的气体力和惯性力，还受到连杆小端和销座的摩擦和磨损。活塞销受活塞限制，本身尺寸小，润滑条件也较差。因此，要求活塞销有足够的耐疲劳强度、抗冲击韧性，耐磨损，重量轻。

活塞销多用优质碳钢或低碳合金钢制造，表面渗碳淬火，使表面硬度高而内部韧性好。活塞销的结构形式有浮动式、固定式和半浮动式。在连杆小端和销座内部可以自由转动的活塞销称为浮动式活塞销；固定在连杆小端上的活塞销称为半浮动式活塞销；固定在销座上的活塞销称为固定式活塞销。浮动式活塞销因销与连杆小端和销座都能相对转动，销的相对转动速度小，因此磨损小而且均匀，提高了销的疲劳强度和使用寿命。这种活塞销在筒形活塞式柴油机中应用最广。如图 2.14 所示的活塞就用的这种结构的活塞销。为了防止这种浮动式活塞销从销座中窜动刮伤气缸，可用卡簧轴向定位。活塞销上的径向孔用来润滑活塞销座及连杆小端轴承，并输送润滑油冷却活塞。

6) 活塞的冷却

活塞按散热方式可分为非冷却式活塞和冷却式活塞。

(1) 非冷却式活塞(径向散热型)。活塞头吸收的热量主要通过活塞环传给气缸套并通过冷却水带走，它主要用于强化程度较低、尺寸较小的小型柴油机活塞。这类活塞为了便于散热，在结构上通常顶部壁厚较大并沿活塞半径方向逐渐增厚，顶部内腔环带的过渡圆角半径较大。

(2) 冷却式活塞(轴向散热型)。使用冷却介质(如淡水、滑油等)对活塞顶内腔进行强制冷却。在此类活塞中，为保证大部分热量为轴向散热，活塞顶采用薄壁结构。同时，为减小径向散热，保护第一道活塞环温度不致太高而使活塞顶部内腔环带的过渡圆角半径较小，有时在第一环上方的活塞头外圆表面车制一道隔热环槽。此种活塞广泛用于大、中型柴油机。此类活塞的冷却方式可大致分为以下四种：

① 自由喷射冷却。滑油在压力作用下经连杆杆身内的输油通道，自下而上经连杆小端上部的喷嘴喷出冷却活塞顶，落入曲轴箱。此种冷却方式多用在强化程度不高的小型柴油机中。

② 循环冷却。借助专设的冷却机构把压力滑油送入活塞顶内腔中循环冷却(先周围后中部)，此时需在活塞顶内设循环腔或埋入蛇形管。此种冷却方式可对活塞顶部进行均匀而有效的冷却，但对强化程度很高的现代柴油机仍不能满足要求。

③ 振荡冷却(图 2.13 和图 2.14)。在活塞顶内腔中设置大容积的冷却空间，利用进、出口位置不同，保证冷却腔中的冷却液只充满 40%～60%，并以一定的循环速度流过。活塞运动的往复惯性力，使冷却液在腔室中产生上下冲刷振荡，加强对活塞顶的冷却作用。此种振荡速度(与活塞平均速度同量级)与冷却液循环流速叠加可产生较大的冷却液速度，可加强冷却液的扰动作用，提高对活塞顶的冷却效果，因而在大、中型强载柴油机上普遍采用。

④ 喷射-振荡式冷却。这种冷却方式主要用于新型 SULZERRTA 系列柴油机上。冷却油通过喷嘴直接喷射到活塞顶下部的冷却钻孔中，在排出冷却腔之前在冷却腔内振荡，由于喷射和振荡的双重效果，确保了低的活塞表面温度并避免了表面的烧蚀。

活塞冷却液的输送方式是多种多样的。在筒形活塞中广泛采用的是在曲轴、连杆中钻孔，滑油由主轴承经此孔道送至连杆小端，再经过活塞销和活塞销座中的孔道送至活塞头冷却空间(图 2.14)，冷却后的滑油泄回曲轴箱。但在十字头式活塞中，冷却液的输送需要由专门的机构来完成，这种专门的冷却液输送机构称为活塞冷却机构，归纳起来可分为套管式和铰链式两种。对于水冷活塞，通常采用密封性较好的套管式冷却机构，但由于存在着油、水交叉污染的问题，水冷活塞目前已较少使用。现代新型柴油机通常利用套管或铰链式输送机构将同时用于十字头润滑和活塞冷却的高压滑油送入十字头。

7) 活塞杆填料函

在十字头式柴油机的气缸套下部均装设横隔板把气缸套下部空间(通常为扫气空间)与曲轴箱隔开。此时在活塞杆穿过横隔板处设有活塞杆填料函，它的作用是防止扫气空气和气缸漏下来的污油、污物漏入曲轴箱，以免加热和污染曲轴箱滑油而腐蚀曲轴与连杆等部件；同时也防止曲轴箱中的滑油溅落到活塞杆上而带到扫气箱中，污染扫气空气。活塞杆填料函的结构形式虽然繁多，但其基本结构和原理大体相同，均主要由两组填料环组成，其上组为密封、刮油环；下组为刮油环。图 2.21 为曼恩公司 S-MC-C 型柴油机活塞杆填料函的结构。

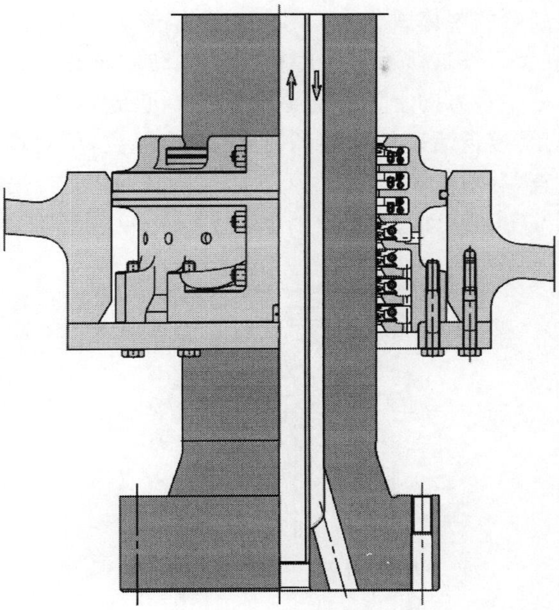

图 2.21　曼恩公司 S-MC-C 型柴油机活塞杆填料函的结构

3. 气缸

1）气缸的作用及工作条件

气缸是柴油机的主要固定部件之一，是燃烧室部件中的主体。柴油机的工作循环在气缸的工作空间里进行，活塞在气缸内部往复运动。在筒形活塞式柴油机中气缸起导承作用，承受活塞的侧推力。二冲程柴油机的气缸要开气口，布置气道。有些十字头式柴油机还把气缸下部空间用作扫气泵空间。此外，有的柴油机在气缸的外部还安装扫气箱、排气管、凸轮箱和增压器等。

气缸上部受气缸盖安装预紧力的作用；气缸内壁受燃气高温、高压和腐蚀作用以及活塞的摩擦、敲击和侧推力作用；气缸的冷却水空间受冷却水的腐蚀和穴蚀作用。当采用贯穿螺栓把气缸体、机架和机座紧固到一起时，气缸体承受压力。在非贯穿螺栓结构中，气缸体承受作用在气缸盖和活塞上的气体力形成的拉力。

气缸所起的作用和所处的工作条件，要求它具有足够的强度和刚度，以及良好的耐磨性和抗腐蚀性，并能进行良好的润滑和冷却。在气缸套与气缸盖的结合面、气缸体与气缸套的结合面要有可靠的气封和水封。

气缸由气缸体和气缸套组成。气缸体分为每缸一个的单体式、几个缸的缸体铸成一体的分组式以及所有气缸的缸体铸成一体的整体式。在尺寸较大的柴油机中，为了制造、拆装和维修方便，气缸体多做成单体式或分组式。在中小型柴油机中，为了减小尺寸和重量，增加刚性，气缸体不仅做成整体式，还与机架或曲轴箱制成一体，称为机体。通常气缸体采用灰铸铁制造，气缸套采用灰铸铁、耐磨合金铸铁或球墨铸铁制造。

2）气缸的构造

(1) 二冲程十字头柴油机气缸的构造。图 2.22 为曼恩公司 S-MC 和 S-MC-C 型柴油机的气缸。它由铸铁制造的单体式气缸体和气缸套组成。在气缸体的上部开有大尺寸的中心孔,孔中插入气缸套。气缸体下部有底板将气缸和曲轴箱隔开。底板上的孔中装活塞杆填料函。气缸体在左右方向上设有通道 B 和 C。通道 C 平时由盖板盖住,在检修时打开,使轮机人员很容易接近活塞杆填料函、扫气口等部位,可对填料函、缸套内表面、活塞及活塞环等进行检查,并对扫气口和活塞下部空间进行清洁。通道 B 和扫气箱相连,在活塞打开扫气口 A 时进行气缸扫气。

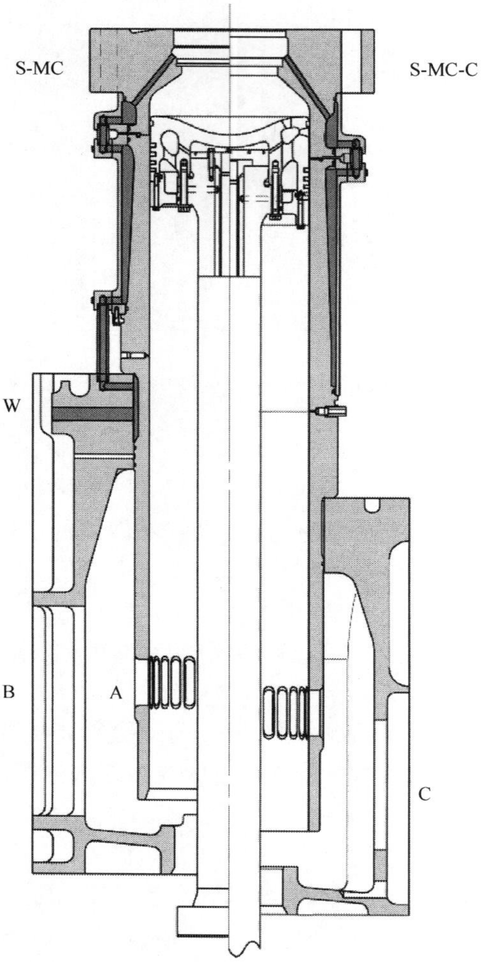

图 2.22 曼恩公司 S-MC 和 S-MC-C 型柴油机的气缸

A-扫气口;B-扫气通道;C-检修通道;W-冷却水入口

与老式气缸体相比,这种结构可使气缸体的高度明显降低,简化了气缸体,减轻了重量,便于加工制造,对超长行程柴油机(气缸套高度大)十分有利。

气缸套通过上部的气缸盖压紧在气缸体上,当气缸套受热时下部可以自由膨胀。气缸套外部设有冷却水套,MC-C 型柴油机冷却水由 W 处进入气缸体,再进入冷却水套。而 S-MC-C 型柴油机甚至在气缸体内不设冷却水腔,冷却水直接进入冷却水套,在冷却水套上下两端都设有橡胶圈用于密封冷却水。在气缸套下部外表面的槽内也有橡胶圈,用于给缸套导向和密封。在缸套上部通过冷却水接头，将冷却水送至气缸盖。由于气缸套的下部不用冷却，所以气缸套中、下部有较高的温度，这对气缸套工况及消除该区域腐蚀磨损有利。

在气缸套中部设有注油器接头，其内表面开有润滑油槽以保证气缸油的均匀分布。在缸套的最下部是一圈扫气口，由活塞控制开闭。扫气口在水平方向和垂直方向有一定的角度用以控制气流使之在进气时形成一定的旋流。

S-MC-C 型柴油机气缸套的最显著特点是缸套与气缸盖的密封面下移，这对于改善密封面的工作条件和气缸套的工作状况非常有利。有些柴油机还在缸套与气缸盖的密封面处设置了一道活塞清洁环，它的直径比气缸套的内径略小，可以除去活塞头部的积炭，减少缸套的磨损，如图 2.23 所示。

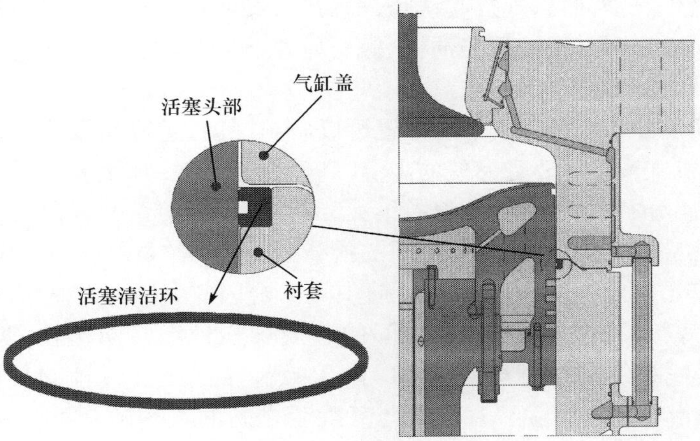

图 2.23　活塞清洁环

(2) 四冲程筒形柴油机气缸的结构。图 2.24 为 Wärtsilä32 型大功率中速四冲程柴

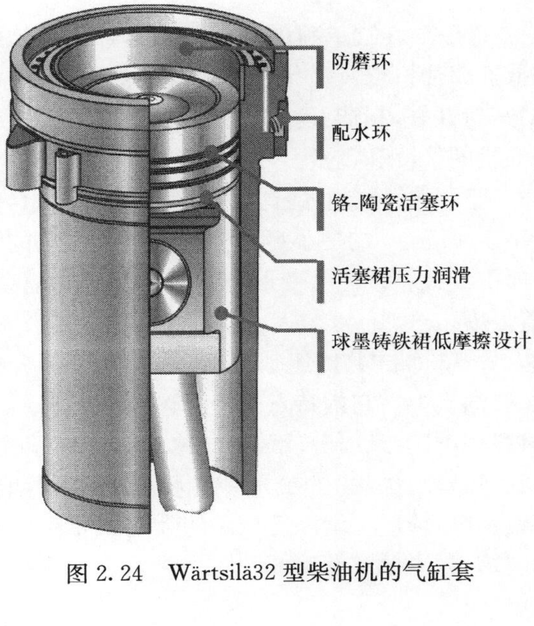

图 2.24　Wärtsilä32 型柴油机的气缸套

油机的气缸套。该气缸套由特种灰铸铁离心铸造而成，其上部凸肩部分较高，内部钻孔，保证了缸套足够的刚度，当柴油机工作时变形小。缸套内部上端设有一个防磨环，其尺寸略小于缸套直径，可以除去活塞头部的积炭，使缸套的磨损率和滑油的消耗率都有所下降，该环磨损后可单独更换。

该气缸装入机体内部时在气缸套的上下部都有支撑，为了使气缸套能更好地承受侧推力，缸套壁造得比较厚。气缸套可以向下自由膨胀。冷却水由气缸上部配水环进入，只对凸肩处进行冷却，良好的温度分布明显降低了低温腐蚀的影响。

4. 气缸盖

气缸盖是燃烧室的上盖。除和气缸套、活塞共同组成燃烧室外，在它上面还要安装各种阀件。这些阀件有喷油器、气缸起动阀、示功阀、安全阀、排气阀(四冲程和气阀气口式二冲程柴油机)和进气阀(四冲程柴油机)等。另外，对于设置进、排气阀的气缸盖上还要布置进、排气道和气阀摇臂机构。

由气缸盖所起的作用和它所处的位置可以看出，气缸盖要受螺栓预紧力和缸套支反力的作用，柴油机工作中还要受燃气的高温、高压作用，其冷却水腔还受水的腐蚀。气缸盖结构复杂，金属分布不均，各部位温差很大。因此，气缸盖承受着很大的分布很不均匀的机械应力和热应力，尤其在各阀孔之间的狭窄区域(称为“鼻梁区”)工作条件更为恶劣。

气缸盖要有足够的强度和刚度，以保证其既不会因应力过大而损坏，也不会因变形而泄漏；气缸盖的底板，特别是各种阀孔之间的金属堆积处和高温部位，需要进行良好的冷却，力求做到各部位的温度合适且均匀；还要求气缸盖上各种阀件的拆装、维护方便，冷却水腔的水垢容易清除。气缸盖与气缸套之间的气密通常可采用紫铜或软钢垫床来保证。

气缸盖的类型有很多，其分类方法也很多，按气缸盖与气缸之间的数量关系可分为如下几种。

(1) 单体式气缸盖。每一个气缸单独做一个气缸盖称为单体式气缸盖，这种气缸盖普遍应用于大功率中、低速柴油机以及强化程度较高的高速柴油机上。它的特点是气缸盖和气缸套接合面处的密封性好，制造、运输、拆装及检修均较方便。但这种结构气缸的中心距加大，增加了柴油机的长度和重量。

(2) 整体式气缸盖。把一排气缸的气缸盖(一般 4～6 个气缸)做成一体，称为整体式气缸盖，一般用于缸径小于 150mm 的中小型高速柴油机上。它的气缸中心距小，结构紧凑，柴油机的刚度提高而重量减轻。但易变形，密封性差，结构复杂，加工不便，往往由于局部损坏而整个气缸盖报废。

(3) 分组式气缸盖。2～3 个缸共同组成一个气缸盖，称为分组式气缸盖，一般用于缸径较大的中小型高速柴油机上。它的特点介于上述两者之间。

气缸盖根据所用材料的不同，又可分成铸铁气缸盖、铸钢气缸盖和锻钢气缸盖。为了提高铸铁气缸盖的强度和热稳定性，往往在其中加入铬、镍、钼等合金元素。形状简单的气缸盖可用耐热钢(如钼钢等)铸造。增压度较高的大型二冲程柴油机的气缸盖现在多用锻钢制造，这种锻钢材质结实，质量容易保证。

三、曲柄连杆机构

曲柄连杆机构是柴油机的主要运动件，主要包括曲轴和连杆，十字头式柴油机还包括十字头组件。曲柄连杆机构的主要作用是将活塞的往复运动转换成回转运动，并输出动力。

1. 十字头组件

1）十字头组件的作用及工作条件

十字头组件是船用二冲程十字头式柴油机的特有部件，它的主要作用是将活塞组件和连杆组件连接起来，把活塞的气体力和惯性力传给连杆，承受侧推力并给予活塞在气缸中的运动导向。十字头组件主要包括十字头本体、十字头滑块和十字头轴承（连杆小端轴承）等，如图 2.25 所示。

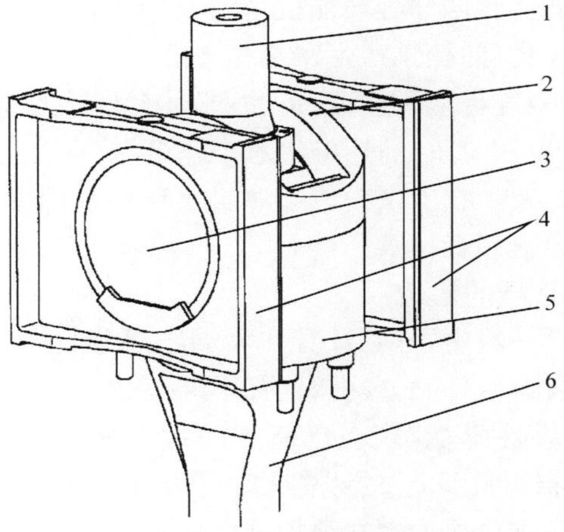

图 2.25　十字头的构造

1-活塞体；2-轴承盖；3-十字头本体；4-十字头滑块；5-十字头轴承；6-连杆

十字头组件的工作条件比较苛刻。十字头本体和轴承要承受周期性的气体爆发压力；十字头滑块要承受侧推力的作用。特别是十字头轴承，由于单向受力及连杆只做摆动运动，不易形成良好的润滑，工作条件更为恶劣。

2）十字头的构造

十字头的结构有以下几种类型：

（1）根据十字头滑块的结构形式可分为单滑块结构、圆筒形滑块结构和双滑块结构。双滑块结构的正倒车承压面相同，比较安全可靠。导板设在机架的横隔板上，使连杆摆动平面宽敞，由机器的两侧进行检修工作比较方便，因此应用广泛。单滑块结构简单，制造与安装容易，以前应用较多，现在已很少采用。圆筒形滑块结构仅为个别机型使用。

（2）根据十字头与活塞杆的连接方式可分为两种，一种是活塞杆穿过十字头上的孔用螺帽固定，另一种是利用活塞杆下部凸缘和螺栓与十字头连接。第一种形式由于活塞杆穿过十字头，连杆小端必须采用分岔形式，使十字头轴承工作可靠性降低，现在已基本不用。而第二种形式由于连杆小端采用全支撑式结构，扩大了轴承的承载面积，改善了轴承的受力状况，使十字头轴承的工作可靠性明显提高。目前，曼恩公司和瓦锡兰公司最新生产的柴油机都采用这种结构。

2. 连杆

1）连杆的工作条件和要求

连杆将作用在活塞上的气体压力和惯性力传给曲轴，并把活塞或十字头与曲轴连接起来，将活塞的往复运动变成曲轴的回转运动。连杆的运动复杂，其小端随活塞做往复运动，大端随曲柄销做回转运动。连杆杆身在小端和大端运动的合成下，绕着往复运动的活塞销或十字头销摆动。杆身上任意一点的运动轨迹随其位置而异，都近似呈椭圆形。

连杆不但运动复杂，而且受力很复杂。连杆承受周期性变化的气体力、活塞和连杆惯性力的作用，并且气体力在燃烧时具有冲击性。在二冲程柴油机中，连杆始终受压，但压力的大小是周期性变化的。在四冲程柴油机中，连杆有时受拉，有时受压。连杆小、大端轴承还与活塞销或十字头销、曲柄销产生摩擦和磨损。

对连杆的主要要求是：连杆应耐疲劳、抗冲击，具有足够的强度和刚度；连杆长度应尽量短，以降低发动机的高度和总重量；连杆轴承工作可靠、寿命长。此外，还要求连杆重量轻，加工容易，拆装维修方便。在十字头式柴油机中连杆多用中碳钢，筒形活塞式柴油机连杆采用优质碳钢或合金钢制造。

2）十字头式柴油机连杆的构造

十字头式柴油机连杆一般由小端、杆身和大端三部分组成。对应于不同类型的十字头，连杆小端也有两种结构，一种是分岔式连杆小端，它对应于穿过活塞杆的十字头，由于这种十字头轴承工作可靠性降低，现在已基本不用。另一种是全支撑式连杆小端，如图 2.26所示。连杆大端根据杆身与大端轴承座是否分开分为车用大端和船用大端。连杆杆身与连杆大端轴承座剖分式的大端结构称为船用大端，船用大端在剖分面处装有压缩比调节垫片，结构比较复杂；杆身与大端轴承座不分开的结构称为车用大端，车用大端结构简单、紧凑。

图 2.26 为 RTA-T-B 型柴油机连杆的构造。小端为十字头端，由轴承盖 3、轴承座、薄壁轴瓦 4 和连杆螺栓 2 等组装而成。大端为曲柄销轴承，由轴承盖 9、轴承座、薄壁轴瓦 8 以及连杆螺栓 7 等组装而成。大、小端的连杆螺栓 2、7 都是紧配螺栓，以保证轴承盖、轴承座和杆身之间正确而紧固地配合。连杆螺栓为柔性螺栓，有较高的疲劳强度，用专用液压工具上紧。

曼恩公司的 MC 系列柴油机连杆也采用类似结构。这种连杆的杆身与连杆大、小端轴承座合为一体，整个连杆结构紧凑，长度很短，这对于现代超长行程柴油机减少整机高度是非常重要的。连杆小端刚性大，十字头销短而粗，采用全支承刚性十字头轴承。它的承载能力和工作可靠性都明显增加。

3）筒形活塞式柴油机连杆

筒形柴油机的连杆一般采用优质碳钢或合金钢锻造而成。连杆杆身的截面形状通常有圆柱形截面和工字形截面两种。圆柱形截面（图 2.27）由自由锻造毛坯制成，主要用于中型或小批量生产的柴油机中。工字形截面（图 2.28）在其摆动的平面内有较大的截面

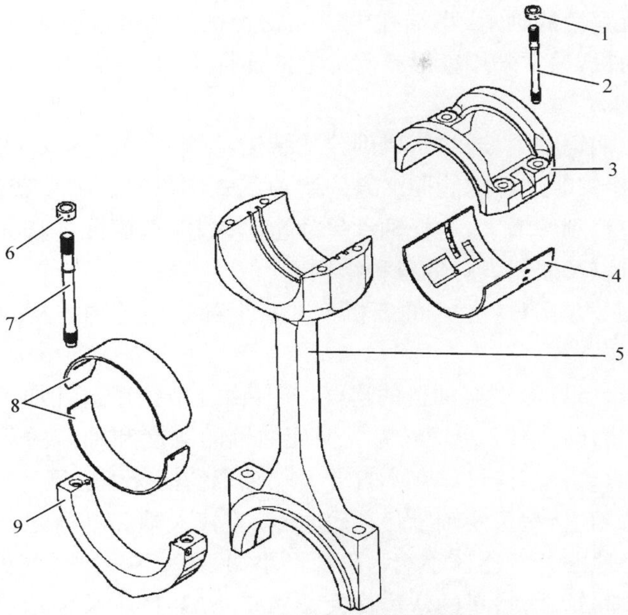

图 2.26　RTA-T-B 型柴油机连杆

1,6-连杆螺栓螺母;2,7-连杆螺栓;3-小端轴承盖;4,8-薄壁轴瓦;5-连杆杆身;9-大端轴承盖

惯性矩,质量小,材料利用合理,通常采用模锻毛坯,适用于大批量生产的中、高速柴油机。连杆杆身中常钻有油孔,其作用是把润滑油从大端输送到小端,以润滑连杆小端轴承和冷却活塞。

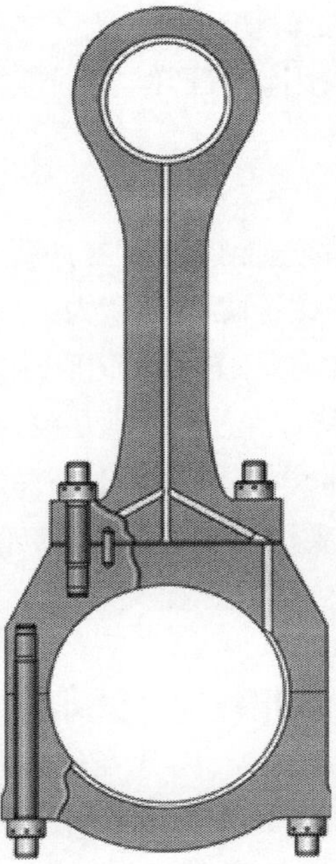

图 2.27　Wärtsilä38 型柴油机连杆

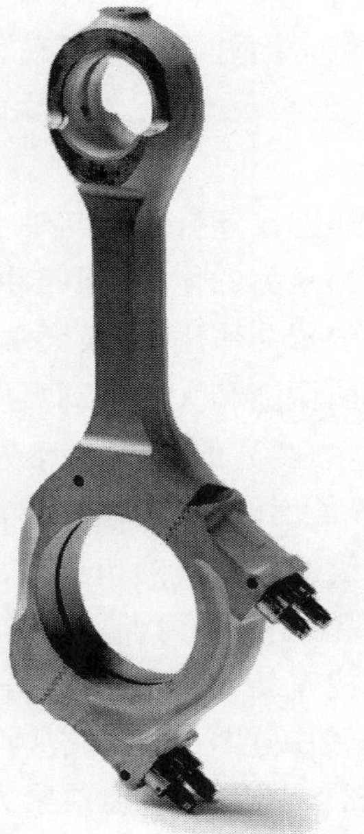

图 2.28　Wärtsilä20 型柴油机连杆

连杆小端是活塞销的轴承，小端孔内压入锡青铜衬套或浇有轴承合金的卷制衬套。对于中速强载柴油机，通常采用锥形或阶梯形的连杆小端，以增大连杆小端下部主要承压面的面积(图 2.27)。

连杆大端是曲柄销轴承，通常制成剖分式结构，用螺栓连接起来。连杆大端首先要满足拆装条件，即在检修时连杆应能同活塞一起由气缸中吊出。随着柴油机强化程度越来越高，曲轴轴颈增粗，刚性增大，连杆轴承尺寸也越来越大，因此连杆大端出现了平切口、斜切口和阶梯切口以及船用大端等各种结构。

对于 V 型柴油机，近年来生产的新机型几乎全部采用并列连杆，主副连杆和叉骑式连杆基本不再使用。

图 2.27 为 Wärtsilä38 型柴油机的连杆，连杆由合金钢锻造并加工成圆形截面，由于该机的最高燃烧压力已达到 19MPa，为了保证曲轴的刚度和轴承的承载能力，连杆大端采用船用大端结构，这种结构可以在不打开大端轴承的情况下进行吊缸，并使吊缸高度达到最小。连杆大端轴承较宽，使轴承负荷较小，在连杆大端和杆身之间为一铝合金板，保证两部分能够很好地贴合。连杆小端为阶梯形小端，并采用三层结构的轴瓦，具有良好的承载能力。杆身中间钻孔，将滑油从连杆大端送至小端，供小端轴承的润滑及活塞冷却。杆身与连杆大端的结合面处于连杆大端轴承座的上方，可以方便地进行拆卸和维护。所有螺栓用液压工具同时上紧。

图 2.28 为 Wärtsilä20 型柴油机的连杆，连杆由合金钢锻造而成，由于该机的转速较高，为了减小惯性力，连杆采用工字形截面，杆身内开油孔以润滑小端和冷却活塞。为了同时满足连杆的拆装条件并减小轴承负荷和保证曲轴的刚度，连杆大端做成阶梯切口。采用斜切口和阶梯切口的连杆大端会使连杆螺栓承受剪切作用。为了不使连杆螺栓承受剪切作用并在结合面处不产生滑动，在结合面处常采用锯齿形结构。连杆小端为阶梯形小端，具有良好的承载能力。螺栓由液压上紧。

4) 连杆螺栓

连杆螺栓是连接连杆大端与轴承座的至关重要的连接螺栓。二冲程柴油机的连杆螺栓工作中只受预紧力的作用，而四冲程柴油机的连杆螺栓除受预紧力外，在换气上止点附近还受惯性力的拉伸作用，以及大端变形产生的附加弯矩作用。筒形活塞式柴油机的连杆螺栓由于受曲柄销和大端外廓尺寸的限制，其直径较小。为了满足强度上的要求，一般均选用韧性好、强度高的优质碳钢或合金钢制造连杆螺栓。在设计上采用耐疲劳的柔性结构(增加螺栓长度、减小螺栓杆部直径以增加螺栓柔度)；采用精细加工螺栓螺纹；在断面变化处和螺纹部采用大圆角过渡，以减小应力集中；保证螺栓头和螺母支承平面与螺纹中心线垂直，以减小附加弯曲应力等。

连杆螺栓按安装方式不同，可分为用螺帽连接和不用螺帽连接两类。

如果在运转中连杆螺栓断裂，将发生机毁的重大事故，因此在安装中必须严格按照说明书规定进行。例如，安装预紧力、预紧方法、预紧次序等甚至对连杆螺栓的检查与换新等均需严格按规定进行。实践证明，正确的固紧与锁紧是避免发生断裂事故的有效措施。

3. 曲轴

1）曲轴的工作条件和要求

（1）曲轴的作用。曲轴的主要作用是：把活塞的往复运动通过连杆变成回转运动；把各缸所做的功汇集起来向外输出，带动柴油机的附属设备。在曲轴带动的附属设备中，柴油机的喷油泵、进排气阀、起动空气分配器等均因正时的要求，必须由曲轴来驱动。离心式调速器要根据柴油机转速的变化自动调节柴油机喷油量，也必须由曲轴带动。此外，在中小型柴油机中，为了简化系统，布置紧凑，曲轴还带动润滑油泵、燃油输送泵、淡水泵和海水泵，也有少数柴油机曲轴带动空气压缩机。

（2）曲轴的工作条件。曲轴的工作条件比较苛刻，主要表现在以下几个方面。

① 受力复杂。曲轴在工作中承受着各缸交变的气体力、往复惯性力和离心力，以及它们产生的弯矩和扭矩。这些力不仅随着曲柄的转角变化，还随着负荷变化。曲轴在这些力的作用下要产生弯曲和扭转变形，并产生非常复杂的交变应力。

② 应力集中严重。一根曲轴由 1～12 个彼此错开一定角度的曲柄以及功率输出端和自由端构成。每个曲柄又分成主轴颈、曲柄销和曲柄臂三部分，现代大型低速柴油机曲轴上还直接锻出推力环。因此，曲轴的形状很复杂，弯头很多，中小型柴油机的曲轴上还钻有润滑油孔。这些因素都将使曲轴内部的应力分布极不均匀，以致在曲柄臂和轴颈的过渡圆角处及润滑油孔周围产生严重的应力集中现象。其中，以曲柄臂与曲柄销的过渡圆角处最为危险。

③ 附加应力很大。曲轴是一个弹性体，它在径向力、切向力和扭矩的作用下会产生扭转振动、横向振动和纵向振动。当曲轴的自振频率较低时，在发动机工作转速范围内可能出现共振，从而使振幅明显增加，产生很大的附加应力。这不仅容易造成曲轴的损伤和破坏，还会恶化柴油机的工作性能。例如，扭振将引起传动齿轮的噪声和疲劳，使柴油机定时不准从而引起工作过程恶化；横向振动会因曲轴弯曲过大而使轴颈和轴承磨损加剧甚至不能正常工作。

④ 轴颈遭受磨损。在润滑不良、机座或船体变形、轴承间隙不合适、超负荷运转或经常起停发动机时，轴颈的磨损会明显加剧。

（3）对曲轴的要求及材料。曲轴是柴油机中最长、最重的部件，直接影响整台柴油机的尺寸和重量。曲轴形状复杂，加工质量要求很高，制造工艺难度大，因此也是柴油机中造价最高的部件。曲轴的工作好坏对整台柴油机有直接影响，它的损坏会导致柴油机瘫痪，而且难以修复甚至无法修复。航行中若曲轴发生故障会威胁到全船的安全，因此对曲轴要求非常严格。对曲轴的主要要求是：疲劳强度高，工作安全可靠；有足够的刚性，工作时变形小，使轴承负荷均匀；有足够的轴颈承压面积，以保证较低的轴承比压；曲轴的轴颈要有良好的耐磨性能，并允许多次车削修复；曲柄的布置要兼顾动力均匀、主轴承负荷低、平衡性好、扭转振动小、有利于增压系统的布置。以上这些要求是互相关联的，有些又是相互矛盾的，要权衡利弊妥善解决。

曲轴的常用材料有优质碳钢、合金钢和球墨铸铁。一般柴油机的曲轴常用优质碳钢制造，只有中、高速强载柴油机的曲轴才采用合金钢制造，球墨铸铁一般用于强化程度不太高的中、高速柴油机上。

为了适应船舶海上运输安全的需要，保证船舶具备安全航行的技术条件，我国船级社制定的《钢质海船入级与建造规范》从强度的观点，对曲轴的材料、尺寸、扭转振动做了一系列规定。船用柴油机的建造必须遵守这些规定。

2）曲轴的结构

（1）曲轴的类型。按结构形式的不同可将曲轴分为整体式、组合式和分段式三种类型。

① 整体式曲轴。整体式曲轴是整根曲轴一体锻造或铸造出来的。它具有结构简单、重量轻、工作可靠的优点，在中、高速柴油机上得到广泛应用，并逐渐扩大到大型低速柴油机领域。

② 组合式曲轴。将曲轴的不同部分分开制造，再应用一定的连接工艺连为一个整体的曲轴称为组合式曲轴。组合式曲轴普遍应用于大型低速柴油机中。组合式曲轴的优点是制造方便，可解决曲轴制造设备能力的限制问题。曲轴的组合方式可分为套合式和焊接式，套合式曲轴的套合方法除红套外，还有冷套方法。

③ 分段式曲轴。分段式曲轴是先分成两段制造，再用法兰连接成整根曲轴。一般用于气缸数较多的曲轴，如 MC 系列柴油机 9～12 缸机采用分段式曲轴。

（2）曲轴的构造。曲轴主要由若干个单位曲柄、自由端、飞轮端和平衡块等组成。单位曲柄是曲轴的基本组成部分，由主轴颈、曲柄销和曲柄臂组成，为了平衡因曲柄不平衡而产生的惯性力，有的还在曲柄臂上装有平衡重。为了减轻曲轴的重量和减小惯性力，曲柄销和主轴颈一般都采用空心结构。主轴颈与曲柄臂相连接的过渡圆角处由于截面急剧变化，应力集中十分严重，为减轻应力集中的影响，过渡圆角处应采用足够大的过渡圆弧半径，也有的采用车入式圆角。

为了润滑曲柄销轴承以及活塞销，筒形柴油机的曲轴上钻有润滑油道，把输送至主轴承的滑油引至曲柄销轴承。由于开油孔时会增加曲轴的液压力集中，所以对油孔的位置要合理选择，使其对轴颈的削弱最小。为了减少液压力集中，油孔应进行倒角、抛光处理。

（3）曲柄的排列。曲轴的曲柄都是以气缸的号数命名的。气缸的排号有两种方法，一种是由自由端排起，另一种是由动力端排起。我国和大部分国家都采用自由端排起的方法。

曲柄的排列是由气缸的发火间隔角和发火顺序决定的，而气缸的发火间隔角和发火顺序又要按照下列原则决定：

① 柴油机的动力输出要均匀，即发火间隔角要相等。这样，相邻发火的两个缸的曲轴夹角，二冲程柴油机为 $360°/i$，四冲程柴油机为 $720°/i$，i 为柴油机气缸数。

② 要避免相邻的两个缸连续发火，以减轻相邻两缸之间的主轴承的负荷。为此，最好在柴油机的首、尾两端轮流发火。

例如，某四冲程六缸柴油机的发火顺序为 1—5—3—6—2—4，曲柄排列如图 2.29(a)所示，较好地满足了这一要求。

V 型柴油机普遍采用插入式发火方式。插入式发火就是两列的发火顺序及发火间隔完全相同，而总的发火顺序由这两列发火顺序根据气缸间的夹角关系进行穿插形成。

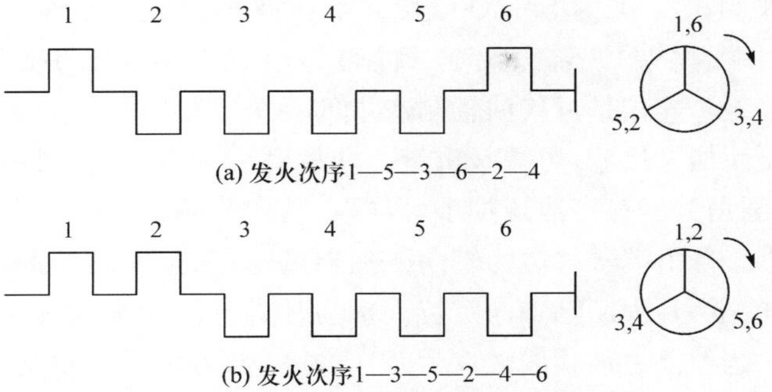

图 2.29　四冲程柴油机的曲柄排列

例如，八缸 V 型四冲程柴油机，每列四缸，每列的发火间隔都是 720°/4＝180°，发火顺序都是 1—2—4—3。为了避免混乱，第 1 列用 1_{I}—2_{I}—4_{I}—3_{I} 表示，第二列用 1_{II}—2_{II}—4_{II}—3_{II} 表示。气缸夹角为 γ。如果气缸 1_{II} 比 1_{I} 落后 γ 角发火，其总的发火顺序和曲柄排列如图 2.30(a)所示。如果 1_{II} 比 1_{I} 落后 360°＋γ，也就是 1_{I} 发火后跟随着的是 1_{II} 进气，1_{I} 与 1_{II} 不接连着发火，则对轴承负荷有利。此种情况总的发火顺序如图 2.30(b)所示。

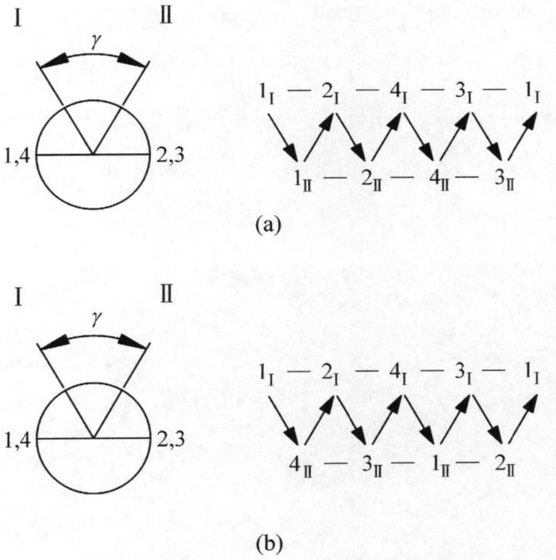

图 2.30　V 型柴油机曲柄排列

③ 要使柴油机具有良好的平衡性。柴油机在往复惯性力与惯性力矩、离心惯性力与离心力矩的作用下会产生振动。合理的曲轴排列可使引起振动的力和力矩减至最小。

④ 要注意发火顺序对轴系扭转振动的影响。发火顺序不同，各段轴上扭矩的交变情况就不同，对轴系扭转振动的影响也不同。要力求减轻扭转振动。

⑤ 在脉冲增压式柴油机中，为了防止排气互相干扰，各缸的排气管要分组连接。

要同时满足上述要求往往是不可能的，通常只能满足某些主要要求，兼顾其他要求。在曼恩公司的 MC 系列柴油机中，为了满足平衡性和减少轴系的振动，甚至出现了各缸发火间隔角不相同的柴油机。

(4) 典型曲轴。图 2.31 为 S-MC-C 型柴油机曲轴。锻钢曲轴由单位曲柄、自由端(首端)和功率输出端(尾端)三部分组成。曲轴为半组合式,可以是焊接式或半套合式。在曲轴上采用焊接工艺连接是近代曲轴制造中的一个重要成就,这种结构的曲柄臂不必因为套合工艺需要而加大尺寸,可减轻重量。曲柄臂和主轴颈及曲柄销之间的连接处用车入式圆角过渡,圆角处经过冷滚压加工,以提高其疲劳强度。自由端法兰用来驱动辅助设备或轴带发电机。自由端法兰后为轴向减振器的活塞,推力环的前后两侧都装有推力块,以传递螺旋桨的推力,为曲轴轴向定位。推力环的外圈用来安装主动链轮,以便通过链条驱动凸轮轴。这种推力轴和曲轴造为一体,并将推力轴承和主动轮组合在一起的形式,可缩短柴油机长度,使布置更为紧凑。

图 2.31　S-MC-C 型柴油机曲轴

图 2.32 为 Wärtsilä46 型柴油机曲轴。该曲轴采用整体锻造式,并经过全面的机加工,曲轴内钻孔,使滑油可以送至每一个轴承。在每一个曲柄臂上都有平衡重,使柴油机不会受离心力和离心力矩的作用。曲轴的主轴颈和曲柄销之间有很大的重叠度,保证了曲轴有足够的刚度和曲柄臂的强度。曲轴的首尾两端都设有法兰,可以在任何一端连接轴带发电机,如有必要,可以在曲轴首端安装扭振减振器。

图 2.32　Wärtsilä46 型柴油机曲轴

四、柴油机的主要固定件

柴油机的主要固定件包括机座、机架、气缸、贯穿螺栓和主轴承等。它们构成柴油机的骨架,用来支撑柴油机的运动机构和辅助设备,并形成柴油机的工作和运动空间。

1. 工作条件和要求

气缸体、机架和机座构成整个柴油机的主体,它们的内部要安装运动部件的导承和支承包括气缸套、导板、主轴承等,形成运动部件(活塞、十字头、连杆、曲轴)和传动部件(传动齿轮、链轮)的运行空间,并布置冷却、润滑和扫气的水、油、气空间。它的外部则要安装喷油泵、调速器、起动与换向设备、增压器、扫气箱、各种系统的管道等。柴油机还要通过机座或机体上的支承安装到基座上。

柴油机的固定件承受着气体力和运动机件惯性力的作用,承担着全部机件的重量。动力转矩的输出使其产生倾覆作用;惯性力的作用使其产生振动;贯穿螺栓和连接螺栓的紧固使其受到安装应力;各处温度的不同使其产生热应力;水、油、气的作用使其遭受腐蚀。

为了保证柴油机的工作可靠性和使用寿命,必须要求机架、机座有足够的刚度和强度,以使各运动机件的支承和导承变形小,保证良好的配合和精确的位置,避免运行中发生裂纹和损坏。在满足刚度和强度要求的前提下,要求机架、机座尺寸小、重量轻。此外,机架、机座的结构要便于内部运动机件的拆装和检修。机架和机座的各结合面、检修道门要有好的密封性,避免漏泄造成浪费、污染甚至出现事故。

2. 十字头式柴油机的机架、机座和贯穿螺栓

在十字头式柴油机中,气缸体、机架和机座是分开制造的,由贯穿螺栓连成一刚性整体。这一刚性整体构成了柴油机的主体部分,如图 2.33 所示。

1) 机架

机架是柴油机的支架,它与机座形成的曲轴箱空间是柴油机运动件的运动空间。机架分为 A 字形机架与箱形机架两种。

箱形机架由上面板 5,底板 6,横向隔板 2 和左、右侧板 7 焊接而成,它具有结构紧凑、重量轻、刚性好的优点。在机架内设有十字头滑块导板 3,用以承受侧推力。在侧板上开有检修通道 8,可用来检查主轴承、曲轴及连杆大端轴承的工作状态。在机架的背面设有防爆门。由于整个机架为一刚性整体,结合面少,加工、制造容易,安装简单,也改善了曲轴箱的密封性。目前,曼恩公司的 MC 系列柴油机和瓦锡兰公司的 SULZERRTA 系列柴油机都采用箱形机架。图 2.34 为 S-MC-C 型柴油机机架立体图。A 字形机架是单片式装配结构,通过在铸造的单片 A 字架上覆板制造而成。但由于加工制造复杂,刚性、密封性较差,这种结构目前已很少使用。

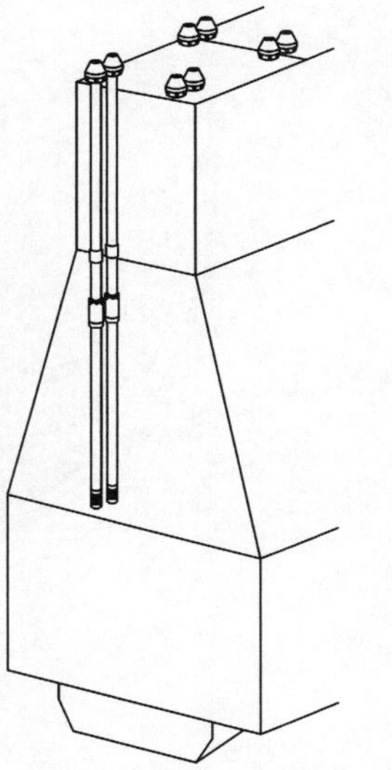

图 2.33　气缸体、机架和机座的连接

2) 机座

机座是柴油机的基础。它和上面的机架共同组成曲轴箱,也是柴油机装配时的基准件。目前,在大型低速柴油机中主要采用的是单壁深型机座。图 2.35 为 S-MC-C 型柴油机机座立体图,它主要由两侧的纵梁和带铸钢轴承座的横梁焊接而成。

每侧纵梁为单层结构,横梁上的焊有铸钢的主轴承座用以支承曲轴。轴承盖用四个螺栓安装在轴承座上,螺栓液压上紧。轴承座孔在机座中的位置较低,便于为主轴承盖定位。机座设计得较高,以提高刚性。在机座的首端安装有轴向减振器,用以控制轴系的轴

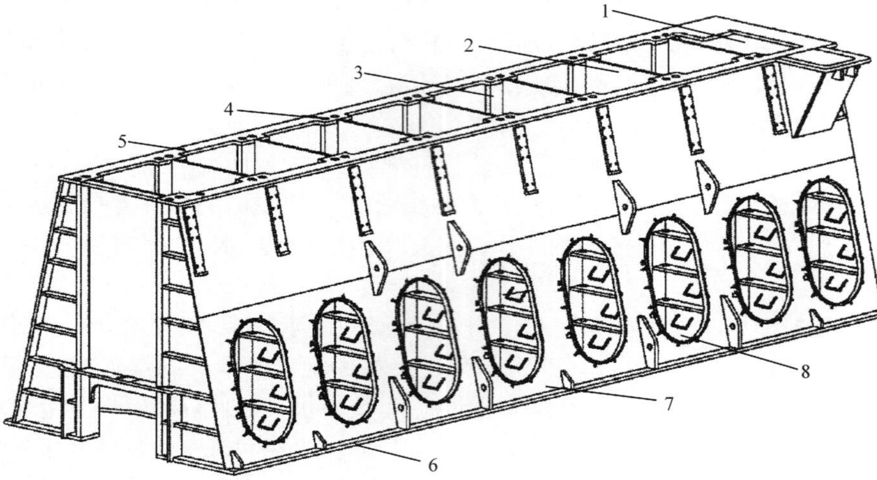

图 2.34　S-MC-C 型柴油机机架立体图

1-链条传动箱；2-横向隔板；3-滑块导板；4-贯穿螺栓孔；5-上面板；6-底板；7-右侧板；8-检修通道

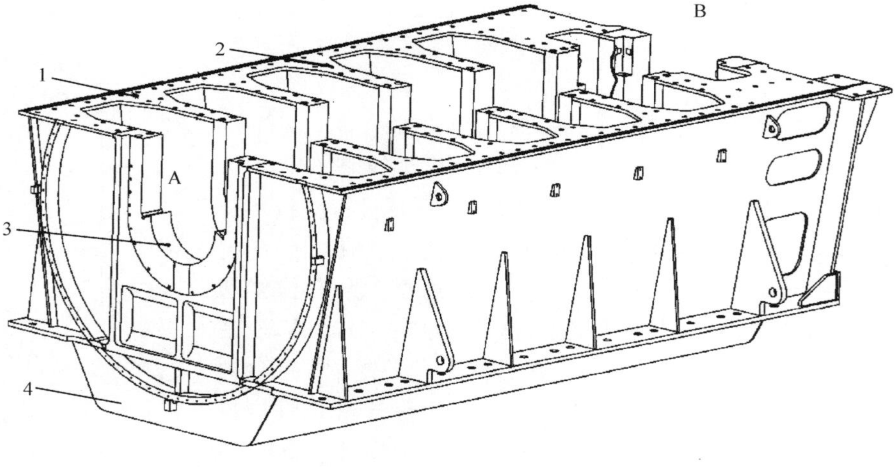

图 2.35　S-MC-C 型柴油机机座立体图

1-纵梁；2-横梁；3-主轴承座；4-油底壳；A-自由端；B-动力输出端

向振动，这已是现代新型柴油机的基本配置。机座尾端还设有推力轴承和驱动链条空间用以安装推力轴承和驱动链轮。S-MC-C 型柴油机机座的主要改进之处在于取消了贯穿螺栓孔，使机座与主轴承座的焊接过程都得到了简化；在不增加机座宽度的情况下将地脚螺栓移至机座外侧，这样更有利于安装。机座与船体的基座之间垫有环氧树脂或铸铁垫块，并由地脚螺栓固定。垫块用以调节机座上平面的高度和水平度。

3）贯穿螺栓

在十字头式柴油机中，都采用贯穿螺栓把气缸体、机架和机座连在一起。在大功率筒形活塞式柴油机中，大尺寸的固定机件之间的连接也广泛采用贯穿螺栓。这是因为固定机件的结构比较复杂，如果在结合面处用短螺栓连接，在拉力作用下，各部分受力很不均匀,难以准确计算。采用贯穿螺栓结构,拉力由贯穿螺栓承担,螺栓的作用力可以准确计算。此外,在安装后气缸体、机架与机座三者只受压应力而不受拉力,既合理利用材料抗压不抗拉的性能,又提高了柴油机整体的刚度。

图 2.36 为 S-MC-C 型柴油机的贯穿螺栓。

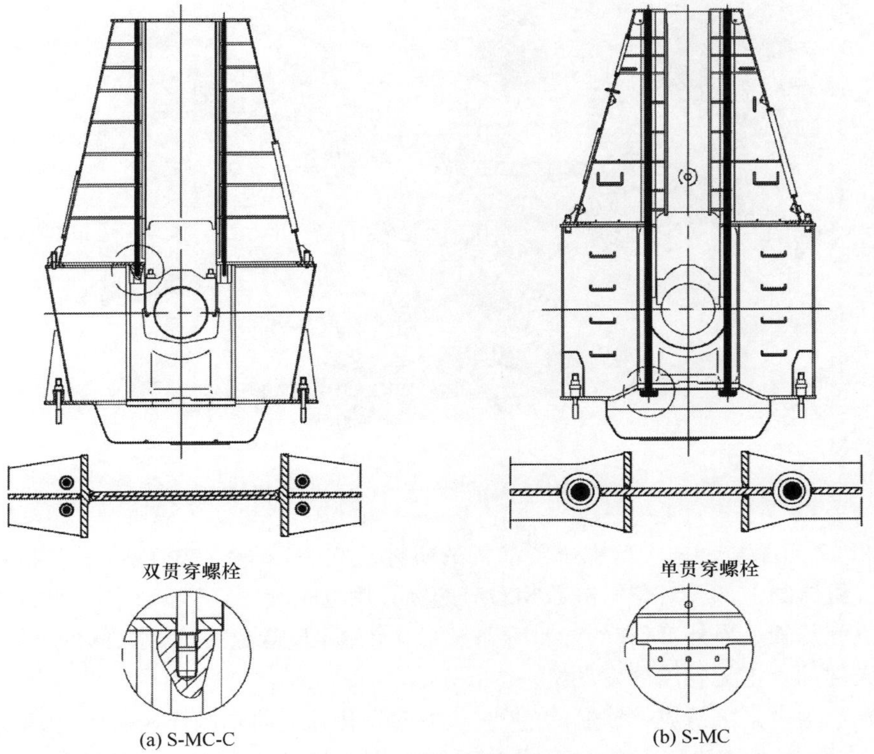

图 2.36　S-MC-C 型柴油机的贯穿螺栓

S-MC-C 型柴油机贯穿螺栓最明显的特征是以双贯穿螺栓取代了传统的单贯穿螺栓,与传统的贯穿螺栓的不同之处还在于它不再一直插到机座底部,而是拧入机座顶部的螺孔之中,这样就明显缩短了贯穿螺栓的长度。研究表明,采用这种双贯穿螺栓结构,可以减小主轴承座孔由于贯穿螺栓上紧引起的变形,减少十字头导板的变形,改善滑块的滑动状态,并简化机座和主轴承座的焊接过程。

3. 筒形柴油机的机体

筒形活塞式柴油机由于尺寸较小,对固定件的要求除了保证刚度和强度,对于发动机尺寸重量方面的要求更加严格,以期获得最大的单位尺寸功率输出和单位重量功率输出。因此,它的气缸体、机架和机座的组合形式多种多样,有三者分开制造用贯穿螺栓连接的结构;有机架与机座造在一起、气缸体单独制造的结构;也有气缸体与机架造在一起(称为机体),去掉机座代之以轻便油底壳的结构(图 2.37)。前两种与低速二冲程柴油机一样,采用正置式主轴承结构,而第三种则采用倒挂主轴承结构。气缸体与机架造在一起的机体结构具有结构紧凑、重量轻、刚性好等优点，但对于铸造和加工的要求较高。以前这种结构常用于尺寸较小的中、高速柴油机上，随着铸造和加工技术的发展，现代新型中速船用柴油机已普遍采用这种结构。

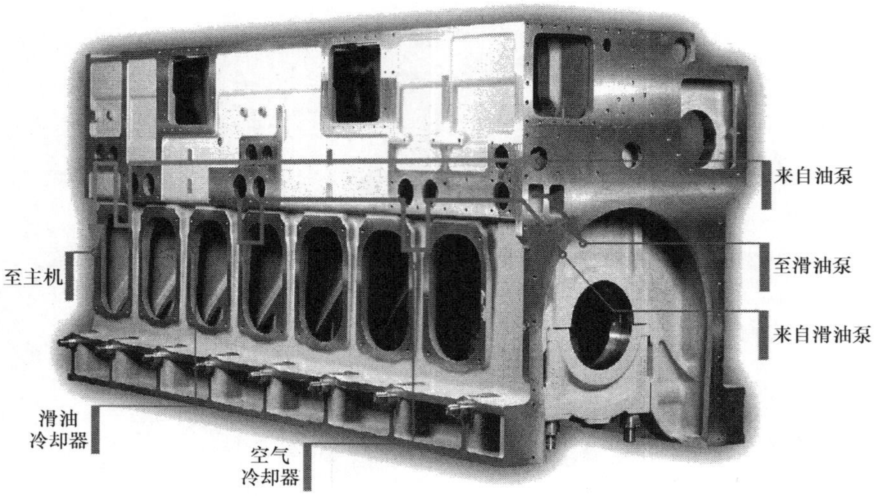

图 2.37　Wärtsilä32 型中速柴油机机体

图 2.37 为 Wärtsilä32 型中速柴油机的机体。它由球墨铸铁铸造，所有各缸共用一个机体。机体的上部设有与气缸数相对应的圆孔用以安装气缸套。上部两侧还设有凸轮轴箱和进气总管。另外，所有的油水管路设置在机体内，避免了油、水、气的泄漏，使之成为外部光洁的真正无管路的发动机。

主轴承盖也是由球墨铸铁制造的，它从下部安装并把曲轴倒挂在机体上，轴承螺栓液压上紧，在主轴承盖的侧面还有两根水平螺栓也是液压上紧的，用以提高主轴承盖的刚度。

在柴油机的底部是一很轻的由薄板焊接而成的油底壳，采用干式或湿式油底壳皆可。在每个主轴承的下方都有一个液压撑杆，可用来顶起或降下主轴承盖。润滑各主轴承及冷却活塞的滑油也是通过这些撑杆输送的，如图 2.8 所示。柴油机采用弹性支承，确保柴油机的振动不会传到机外。

4. 主轴承和推力轴承

1) 主轴承

(1) 主轴承的工作条件和要求。主轴承的作用是支承曲轴，保证曲轴的工作轴线，使曲轴在转动中以小的摩擦和磨损传递动力。有些柴油机还有一道主轴承(一般为最后一道主轴承)起着曲轴轴向定位作用，称为止推轴承，用来防止曲轴因柴油机振动、倾斜和摇摆而发生轴向窜动。

主轴承的工作条件比较恶劣，其受曲轴传来的气体力和惯性力的作用，具有很大的轴承负荷。曲轴的主轴颈在主轴承中转动，还受摩擦力的作用。主轴承轴承合金的硬度和强度远低于轴颈，因此比轴颈的磨损大。轴承工作表面与轴颈工作表面之间的相对运动速度很高，除造成轴承磨损，还使轴承发热。滑油在使用中的氧化变质，会使轴承遭到腐蚀。主轴承决定着曲轴轴线，主轴承中心线与气缸中心线垂直并相交的准确性决定着曲轴、连杆、活塞和气缸之间的正确位置关系。主轴承刚性不足，会引起曲轴弯曲、轴承与轴颈产生不均匀磨损和过度磨损。主轴承的损坏将直接影响活塞在气缸中的工作，严重时会发生机械敲缸和拉缸事故，也有可能使曲轴挠曲变形过大甚至折断。

对主轴承的要求是要有正确且固定的位置、足够的刚度、较高的承载能力和疲劳强度。在工作温度下有足够的热强度和热硬度、较好的抗腐蚀能力、减磨性和耐磨性，能均布滑油和散走摩擦热量。另外，还要求维护管理方便。

(2) 主轴承的构造。除个别高速柴油机采用滚动式主轴承外，船用柴油机的主轴承几乎都是滑动式轴承。轴承材料一般采用巴氏合金或高锡铝合金。为了提高轴承的抗疲劳能力，新型柴油机的大型轴承普遍采用薄壁轴瓦结构，轴承材料使用 Sn40Al，这种轴承材料具有较低的温度敏感性和很强的抗疲劳能力，可以明显提高主轴承的可靠性。

按主轴承结构特点可把主轴承分为正置式和倒挂式两类。正置式主轴承的轴承盖固紧方式又有连接螺栓固紧和撑杆螺栓固紧两种。倒挂式主轴承的轴承盖或只采用倒挂的连接螺栓固紧，或再增加横向连接螺栓进一步固牢。

① 正置式主轴承。正置式主轴承是将曲轴支承在机座的横梁上，主轴承盖用螺栓紧固，图 2.38(a)为 Wärtsilä 型柴油机在 RTA-U 型机之前采用的撑杆螺栓紧固轴承盖的主轴承。它由轴承盖，上、下轴瓦和撑杆螺栓等组成。采用撑杆螺栓结构可以减小贯穿螺栓的间距和柴油机的横向尺寸。图 2.38(b)为 WärtsiläRTA-T 型柴油机采用的一种新型弹性压紧螺栓，这是对主轴承的应力、变形进行大量计算后所做的改进，使轴承的受力更加合理，在省去撑杆螺栓之后，使主轴承的重量减轻了 40%，轴承的加工和维护保养也更加方便。

(a)　(b)

图 2.38　正置式主轴承

② 倒挂式主轴承。如图 2.39 所示，倒挂式主轴承的轴承座布置在机体的横梁上，用螺栓把轴承盖倒挂在机体上以支承曲轴。采用倒挂式主轴承可以省去机座，机体底部只需装一个轻便的油底壳。这种结构广泛地应用于高、中速柴油机中。由于轴承盖受气体力和惯性力的作用，轴承盖和其连接螺栓应有足够高的疲劳强度。对于大功率中速机，轴承盖除用倒挂螺栓紧固到机体上之外，还用横向螺栓把轴承盖侧面与机架紧固到一起，使下部类似于封闭式结构，提高了主轴承和机体的刚性，避免柴油机工作时机体下部张开而造成的较大塌腰变形，因此可以满足柴油机增压度提高的需要。采用倒挂式主轴承结构，在拆装和维修曲轴时需将整个机体倒置，维修保养不太方便。

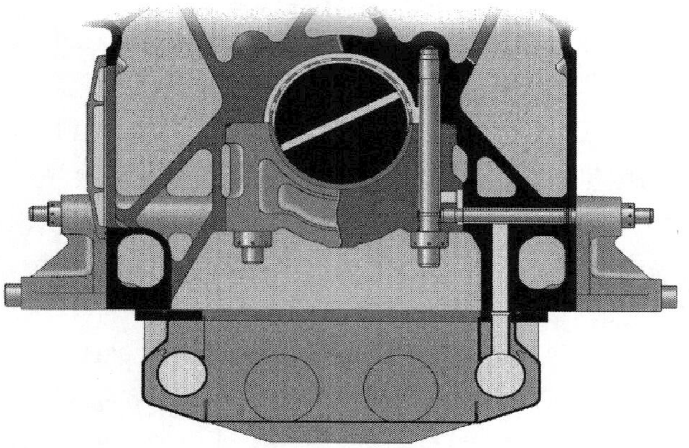

图 2.39　Wärtsilä 型柴油机的倒挂式主轴承

2）推力轴承

船用柴油机通过轴（推力轴、中间轴和艉轴）带动螺旋桨旋转。螺旋桨桨叶在旋转时给予水轴向的作用力，而水对螺旋桨桨叶也产生轴向的反作用力。作用在螺旋桨上的轴向力就是使船舶前进的推力（或后退的拉力）。螺旋桨的这个推力（或拉力）通过艉轴、中间轴和推力轴作用到推力轴承上，并经过推力轴承作用到船体上。当推力轴与曲轴直接连接起来时，曲轴还由推力轴承起轴向定位作用。

（1）推力轴承的结构和工作原理。推力轴承主要由推力轴、推力环、正倒车推力块和推力盘等组成。对于大型低速二冲程柴油机推进装置，推力轴承座一般与柴油机的机座制成一个整体，推力轴承设置在最后两道主轴承之间。对于中速柴油机推进装置，由于需要设置减速装置，推力轴承一般单独设置。

图 2.40 为 SULZERRTA-T 型柴油机推力轴承的构造。该机型的推力轴和曲轴锻为一体，推力环 3 的外圆法兰固定传动凸轮轴的驱动齿轮 4。这种布置使柴油机轴向尺寸减小。推力轴承主要由正车推力块 5、倒车推力块 2、推力环 3 和其他部件组成。正、倒车推力块各七块，沿圆周方向排列，排成约占 2/3 圆周的扇形面。柴油机正车运转时，螺旋桨的轴向推力通过艉轴和中间轴传到推力环，推力环通过正车推力块和推力盘将推力传给柴油机机座，又通过地脚螺栓传给船体，从而推动船舶克服水的阻力前进。推力环与推力块之间由滑油润滑，滑油来自主轴承润滑系统。为了使滑油不至于从轴颈处漏出机

外，在轴颈上设有轴封。

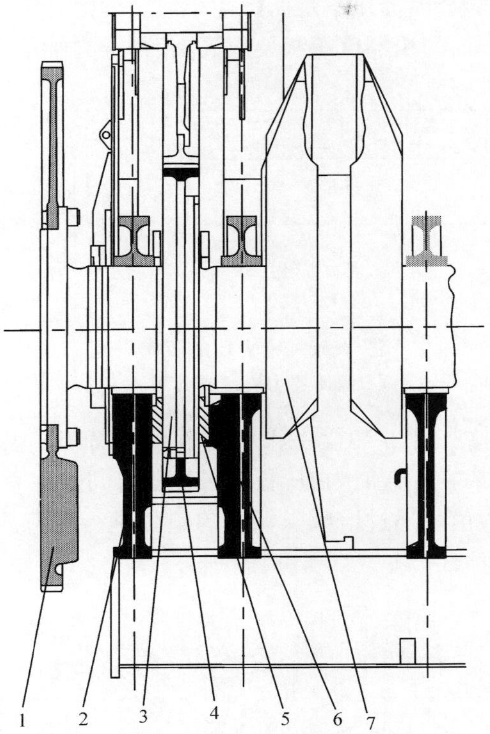

图 2.40　推力轴承(SULZERRTA-T 型)

1-飞轮；2-倒车推力块；3-推力环；4-驱动齿轮；5-正车推力块；6-机座；7-曲轴

推力轴承的关键部件是推力块。推力块的结构随机型的不同虽然不完全相同，但工作原理是一样的。图 2.41 为推力块的立体图。推力块为一个扇形块，在靠近推力环的工作面上浇有白合金 5，并在进油边 2 处制有圆角或斜面。在调节圈一侧有高位面 3 和低位面 1。高低面相交的棱边 AB 为工作时的支持刃，工作时它与调节圈工作面靠在一起。推力块两个侧面上都有凸台 4，起着推力块间支承和定位的作用。

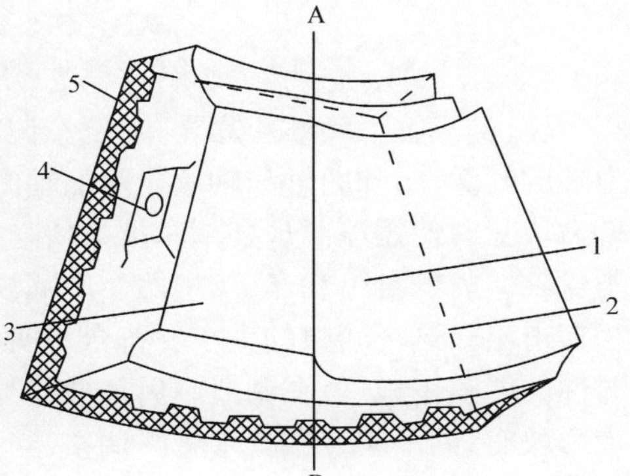

图 2.41　推力块的立体图

1-低位面；2-进油边；3-高位面；4-凸台；5-白合金

推力轴承在正常情况下是在液体动力润滑下工作的。在工作中，如图 2.42(a)所示，推力块 2 绕支持刃偏转一个小角度，使推力块与推力环 3 的工作面间形成楔形空间，滑油被推力环带入楔形空间，产生了动力油压。推力环的推力通过动力油压传递到推力块上，再经过支持刃传递到调节圈 1 上。图 2.42(b)中的推力块由支持销 4 支承。图中表示出了推力块工作面上油的流动情况和压力的分布情况。推力增大时,推力块与推力环的间隙减小,油的动压增加,传递的推力加大。转速过低时,动力油压变小,可能会因油压不足而产生半液膜润滑。为了避免在这种情况下工作面间发生金属接触,工作面的粗糙度等级要很高,否则推力轴承很容易发生烧损事故。

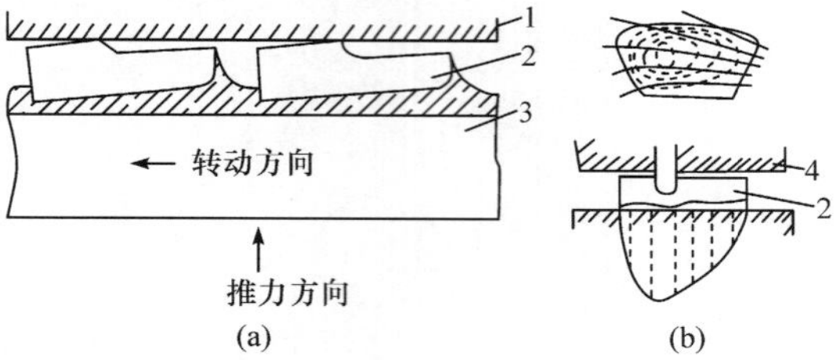

图 2.42　推力块的工作原理

1-调节圈;2-推力块;3-推力环;4-支持销

(2) 推力轴承的调整。图 2.43 为一般推力轴承的简图。正、倒车推力块用压板 6、7 定位。当推力块互相紧靠在一起时,在压板 6、7 处留有间隙 i_1 和 i_2。间隙 i_1 和 i_2 之和要符合说明书的规定,其数值可通过增减压板处的垫片进行调节。这个间隙数值保证了推力块绕支持刃摆动的灵活性。

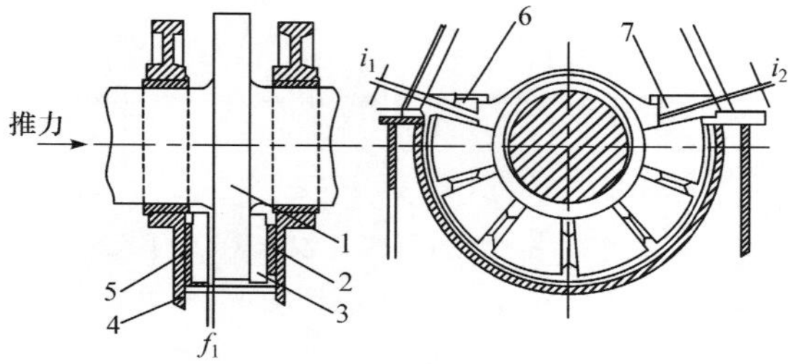

图 2.43　推力轴承简图

1-推力环;2,5-调节圈;3,4-推力块;6,7-压板(止动器)

正、倒车推力块 3、4 靠在正、倒车调节圈 2、5 上,正、倒车调节圈用来调整推力块与推力环的间隙 f_1 和曲轴与轴承之间的轴向相对位置。间隙 f_1 是用力把推力环压紧在正车推力块上时使用厚薄规在倒车推力块与推力环间测量出来的间隙。此间隙也可在轴处在不受轴向力的自由状态下,用两个厚薄规在正、倒车推力环处同时测量,再将这两个数值相加得出。这个间隙的大小要符合说明书的要求,否则要通过调节圈进行调节。作为临时性的调整措施,可在调节圈后加放垫片,在以后修船时再更换调节圈。在工厂安装两排推力块时,调节圈应按要求进行调整:当推力环与正、倒车推力块之间各为 1/2 装配间隙时,靠近推力轴承的最后一个曲柄的中心线应向推力轴承方向偏移一个规定的数值。这样做是为了补偿曲轴在运转中的热膨胀,以尽可能地使各曲柄臂与主轴承之间的轴向间隙保持均等。

第四节　船用柴油-LNG 双燃料主机

随着全球环境的日益恶化和人们环保意识的逐渐加强,控制污染气体及温室气体排放的要求日益强烈。作为国际贸易重要运输方式的航运业，船舶排放对大气造成的污染已引起国际社会的广泛关注。为此，国际海事组织(IMO)不断出台新规则、规范或对以往的规则进行修正，以期进一步控制国际航运气体排放。

为适应日益严格的海事环保法规的要求，必须要求船舶使用更为环保的发动机，由此带动了低硫油的大量需求及柴油/LNG双燃料船舶发动机的快速发展，双燃料发动机研究已成为船舶发动机技术的一个重要发展方向。

一、IMO减排规则推动双燃料发动机发展

国际社会对船舶造成大气污染议题的关注由来已久。IMO海洋环境保护委员会(MEPC)自1988年正式展开防止船舶造成大气污染议题的研讨及审议工作。经过一系列讨论和论证，2005年5月19日，“防止船舶造成大气污染规则”即MARPOL73/78附则Ⅵ正式实施，主要针对船用柴油机排放物中NO_x、SO_x和颗粒物的排放做出限制。

我国于2006年3月15日加入MARPOL73/78公约1997年议定书，“防止船舶造成大气污染规则”于2006年8月23日对我国生效。交通运输部于2015年12月在珠三角、长三角、环渤海(京津冀)水域设置了船舶排放控制区。2016年8月30日，环境保护部会同国家质量监督检验检疫总局发布了《船舶发动机排气污染物排放限值及测量方法(中国第一、二阶段)》(GB 15097—2016)。

面对海事法规的种种限制，船用发动机采取了各种改进措施。

(1) NO_x减排方面，由于船用柴油机运行产生的NO_x是高温条件下空气在气缸内燃烧时氧和氮元素发生反应后形成的产物，主要采用机内控制法和机外控制法减排，具体措施大体可分为燃料预处理、过程处理和排气后处理三类。其中预处理包括采用低碳燃油、燃油乳化等，过程处理包括喷油定时延迟、改变喷油器参数及燃油-水分层喷射等，后期处理包括废气再循环、废气再燃烧处理和选择性催化还原(SCR)技术等。

(2) SO_x减排方面，出于成本考虑，船舶使用的重质燃料油的硫含量普遍较高，尾气排放中的SO_x主要来自燃料燃烧后的产物，减少SO_x排放的最有效措施是减少燃料油中的硫含量。因此，降低船舶SO_x排放的最直接措施是使用低硫油，但会导致燃油成本大幅提高，大部分船主都不愿接受。

以上无论何种减排方法都没有从根本上消除NO_x和SO_x产生的可能性，且柴油机依旧使用价格较高的燃油。而LNG作为一种优质燃料，不仅能够大幅降低排放，而且价格较柴油低，一直被视为船用柴油机理想的替代燃料，双燃料发动机的研发成功使该方案具有可行性，使用双燃料主机也逐渐成为船主订船时的一种新选择。

与传统使用柴油/重油的船用发动机相比，双燃料发动机可交替燃用柴油/重油和LNG，最突出的优势是污染气体和温室气体的排放大幅降低，几乎可实现SO_x的零排放，大幅降低NO_x和CO_2的排放。

污染气体减排方面，瓦锡兰公司产品的实际运营数据表明，双燃料发动机在LNG燃料模式下运行时，NO_x排放量至少低于IMO现行法规中规定的标准85%；SO_x和颗粒物排放几乎为零。

温室气体减排方面，LNG中的碳含量最低，比普通的柴油和重油低12%～15%。而根据瓦锡兰双燃料发动机的实际运营数据，其CO_2排放量低于IMO现行法规中规定标准约25%。

卓越的减排效果及较低的运营成本使得LNG燃料或双燃料非常被看好。曼恩、瓦锡兰等船用柴油机巨头也适时推出一系列双燃料发动机，并实际运用于远洋船舶上。在目前双燃料发动机的发展阶段下，虽然在船上安装LNG动力设备的初始投资比传统的柴油机标准设计高约30%，但由于LNG价格远低于燃油价格，船舶运营费用会降低25%左右。根据瓦锡兰公司的估算结果，双燃料主机增加的初始投资可在5年内收回，故双燃料发动机依然具有较大的竞争优势。

二、双燃料发动机发展现状

近年来，在瓦锡兰、曼恩等公司的带动下，全球双燃料发动机技术的发展可谓风生水起。总体上讲，目前取得实质性进展的产品仍主要来自传统的船用柴油机制造商，如瓦锡兰、曼恩以及卡特彼勒。

1. 低速双燃料发动机

大型远洋船舶推进主机不仅所需功率较大，且为保证长距航行，需携带充足的燃料，港口的燃料供应系统也要具有一定规模且供应稳定可靠。由于岸上LNG供应站的建设投资较高，在原有燃油供应系统非常成熟、柴油机性能不断改进的情况下，低速双燃料发动机的研制一直处于非常缓慢的进展状态。

目前，全球推出的低速双燃料发动机仅有瓦锡兰公司的RTX5型发动机和曼恩公司的ME-GI型发动机。需要说明的是，中速双燃料发动机是瓦锡兰公司更为重要的产品方向，故其在低速双燃料发动机产品的进展稍微落后于曼恩公司。

1）瓦锡兰公司

1973年，在被瓦锡兰公司兼并之前的著名船用低速机供应商——瑞士苏尔寿公司就已为LNG船“维纳托尔”号配备了一台低速双燃料7RNMD90型发动机。作为公司发展重大战略的一部分，瓦锡兰公司也于2010年秋季正式启动低速双燃料发动机的研制；2011年2月，在里雅斯特工厂进行RTX5新型低速双燃料发动机的测试工作，并在当年9月的测试中获得NO_x排放达到IMOTierⅢ标准的重大突破。目前，RTX5发动机的测试和技术细节改动还在进行中。同时，瓦锡兰公司已经着手考虑授权生产问题；在约定条件下，被授权生产者的市场、生产和销售能力都会受到考察。

瓦锡兰公司深知双燃料发动机的实用化必须很好地解决岸上供应问题，为此与壳牌石油公司签署了一项长达7年的合作协议，旨在推进并加快LNG作为船用燃料的使用。双方将共同努力，通过不断完善供应链和LNG岸上气站和船上储存工作，加快这一进程。壳牌石油公司将会向配备瓦锡兰燃气发动机的船舶和相关运营商供应低成本、高品质的LNG，首先在墨西哥湾沿岸开展，然后逐渐扩大范围。

2）曼恩公司

早在1994年，曼恩公司就开始低速双燃料发动机的研发工作，但外部环境使工作进展缓慢；而公司自身从实用性、可行性的角度考虑，研发工作并不积极。随着形势的改变，作为占有全球约 80%低速机市场份额的巨头，曼恩公司自然不甘落后，在低速双燃料发动机研制、匹配船型和供气系统方面展开了一系列工作。

2011 年 5 月 18 日，曼恩公司在哥本哈根举行了 ME-GI 型双燃料发动机的发布仪式，并宣称新型主机可较传统柴油机减少 23%的 CO_2 排放，而 NO_x 和 SO_x 排放分别能减少 80%和 90%。ME-GI 型双燃料发动机不仅可为 LNG 船配套，还可用作其他商船的主机，用户可以根据燃料成本和喜好选用 LNG 或燃油。

2012 年 4 月，曼恩公司在哥本哈根为客户举行的第二次 ME-GI 型发动机测试展示会上对外宣布，现代重工、三井造船将分别生产该机型的原型机，此举意味着 ME-GI 型发动机向商用化方面迈进了重要一步。

此外，曼恩公司与大宇造船海洋工程有限公司(简称大宇造船海洋)协作，帮助后者研发了匹配大型商船的高压气体燃料供应系统(HP-FGS)，供应压力约为 300bar。新系统仅需较小的电力消耗(100kW)，且结构紧凑。大宇造船海洋指出，由于缺少高效、高压的气体供应系统，低速双燃料发动机一直难以在大型船舶领域适用，大宇造船海洋的新系统将对此产生极大的推动作用。

在低速双燃料发动机适用船型方面，除基本不存障碍的 LNG 船外，曼恩公司与日本 IHIMU、挪威船级社合作，推出了采用双燃料发动机的大型集装箱船设计，新船型不仅可减少排放外，更为引人关注之处在于采用双燃料发动机情况下，船舶燃料舱与现有同级别船燃料舱大体相当，不影响船舶的载货能力。

3) 其他公司

相比于瓦锡兰公司和曼恩公司两大巨头，其他船用低速机制造商目前尚无实力开发低速双燃料发动机，除技术能力外，对市场前景存在疑虑也在一定程度上抑制了这些公司开发低速双燃料发动机的积极性。例如，最具技术实力的日本三井造船也才在 2011 年下半年开始关注这一领域；而三菱重工、现代重工、STX 等公司的主要精力仍在于船上供气系统的有关研制工作。2012 年 3 月，三菱重工研发出供应高压气体的系统，可帮助船用发动机使用 LNG 燃料，该系统通过液压泵能提供 30MPa 的 LNG。

2. 中速双燃料发动机

与低速双燃料发动机相比，中速双燃料发动机的发展明显领先。一方面，中速机一般作为中小型船舶的推进主机或作为船舶的发电机使用，功率较小，燃料需求量也较少，船舶燃料携带问题容易解决。另一方面，由于中速双燃料发动机有能够广泛应用于沿海和内河船舶的前景预期，发展受到更多的关注。由此，世界主要柴油机制造商均率先推出中速双燃料发动机，并已取得了大量实船应用的成绩。

目前，全球推出中速双燃料发动机的制造商有瓦锡兰、曼恩、卡特彼勒(MaK)等公司。其中，瓦锡兰公司在双燃料发动机领域遥遥领先，共推出了三种机型；曼恩公司发展相对落后，但也推出了两种机型；卡特彼勒尚处于起步阶段。具体情况如表 2.1 所示。

表 2.1　目前各主要制造商推出的中速双燃料发动机情况

制造商	主机类型	缸径/行程/mm	气缸排列	适配缸数	转速/(r/min)	功率范围/kW
瓦锡兰	20DF	200/280	L	6/8/9	1000/1200	841～1584
	34DF	340/400	L	6/9	720/750	2510～4050
			V	12/16		5010～7200
	50DF	500/580	L	6/8/9	500/514	5500～8775
			V	12/16/18		11000～17550
曼恩	32/40DF	320/400	L	6/7/8/9	720/750	2400～3600
			V	12/14/16/18		4800～7200
	51/60DF	510/600	L	6/7/8/9	500/514	6000～9000
			V	12/14/16/18		12000～18000
卡特彼勒(MaK)	M46df	460/610	L	6/7/8/9	500/514	5400～8100

注:功率范围涵盖作为推进主机和发电机的功率范围。

1) 瓦锡兰公司

瓦锡兰公司在船用中速双燃料发动机方面处于全球绝对领先地位。据瓦锡兰公司的相关数据统计,截至 2012 年 5 月底,其已为 100 艘 LNG 船提供了 50DF 双燃料发动机,加上目前的手持订单,使用该型机的 LNG 船占到 LNG 船队总量的 1/4。加上陆用双燃料发动机,瓦锡兰公司已经向用户交付了 720 台双燃料发动机,累计运行时间也已超过 500 万 h,这具有里程碑式的意义,也远超其他发动机制造商。

瓦锡兰公司双燃料技术的首次应用是在 20 世纪 90 年代初期的陆用电厂项目。2000 年,首台船用 50DF 发动机制造成功,该技术使发动机可燃用 LNG 或柴油/重油,并能在运转过程中平稳地在不同燃料间转换,能够确保运营安全性。2006 年,瓦锡兰公司 50DF 发动机应用于第一艘 LNG 船上并引领行业潮流,此后约 65%的新造 LNG 船都选择安装瓦锡兰公司的双燃料发动机。

除较大尺寸的 50DF 双燃料发动机外,瓦锡兰公司还将功率范围进一步扩大,陆续推出了 34DF、20DF 双燃料发动机,应用范围得到进一步扩展。较小尺寸的双燃料发动机可作为小型船舶的推进动力,如小型货船、渡船或拖船等;当然,更广泛的应用是作为船舶发电机和陆用发电机。

在陆用及 LNG 船上取得成功后,瓦锡兰公司考虑将双燃料发动机推广到更多的船型市场上。2012 年 5 月初,瓦锡兰公司获得订单,将为 1 艘干散货内河船提供动力系统,包括 2 台 6 气缸 20DF 双燃料发动机。该船长 135m,将在荷兰、德国、瑞士、比利时和法国的内河水域运营。该订单的签订意味着瓦锡兰公司将双燃料发动机的应用成功扩展至 LNG 船之外的内河船,显示出明朗的发展前景。

2) 曼恩公司与卡特彼勒公司

与瓦锡兰公司中速双燃料发动机的辉煌成就相比,其他船用发动机制造商的发展相对缓慢。曼恩公司于 2007 年才通过 51/60DF 中速双燃料发动机的最后测试,并首次运用于船用领域。其首笔订单是为西班牙航运公司 Empresa Naviera Elcano SA 的 LNG

船提供 5 台 8L51/60DF 双燃料发动机。此后，也陆续获得陆用及船舶发电机订单，但作为船舶推进用机的订单并不多。2012 年 5 月，曼恩公司获得俄罗斯现代商船公司（Sovcomflot）2＋2 艘 LNG 船主机订单，将分别提供 2 台 8L51/60DF 和 2 台 9L51/60DF 双燃料发动机，标志着曼恩公司也开始注重中速双燃料发动机向船用主机领域的拓展。

卡特彼勒公司于 2011 年年底推出旗下 MaK 品牌的双燃料发动机 MaK 16M46 DF。16M46DF 双燃料发动机的缸径为 460mm，行程为 610mm，作为电力驱动和机械推进系统，该发动机运行时可在 LNG、船用柴油或重油之间转换。据介绍，在使用 LNG 时可以取得行业领先的效率。该机的燃油消耗率为该档次发动机中最低的。使用 LNG 在世界各地（包括排放控制区）运行时，能满足 IMO Tier Ⅲ和 EPA Tier 4 要求。M46DF 双燃料发动机在德国罗斯托克制造并通过卡特彼勒 MaK 经销网络的配送和销售。2016 年 8 月，卡特彼勒船舶业务部门宣布将为在德国迈尔船厂建造的 4 艘新型邮轮提供 8 台套 MaK 16M46DF 双燃料发动机及全套 LNG 供应和处理系统。

3）其他

与欧洲船用发动机生产商相比，亚洲主要造船国的制造商目前均未能推出中速双燃料发动机。

在韩国方面，虽然现代重工自主品牌的 HiMSEN 中速机已取得巨大成功，但也仅是推出了 HiMSEN 品牌的气体发动机，尚未能进一步拓展至双燃料发动机。2010 年 5 月，现代重工在韩国首次展示其自主研发的气体发动机“HiMSEN H35G”，其最大功率可达 9555kW，可用于陆地/船舶发电和船舶推进。在双燃料发动机方面，现代重工采取合作的方式积极进入该市场，与瓦锡兰合资成立瓦锡兰现代发动机公司，生产 50DF 中速双燃料发动机，同时引进许可生产曼恩公司的 ME-GI 低速双燃料发动机的原型机。

受限于较为落后的船用柴油机研发技术，中国目前尚未能推出中速或低速船用双燃料发动机，但在促进内河船舶使用双燃料动力上依旧取得了不错的进展。中国长航集团、中兴恒和投资集团和富地石油控股集团联合开展的“长江绿色物流创新工程”，以及中国船级社和中国石油联合推进的“气化长江”等项目，都致力于我国内河船舶的“油改气”。

船舶“油改气”原理是在不更换船舶发动机的条件下，将柴油-LNG 双燃料系统加装到船舶发动机上，将柴油、LNG 按一定比例混合供给发动机，由 LNG 提供主要动力，而柴油用于点燃压缩状态下 LNG 的引燃燃料和部件的润滑剂，一旦 LNG 使用完毕或因故不能及时填充或燃气系统出现故障，船舶仍可以在纯柴油下运行。2010 年以来，我国成功“油改气”的内河船舶不断增多，典型案例有：2010 年 8 月，由江苏宿迁海事局牵头、北京油陆集团出资研发的改造船 3000 吨级“苏宿货 1260”号，在京杭运河苏北段成功试航；2011 年 3 月，由中国长航集团、中兴恒和投资集团和富地石油控股集团共同推进的改造船“长讯三号”散货船试航成功；2011 年 4 月，由中国石油昆仑能源公司承担的 5000 吨级改造船在芜湖试航。在船舶的“油改气”技术中，LNG 燃料的替代率可达到 60％～90％，系统改造成本大致为 100 万元（约一年可收回）。值得注意的是，虽然在没有解决双燃料发动机的情况下，推进内河船舶使用双燃料依旧取得了进展，但船舶可能在某些工况下面临动力不足的问题。

在双燃料发动机研制方面，中国目前仅中国石油旗下的济柴动力总厂（以下简称济柴）自主研发推出了2000系列和3000系列高速双燃料发动机，主要应用于石油钻探动力方面。在船用双燃料发动机领域，在长期的技术沉淀及丰富的研发经验支撑下，济柴同样走在国内同行的前列。2011年5月，济柴投资10亿元在武汉江夏区兴建新能源船用发动机生产基地，规划达产后年销售额为50亿元。济柴处于试验状态的双燃料发动机也有望在短期内下线。在2012年的工作任务和目标中就重点提出，以武汉为中心在长江流域建成多个基地，尽快推出全系列的船用双燃料发动机和LNG动力模块。2012年3月，借力其母公司中国石油集团，济柴与中国长江航运集团签署战略合作协议，将为其146艘3000～10000DWT的新建或现有内河船舶提供或改造成LNG双燃料动力。

三、双燃料发动机的应用前景

在IMO关于船舶污染气体和温室气体排放强制性规则逐渐生效的背景下，能够使用LNG清洁燃料、排放显著降低的双燃料发动机显然受到越来越多的关注，发展潜力巨大。目前航运市场处于低位，船主收益普遍恶化，加上燃油价格高企的压力，有望进一步加速能大幅降低运营成本的双燃料发动机的广泛应用。

目前，双燃料发动机主要运用在陆用发电、船舶发电和LNG船动力等，但主要制造商和船级社对其应用前景并不担心。一方面，在双燃料发动机技术不断成熟、减排要求日益严格的背景下，陆用发电、船用发电的需求不会减少。另一方面，双燃料发动机的应用范围也将逐渐拓宽。瓦锡兰公司与挪威船级社（Det Norske Veritas，DNV）相继表示，LNG动力代表着航运业的未来，到2020年，全球以LNG为燃料的远洋船舶将增加至超过1000艘。瓦锡兰公司也正致力于签订部分合同，以实现在LNG船以外的船舶上使用双燃料发动机。同时，瓦锡兰公司继续大力参与船舶气体燃料项目，于2011年11月斥资3.83亿英镑（约6亿美元）收购了从事海工、船舶气体应用和环境技术等业务的英国Hamworthy工程公司，纳入其船舶动力部门。

在面临广阔发展前景的同时，双燃料发动机的广泛应用仍面临不少不利因素，改造现有船队和LNG储存基础设施缺乏是目前面临的主要问题。首先，LNG动力船舶的续航能力较弱，达不到远洋长途运输要求；而且LNG储罐系统复杂、布局难，携带足够燃料将占去很大空间，船舶载货量受到损失，这都给船舶设计和改造带来了很大难度。其次，目前大部分港口LNG补给设施不配套，尽管LNG补给并不困难，但港口方面没有建立起完备且实用的配套体系。

第三章　船舶推进系统设计

船舶推进装置的任务是把船舶推进动力装置发出的动力转变为推进力，并把推进力传递给船体，推动船舶前进。绝大多数船舶的推进装置由螺旋桨、轴系和传动装置组成，其中螺旋桨完成转动动力到推进力的转换，传动装置用来传递转动动力，而轴系在传递转动动力的同时，把螺旋桨的推力传递给船体。

第一节　船舶推进的传动形式

船舶推进装置按传递到螺旋桨功率方式的不同可分为以下几种。

1. 直接传动

直接传动是主机动力直接通过轴系传递给螺旋桨的传动方式。在这种传动方式中，主机和螺旋桨之间除了传动轴系外，没有减速和离合设备，运转中螺旋桨和主机始终具有相同的转向和转速。其主要优点是：①结构简单，维护管理方便。②经济性好，传动损失少，传动效率高。③工作可靠，使用寿命长。其缺点是：整个动力装置的重量尺寸大，要求主机有可反转性能，非设计工况下运转时经济性差，船舶微速航行速度受主机最低稳定转速的限制。

2. 间接传动

间接传动是主机和螺旋桨之间的动力传递除经过轴系外，还经过某些特设的中间环节(离合器、减速器等)的一种传动方式。它的主要优点是：①主机转速不受螺旋桨要求低转速的限制。②轴系布置比较灵活。③在带有倒顺车离合器的装置中，主机不用换向，使主机结构简单，工作可靠，管理方便，机动性提高。④有利于多机并车运行及设置轴带发电机。其缺点是：轴系结构复杂，传动效率低。

3. Z 型传动

Z 型传动装置又称悬挂式螺旋桨装置。图 3.1 为 Z 型传动装置的结构原理图。

Z 型传动方式最显著的特点是螺旋桨可绕垂直轴做 360°回转运动。当起动一个电机带动蜗轮蜗杆装置中的蜗杆 4 运动时，蜗轮 13 会带动艉管 11 在支架 12 中回转，从而使螺旋桨 7 绕传动轴 5 在水平面内做 360°回转运动，使螺旋桨推力方向在 360°范围内任意改变。其主要优点是：①操作性能好。螺旋桨的推力方向可以自由变化，使船舶操作性能优于其他传动方式，特别是采用两台主机而每台分别带动一个 Z 型传动装置时，可以使船舶原地回转、横向移动、快速进退以及微速航行等。②可以省掉舵、艉柱和艉轴管等结构，使船尾结构简单，船体阻力减少。③可以使用重量体积小的中、高速柴油机，而不需要

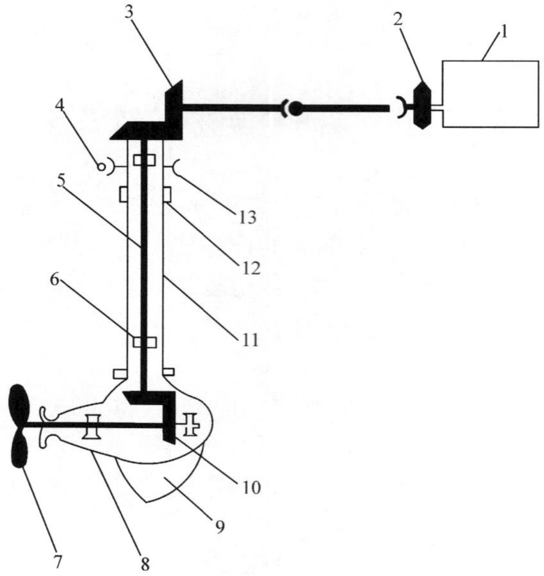

图 3.1　Z 型传动装置的结构原理图

1-柴油机;2-联轴节;3-上锥齿轮;4-蜗杆;5-传动轴;6-滚动轴承;7-螺旋桨;
8-滚动轴承;9-舵叶;10-下锥齿轮;11-艉管;12-支架;13-蜗轮

单独的减速齿轮装置。④不需要主机换向,可以延长主机使用寿命。⑤悬挂式螺旋桨装置可由船尾部甲板开口处吊装,检修不用进坞,可明显缩短检修时间。

尽管如此,Z 型传动装置由于结构复杂,传递功率受到一定的限制,所以仅适用于小型船舶,特别是港口作业船舶和在狭窄航道中航行的船舶。

4. 电力传动

电力传动是由原动机带动发电机发电,将发出的电送到配电板,再由配电板直接或经过变流器(或变频器)供给推进电机,从而驱动螺旋桨运转的一种传动方式。这种传动方式的优点是:①原动机和螺旋桨之间没有机械联系,机舱布置灵活。②可选用中、高速不可逆转原动机,使原动机结构简单,机舱容积减小。③可均匀、大范围地调节推进电机转速,在低速航行时具有较高的经济性。④船舶操纵性好,倒车功率大,反转迅速,可靠性、机动性明显提高。⑤推进电机对外界负荷的变化适应性好,甚至可以短时间堵转。⑥可消除螺旋桨对原动机的振动冲击,船舶振动明显减轻。⑦在柴油机-电力推进装置中,可采用分机组修理的方法,以缩短因船舶修理而造成的停航时间。其缺点是:①经过两次能量转换,传动效率低。②控制系统复杂,管理维护难度大。

目前,随着计算机和大功率半导体电力电子元件及技术的高速发展,变频调速技术在电力推进中得到了广泛的应用。吊舱式(POD)电力推进器(又称“动力舵”)的诸多优点更加速了电力推进的发展,增大了电力推进在船舶,尤其是滚装船、拖船、破冰船等上的市场占有率。图 3.2 为吊舱式推进器的结构原理。驱动螺旋桨的大型电机装在吊舱内,吊舱可以在垂直方向 360°任意方向转动,能产生水平任意方向上的推力,因此船舶的操纵性得到极大的提高。随着环保要求的提高和新型能源(如燃料电池、太阳能等)的快速发展,电力推进很可能在不久的将来代替机械推进成为船舶推进方式的主流。

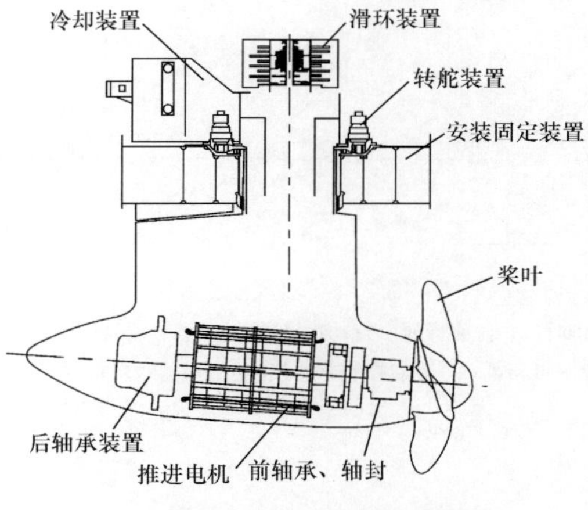

图 3.2　吊舱式推进器结构原理

除以上四种传动方式外,还有调距桨装置、喷水推进器传动装置等。由于发动机、传动设备、传动方式及推进器的类型很多,它们可以组成多种推进装置。图 3.3 为推进装置部分组成方案。传动方式不同,装置的性能也不同,并且各有不同的优缺点和适用条件,因此在进行传动方式的选型时要进行综合分析,权衡利弊,最后做出决策。

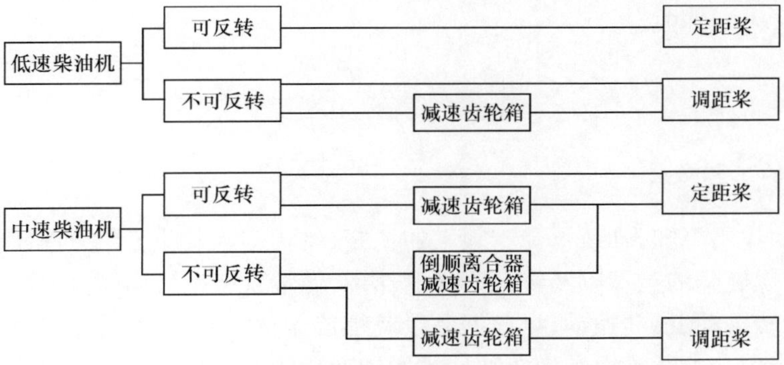

图 3.3　推进装置部分组成方案

第二节　船 舶 轴 系

一、轴系的组成、作用和工作条件

1. 轴系的组成

轴系位于主机(或传动装置)的输出法兰和螺旋桨之间,图 3.4 为轴系的组成。它由传动轴(包括推力轴、中间轴和艉轴)、支承传动轴用的轴承(包括推力轴承、中间轴承和艉轴承)和轴系附件(包括密封、润滑及冷却等设备)组成。

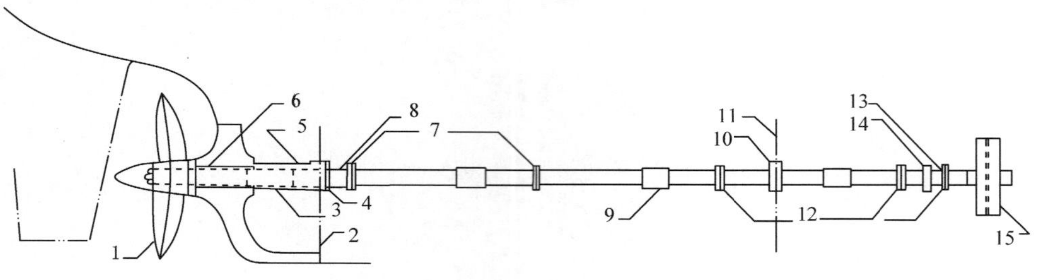

图 3.4 轴系的组成

1-螺旋桨;2-艉尖舱壁;3-艉轴管;4-艉轴管前密封;5-艉轴管前轴承;6-艉轴管后轴承;7-连轴法兰;8-螺旋桨轴;9-中间轴轴颈;10-隔舱壁填料函;11-隔舱壁;12-连接法兰;13-推力轴;14-推力环;15-飞轮或减速齿轮

2. 轴系的作用

轴系的作用是把柴油机曲轴的动力矩传给螺旋桨,以克服螺旋桨在水中转动的阻力矩,同时又把螺旋桨产生的推力传给推力轴承,以克服船舶航行中的阻力。轴系传递的扭矩 M(N·m)可通过它传递的功率 P(kW)和轴的转速 n(r/min)算出:

$$M=9549\frac{P}{n} \tag{3.1}$$

轴系所传递的推力 T(kN)可根据螺旋桨吸收的功率 P_p(kW)、螺旋桨的效率 η_p 和船舶航速 v(mile/h)算出:

$$T=1.94\frac{P_p}{v}\eta_p \tag{3.2}$$

3. 轴系的工作条件

从轴系的作用可知,轴系承受着很大的扭矩、推力以及由此产生的扭应力和压应力。另外,轴系和螺旋桨的重量以及其他附件的作用,使轴系产生弯曲应力;安装误差、船体变形、轴系的扭转振动、横向振动、纵向振动以及螺旋桨的不均匀水动力作用等还会在轴系中产生附加应力。上述诸力和力矩往往是周期变化的,这更增加了它们的危害性。另外,轴系在工作中,轴颈与轴承发生摩擦,当用海水作为艉轴承润滑剂时,艉轴管和轴颈还要受到腐蚀作用。

由此可知,轴系的工作条件恶劣,经常会出现损伤,严重时甚至断裂,修理时往往不得不进坞,从而造成很大的经济损失。因此,对轴系有严格的要求:要有足够的强度和刚度,传动损失少,对船体变形适应性好,工作中不发生轴的扭转共振和横向、纵向共振,具有良好的密封、润滑和冷却,维护管理方便等。

二、轴系的布置

当机舱、主机和螺旋桨的位置已初步决定,并对轴系的结构有充分的了解和考虑后,首先要确定轴系数目、位置和长度,初步选定轴承的位置和间距等;然后选用或设计轴系部件，进行轴系强度计算和振动验算；最后绘制轴系布置及安装总图，完成轴系的设计工作。

1. 轴线的数目

从主机法兰输出端到螺旋桨中心之间的轴系，往往是由好几段位于同一直线上的轴相互连接起来的，这种位于同一直线上的轴系称为轴线。轴线的数目主要取决于船舶的类型、航行性能、生命力、主机型式及特征、动力装置的经济性、工作的可靠性等。

一般单轴系的轴线，常布置在船舶的纵舯剖面上，双轴系的船舶，轴线对称布置在两舷。而三轴系的船舶往往其中一根轴线在船舶的纵舯剖面上，其余两轴线对称地布置在两舷。

2. 轴线的位置与长度

轴线是一根直线，它的位置和长度取决于两个端点的位置，一个端点是螺旋桨中心，另一个是主机的输出轴法兰中心。连接这两个中心的长度即轴线长度，轴线总长度确定后，再根据船舶的实际情况、船厂加工能力以及船舶尾部结构和轴承的间距等确定轴段数目和长度。

理想的轴线位置最好是布置成与船体基线水平，而在多轴线时，轴线又必须保持对称，并和纵舯剖面平行。但是这样理想的轴线往往很难实现，因为轴线的位置必须服从主机与螺旋桨的布置。如图 3.5 所示，在主机位置较高而船舶吃水较浅时，为保证螺旋桨浸入水下一定距离，有时不得不使轴线向尾部倾斜一定角度 α，有些双桨推进装置的船舶轴系，为了使螺旋桨叶的边缘离开船的外板一定的距离，允许轴线在水平投影上离开船舶纵舯剖面偏斜一个角度 β。轴线的倾斜或者偏斜都会降低螺旋桨的有效推力，为使螺旋桨的有效推力不至于显著下降，同时主机又能安全可靠地工作，一般 α 角限制在 0°～5°，β 角限制在 0°～3°。轴系的长度视主机位置而定，一般船舶主机布置在船的中部偏尾部。

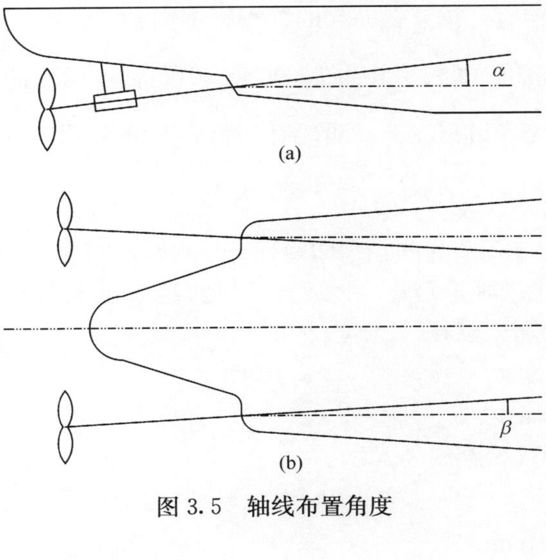

图 3.5　轴线布置角度

3. 中间轴承的位置及间距

对于机舱布置在中部的大型船舶，其轴系长度达几十米，甚至上百米。这时，轴系就要用几段中间轴通过法兰连接起来。对于这种长度的轴系必须有较多的中间轴承，每根中间轴均由中间轴承支承，轴承底座靠螺栓与船体相连。若轴承位置安排不当，在船体变形时将使轴承负荷增大好几倍，造成发热和迅速磨损。因此，轴承位置和间距的适当布置将决定轴系运行的可靠与否。轴本身重量产生的弯曲，通常对轴系的影响不大。

1）船体变形对轴承的影响

在船体发生局部变形时，中间轴承的负荷显著增加，甚至会使传动轴与轴承咬死。因此，应尽量将轴承放在横舱壁附近，因为此处船体刚性较大，变形较小。小船的中间轴承可以直接放在横舱壁上。为了克服或减少船体局部变形对轴系工作的影响，一般采取下列措施：

（1）轴承设置在刚性较强的结构处。

（2）使用自动调整位置的双列向心球面滚动轴承。

（3）在轴瓦单位面积允许的负荷范围内，缩短轴承的轴瓦长度。

（4）在主机与推力轴、推力轴与中间轴之间采用弹性联轴器，以保证轴线弯曲时轴系仍能正常工作。

2）轴承的间距和数量

轴承间距的大小及数目对轴的弯曲变形、柔性和应力有很大的影响。理论和实践都证明，适当减少轴承数量、增加轴承间距后轴系的柔性增加，工作更为可靠。适当减少支承点，虽然会增加弯矩和轴承负荷，但影响轴系变形的因素减少，特别是船体结构比较薄弱、载重分布又较多的船舶，如内河船，对其轴系的要求更高，轴承间距宜大一些；反之，船体刚性较大，其轴系适应船体变形的要求较低，轴承的间距可小一些。

轴承的跨距可按以下经验公式来计算。

（1）轴径 $400\text{mm} \leqslant d \leqslant 650\text{mm}$ 的轴承跨距可按以下推出的公式估算。

假设在一长轴系中有三根连在一起的等直径中间轴，每根轴分别由一个中间轴承支承，各轴的跨距与各轴的长度相等并为 L，则各个中间轴承承受的静载荷为 $\frac{\pi d^2}{4} \cdot \gamma \cdot L$，一般中间轴承的长度为 $(0.7 \sim 0.8)d$，设轴瓦的最大许用比压 $[p] \leqslant 0.59\text{MPa}$，则可得

$$\frac{\pi d^2}{4} \cdot \gamma \cdot L \leqslant 0.8d^2 \cdot [p] \tag{3.3}$$

式中，d 为中间轴直径，cm；L 为两轴承间距，cm；γ 为轴的重度，N/cm^3。

（2）对于一般轴径的轴承跨距，可参考以下经验公式进行计算。

① 俄罗斯尼古拉耶夫推荐的公式：

$$L \leqslant 125\sqrt{d} \tag{3.4}$$

式中，d 为中间轴直径，cm。

② 德国劳氏船级社推荐的公式：

$$L \leqslant 145\sqrt{d} \tag{3.5}$$

式中，d 为中间轴直径，cm。

三、传动轴的设计

1. 传动轴的组成

传动轴主要由螺旋桨轴、艉轴、推力轴和中间轴四部分组成，这些轴段的数目和配置主要取决于船型和动力装置类型。

2. 传动轴的结构

1）螺旋桨轴与艉轴

一般船舶的艉轴是指螺旋桨轴，但是当艉轴伸出船体过长并由两段组成时，装桨的那段轴才称为螺旋桨轴，在它前面的那段通过艉轴管的轴称为艉轴。图 3.6 为螺旋桨轴的几种结构。装有轴套或直接与艉轴承接触处称为轴颈，轴颈之间的中间部分称为轴干。螺旋桨轴的尾部制成锥形，供装螺旋桨用；螺旋桨轴的前端有时也制成锥形，供装可拆联轴节用，有时则与法兰制成一体，虽然强度有所提高，但必须由船里向船外安装。

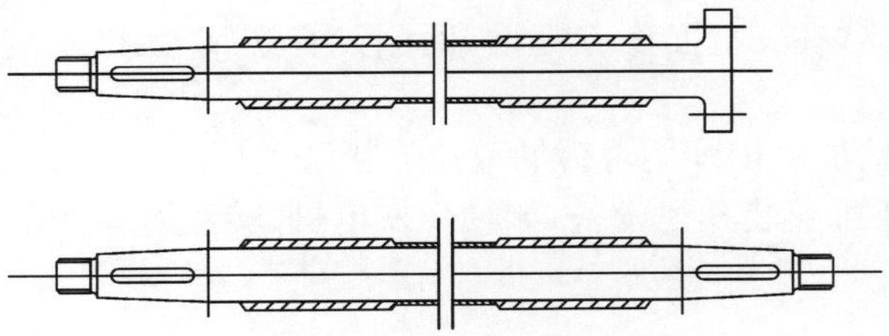

图 3.6 螺旋桨轴的结构

(1) 螺旋桨轴的尾部结构。此处供安装螺旋桨用，并承受以下负荷：其锥形部分用来承载正车推力，尾部固定螺母用来承载倒车推力，主机的扭矩则靠键槽中的键传递给螺旋桨。其结构见本章“六、有键连接的螺旋桨轴尾部结构设计与计算”部分。

(2) 轴干和轴颈的结构。轴干的长度与船尾的线型、结构有关，其直径由计算求出，往往取整数值作为轴干的直径。轴颈比轴干大 5～30mm，以便在更换轴套时留有光车裕量，轴颈的长度略长于其轴承的长度。为避免应力集中，在轴干和轴颈的连接处采用圆弧过渡。有时为了减轻重量，在保证足够刚度和强度的条件下，也可将艉轴做成中空的。

(3) 轴套的结构。轴套是套在艉轴轴颈上的金属圆筒，主要用来防止轴颈的擦伤和腐蚀。轴套经常制成一个整体，但当轴套过长时，由于加工制造困难可采用分段结构，对其接缝处用电焊填充，焊条的材料应与轴套的材料基本相同，完成焊接后应做油压试验。为防止腐蚀，轴颈、轴套的两端应有良好的水密性。将轴套外圆面车成倒向锯齿形，使轴套与玻璃钢包覆层黏结更加紧密。轴套一般采用热套法装配于轴上，并且轴套和轴颈之间留有适当的过盈量。由于轴套装配于轴上后其应力的分布是不均匀的，在其两端的应力会急剧增大，这样会严重影响轴的强度。因此，一般在轴套两端部开有减压槽，以降低该处的应力集中现象。

(4) 轴的防腐和防机械损伤。螺旋桨和轴套一般都是用青铜材料制成的，而艉轴材料一般为碳钢，两者在海水中就形成一对电极，存在一定的电位差，这会使艉轴遭到强烈的电化学腐蚀。另外，海水对轴也会发生直接的腐蚀作用，导致轴的疲劳破坏。为防止艉轴遭到这种破坏，必须采取可靠的防腐和防机械损坏的措施。轴的防腐一般采用“阴极保护法”和与海水隔离的措施。前者是把锌块焊到被腐蚀的构件上或用螺栓紧固，后者是在轴上包上一层玻璃钢或者环氧树脂，以达到隔离海水的目的。

2）推力轴和中间轴

（1）推力轴。一般推力轴上均设有整体式法兰，中间还有一个大的推力环，凭借其两侧的端面，把螺旋桨传来的推力传送到推力轴承的垫块上，再由推力轴承传递给船体，推动船舶的运动。推力轴的长度一般比中间轴短，推力环一般布置在推力轴的中部，这是为了安装时便于测量推力轴承两侧的间隙和易于安装。由于推力轴要承受较大的推力，推力轴的直径一般比中间轴大。

（2）中间轴。中间轴一般布置在推力轴与艉轴之间，在传动轴中起着连接各主要轴段的桥梁作用。中间轴有如下三种形式：

① 两端为整锻法兰式，且轴为中空结构，这种结构具有重量轻、安装方便的优点，但是加工复杂。

② 两端为锥形体，在其上面设有键槽，两侧设有螺纹，用以安装可拆联轴节，从而与其他轴连接。

③ 两端部经过精加工供采用可拆的液压连接法兰用。

中间轴上有时还可安装其他设备，如轴带发电机、转速器和刹车离合器等。

3. 传动轴的材料

船舶轴系中的传动轴（包括中间轴、推力轴和艉轴）的材料均采用锻钢件。民用船舶轴系的传动轴一般采用 30 号、35 号、40 号、45 号钢锻制，其中比较普遍的是 35 号钢；军用船舶对轴系的要求更高，可采用合金钢。但是合金钢的价格昂贵，在民用船舶上对各种形式的凹槽、表面伤痕、轴径的突变比较敏感，应力系数高，要求精密加工，一般船舶不采用合金钢。

四、传动轴的基本轴径计算算例

1. 设计计算依据

主机型号：TBD234V8。

持续功率：296kW。

额定转速：1800r/min。

齿轮箱型号：HC300。

减速比：2.23∶1。

轴材料：优质 35 号锻钢。

轴材料的抗拉强度：550N/mm^2。

2. 轴径的计算

（1）根据《钢质海船入级与建造规范》的要求，中间轴、推力轴和螺旋桨轴的直径 d 应不小于按式(3.6)计算的值：

$$d=98K\sqrt[3]{\frac{N_e}{n_e}\left(\frac{570}{\sigma_b+157}\right)} \tag{3.6}$$

式中，N_e 为轴传递的额定功率，kW；n_e 为轴传递 N_e 时的转速，$n_e=\frac{1800}{2.23}=807\text{r/min}$；$K$ 为系数，根据规范选取；σ_b 为轴材料的抗拉强度。

对于开有键槽的螺旋桨轴，K 取 1.26，代入数据得

$$d=98\times1.26\times\sqrt[3]{\frac{296}{807}\times\frac{570}{550+157}}=82.3\text{mm}$$

实际取螺旋桨轴的直径为 90mm；螺旋桨轴前轴承处轴颈的直径为 95mm；螺旋桨轴后轴承处轴颈的直径为 100mm。

(2) 轴干与轴颈的过渡。为避免应力集中，螺旋桨轴在从轴颈到轴干处应以锥度或大圆角过渡。螺旋桨轴的锥体部分与圆柱部分的相连处不应有凸尖或圆角。根据规范的要求，螺旋桨轴尾部锥体部分的锥度在 1∶10 到 1∶15 的范围内，本船螺旋桨轴尾部的锥度选择为 1∶15。

(3) 螺旋桨的轴套厚度。螺旋桨轴的轴套由青铜材料制成，主要防止轴颈的擦伤和腐蚀。根据《钢质海船入级与建造规范》的要求，轴套的厚度 δ(mm)应不小于按式(3.7)计算所得的数值：

$$\delta=\frac{d}{32}+6 \tag{3.7}$$

式中，d 为螺旋桨轴的直径，mm；非轴承处的轴套厚度可适当减少，但不小于 0.75δ。

因此

$$\delta=\frac{90}{32}+6=8.81\text{mm}$$

实际取螺旋桨轴的轴套厚度为 9mm。

五、螺旋桨轴可拆联轴节的设计与计算

1. 可拆联轴节的材料

根据规范的要求，可拆联轴节的材料的抗拉强度不应小于轴材料，可拆联轴节法兰的厚度应不小于轴径的 20%，此处可选用 45 号优质碳素钢作为联轴节的材料，其具体性能参数如下：

许用剪应力$[\tau]=60\text{MPa}$。

许用挤压应力$[\sigma_{jy}]=100\text{MPa}$。

抗拉强度$[\sigma_b]=570\text{MPa}$。

屈服强度$[\sigma_s]=285\text{MPa}$。

2. 设计基准

设计可拆联轴节时以齿轮箱输出端法兰的尺寸为基准，其主要尺寸如图 3.7 所示。

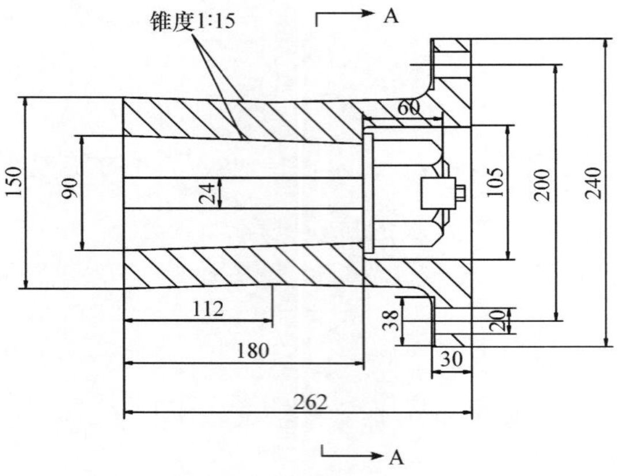

图 3.7　可拆联轴节(单位:mm)

3. 可拆联轴节的强度校核

1) 剪切应力的校核

由图 3.7 可知,可拆联轴节的 A—A 截面为危险截面,应对其进行扭转剪应力的强度校核。

将主机运转的持续功率和额定转速代入式(3.1)可得

$$M_n = 9549 \times \frac{296}{1800} = 1570.3\text{N} \cdot \text{m}$$

空心圆轴的抗扭截面模量为

$$W_n = \frac{\pi D^3}{16}(1-\alpha^4), \quad \alpha = \frac{d}{D}$$

式中,D 为空心圆轴的外径,m;d 为空心圆轴的内径,m。

代入数据得

$$W_n = \frac{\pi \times 0.146^3}{16} \times \left[1 - \left(\frac{104}{146}\right)^4\right] = 4.53736 \times 10^{-4}\text{m}^3$$

根据强度要求,强度条件为

$$\tau_{\max} = \frac{M_n}{W_n} \leqslant [\tau]$$

而

$$\tau_{\max} = \frac{1570.3}{4.53736 \times 10^{-4}} = 3.46\text{MPa} < [\tau] = 60\text{MPa}$$

故联轴节剪应力强度符合要求。

2) 挤压应力的校核

艉轴首端通过可拆联轴节与齿轮箱法兰输出端相连,尾部直接安装螺旋桨。联轴节靠八个螺栓与齿轮箱紧密配合,并将主机的功传递给艉轴和螺旋桨,因此有必要对联轴节的法兰螺孔进行强度校核。设联轴节法兰盘节圆处的挤压力为 P_{jy},则有

$$P_{jy}=\frac{M_n}{r} \tag{3.8}$$

式中，r 为联轴节节圆的半径，m。

代入数据得

$$P_{jy}=\frac{1570.3}{0.1}=15703\text{N}$$

设联轴节在节圆处的挤压面积为 A_{jy}，则

$$A_{jy}=d_1 \cdot F \cdot Z \tag{3.9}$$

式中，d_1 为螺孔内径，m；F 为联轴节法兰盘厚度，m；Z 为螺孔数目。

代入数据得

$$A_{jy}=0.02\times0.03\times8=4.8\times10^{-3}\text{m}^2$$

挤压应力

$$\sigma_{jy}=\frac{P_{jy}}{A_{jy}}=\frac{15703}{4.8\times10^{-3}}=3.27\text{MPa}<[\sigma_{jy}]=100\text{MPa}$$

3）联轴节法兰连接螺栓直径的计算

根据规范的要求，联轴节法兰连接螺栓应为紧配螺栓，其直径不小于按式(3.10)计算的值：

$$d_f=0.65\sqrt{\frac{d^3(\sigma_b+157)}{ZD\sigma_{bb}}} \tag{3.10}$$

式中，d 为螺旋桨轴的直径，mm；Z 为紧配螺栓的数目，但不少于总数的 50%；D 为节圆直径，mm；σ_b 为轴材料的抗拉强度，N/mm^2；σ_{bb} 为螺栓材料的抗拉强度，N/mm^2。

螺栓材料选用 45 号钢，因此 $\sigma_{bb}=570\text{MPa}$。由此得

$$d_f=0.65\times\sqrt{\frac{90^3\times(550+157)}{8\times200\times570}}=15.46\text{mm}$$

此处螺栓的直径为 20mm，符合规范的要求。

4）联轴节用键强度校核

将联轴节用键安装到轴上时，键材料的抗拉强度应不小于轴材料的抗拉强度，键受剪切的有效面积应不小于按式(3.11)计算的值：

$$BL=\frac{d^3}{2.6d_m} \tag{3.11}$$

式中，B 为键的宽度，mm；L 为键的有效长度，mm；d 为中间轴直径，mm；d_m 为键中部处轴的直径，mm。

取键的有效长度为 160mm，键宽为 24mm，则有

$$BL=160\times24=3840\geqslant\frac{90^3}{2.6\times84}=3337.9\text{mm}^2$$

此处键的材料为 45 号钢，其抗拉强度大于轴的抗拉强度，符合规范要求。

综上所述，联轴节及其附件的强度符合要求。

六、有键连接的螺旋桨轴尾部结构设计与计算

1. 螺旋桨轴尾部结构设计

螺旋桨轴的尾部制成锥形，供安装螺旋桨所用，并传递和承受以下负荷：锥形部分用来承受正车推力，倒车推力由锁紧螺母承受，主机的转矩则依靠其键槽中的键或者液压安装螺旋桨过盈配合锥面的摩擦力传递给螺旋桨。进行结构设计时，可以参照下列经验公式。

1）锥形部分

(1) 锥度 K：$K=\dfrac{d_1-d_2}{l_z}$，K 值可取 1∶10～1∶15，一般取 1∶15。

(2) 锥长 l_z：$l_z=(1.6\sim3.3)d$，此处取 $l_z=2.3d=2.3\times90=207\text{mm}$。

(3) 小端直径 d_2：$d_2=d_1-K\cdot l_z=90-\dfrac{207}{15}=76.2\text{mm}$。

(4) 大端直径 d_1：一般取艉轴直径 90mm。

2）螺纹部分

(1) 螺纹直径 d_w：$d_w=(0.75\sim0.90)d_1$，取 $d_w=0.8d_1=0.8\times90=72\text{mm}$。

(2) 螺纹长度 l_w：$l_w=d_w=72\text{mm}$。

3）键的主要尺寸

(1) 键宽 b：$b=(0.2\sim0.3)d_1$，取 $b=0.267d_1=24\text{mm}$。

(2) 键长 l_j：$l_j=(0.85\sim0.98)l_z$，取 $l_j=0.87l_z=180\text{mm}$。

(3) 键高 h_j：可根据键宽、键长查询《机械零件设计手册》选取标准的普通平键，查得键高 $h_j=14\text{mm}$。

2. 螺旋桨键的强度校核

艉轴主要依靠键和摩擦力将扭矩传递给螺旋桨，而相对于键所受到的压力，摩擦力通常较小。若忽略螺旋桨毂与艉轴装配时产生的摩擦力，则螺旋桨键与桨毂及轴槽受到很大的压应力和剪应力。因此，必须对螺旋桨键的强度进行校核。由于键的受剪面积大于受压面积，所以只需对键所受的压应力进行校核。

(1) 键的宽度 b 及键槽的深度 t 可参考《机械零件设计手册》，根据艉轴的直径来选取。这里查得键的各个参数为

$b=24\text{mm}$，　$h=14\text{mm}$，　$t=7.0\text{mm}$，　$t_1=7.2\text{mm}$，　$D=83\text{mm}$，　$L=180\text{mm}$

(2) 键的几何尺寸计算。由图 3.8 可知：

$$
\begin{aligned}
a&=\frac{D-\sqrt{D^2-b^2}}{2}\\
&=\frac{83-\sqrt{83^2-24^2}}{2}\\
&=1.77\text{mm}
\end{aligned}
$$

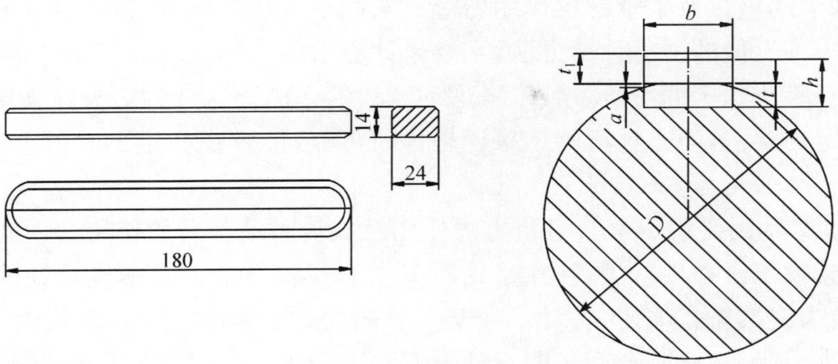

图 3.8　螺旋桨键的尺寸(单位:mm)

(3) 键与轴槽的压应力。设轴槽面上受到的作用力为 p_{jy},则

$$p_{jy}\cdot\left(\frac{D}{2}-t+\frac{t-a}{2}\right)=T$$

$$p_{jy}=\frac{2T}{D-t-a}$$

因此,键与轴槽面的压应力为

$$\begin{aligned}\sigma_{jy}&=\frac{2T}{(D-t-a)(t-a)L}\\&=\frac{2\times1570.3}{(83-7-1.77)\times(7-1.77)\times180\times10^{-9}}\\&=44.94\text{MPa}\end{aligned}$$

对于回转式发动机,$\sigma_{jy}<0.6\sigma_s=0.6\times285=171\text{MPa}$,符合规范的要求。

(4) 键与毂槽的压应力。设毂槽面上的作用力为 f_1,则

$$f_1\cdot\left(\frac{t_1+a}{2}+\frac{D}{2}-a\right)=T$$

$$f_1=\frac{2T}{D+t_1-a}$$

因此,键与毂槽的压应力为

$$\begin{aligned}\sigma_1&=\frac{2T}{(D+t_1-a)(t_1+a)L}\\&=\frac{2\times1570.3}{(83+7.2-1.77)\times(7.2+1.77)\times180\times10^{-9}}\\&=22\text{MPa}\end{aligned}$$

对于铜质螺旋桨,$\sigma_1<98.1\text{MPa}$,符合要求。

综上所述,螺旋桨键的强度满足要求。

七、轴系强度校核

(1) 实船轴系的受力极其复杂,主要负荷有主机扭矩、螺旋桨推力、轴的重量、螺旋桨

的重量、联轴节的重量及轴承的反作用力等。它们不仅是静负荷，还有附加的动负荷的作用。以下是一种近似的强度计算方法，主要是计算出传动轴在静负荷条件下的合成应力，再引用实际经验所确定的安全系数来考虑动载荷的作用。这种方法校核强度虽然与实际的情况有一定的误差，但是计算的结果还是比较可靠，能解决一定的实际问题，因此仍被广泛采用。

(2) 螺旋桨轴因受螺旋桨自身重力的作用及旋转时动载荷的作用，且与海水接触，故受力复杂。桨轴工作条件恶劣，往往是轴系工作的薄弱环节。对螺旋桨轴的强度进行计算，先要确定螺旋桨轴的危险截面。对于一般船舶，螺旋桨轴的危险截面在截面 E—E 处。但对于小型船舶，有时螺旋桨两个轴承的间距较大，而桨的重量又较轻，此时桨轴的最大弯曲应力值就有可能不在截面 E—E 处，而在两轴承间的某个截面 K—K 处。因此，必须同时计算这两个截面，通过比较确定最危险的截面，并校核其强度。

① 螺旋桨及螺旋桨轴自重产生的弯曲应力。

如图 3.9 所示，螺旋桨的受力形式可简化成简支梁的形式，这里将艉轴视为等直径的平滑圆轴，假设后轴承支点是轴承长度的中点以简化计算。

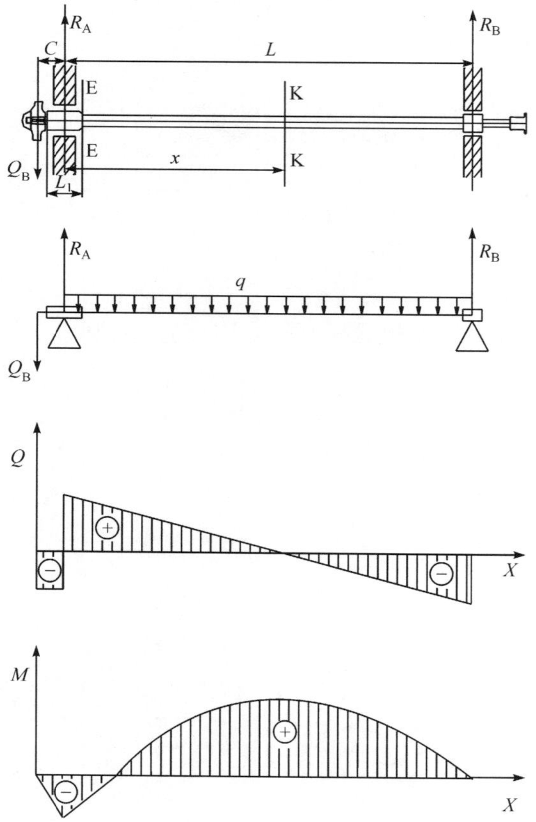

图 3.9　螺旋桨及螺旋桨轴自重产生的弯曲应力

其中，Q_B 为螺旋桨及其附件所受的重力，$Q_B=1960\text{N}$；C 为螺旋桨中心至后轴承支点的距离(由艉轴艉管总图可知 $C=0.434\text{m}$),m;L_1 为后轴承的长度,$L_1=0.573\text{m}$;x 为后轴承中点至截面 K—K 的距离,m;R_A 为后轴承的反作用力,N;L 为螺旋桨轴两轴承之间的距离(由艉轴艉管总图可知 $L=6.578\text{m}$),m;q 为轴自身重量产生的均匀载荷,$q=0.0062d^2\text{kg/m}$;d 为艉轴直径,mm。因此,$q=0.0062\times90^2=50.22\text{kg/m}$。

首先是截面 E—E 处的弯矩计算。

由材料力学的知识可以得到截面 E—E 处的弯矩为

$$M_E=-Q_B\left(C+\frac{L_1}{2}\right)+R_A\cdot\frac{L_1}{2}-\frac{q}{2}\left(C+\frac{L_1}{2}\right)^2$$

这里采用力矩平衡法求轴承的支反力 R_A,由 $\sum M_B=0$,得

$$Q_B(L+C)+\frac{1}{2}qL^2-R_A\cdot L=0$$

则

$$R_A=\frac{Q_B(L+C)+\frac{1}{2}qL^2}{L}$$

代入数据,得

$$R_A=\frac{1960\times(6.578+0.434)+\frac{1}{2}\times50.22\times6.578^2}{6.578}$$
$$=2254.5\text{N}$$

$$M_E=-1960\times\left(0.434+\frac{0.573}{2}\right)+2254.5\times\frac{0.573}{2}-\frac{50.22}{2}\times\left(\frac{0.573}{2}+0.434\right)^2$$
$$=-779.3\text{N}\cdot\text{m}$$

接着是截面 K—K 处的弯矩计算。

由图 3.9 可知,截面 K—K 处的弯矩为

$$M_K=-Q_B(C+x)+R_A\cdot x-\frac{1}{2}qx^2$$

令 $\frac{\mathrm{d}M_K}{\mathrm{d}x}=0$,可得

$$x=\frac{R_A-Q_B}{q}$$

则

$$M_K=-CQ_B+\frac{1}{2q}(R_A-Q_B)^2$$

代入数据,得

$$M_K=-1960\times0.434+\frac{1}{2\times50.22}\times(2254.5-1960)^2$$
$$=12.9\text{N}\cdot\text{m}$$

此处计算的弯矩值为负值，说明弯矩的方向是逆时针的，在计算合成应力时不予考虑其符号。因此，通过比较可知，截面 E—E 处的弯矩值较大，截面 E—E 为危险截面，应对其进行强度校核。

设螺旋桨轴 E—E 处的抗弯截面模量为 W，则

$$W=\frac{\pi d^3}{32}=\frac{\pi\times 0.09^3}{32}=7.157\times 10^{-5}\,\mathrm{m}^3$$

因此螺旋桨及螺旋桨轴自重产生的弯曲应力为

$$\sigma_{\mathrm{W}}=\frac{M_{\mathrm{E}}}{W}=\frac{779.3}{7.1569\times 10^{-5}}=10.89\mathrm{MPa}$$

② 螺旋桨推车产生的拉、压应力：

$$\sigma_{\mathrm{y}}=\frac{F}{A}$$

式中，A 为螺旋桨轴的横截面积，m^2；F 为螺旋桨的推力，N，且有

$$F=1944\cdot\frac{P_{\mathrm{e}}}{v}\cdot\eta$$

式中，P_{e} 为主机的最大功率，kW；v 为船的航速，kn；η 为螺旋桨的推进效率。

对于推船和拖船：$\eta=0.3\sim 0.55$。

对于客船和客货船：$\eta=0.6\sim 0.78$。

对于快速客船和小艇：$\eta=0.55\sim 0.70$。

此处取 $\eta=0.6$，代入数据得

$$F=1944\times\frac{296}{12.42}\times 0.6=2.78\times 10^4\,\mathrm{N}$$

$$A=\frac{\pi d^2}{4}=\frac{\pi\times 0.09^2}{4}=6.362\times 10^{-3}\,\mathrm{m}^2$$

$$\sigma_{\mathrm{y}}=\frac{F}{A}=\frac{2.78\times 10^4}{6.362\times 10^{-3}}=4.37\mathrm{MPa}$$

③ 主机扭矩引起的剪应力。

螺旋桨轴承受着主机传递来的扭矩，它所受的剪切应力为

$$\tau=\frac{M_{\mathrm{n}}}{W_{\mathrm{n}}}\tag{3.12}$$

式中，M_{n} 为主机输出的扭矩，N·m；W_{n} 为螺旋桨轴的抗扭截面模量，m^3。

$$W_{\mathrm{n}}=\frac{\pi d^3}{16}=\frac{\pi\times 0.09^3}{16}=1.43\times 10^{-4}\,\mathrm{m}^3$$

故主机扭矩引起的剪应力为

$$\tau=\frac{M_{\mathrm{n}}}{W_{\mathrm{n}}}=\frac{1570.3}{1.43\times 10^{-4}}=10.97\mathrm{MPa}$$

④ 合成应力：

$$\begin{aligned}\sigma_H &= \sqrt{(\sigma_W+\sigma_y)^2+3\tau^2}\\ &= \sqrt{(10.89+4.37)^2+3\times 10.97^2}\\ &= 24.37\text{MPa}\end{aligned}$$

⑤ 安全系数。

根据规范的要求，传动轴的静强度校核安全系数的计算结果应符合下列要求。

安全系数

$$K=\frac{\sigma_s}{\sigma_H}\geqslant[K]$$

式中，σ_s 为轴材料的屈服极限，MPa。

对于 35 号钢，$\sigma_s=294$MPa，故 $K=\dfrac{294}{24.37}=12.1$。

安全系数$[K]=2.8\sim5.8$，因此 $K>[K]$，达到规范要求。

八、轴系刚度校核

轴类零件除应满足强度条件外，对其变形还有一定的限制，这种限制条件称为刚度条件。螺旋桨轴受力复杂，且工作条件极其恶劣，为了保证船舶的安全运行，必须对螺旋桨轴的刚度进行校核。工程中常用单位长度内的扭转角 θ 表示扭转变形的程度。

在主机转动作用下，传动轴所发生的扭转变形的角度为

$$\theta=\frac{M_n}{GI_P} \tag{3.13}$$

为保证轴的刚度，通常规定 θ_{max} 不应超过规定的允许值$[\theta]$，这样得到扭转的刚度条件为

$$\theta_{max}=\frac{M_{nmax}}{GI_P}\leqslant[\theta] \tag{3.14}$$

将 θ 的单位换算成(°)/m 得

$$\theta_{max}=\frac{M_{nmax}}{GI_P}\cdot\frac{180}{\pi} \tag{3.15}$$

式中，M_{nmax} 为轴所受的最大转矩，N·m；G 为剪切弹性模量(对于钢，$G=79.38\times10^9\text{N/m}^2$)，$\text{N/m}^2$；$I_P$ 为横截面极惯性矩，m^4，即

$$I_P=\frac{\pi d^4}{32}=\frac{\pi\times0.09^4}{32}=6.44\times10^{-6}\text{m}^4$$

$[\theta]$为许用最大扭转角，(°)/m，对于大型舰船取 0.45°/m，对于一般小船取 2.5°/m。

代入数据，得

$$\theta_{max}=\frac{1570.3\times180}{79.38\times10^9\times6.44\times10^{-6}\times\pi}=0.18°/\text{m}<[\theta]=2.5°/\text{m}$$

因此，螺旋桨的刚度符合条件。

第三节　船用螺旋桨

一、螺旋桨

螺旋桨是一种反作用式推进器，当主机驱动螺旋桨转动时，螺旋桨吸收主机发出的功率，克服螺旋桨转动的阻力矩，产生对水向后或向前的推力，并受到水的反作用力而产生对船向前或向后的推力，使船舶前进或后退。

螺旋桨一般有 3～5 片桨叶，它可以被看成具有多头螺纹的一段短而粗的螺杆，桨叶即螺纹。当螺杆在轴向运动受限的螺帽中转动一周时，螺杆将轴向移动一个螺距的位移。假如螺旋桨所推的海水静止不动，螺旋桨转动一周也将前进一个螺距的距离，并推动船舶做同样的位移。

1. 螺距与螺距角

图 3.10 中的曲线表示桨叶上距螺旋桨桨毂中心半径为 R 的某一叶素上的一点，在螺旋桨转动一周过程中的运动轨迹。它是一个空间螺旋线，可被分解为该点在桨叶回转平面内的圆周运动展开直线位移 L 和轴向移动位移 H。H 为桨的螺距，L 与 H 之间的夹角为螺距角 θ，而 $L=2\pi R$，因此螺距与螺距角 θ 及叶素半径 R 之间的关系为

$$H=2\pi R\tan\theta \tag{3.16}$$

图 3.10　螺旋桨的螺距与螺距角

显然，为了使桨叶上不同半径处的叶素具有大致相同的螺距，随着半径 R 的增加，螺距角 θ 应逐渐减小，这就形成了扭曲的桨叶螺旋面。实际上船舶的螺旋桨，叶梢处的螺距稍大于叶根处的螺距。通常以 7/10 或 2/3 螺旋桨半径处的螺距代表螺旋桨的螺距，此值约等于螺旋桨的平均螺距。一般将桨叶上各点处螺距完全相等的螺旋桨称为等螺距螺旋桨。

2. 螺旋桨的进程比

螺旋桨在水中同时参与两种运动，即绕桨毂轴线的回转运动和沿桨毂轴线的轴向运动。螺旋桨工作时转动一周，它在轴向实际前进的距离称为进程，用 h_p 表示。实际上，由于水会被螺旋桨推动后移，进程 h_p 并不等于螺距 H，其差值称为滑失 h。它们之间的关系为

$$h_p=H-h \tag{3.17}$$

进程与螺旋桨直径（叶梢圆直径）D 的比值称为进程比 J，即

$$J=h_p/D=v_p/(nD) \tag{3.18}$$

式中，v_p 为实际航速，m/s；n 为螺旋桨转速，r/s。

对于某一几何结构一定的螺旋桨，转速不变时，进程比 J 与船速 v_p 成正比。滑失 h 与螺距 H 的比值称为滑失比 S，即

$$S=\frac{H-h_p}{H} \tag{3.19}$$

二、螺旋桨工作特性

应用因次比较法可以得出螺旋桨的推力为

$$T=K_1\rho n^2D^4 \tag{3.20}$$

螺旋桨的扭矩为

$$M=K_2\rho n^2D^5 \tag{3.21}$$

式中，K_1 和 K_2 分别为推力系数和扭矩系数；ρ 为水的密度，kg/m^3；D 为螺旋桨的直径，m；n 为 螺旋桨的转速，r/s。

螺旋桨的效率 η_p 是有效功率与消耗功率（即吸收功率与得到功率）之比，而螺旋桨的有效功率为 Tv_p，消耗功率为 $M\omega$，因此

$$\eta_p=\frac{Tv_p}{M\omega}=\frac{K_1}{K_2}\cdot\frac{J}{2\pi} \tag{3.22}$$

式中，v_p 为实际航速，m/s；ω 为螺旋桨的旋转角速度，rad/s；J 为进程比。

式(3.20)～式(3.22)为螺旋桨工作性能的基本方程式。对于几何形状一定的螺旋桨，推力系数 K_1 和扭矩系数 K_2 都取决于进程比 J，它们之间的变化关系可由试验测得，如图 3.11 所示。

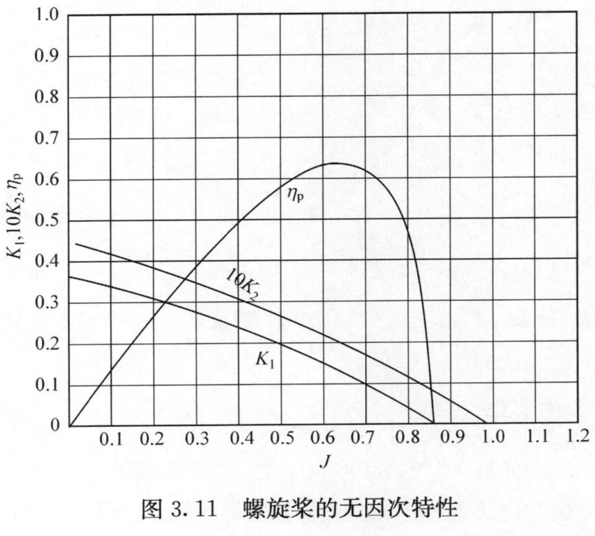

图 3.11　螺旋桨的无因次特性

对于一定的螺旋桨，由进程比公式可知，J 取决于船舶的航行状态，即船舶的航行工况。因此，当船舶在某一工况下稳定航行时，螺旋桨就有一个固定的 J 值，K_1、K_2 也成为常数。螺旋桨直径 D 是固定不变的，水的密度 ρ 也可认为不变，这样，可把螺旋桨工作性能的基本方程表示为

$$T=C_1n^2 \tag{3.23}$$

$$M=C_2n^2 \tag{3.24}$$

$$\eta_p=C_0 \tag{3.25}$$

式中，C_1、C_2、C_0 为系数，取决于船舶的航行工况，当船舶在不变的工况下稳定航行时，均为常数。

螺旋桨的功率 $P_p=2\pi nM$，将式(3.24)代入，可得

$$P_p=Cn^3 \tag{3.26}$$

式中，系数 C 和 C_1、C_2、C_0 一样，也取决于船舶的航行工况。

可见，螺旋桨的推力和扭矩与转速的平方成正比，而它所吸收的功率与转速的立方成正比。图 3.12 为这种关系的曲线，称为螺旋桨特性曲线。

三、影响螺旋桨特性的因素

1. 螺旋桨结构参数的影响

桨的直径 D、螺距比 H/D 是螺旋桨的重要结构参数。由式(3.20)和式(3.21)可以看出，推力 T 和扭矩 M 与直径 D 分别为四次方和五次方关系，所需要的功率为五次方关系，因此直径 D 对螺旋桨特性的影响很大。对于同一直径的螺旋桨，其螺距比越大，即 H/D 越大，它所需要的功率也越多。图 3.13 为不同 H/D 时的螺旋桨功率特性，H/D 越大，特性曲线就越陡，即桨越重。

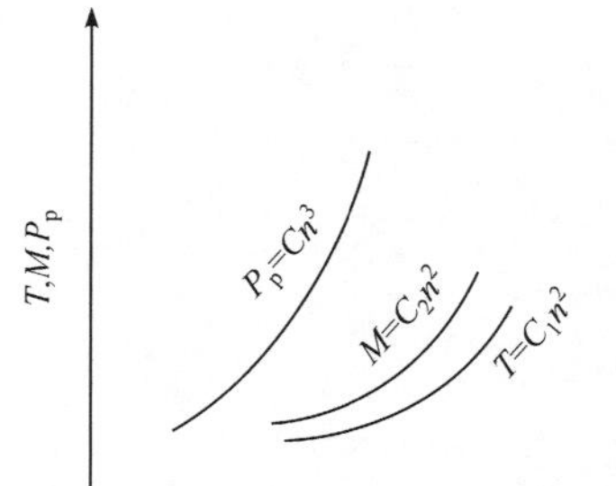

图 3.12　螺旋桨特性曲线

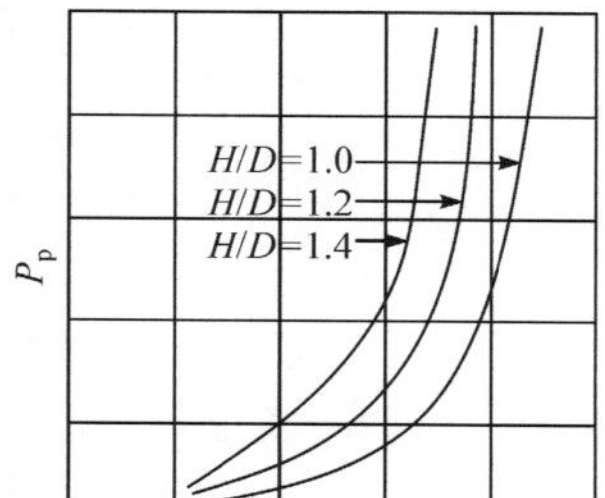

图 3.13　H/D 对螺旋桨功率特性的影响

2. 船舶航行工况的影响

当船舶因污底、载重增加、顶风、加速等而阻力增加、航行工况变化时，进程 h_p 和进程比 J 减小，K_1、K_2 及 C_1、C_2、C 增加，螺旋桨特性曲线变陡；反之，当船舶因轻载、顺风、减速等而阻力减小时，进程比 J 增大，K_1、K_2 及 C_1、C_2、C 减小，螺旋桨特性曲线变得平坦。

四、各种航行条件下主机的工况

1. 船、机、桨的配合

船舶航行时受到各种阻力的作用。在螺旋桨推进的船舶上，这些阻力成为螺旋桨的负荷。螺旋桨必须产生与之相应的推力，才能使船舶保持希望的航行状态。螺旋桨产生一定推力所需的扭矩和功率由主机提供，它们之间保持着力、扭矩和功率的平衡。

1）船舶阻力

船舶航行时所受到的阻力有水下部分的水力阻力、水上部分的空气阻力和船舶加减速时的惯性阻力。

船舶水力阻力有摩擦阻力、形状阻力和兴波阻力三种，它们与船舶航速、排水量、船体线型和污底程度有关。试验表明，水对船体的阻力 R 约与船速 V_s（即式(3.18)中的 v_p）的平方成正比，即

$$R=A_r V_s^2 \tag{3.27}$$

式中，A_r 为阻力系数。

当船舶装载量增加、发生污底、进入狭窄或浅水道航行时，A_r 均会增加，使水力阻力增大。

空气阻力与船舶水上部分的迎风面积、形状、风向和风力大小有关。

惯性阻力与包括船舶自重和装载量在内的船舶总排水量有关。加速时惯性阻力为正值，减速时为负值。

2）与螺旋桨配合工作时主机的工作点

忽略传动损失，主机发出的功率与螺旋桨吸收的功率相等。如果将柴油机速度特性曲线和它所带动的螺旋桨特性曲线画在一个坐标图上，柴油机速度特性曲线与螺旋桨特性曲线上的交点即它们配合工作的工作点。图 3.14 为这种特性配合的情况。对于一定功率的主机，必须选配合适的螺旋桨。如果直径和螺距比 H/D 过大，螺旋桨会过重，主

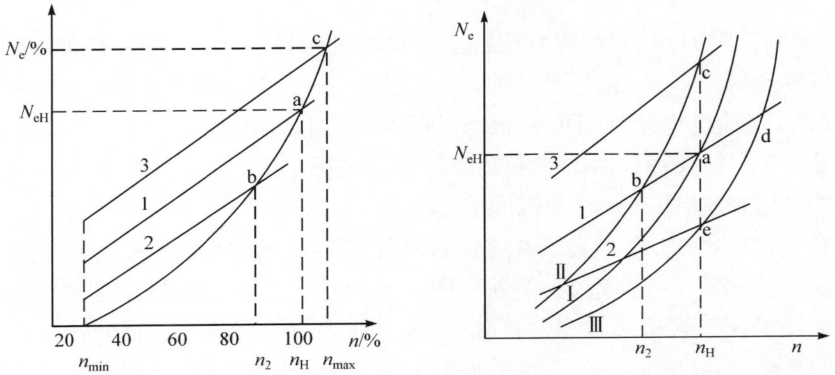

(a) 柴油机速度特性变化时与螺旋桨特性的配合　　(b) 螺旋桨特性变化时与柴油机的配合

图 3.14　柴油机与螺旋桨的配合工作点

机带不动，高速运转时，就会造成主机超负荷。如果 D 或 H/D 选得过小，螺旋桨会过轻，主机就不能充分发挥它的做功能力。通常按照在柴油机标定转速下使螺旋桨吸收的功率等于柴油机的标定功率这一标准选配螺旋桨，这时柴油机按标定负荷速度特性曲线 1 工作，其工作点为与螺旋桨特性曲线的交点 a。当柴油机以部分负荷速度特性曲线 2 或超负荷速度特性曲线 3 工作时，工作点分别为它们与螺旋桨特性曲线的交点 b 或 c，如图 3.14(a)所示。

如图 3.14(b)所示，当因船舶阻力改变或调距桨螺距角改变等使螺旋桨特性曲线变化时，柴油机与螺旋桨的工作点也将相应改变。

2. 航行条件变化时主机的工况

1) 航行阻力变化时主机的工况

船舶航行阻力的变化，会引起螺旋桨进程比 J 的改变，从而导致螺旋桨特性曲线的变化，使主机工作点发生变化。

如图 3.15 所示，如柴油机以标定负荷速度特性与具有特性曲线Ⅰ的螺旋桨配合工作，工作点为 a，此时柴油机发出标定功率 P_e，带动螺旋桨以标定转速 n_e 转动。如果由于装载量、风力、航道变化、船底污底、起航加速等原因使船舶阻力增加，螺旋桨特性曲线将会变陡，如变为特性曲线Ⅱ，这样工作点将会从 a 点变到 b 点。此时，尽管柴油机功率和转速均低于标定值，但已在超扭矩范围内(a 点到坐标原点连线(标定扭矩线)以上区域)工作，这对柴油机的工作是十分不利的。这时应减小柴油机油门，以较低负荷速度特性(如特性曲线 2)工作，使工作点回到标定扭矩曲线以下区域。切不可为了增加柴油机转速和船速而盲目加大油门，使柴油机严重超负荷而造成破坏。

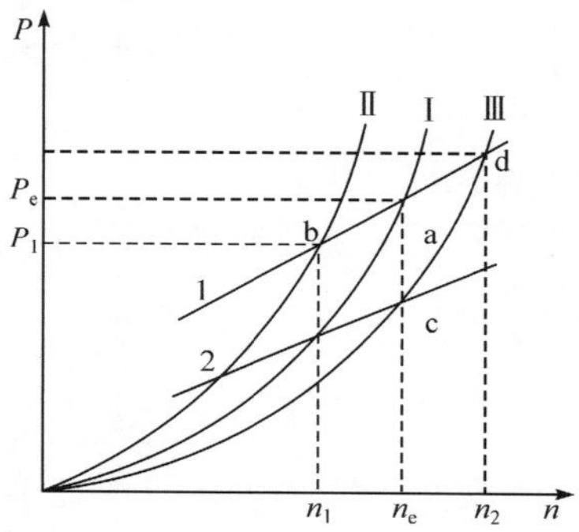

图 3.15　主机工作点在各种航行条件下的变化

反之，当船舶阻力减小时，螺旋桨特性曲线会变得较为平坦，如特性曲线Ⅲ。工作点将会由 a 点变至 d 点。这时，尽管柴油机未超扭矩工作，但柴油机的转速和功率均超过标定值 n_e 和 P_e，柴油机也处于超负荷状态。此时也应减小油门，以部分负荷特性曲线(如特性曲线 2)工作，使柴油机的功率和转速均不超过标定值。

2) 主机换向和船舶倒航时主机的工况

船舶在港内航行、靠离码头或者遇到避碰等紧急情况时，常需改变主机回转方向，使前进的船舶迅速停止下来，或改为倒航。图 3.16 为主机换向及倒航过程中螺旋桨的特性曲线。图中横坐标为螺旋桨转速的百分比，纵坐标为螺旋桨转矩的百分比。曲线 A、B 和 C 分别为船在全速、半速和系泊情况下根据船模试验绘出的螺旋桨换向及倒转特性曲线。

假定船舶正在全速前进，现将主机从正车改为倒车运转(图中曲线 A)。原先，主机和螺旋桨的配合工作点为 a 点。接到倒车命令后，首先停止主机供油，主机转速会迅速下降，螺旋桨进程比 J 将迅速增加，因此扭矩、推力也迅速下降。在下降到 b 点之前的某一

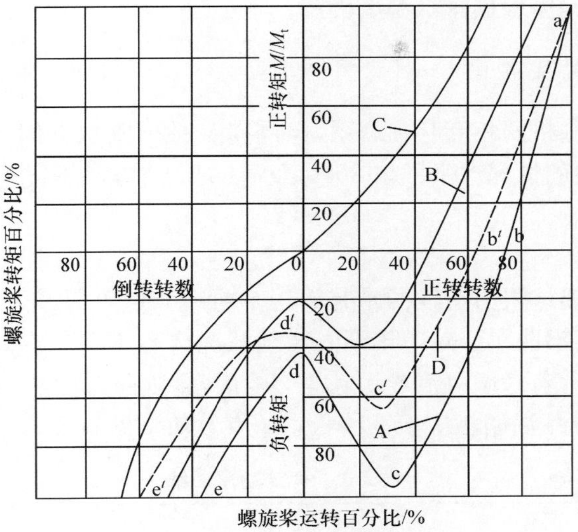

图 3.16　螺旋桨换向及倒航工况

转速时，将出现零推力情况。当转速下降到 b 点时，螺旋桨扭矩也为零。此时推力为负，螺旋桨开始阻止船舶前进。A—b 为螺旋桨换向的第一阶段。

在 b 点以后，由于船舶因惯性仍在前进，螺旋桨被水冲击转动，产生负扭矩，像水涡轮一样带动主机仍按正车方向回转。此负扭矩被主机运动部件和轴系摩擦损失消耗，故转速迅速下降。在转速下降到 c 点时，负扭矩达到最大值，此后负扭矩逐渐减小。达到 d 点时，负扭矩已不足以克服主机运动部件和轴系的摩擦阻力，螺旋桨即停止转动。b—c—d 为螺旋桨换向的第二阶段，即水涡轮工作阶段。在 d 点之后，倒车起动主机，使主机带动螺旋桨倒车转动，产生负推力，对船舶起制动作用。但是此时船舶仍在前进，当倒车转速达 40%～60%标定转速 n_e 时，扭矩已达标定值 M_e。

船舶半速前进时，螺旋桨换向的转矩与转速关系(曲线 B)与全速时相似，只是负转矩数值较小。系泊工况时(曲线 C)没有水涡轮工况，不出现负转矩。

以上讨论未考虑换向过程中船速的变化。如考虑到实际航行条件下主机换向过程中船速有所降低，则螺旋桨的换向倒转特性可如曲线 D 所示。

利用上述螺旋桨的水涡轮原理，可以消耗船舶的惯性能，对船舶起一定制动作用。但是由于主机运动部件和轴系的摩擦力较小，螺旋桨降至零速所需时间较长。这一过程中，船舶的惯性滑行距离可能为船长的 5～6 倍。这么大的滑行距离，对于避碰的紧急情况是很危险的。在紧急情况下，可在主机转速降至 30%n_e～40%n_e 时，先按倒车起动方式向主机供入起动压缩空气，对主机运动部件、轴系和螺旋桨进行强行制动，使它们较快停止转动，然后倒车起动主机，使螺旋桨倒转，尽快停止船舶的滑行。这一过程称为紧急制动。

必须指出，在进行紧急制动时，船舶仍在前进。主机开出倒车后，当转速为 40%n_e～60%n_e 时，扭矩已达标定值。若转速过高，主机和轴系可能发生严重超负荷。

船舶倒航时，由于船舶阻力较正航时大，且螺旋桨效率也较低，所以螺旋桨特性曲线较陡。为了保证倒航时主机不至于超负荷，必须使倒车的最大转速不超过标定转速的

70％～80％，具体转速应根据排烟温度确定。

五、船-机-桨配合设计实例

船体、螺旋桨和主机间相互存在联系，但同时又必须服从它们各自的特性。因此，首先分别考虑它们单独的情况。下面以 26000DWT 成品油船为例进行讨论。

1. 船体

众所周知，表征船体阻力特性的是有效功率曲线。可以通过近似估算或船模阻力试验确定船体的有效功率曲线。对应于不同装载状况将有不同的有效功率曲线，一般有满载和压载之分。此外，若考虑风浪或污底等影响因素，则尚需增加一定百分数的有效功率裕度。26000DWT 成品油船相应于三种状态的有效功率见表 3.1。

表 3.1　有效功率曲线

V/kn	14.0	14.5	15.0	15.5	16.0	16.5	17.0
满载 P_E(Ⅰ)	4050	4570	5200	6090	7120	8330	9820
压载 P_E(Ⅱ)	3450	3800	4260	4770	5350	6056	6860
20％附加的 P_E(Ⅲ)	4870	5480	6240	7310	8550	10000	11780

表 3.1 中，压载状态是指首吃水 4.9m、尾吃水 7.7m 的状态；满载状态是指首尾吃水都是 9.8m，即满载试航状态；满载 P_E 加上 20％附加就是在风浪或污底情况下的有效功率。从上面情况看到，装载状态不同或由于污底等，必定会引起船体有效功率即船体阻力的变化。

2. 螺旋桨的特性曲线

螺旋桨的特性是由敞水性征曲线表示的。26000DWT 成品油船主机的额定功率为 12000kW，转速为 115r/min，螺旋桨的设计工况取 12000kW 及 118.5r/min，可达航速 V＝16.05kn。该桨的敞水性征曲线如图 3.17 所示。

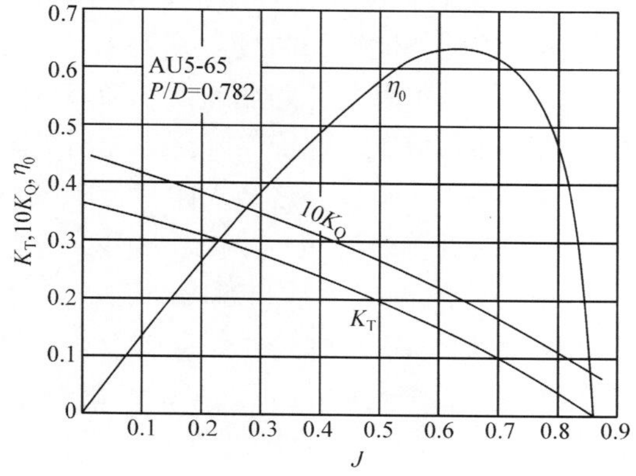

图 3.17　敞水性征曲线

3. 主机的特性曲线

船用内燃机绝大多数为柴油机，当其燃油泵有效冲程一定时，喷嘴的喷油量也一定。理论上，其转矩为常数。但当转速过高或过低时，会引起气缸内燃烧不良或增加机械摩擦，转矩均将下降。因柴油机的转矩在设计转速附近约为常数，故其功率与转速近似成正比。因此，对于这类主机，当转速小于额定转速时，可视作等转矩主机。改变或调节柴油机喷嘴的喷油率 ε，可得柴油机在不同负荷情况下的外特性曲线，如图 3.18 所示。

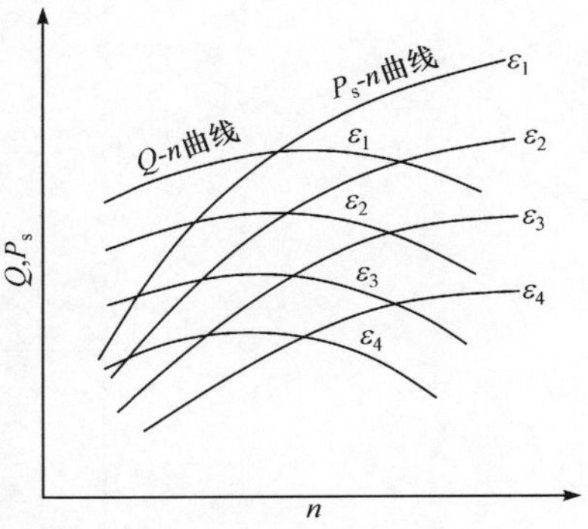

图 3.18　柴油机外特性曲线

以往船用主机的单机功率及增压度都不太大，发动机的热负荷也不高，因此在整条主机外特性曲线上都能安全稳定地运转。由于在外特性和推进特性曲线之间有一大块面积可供利用，所以柴油机的潜在功率很大(图 3.19(a))。推进特性曲线是指通过额定功率和额定转速点的一条三次方抛物线：$P_s=cn^3$。

20 世纪 60 年代以后，相继出现了大功率、高增压的船用柴油机，这类船用发动机由于增压度很高、缸径大，热负荷也很大，致使其功率储备区减小，如图 3.19(b)所示。

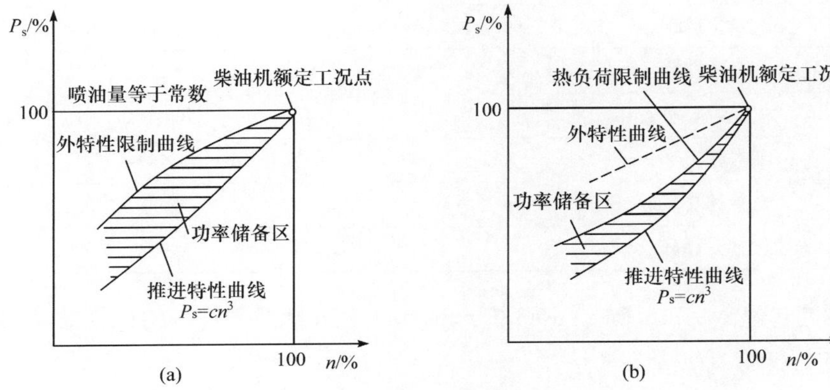

图 3.19　柴油机主机选型

首先将 26000DWT 成品油船三种航行状态的有效功率曲线画于图 3.20 中，然后利用给定的螺旋桨特性曲线(图 3.17)计算不同转速时可达到的航速和所需要的主机功率，并将计算结果也一起绘入图 3.20 中，计算过程见表 3.2。图 3.20 所示的曲线通常称为校核曲线(或称航行特性曲线)。

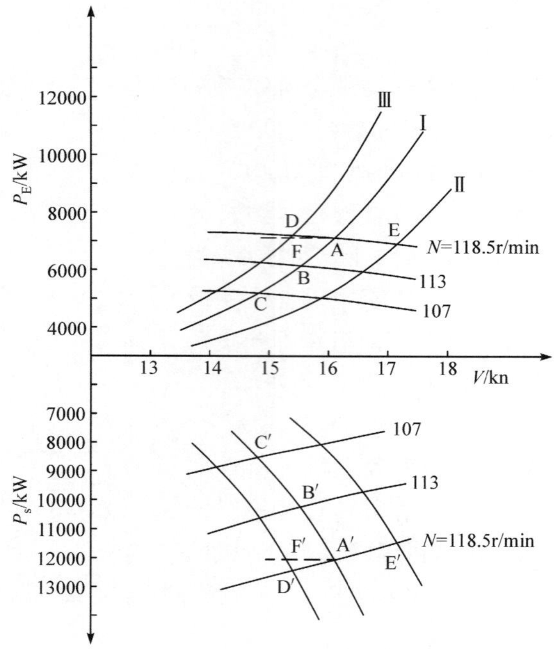

图 3.20　校核曲线

表 3.2　26000DWT 成品油船校核曲线计算

参数	取值
给定螺旋桨	D=5.75m,P/D=0.782,AU5-65
伴流分数 ω	0.34
推力减额分数 t	0.26
相对旋转效率 η_r	0.982
传送效率 η_s	0.98
海水密度 ρ/(kgf·s²/m⁴)	104.6

三个不同转速 N=118.5r/min,113r/min,107r/min 情况下进行的计算结果如表 3.3～表 3.5 所示。

表 3.3　N=118.5r/min、n=1.975r/s 的计算结果

V/kn	14	15	16	17
$V_A=0.5144(1-\omega)V$/(m/s)	4.76	5.09	5.43	5.77
$J=V_A/(nD)$	0.419	0.448	0.478	0.509
K_T	0.2245	0.212	0.199	0.1845
K_Q	0.0298	0.02855	0.0272	0.0258
$T=K_T\rho n^2D^4=447000K_T$	100200	94700	88800	82400

续表

V/kn	14	15	16	17
$P_{TE}=T(1-t)V/145.6$	7130	7220	7230	7120
$Q=K_Q\rho n^2D^5=2565000K_Q$	76400	73200	69700	66200
$P_d=2\pi nQ/75$	12640	12100	11520	10940
$P_s=P_d/(\eta_R\cdot\eta_S)$	13140	12570	11980	11370

表 3.4　$N=113$r/min、$n=1.884$r/s 下的计算结果

V/kn	14	15	16	17
$J=V_A/(nD)$	0.439	0.470	0.502	0.532
K_T	0.216	0.202	0.188	0.174
K_Q	0.0289	0.0276	0.0261	0.0248
$T=407000K_T$	87800	82200	76400	70800
P_{TE}	6250	6270	6220	6120
$Q=2330000K_Q$	67500	64300	60900	57800
P_d	10650	10150	9620	9130
P_s	11070	10550	10000	9500

表 3.5　$N=107$r/min、$n=1.783$r/s 下的计算结果

V/kn	14	15	16	17
$J=V_A/(nD)$	0.464	0.497	0.529	0.563
K_T	0.205	0.190	0.175	0.159
K_Q	0.0278	0.0264	0.0249	0.0233
$T=364000K_T$	74700	69200	63700	57800
P_{TE}	5310	5270	5170	4990
$Q=2090000K_Q$	58100	55200	52000	48700
P_d	8670	8230	7760	7270
P_s	9020	8560	8070	7570

图 3.20 上半部分表示不同航行状态在不同转速时可达的航速，下半部分表示相应情况下所需的功率。从图中可知：

(1) 在满载试航状态(即正常航行状态)下，$N=118.5$r/min，航速 $V=16.05$kn，所需主机功率 $P_s=11970$kW，校核证明与设计基本一致；$N=113$r/min，航速 $V=15.6$kn，所需主机功率 $P_s=10250$kW，由此即可了解在同一航行状态下因主机转速的改变而引起的航速 V 和功率 P_s 的变化。

(2) 从有效功率曲线Ⅲ与 $N=118.5$r/min 的螺旋桨有效推功率 P_{TE} 曲线交点 D 和 D′可知，航速应为 15.47kn，所需主机功率为 12300kW，但该主机的额定功率为 12000kW，故螺旋桨处于“重载”状态，必须降低转速至 $N=117$r/min，可达航速 $V=$

15.4kn，主机功率 P_s＝12000kW。

(3) 从有效功率曲线Ⅱ与 N＝118.5r/min 的螺旋桨有效推功率曲线交点 E 和 E′可知，航速 V＝17.15kn，主机功率 P_s＝11300kW。此时螺旋桨处于“轻载”(相对于设计工况)状态，如果主机转速还可提高，则航速也可增加，使功率发足，但由于转速受主机的限制已不能提高。

综上所述，利用图 3.20 和主机的特性曲线即可清楚地了解船体-螺旋桨-主机三者之间的关系。

在完成船体-螺旋桨-主机三者关系的校核曲线后，还需计算该螺旋桨在系泊状态(或称系柱状态)的推力。显然，在系柱状态时船速 V＝0，螺旋桨的进程比 J＝0，螺旋桨的 K_T 和 K_Q 达到最大值，螺旋桨处于“重载”状态。按柴油机的特性，主机必然降低转速而保持额定转矩运行。具体计算内容如表 3.6 所示。

表 3.6 螺旋桨系柱特性计算

项目	单位	说明
n	r/min	主机额定转速
P_s	kW	主机额定功率
$P_D=P_s\cdot\eta_s\cdot\eta_r$	kW	螺旋桨敞水收到功率
$Q=75P_D/(2\pi n)$	kgf·m	螺旋桨转矩
$K_{Q0}(J=0)$	—	由敞水性征曲线查得 $J=0$ 时的转矩系数
$n_0^2=\dfrac{Q}{\rho K_{Q0}D^5}$	$(\mathrm{r/min})^2$	由主机等转矩特性求得系柱状态的转速
$K_{T0}(J=0)$	—	由敞水性征曲线查得 $J=0$ 时的推力系数
$T=K_{T0}\rho n_0^2D^4$	kgf	螺旋桨系柱推力
t_0	—	系柱状态的推力减额分数取 0.04
$F=T(1-t_0)$	kgf	螺旋桨系柱拖力

第四节 特种推进器

一、调距桨

图 3.21 为一船用调距桨的外观。根据定距桨的工作特性可知，当船舶阻力增加时，螺旋桨功率特性曲线变陡，即在相同螺旋桨转速下，螺旋桨所需功率增加；或者说，螺旋桨随船舶阻力增加而负荷变重，反之则变轻。

另外，在图 3.13 中可以看出，在同样的航行条件下，螺旋桨转速保持不变，采用的螺距比 H/D 越小，即螺距越小，螺旋桨所需功率也越小，螺旋桨负荷越轻；反之则越重。

结合上述两种情况不难想到，由船舶阻力变化引起的螺旋桨特性变化可用改变螺距比的方法来补偿，只要螺距比选择适当，在船舶阻力发生变化时，就可使螺旋桨的功率-转速特性保持在原来的位置上，也就是可用改变螺距的方法来适应船舶工况的变化。

图 3.21 船用调距桨的外观

对于一个定距桨，它只有一组工作特性曲线，当 J = 常数时，它的推力、阻力矩、功率与转速之间的关系曲线都只有一条，而调距桨在每一个螺距 H 下对应一个新的螺旋桨特性，因此可以把它视为一系列同一直径的具有不同螺距比的定距桨的组合，其特性曲线是由多组类似于定距桨的工作特性曲线共同组成的。

1. 调距桨装置的组成及功能

调距桨装置一般由调距桨部分、传动轴部分、调距机构、液压系统和操纵系统等组成，如图 3.22 所示。

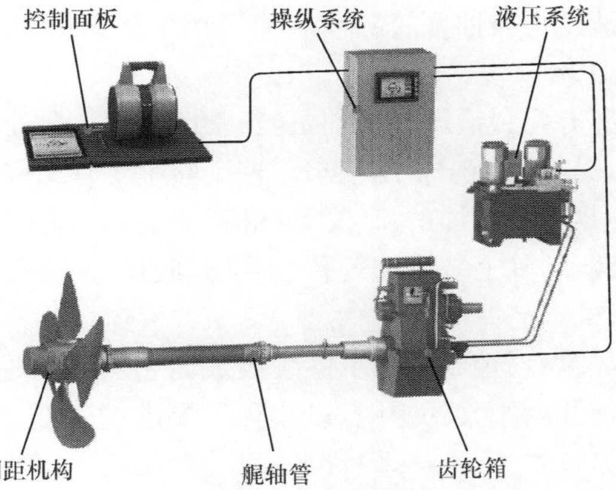

图 3.22 典型调距桨装置

1）调距桨部分

调距桨部分包括可转动的桨叶、桨毂和桨毂内部装设的转叶机构等。桨叶可以在一定的角度内旋转，因此当螺旋桨的调距机构动作时就可以带动桨叶旋转，从而改变螺旋桨的螺距。桨毂是调距桨的主体部分，在它的外部安装桨叶的旋转机构，内部固定调距桨的变距机构。转叶机构用来将往复运动转变为回转运动，具有结构简单紧凑、传递扭矩能力大等优点。

2）传动轴部分

调距桨的传动轴一般由螺旋桨轴和配油轴两部分组成，两者用套筒联轴器相连。这种形式的传动轴和定距桨的传动轴不同，它是中空的，其中装有调距杆，中空的传动轴既可将主机输出的动力传递到螺旋桨，又可以在其内部安装输油管，作为进回油的通道。

3）调距机构

调距机构包括产生转动桨叶动力的伺服油缸、伺服活塞，分配压力油给伺服油缸的配油器，桨叶定位和桨叶位置的反馈装置及其附属设备等。它的主要作用是调距、稳距以及对螺距进行反馈和指示。调距是短暂的，稳距是长期的。

调距机构安装在桨毂内部，它是安装在桨毂末端的一个整体部分。调距机构能够将伺服活塞的往复运动转变为转叶机构的回转运动，再由转叶机构带动与其固定在一起的桨叶旋转，从而得到需要的螺距，与此同时多余的液压油被引入位于轴承下方的放残柜中，当油位达到高位时就会通过自动控制的油泵泵回伺服油缸。

调距机构中的配油器是向螺旋桨配入调距压力油的主要装置，配油器以全浮动形式安装在连接法兰上，通过一个与船体连接的销子来防止其转动，所有与配油环相连的管路必须用柔性接头，这样配油环可以跟随传动轴运动；在配油环的顶部还有一根直通泄油柜的泄放管，一旦配油环中液压油过多，多余的液压油可以通过这根管路流到泄放柜。从液压系统来的调距压力油依靠配油轴承的回转密封装置，经轴上开孔注入配油轴内孔的内油管或外油管进入桨毂相应油缸的一腔，同时另一腔的低压油从配油轴承的另一端通过被打开的锁止阀，完成调距所需要的高压进出油回路。

4）液压系统

液压系统主要由液压伺服油泵、控制阀、油箱和管路等组成，它的作用是为伺服油缸提供符合要求的液压油。

调距桨装置一般配有两台液压伺服油泵，正常情况下一台处于工作状态，其排量满足调距与正倒车的要求，另一台处于备用状态。控制阀主要有比例调节阀、伺服油压调节阀和安全阀等，主要作用是对液压油的流动方向和压力进行控制。油箱作为存储整个系统工作时所需液压油的容器，其上装有透气孔、油盘泄放孔、探测孔和系统油注入孔等。

5）操纵系统

操纵系统主要由操纵台、控制和指示系统组成。它的作用是按预先确定的控制程序同时调节发动机的转速和调距桨的螺距，以获得所要求的工况。调距桨装置调节螺距一般采用如下三种操纵方式。

(1) 驾驶台和集控室的正常操作。首先确认调距桨油柜的油位及冷却水的供给情况是否正常；然后起动调距桨伺服油泵，确认其工作油压正常后，通过操纵驾驶台或集控室内的螺距控制手柄便可获得需要的螺距。

(2) 驾驶台的辅助操作。在推进控制系统发生故障，无法利用其起动或停止主机，也无法实现其负荷控制功能的情况下，可以采用辅助控制方式操作调距桨。首先按下控制面板上的按钮将螺距控制置于遥控方式，然后按下驾驶台控制面板上的按钮，再利用驾驶台上的控制面板的手柄控制螺距即可。

(3) 在泵站的手动操作。首先将泵站控制箱上的旋钮置于"LOCAL"位置，然后起动伺服油泵，这时可利用控制箱上的比例调节阀的推杆来改变螺距。

此外，在调距桨装置中还设有应急锁紧桨叶装置，利用它可在应急情况下(如液压系统失灵)把桨叶固定在一定的正螺距值上，使调距桨变为定距桨。

2. 调距桨装置的优缺点

1) 调距桨装置的优点

(1) 对船舶航行条件的适应性强。在航行条件改变的情况下，通过调节螺旋桨的螺距比 H/D，就可使主机保持发出最大功率的能力，因此船舶可获得较高的航速并获得较大的推力。

(2) 动力装置的经济性好。相较于定距桨唯一的效率线，调距桨有一条最佳 n-H/D 匹配曲线，可以兼顾螺旋桨效率和主机燃油消耗率，获得较好的经济性。

(3) 船舶的机动性好。主要体现在三方面：①螺距角正、负值转换的时间比主机换向的时间短，高速船尤为明显。②装有调距桨的船能给出比装有定距桨的船更大的反向推力。③船舶可进行无级调速。

(4) 有利于主机向辅助设备提供动力。装有调距桨的船舶在航行时，主机可以保持恒速运转状态，这对要求恒速运转的轴带交流发电机特别有利。

(5) 延长了发动机的寿命。采用调距桨装置可减少主机起停次数，减少运动部件的磨损和受热部件的热疲劳损坏，主机无须逆转，不用配备换向机构，使结构简化，减少了维护管理的工作量。

(6) 便于实现遥控。遥控系统功能强大、操作方便，驾驶员可以在驾驶台直接操纵控制手柄进行调距桨螺距的调节。

2) 调距桨装置的缺点

(1) 调距桨和轴系的构造复杂，造价较高。

(2) 桨毂中的转叶机构零件较多，而空间又小，可靠性不如定距桨。

(3) 由于调距桨的毂径比定距桨大，在相同的设计工况下调距桨比定距桨的效率低3%左右。

(4) 由于调距桨桨叶根部受叶根法兰尺寸的限制和布置固定螺栓的需要，叶根剖面宽度较小，为保证根部强度，叶根厚度需要相应增加，但桨叶根部容易产生空泡。

二、全回转吊舱式推进器

1. 概述

全回转吊舱式推进器(以下简称吊舱式推进器)是由动力驱动固定在水下船体之外、吊舱之内的螺旋桨，吊舱可以绕其竖轴 360°旋转，自由地向任何方向推进。

吊舱式推进器是 20 世纪 80 年代发展起来的一种新型船用推进器，经过 30 多年的发展和应用，已经变得比较成熟，获得了在各种船舶上的广泛应用，引起世界范围内船舶行业的极大关注。吊舱式推进器集推进和转舵的功能于一身，可替代中速柴油机、减速器和变螺距螺旋桨等组合的传统机械推进方式。吊舱式推进器的出现是船舶推进方式的一次革命。

目前，吊舱式推进器广泛应用于客船（邮轮或渡轮）、大型集装箱船、钻井平台、海洋工程支援船、客滚船、游艇、科学考察船、打捞船和 LNG 船上。

2. 吊舱式推进器的优点

吊舱式推进器和传统推进器相比有许多优点。

1）节能减排

船舶在海上行驶，受风浪和洋流的影响，推进载荷变化很大，对于传统推进器，船舶只能靠调节发动机的转速来适应，因此发动机的运转不稳定，经济性欠佳；选用吊舱式推进器可以调节电机（或液压马达）的转速来适应外部载荷的变化，发动机将处于最佳状态运转，提高了能效水平，延长了发动机的寿命，实现节能减排的目的。

2）提高操纵性和机动性

传统推进器推进力的方向是固定的，推进力的大小靠改变发动机的转速来实现，要改变行驶方向，只能靠船舵和推舵装置来实现，在船舶低速情况下，转舵力变小，操纵不灵活。吊舱式推进器通过液压马达（或电机）带动回转装置，驱动吊舱绕竖轴回转，可以使螺旋桨在 360°范围内旋转，灵活地改变推进力的方向，无论船速高低，均可使船舶完成原地回转、横向平移、精确定位、反向行驶等常规推进器难以完成的操作。系统的变频电机或变量液压马达具有无级调速的特点，可控性能优良，使船舶的快进、慢进、倒车、停车、回转等控制性能明显改善，极大地提高了船舶的操纵性和机动性。

3）噪声更低、振动更小

传统推进器是发动机带动变速箱很长的传动轴、多个支承轴承以及水密封系统来带动螺旋桨的旋转，由于制造和安装的误差，会带来很强的振动和噪声。吊舱式推进器是由变频电机或液压马达直接驱动螺旋桨，噪声更低、振动更小，而且推进器置于舱外，明显降低了船舶的振动和噪声。与常规桨相比，吊舱式推进器的桨盘面处可得到更均匀的来流，从而明显减少振动、降低噪声。

4）结构简单可靠

传统的推进器基本是机械传动，为了完成船舶推进功能，要有发动机、变速箱、传动轴等复杂的机械传动装置，为了完成船舶转向，要有舵和一套推舵装置。吊舱式推进器只需一个动力模块，即可完成推进和转向功能，因此结构简单，船舶复杂机械传动装置大为减少，可以取消舵和尾侧推进器，其可靠性得到极大的提升。

5）提高舱容利用率

传统推进器从发动机到螺旋桨有较长的传动链，加上舵机的传动机构，占据了很大的船舶舱内空间；选用吊舱式推进器可以取消原来船舱内传动系统等部分，从而增加了船舱的有效容积，加上发动机、电机液压泵和液压马达等动力使用软连接，在布置上比较机动灵活，可以优化船舶的尾部线型，充分利用机舱舱容，使船体设计具有很大的灵活性，制造成本明显降低。

6）安装维护方便

传统推进器的推进和转舵传动系统都是在船体制造完成后现场进行安装，安装不方便，现场制作困难，安装时间长，安装质量难以保证。吊舱推进器可以整体在制造厂进行装配、调试，实现模块化设计与安装，安装十分简单方便，有助于缩短船舶建造周期，又便于船舶的维修保养。

3. 吊舱式推进器的国内外发展状况

最近几年虽然我国造船产业得到迅速发展，航运业对吊舱式推进器的需求将会越来越多，但这种推进器的设计、制造和供应目前仍然被国外少数发达国家垄断。我国开发、设计新型船舶所选用的吊舱式推进器大部分都是进口的，国内市场大部分被国外占有。

我国的全回转推进器的发展相对缓慢，近年来国内的研究机构、高等院校和少数企业已经进行了研究与开发，相关内容已经列入国家“十三五”发展规划，但是还远远满足不了市场需求。

从 20 世纪 90 年代开始，各国都在研发吊舱式推进器，取得了很大的技术进步，在实践中得到了广泛的应用，ABB 吊舱式全电力推进系统（Azipod）、Rolls-Royce Mermaid 吊舱式推进器、西门子-肖特尔吊舱式双螺旋桨推进系统（SSP）、Thrustmaster 商用船舶推进器等已成功地在豪华游轮、油轮、破冰船、近海船和工程船上得到广泛使用，吊舱式推进器中最大的装机容量已达 30000kW。

我国一些近海船舶也开始采用吊舱式推进器。实践证明，应用吊舱式推进器具有巨大的技术优越性，是船舶推进和操纵技术的一次革命，具有广阔的发展前景。

4. 各种吊舱式推进器的结构分析

现代吊舱式推进器的结构比较简单，通常由一个行星减速机驱动回转支承，带动吊舱围绕竖轴进行 360°回转，从而改变推力方向，由电机或液压马达带动螺旋桨回转，产生吊舱推进力。

目前，吊舱式推进器的结构趋势向简单、高效、可靠、可控等方向发展。吊舱推进器无须使用方向舵，且发动机动力可以以最佳方式转换为推力。吊舱的 360°旋转意味着可将全部输入动力应用到推进上。

从动力源驱动方式上看，动力源可以是发动机驱动、电力驱动和液压驱动等。从动力源输入结构形式上看，动力源水平输入的称为 Z 型结构，动力源垂直输入的称为 L 型结构。从动力源布置位置看，动力源布置在吊舱外面的称为外置式结构，将动力源布置在吊舱内部的称为内置结构。

以下介绍几种吊舱式推进器的结构。

1）外置电机吊舱式推进器

外置式电机吊舱式推进器是目前最流行的吊舱推进器之一。如图 3.23 所示，外置电机吊舱式推进器是把电机 2 垂直地装在推进器上，由原动机带动发电机发电，经过变频器把满足要求的电流送到推进电机 2 上，经过竖直轴、伞齿轮驱动水平螺旋桨轴的旋转。

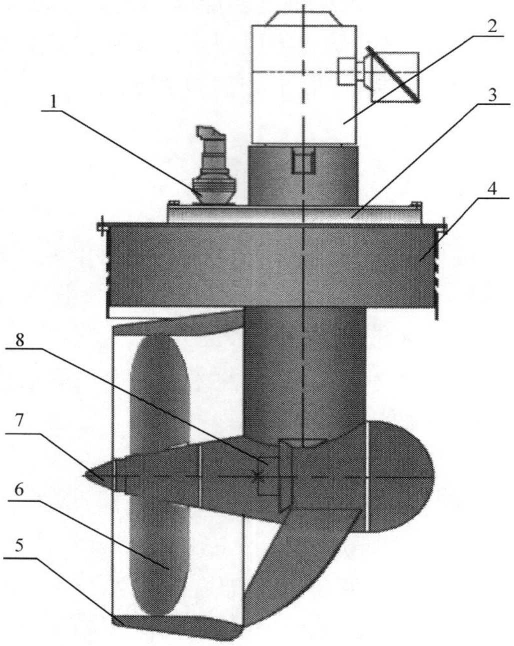

图 3.23 外置电机吊舱式推进器

1-回转机构；2-电机；3-回转支承；4-支架；5-导流罩；6-叶片；7-导流盖；8-伞齿轮

回转机构 1 由电机或液压马达驱动行星减速机构，通过回转支承 3 使吊舱做 360°回转，回转减速机内有可控制的制动器，保证回转平稳，且能够准确定位。

外置电机吊舱式推进器具有优良的控制性能，使船舶的前进、倒车、停车和回转等控制性能得到明显提高。该推进器可以整体进行安装，维修时也可以整体吊出，比较方便。该推进器可以 360°回转，任意改变推进力的方向，可以省去舵机和侧向推进装置。

2）内置电机吊舱式推进器

内置电机吊舱式推进器如图 3.24 所示。与传统的外置电机吊舱式推进器相比，主要不同之处是其直接将电机与螺旋桨轴集成在一个密封的吊舱装置中，取消了竖直轴、伞齿轮和水平轴。在吊舱中，定距螺旋桨叶片 7 直接安装在电机的叶片轴 5 上，由于它不需要使用机械式伞齿轮传动装置，电力通过软电缆和可 360°转动的电刷 2 将电力传输给电机 6。由于螺旋桨螺距固定，且不需要使用齿轮传动装置，其传动链短，海水可以直接对电机外壳进行冷却，结构简单可靠，效率比外置电机吊舱式推进器的要高。其噪声较低，在大型船舶上，内置电机吊舱式推进器得到广泛使用。目前，ABB 公司、Rolls-Royce 公司都在生产这种内置电机吊舱式推进器。

3）发动机驱动吊舱推进器

发动机驱动吊舱推进器是由发动机、变速箱和伞齿轮推动螺旋桨旋转。如图 3.25 所示，发动机 11 经过变速箱 12(有 3～5 挡)变换速度，经过一对下伞齿轮 10，驱动螺旋桨的

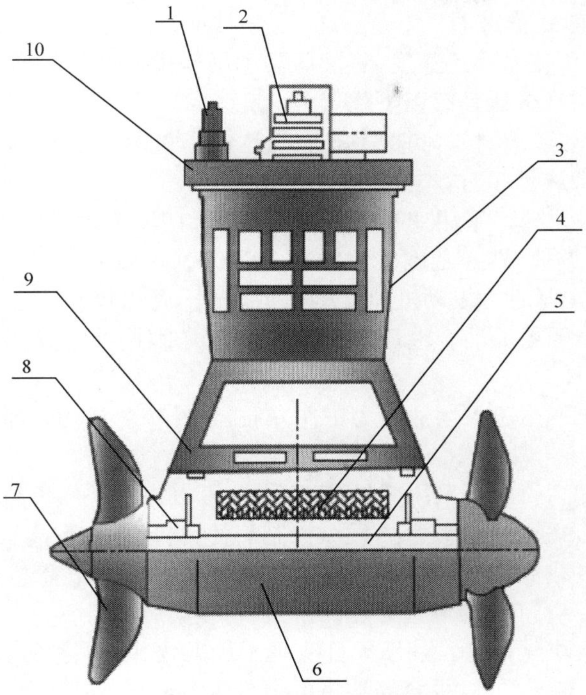

图 3.24　内置电机吊舱式推进器

1-回转机构；2-电刷；3-支架；4-电机转子；5-叶片轴；6-电机；7-叶片；8-轴承座；9-下支架；10-回转支承

旋转。该型推进器系统可以灵活安装发动机，节省轴系和中间轴承，用在某些船上可以节省传动轴的长度。这样可以保证发动机运行平稳，减少振动，结构比较简单，可靠性更好。但由于变速箱是有级变速的，经济动力性比电机调速或液压系统调速的要差。

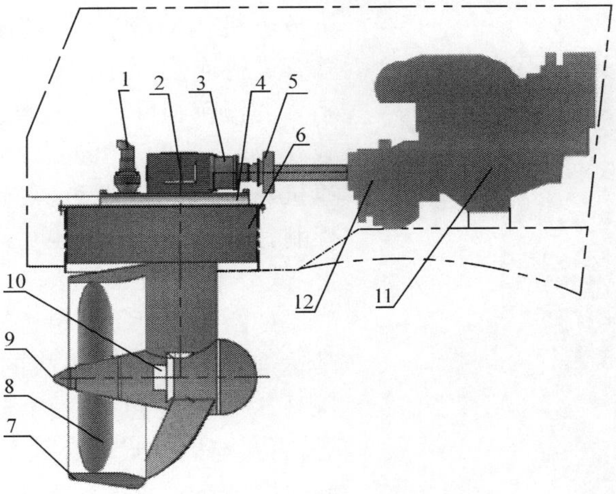

图 3.25　发动机驱动吊舱推进器

1-回转机构；2-伞齿轮；3-轴承座；4-回转支承；5-连接法兰；6-支架；7-导流罩；8-叶片；9-桨毂盖；10-下伞齿轮；11-发动机；12-变速箱

4）液压驱动吊舱式推进器

近年来，随着液压技术的迅速发展，液压驱动吊舱式推进器也得到广泛的应用。

液压驱动吊舱式推进器具有以下优点。

(1) 体积小、重量轻。例如，同功率液压马达的重量只有电机的 10%～20%。因此，其惯性力较小。过载或停车时，不会发生大的冲击。

(2) 能实现无级调速。采用变量泵或变量电机，在给定范围内平稳地自动调节牵引速度，并可实现无级调速，调速范围最大可达 1∶2000(一般为 1∶100)。

(3) 容易换向。在不改变发动机旋转方向的情况下，可以较方便地实现螺旋桨的正反转。

(4) 船舶总体布置更灵活。液压泵和液压马达之间用油管连接，在空间布置上彼此不受严格限制。

(5) 使用寿命长。由于采用油液为工作介质，元件相对运动表面间能自行润滑，磨损小，使用寿命长。

(6) 自动化程度高。由于采用变量液压系统，可以根据外部负载的需要，自动实现恒功率的控制，即轻载高速、重载低速。操纵控制简便，自动化程度高。

(7) 容易实现过载保护。液压系统设有安全阀，当外部载荷超过设计值后，自动卸荷，使整个传动系统不受破坏。

(8) 容易实现模块化设计。液压元件实现了标准化、系列化、通用化，便于设计、制造和使用，根据用户的需求，可以很容易地将电力推进器电机换成液压马达。

由于液压传动具有以上优点，液压传动在吊舱式推进器中也得到较广泛的应用。

(1) 外置液压马达。

如图 3.26 所示，同外置电机吊舱式推进器一样，将液压马达安装在吊舱之外，液压马达 2 驱动伞齿轮 8，带动螺旋桨叶片 6 旋转。

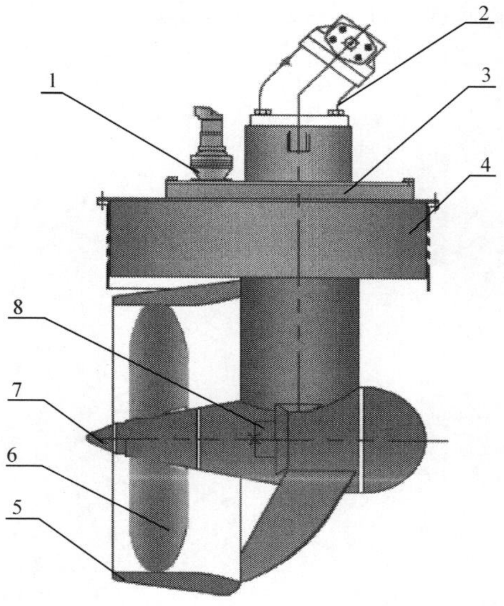

图 3.26 外置液压马达推进器

1-回转机构；2-液压马达；3-回转支承；4-支架；5-导流罩；6-叶片；7-导流盖；8-伞齿轮

它的结构特点是安装、维修方便。液压系统可以为开式系统，也可以为闭式系统，用发动机或电机驱动液压泵，液压马达和油泵之间用软管进行连接，占用空间少，可以方便地控制螺旋桨的正转和反转以及螺旋桨的转速，实现“轻载高速、重载低速”的要求。吊舱的回转机构减速机由液压马达驱动，它也可以实现无级变量控制，可以单泵驱动，也可以双泵分别控制。

(2) 内置液压马达。

如图 3.27 所示，最近出现了一种内置液压马达推进器，与内置电机的结构原理一样，把液压马达 8 安装在吊舱内部，设置轴承、水密封等，直接与螺旋桨轴 6 连接，通过液压软管、中心回转体与外部液压系统连接，省去了伞齿轮、竖轴等机械传动，结构更加简单、可靠，成本更低，明显提高了传动效率。内置液压马达推进器在摆动或伸缩式方位推进器上也得到广泛的应用。

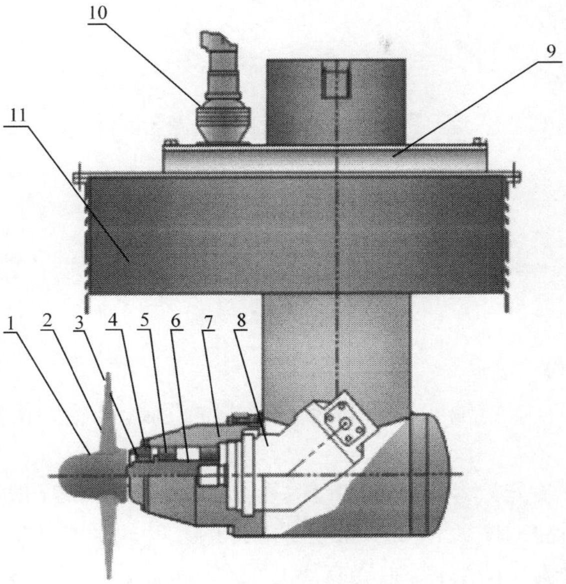

图 3.27　内置液压马达推进器

1-键；2-螺旋桨；3-密封；4-密封盖；5-轴承；6-螺旋桨轴；7-轴承座体；8-液压马达；9-回转支承；10-回转机构；11-支架

(3) 电机＋减速机组合。

另外，内置动力型也有高速电机和行星减速机的组合形式。如图 3.28 所示，行星减速机 3 输入端连接高速液压马达，输出端连接螺旋桨轴，选择适当的减速比，可以使液压马达 4、油泵和发动机都能以较佳的状态工作。本结构适宜在中小型吊舱推进器中使用。

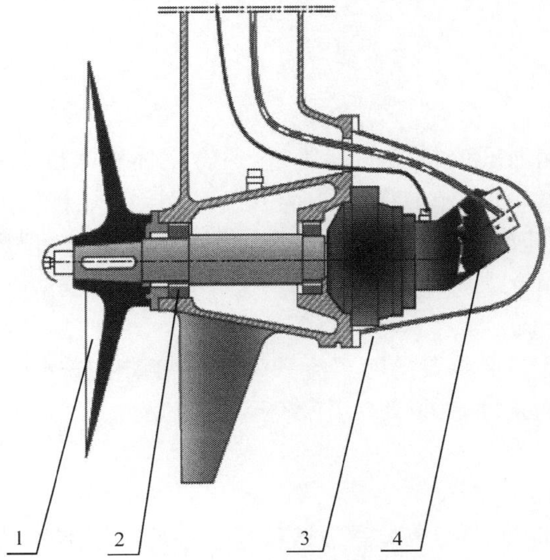

图 3.28　内置电机＋减速机

1-叶片；2-轴承；3-减速机；4-液压马达

第四章　船 舶 辅 机

第一节　船　用　泵

一、泵的功用和分类

泵是输送海水、淡水、滑油和燃油等液体的一种机械，是船舶机舱中应用最多的设备之一。

按工作原理可将泵分为容积式泵、叶轮式泵和喷射式泵。容积式泵是靠运动部件的运动使工作容积周期性地增大和减小而吸排液体的。叶轮式泵靠叶轮带动液体高速回转而把机械能传递给所输送的液体，主要有离心泵、旋涡泵等。喷射式泵靠工作流体产生的高速射流引射流体，再通过动量交换使被引射液体的能量增加，达到输送液体的目的。

在船上一般按泵的功用为泵命名，如主机海水冷却泵、主机淡水冷却泵、主机滑油泵、消防泵、压载泵、污水泵、日用淡水泵、锅炉给水泵、燃油驳运泵、轻油驳运泵和滑油驳运泵等。

二、泵的性能参数

为了表明泵的性能和完善程度以便选用和比较，在泵的铭牌和说明书上通常都给出以下性能参数。

1. 流量

流量是指泵在单位时间内排送的液体量，通常用体积来度量排送液体的量，常用 Q 表示。水泵常用的流量单位是 m^3/h，油泵常用 $1/min$，公式计算常用 m^3/s。有时液体流量也用质量来度量，相应的流量称为质量流量，常用 G 表示，单位可用 t/h、kg/min。以 ρ 表示液体的密度（kg/m^3），则

$$G=\rho Q \tag{4.1}$$

泵铭牌上标示的流量是指泵的额定流量，即泵在额定工况时的流量，而泵实际工作时的流量与泵所在管路的条件有关，不一定等于额定流量。

2. 扬程

泵的扬程也称为压头，是指单位重量液体通过泵后所增加的机械能，常用 H 表示，单位是 m。单位重量液体的机械能又称水头，因此泵的扬程就是泵使液体所增加的水头。若泵的扬程全部用来提高液体位能，假设不存在管路阻力损失，则扬程就表示泵使液体所能上升的高度。

泵铭牌上标注的扬程是额定扬程，即泵在设计工况时的扬程。泵实际工作时的扬程不一定等于额定扬程，它取决于泵所在管路的具体条件。泵的工作扬程可用泵出口和进口的水头差来求出，即由液体在泵进、出口处的压力头、位置头和速度头之差相加得到，即

$$H=\frac{p_d-p_s}{\rho g}+\Delta z+\frac{v_d^2-v_s^2}{2g} \tag{4.2}$$

式中，p_s 和 p_d 为泵的吸入压力和排出压力，以泵吸入口和排出口处的压力表示，Pa；Δz 为泵排出口和吸入口的高度差，m；v_s 和 v_d 为泵吸入口和排出口处的平均流速，m/s；ρ 为泵所送液体的密度，kg/m^3；g 为重力加速度，9.8m/s^2。

一般液体通过泵后速度头和位置头的变化都很小，吸、排口管径和高度相同的泵则不变，且 p_d 远大于 p_s，故工作扬程为

$$H\approx(p_d-p_s)/(\rho g)\approx p_d/(\rho g) \tag{4.3}$$

容积式泵一般不标注泵的额定扬程而标注额定排出压力，实际排出压力不允许超过额定排出压力。叶轮式泵的工作扬程高出额定扬程一定程度时仍可工作，但工作扬程接近额定扬程时泵的效率较高。

泵的工作扬程取决于泵所在管路的特性。一般泵的工作扬程用于克服吸排液面的压力头、高度差及管路阻力。

3. 转速

泵的转速是指泵轴每分钟的回转数，用 n 表示，单位是 r/min。大多数泵由原动机直接传动，二者转速相同；但电动往复泵需减速传动，其泵轴的转速比原动机要低。

4. 功率和效率

泵的输出功率又称有效功率，是指泵在单位时间内实际输出的液体所增加的能量，用 P_e 表示。显然，它可由泵的重量流量和泵的扬程之积求出，即

$$P_e=\rho gQH=(p_d-p_s)Q \tag{4.4}$$

泵的输入功率又称轴功率，是指原动机传给泵轴的功率，用 P 表示。输出功率和输入功率之比称为泵的效率，用 η 表示：

$$\eta=P_e/P \tag{4.5}$$

5. 允许吸上真空度

泵工作时所允许的最大吸入真空度称为允许吸上真空度。泵的允许吸上真空度是泵吸入性能好坏的重要标志，也是管理中限制吸入真空度不要过高的依据，真空度过高会使吸入液体气化导致泵不能正常工作。

三、泵的结构、原理、特点及管理要点

1. 容积式泵

容积式泵是靠运动部件的运动使工作容积周期性地增大和减小而吸排液体，主要有往复泵、齿轮泵、螺杆泵、叶片泵等。其中齿轮泵在船上应用最多。下面以齿轮泵为例说明容积式泵的基本结构、工作原理、性能特点及管理要点。

1）基本结构和工作原理

齿轮泵分为内齿轮泵和外齿轮泵，船上外齿轮泵应用较多。齿轮泵由主动齿轮、从动齿轮、泵体、吸入口及排出口组成，如图 4.1 所示。主动齿轮 1 由电机驱动回转，从而带动从动齿轮 2 反向回转。由于互相啮合的轮齿 A、B、C 的分隔，与吸入口 4 相通的吸入腔和与排出口 5 相通的排出腔彼此隔离。当齿轮按图示方向回转时，轮齿 C 逐渐退出啮合，其所占据的齿间容积逐渐增大，压力相对降低，于是液体在吸入液面上的压力作用下，经吸入管从吸入口 4 流入此齿间。

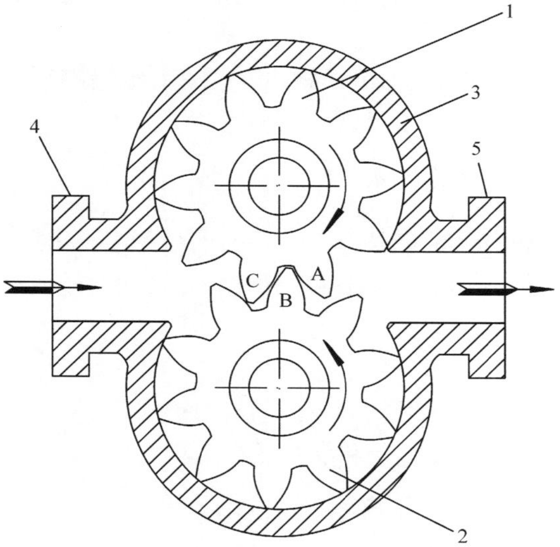

图 4.1　外啮合齿轮泵的结构简图

1-主动齿轮；2-从动齿轮；3-泵体；4-吸入口；5-排出口

随着齿轮的回转，一个个吸满液体的齿间转过吸入腔，沿泵壳内壁转到排出腔，当它们逐渐重新进入啮合时，充满齿间的液体即被轮齿不断挤出，并从排出口连续排出。由于齿轮始终啮合，而前、后端盖与齿轮端面以及泵体内壁与齿顶的间隙都很小，故排出腔中压力较高的液体不会大量漏回吸入腔。

普通齿轮泵如果反转，其吸排方向也就相反。由于齿轮泵的摩擦面较多，一般只用来输送有润滑性的液体。

2）齿轮泵的特点

齿轮泵的特点如下：

(1) 齿轮泵有一定的自吸能力,但因齿轮泵摩擦部位多,间隙较小,转速高,不允许干转。

(2) 理论流量是由工作部件的尺寸和转速决定的,与排出压力无关。

(3) 额定排出压力与工作部件的尺寸及转速无关,主要取决于泵原动机的功率、轴承的承载能力、泵的强度和密封性等。为防止过载,齿轮泵起动前必须打开排出阀,一般应设安全阀。

上述特点也是容积式泵的共有特点,此外,齿轮泵还具有以下特点:

(1) 流量连续,但有脉动。

(2) 结构简单,价格低廉,工作可靠。

(3) 齿轮泵摩擦部位多,一般只用来输送有润滑性的液体。在船上,齿轮泵一般用来输送燃油和滑油。

3) 齿轮泵的管理要点

齿轮泵的管理要点如下:

(1) 注意泵的转向和连接。检修时应注意电机接线的正确性,泵和电机应保持良好的对中。

(2) 齿轮泵不允许干转。

(3) 齿轮泵都采用机械轴封,拆装时注意不要损坏其密封元件。

(4) 起动前,排出阀应开足,以防压力过高,电机过载。

(5) 工作中应保持合适的油温和黏度。

(6) 防止空气进入而影响泵的正常吸入。

(7) 端面间隙对泵的自吸能力和容积效率影响最大。一般齿轮泵的端盖采用纸作为密封垫,检修时不要随意更换其他材质的垫片。

(8) 泵前滤器应定期清洗。

2. 叶轮式泵

离心泵属于叶轮式泵,是船上应用较多的一种泵,主要用来输送淡水和海水。下面以离心泵为例说明叶轮式泵的基本结构、工作原理、特点、管理要点、主要部件的检修以及常见故障的分析。

1) 基本结构和工作原理

离心泵的主要组成部件是蜗壳形的泵壳、泵轴、叶轮、吸水管、压水管、底阀、控制阀门、灌水漏斗和泵座,如图 4.2 所示。叶轮用键和锁紧螺母固定在轴上,轴由电机带动,做回转运动。

离心泵是利用叶轮旋转而使水产生的离心力来工作的。离心泵在起动前,必须先使泵壳和吸水管内充满水,然后起动电机,使泵轴带动叶轮和水做高速旋转运动,水在离心力的作用下被甩向叶轮外缘,经蜗形泵壳的流道流入水泵的压水管路。水泵叶轮中心处,由于水在离心力的作用下被甩出后形成真空,吸水池中的水便在大气压力的作用下被压入泵壳内,叶轮通过不停地转动使水在叶轮的作用下不断流入与流出,达到输送水的目的。

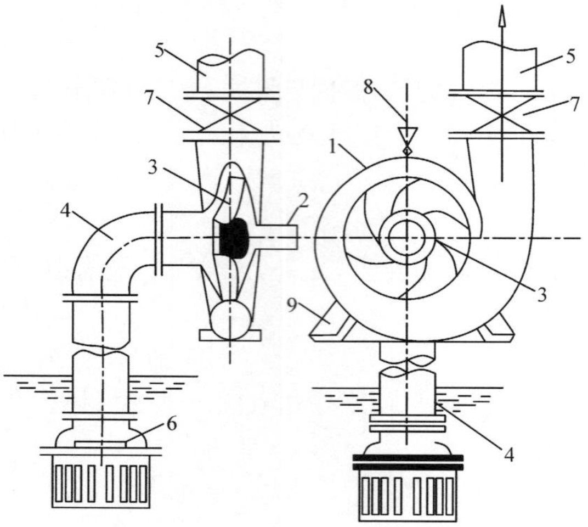

图 4.2　单级离心泵

1-泵壳;2-泵轴;3-叶轮;4-吸水管;5-压水管;6-底阀;7-控制阀门;8-灌水漏斗;9-泵座

2) 离心泵的特点

离心泵的特点如下:

(1) 流量连续均匀,工作平稳,流量容易调节。

(2) 转速高,结构简单紧凑,造价低。

(3) 对杂质不敏感,管理和维修较方便。

(4) 本身无自吸能力。一般在结构上采取一定措施,以解决自吸问题,或装引水泵,保证泵的正常吸入。

(5) 泵的流量随工作扬程而变。泵的扬程增大,则流量降低。

(6) 泵的扬程由转速和叶轮外径决定。转速越高,叶轮外径越大,则泵的扬程越高。

3) 离心泵的管理要点

离心泵的管理要点如下:

(1) 工作时应防止汽蚀。泵在工作中因吸入压力过低而造成液体汽化的现象称为气穴现象。气穴现象易使泵的部件如叶轮汽蚀,在叶轮表面产生许多麻点,影响其强度。吸入压力越低,液体温度越高,泵工作时越易发生气穴现象,锅炉给水泵易发生汽蚀。在管理中应尽量减小吸入压力的损失,吸入滤器应经常清洗,要设法降低液体温度。

(2) 离心泵一般应采用封闭起动,即起动时关闭排出阀。离心泵在流量为零时,其消耗的功率最低。

(3) 根据需要,离心泵可采用串联工作或并联工作模式。串联工作时可以获得较高的压头,主要用于消防和冲洗甲板;并联工作时可以获得较大的流量,主要用于排放压载水。

(4) 离心泵一般采用节流法,即改变排出阀的开度调节流量,注意不要通过改变进口阀的开度来改变泵的流量。

(5) 离心泵轴封采用填料轴封时,轴封压盖螺丝不要上得太紧,填料轴封允许少量漏水，以润滑和冷却泵轴。

4）离心泵主要部件的检修

(1) 叶轮。叶轮遇有下列情况之一时应予换新：①出现裂纹而无法补焊、因腐蚀或汽蚀而损坏严重。②形成较多的孔眼，盖板及叶片因冲刷而显著变薄。③不能保证足够的机械强度，进口靠密封环处严重偏磨而无法修复。

(2) 泵轴。泵轴遇有下列情况之一应予换新：产生裂纹、严重磨损、不能保证足够的机械强度。

(3) 泵体。若泵体出现裂纹，应进行补焊。焊条与被修补金属的化学成分应基本相同。禁止用堵塞、敲击等办法修补受压铸件的缺陷。

(4) 轴承。滚动轴承在离心泵中使用最为普遍，当其磨损过度或损坏时，一般应按原型号和精度等级予以换新。

5）离心泵常见故障的分析

(1) 起动后不能供液。离心泵不能供液有不能吸入液体和不能排出液体两种情况，具体原因如下：

① 自吸失灵，如初次使用的自吸离心泵未向泵内灌水、水环真空泵端面间隙过大等。

② 吸入管漏气，可以用关闭泵吸入阀的方法进行判断，用关闭各分(舱)吸入阀的方法检查具体泄漏部位。

③ 吸入管露出液面，有时是正常排空。

④ 吸高过大。如果是从真空容器吸入的泵，则可能是因为流注高度太小或吸入液面真空度过大。

⑤ 吸入管流阻过大，如滤器堵塞等。

⑥ 吸入管不通，如吸入阀未开、大舱污水井底阀锈死或吸入口淤塞等。

⑦ 吸入液体温度过高，以致允许吸上真空度过小。

⑧ 泵的叶轮松脱、淤塞或严重损坏，转速太低或转向弄反。

⑨ 管路静压太大，或排出阀未开(如闸板阀与阀杆脱落)。

(2) 流量不足。根据装置特性来分析，不是泵的扬程特性曲线降低，就是管路的特性曲线变陡或上移，以致工况点向小流量方向移动：

① 管路原因，如管路静压(排出高度或排出液面压力)过高或排出管阻力变大等。

② 泵的原因，如转速不够、阻漏环磨损使内部泄漏太大、叶轮破损或淤塞、吸入管或轴封漏气、吸入管浸入液体中太浅以致吸入了气体、泵工作中发生汽蚀等。

离心泵作为压载泵时，一般选用排量较大的泵。在排压载水时，由大副书面通知机舱值班人员，并且注明舱号及时间。甲板部应派人经常测量压载水舱的水位，以免排空时压载泵空转时间太长而损坏。事实上，由于离心泵无自吸能力以及船舶摇晃等，压载泵不可能彻底排空压载水舱，这是正常的。对现代化程度较高的船舶，压载水的吸入和排出一般由甲板部值班驾驶员直接操作，这时也应按照正确的程序进行。根据本船实际情况确定正确的排放方法，例如，从第一舱排起，如果想加快速度，可在没排空之前即打开第二舱开始排放。如果发现某舱压载水管漏气，应先排放该舱，剩余的压载水可以由其他舱的水带出，这样不影响排放速度。

对于测量孔在机舱的压载水舱，在打入压载水时，更应经常测量压载水舱的水位，以免海水从测量孔大量涌入机舱。

离心泵作为应急消防泵时，一般采用扬程高的泵，并配有自吸装置，应定期试验以确保其时刻保持正常的工作状态。货舱的扫舱泵一般也是离心泵(也有用喷射泵)。货舱的洗舱水一般很脏，在排货舱的污水时应格外注意，以防脏物堵塞管系。甲板部人员应将杂物清出，并保证货舱污水井的滤网完好无损，以防止脏物堵塞管系，最后的少量污水可用人工清除。在排货舱的污水时，如果泵排量很小，且吸入真空度较大，则应清洗吸入滤器。有时，吸入管路也应拆下进行清洁(有些货物如粉状货物很容易进入管系)。

3. 喷射泵

喷射泵是靠工作流体产生的高速射流引射流体，再通过动量交换而使被引射的液体的能量增加，达到输送液体的目的。工作流体可以是水、空气等，相应的喷射泵分别称为水喷射泵和空气喷射泵。引射流体可以是水、空气等，引射流体为空气的喷射泵也称为真空泵。

下面以水喷射泵为例，说明喷射泵的基本结构、工作原理、特点和管理要点。

1) 基本结构和工作原理

喷射泵一般由喷嘴、吸入室、混合室和扩压室组成，如图 4.3 所示。

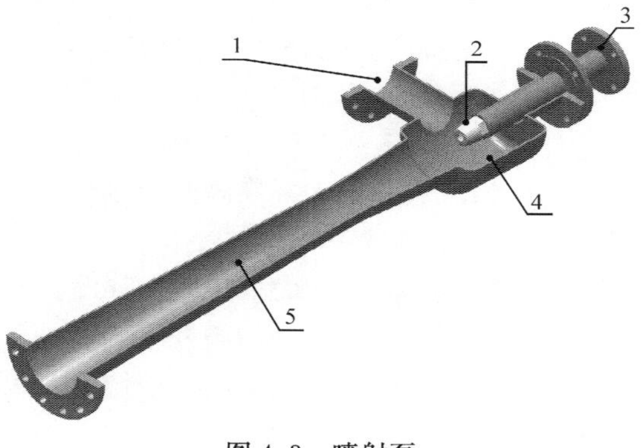

图 4.3　喷射泵

1-喷口(低压蒸汽)；2-喷嘴；3-进口(高压蒸汽)；4-吸入室；5-混合室

(1) 喷嘴的作用是将工作流体的压力能转变为动能。工作流体经过喷嘴时，流速迅速增加，压力急剧下降，最终压力下降到吸入压力 p_s。

(2) 吸入室的作用是使工作流体在其中通过流束边界表面与周围介质的接触进行动量交换，并将其带走，使吸入室形成低压，从而将被引射流体吸入。

(3) 混合室的作用是使流束本身的液体进行充分的动量交换，以使其出口流速尽可能趋于均匀。混合室过短，会使出口流速不均匀，在扩压室中的流动损失增大；而混合室过长，不仅没有必要，还会使摩擦损失增加。通常混合室的长度 L_R 为其喉部直径 d_3 的 6～10 倍。

(4) 扩压室是一段扩张的锥管。它的作用是使液流在其中降低流速，增加压力，将动能转化为压力能。实践证明，扩压室的扩压角为 8°～10°时，扩压过程的能量损失最小。

2）喷射泵的特点

喷射泵的特点如下：

（1）效率较低，这是因为喷射泵工作过程中存在大量的水力损失，其中在混合室的混合损失最大。

（2）结构简单，体积小，价格低廉。

（3）没有运动部件，工作可靠，噪声小，使用寿命长，很少需要修理。

（4）自吸能力强。

（5）可输送含固体杂质的液体。

水喷射泵可作为舱底水泵和真空泵。

3）喷射泵的管理要点

喷射泵的管理要点如下：

（1）保持工作流体的压力在适当的范围内。

（2）工作时，排出阀要开足，避免排出阻力增大，造成引射流量降低。

（3）喷嘴出口截面到混合室进口截面的距离称为喉嘴距，存在一个最佳值，拆装时不要随意改变。

（4）喷嘴过度磨损时应进行更新，以免影响泵的性能。

喷射泵在船上主要用于造水机的真空泵和排盐泵。大型的喷射泵用于排放压载水时的扫舱泵，但排量有限，如果不能用离心泵一次排空，用喷射泵扫舱会花费较长时间，因此使用时应以离心泵扫舱为主。

4. 液压泵

在液压机械中，液压泵的作用是将原动机的机械能转变为液压油的压力能，为液压系统供给足够流量和足够压力的油液去驱动执行元件。

容积式泵能产生较高的压力，且流量受工作压力的影响较小，因此适合作为液压泵。常用的液压泵有齿轮泵、螺杆泵、叶片泵和柱塞式液压泵（也称为柱塞泵）。本节以叶片式液压泵（叶片泵）和柱塞泵为例说明液压泵的基本结构、工作原理及管理要点。

叶片泵主要用于中、低压系统，其单位功率的重量是所有液压泵中最小的。柱塞泵特别适用于高压系统，容积效率可达95%以上，总效率可超过90%。但结构较复杂，价格较高，对液压油的清洁程度要求也较高。

柱塞泵与普通往复泵在结构上有显著不同，即为了满足提高转速（减小体积）和供液均匀的要求，采用了多作用回转油缸，并取消了泵阀。这类泵可设变向变量机构，能在转速和转向不变的情况下改变油流的方向和流量。它依柱塞布置的方向有径向柱塞泵和轴向柱塞泵之分，后者又有斜盘式轴向柱塞泵和斜轴式轴向柱塞泵两类。斜轴式轴向柱塞泵尺寸大、转速低，性能参数较差，在船用液压机械中已较少采用。

1）叶片泵

叶片泵按每转吸、排油次数分为单作用叶片泵和双作用叶片泵两类。下面以双作用叶片泵为例进行说明。

图4.4为双作用叶片泵的工作原理图。定子2内腔的型线是由两段长半径为R的

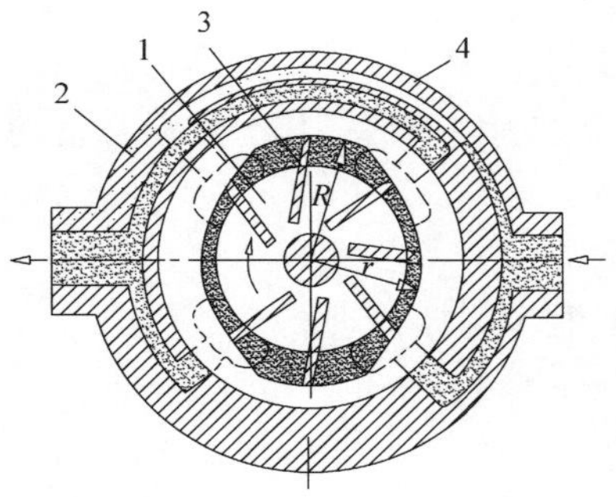

图 4.4　双作用叶片泵的工作原理图
1-转子；2-定子；3-叶片；4-泵体

圆弧和两段短半径为 r 的圆弧以及连接它们的过渡曲线组成的。装在转轴上的圆柱形转子 1 与定子同心，其上开有若干叶槽，槽内装有叶片 3。当转子旋转时，叶片受离心力及液压力（叶片底部空间一般由排出腔引入压力油）作用，始终向外顶紧定子内壁；随定子内壁与转子中心距离的改变，叶片在转动的同时在叶槽内往复滑动。定子和转子的两侧紧贴着配流盘，每个配流盘上有两对吸、排窗口。配流盘与定子的相对位置由定位销固定。这样，在定子、转子、叶片和配流盘之间就形成若干叶间腔室。当叶片由定子的短半径处转向长半径处时，叶间腔室的容积逐渐增大，其中压力降低，经配流盘吸入窗口从泵的吸入管吸油；当叶片由定子的长半径处向短半径处转动时，叶间腔室容积减小，经配流盘的排出窗口向泵的排出管排油。

当叶间腔室位于吸、排窗口之间的封油区时，与吸、排窗口都不通，叶片顶端与定子圆弧曲面接触，叶间腔室容积不变，不会产生困油问题。设计上应保证配流盘吸、排窗口间的密封区的圆心角 ε 与定子圆弧段的圆心角 β、两叶片间的圆心角 θ 的关系是 $\varepsilon \leqslant \beta$，以免产生困油现象；应保证 $\varepsilon \geqslant \theta$，否则会使吸、排口沟通，造成严重泄漏。这种叶片泵每转一次每个叶间腔室吸排两次，因此是双作用泵。

叶片泵的轴向间隙对容积效率影响最大。转子端面和配流盘的轴向间隙通常都取 0.015～0.03mm（小型泵）或 0.02～0.045mm（中型泵），而叶片比转子宽度小 0.005～0.01mm。当转子与配流盘的接触面有擦伤时可重新研磨，但叶片和定子端面也应同时研磨，以保证合适的轴向间隙。

叶片与叶槽的间隙太大会使泄漏增加，太小则叶片不能自由伸缩。叶片与叶槽都是经过选配的，装配间隙为 0.015～0.03mm，以在有油润滑时能靠叶片自重缓缓落入槽底为宜。工作一段时间后各叶片与叶槽的磨损不同，拆修时不宜随便更换配合关系。

双作用叶片泵作用在定子及转子上的液压力完全平衡，属于卸荷式叶片泵。为保证转子所受的径向力平衡，双作用叶片泵的叶片数 z 应取偶数。通常取叶片数 $z=12$，理论上可使流量完全均匀；但工作压力超过 10MPa 时，为提高转子强度则取 $z=10$，这时流量均匀性比前者稍差。

叶片泵的特点如下：

（1）运转平稳，噪声低，流量均匀，这些方面在所有液压泵中仅次于螺杆泵。

（2）与柱塞泵相比结构较简单。

（3）结构紧凑，体积小，尤其是双作用泵，在所有液压泵中单位功率重量最小。

（4）双作用叶片泵所受径向液压力平衡，轴承寿命长，内部密封性也较好，可用于中高压和高压系统。

单作用叶片泵的径向液压力不平衡，其工作压力和寿命受到限制，容积效率要低些，一般为 58%～92%；流量均匀性比双作用叶片泵稍差，但它易于实现无级变量。

（5）适用转速范围较窄，一般在 600～2000r/min 范围内。转速太低，叶片可能因离心力小而不能压紧定子表面；转速太高，则吸入时易吸空。

(6) 对工作油的黏度和污染程度比齿轮泵和螺杆泵敏感，滤油精度要求高。

叶片泵主要用于液压锚绞机械的主泵和其他液压系统的辅油泵。

2) 斜盘式轴向柱塞泵

图 4.5 为斜盘式轴向柱塞泵的工作原理图。泵轴 1 通过键与缸体 3 相连。缸体上沿圆周均匀分布有若干个轴向油缸，各油缸底部有腰形配油孔。油缸中设有柱塞 4，柱塞靠端部油压或机械方法贴紧在斜盘 5 上，而斜盘可绕 O 点偏转，即其轴线相对泵轴线的倾角 β 可以改变。缸体另一端面贴紧在配流盘 2 上。配流盘用定位销与泵体 9 固定，盘上开有两个弧形的配油窗口 6。各油缸在相应的位置可分别通过配油窗口与吸排油口 7 或 8 相通。

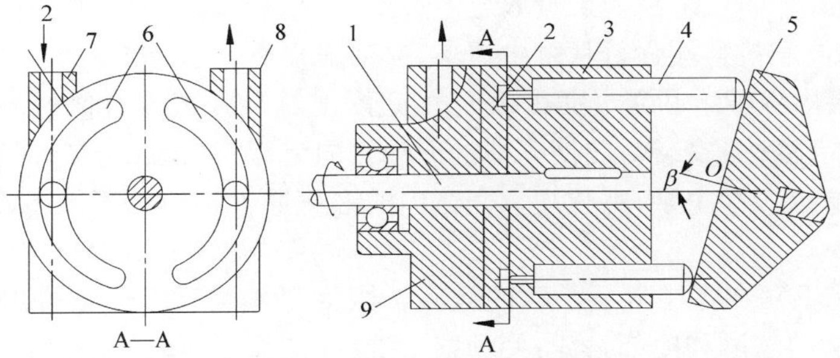

图 4.5　斜盘式轴向柱塞泵工作原理图

1-泵轴；2-配流盘；3-缸体；4-柱塞；5-斜盘；6-配油窗口；7，8-吸排油口；9-泵体

当原动机经轴绕缸体顺时针旋转时(从斜盘端看)，若斜盘处在图示倾斜方向，则在柱塞自下而上转过左半周的过程中，将从油缸中退出，使缸内容积逐渐增大，经左侧窗口由油口 7 吸油；而当柱塞自上而下转过右半周时，又会压入油缸，使缸内容积逐渐减小，将已吸入的油经右侧窗口从油口 8 排出。

轴向柱塞泵的瞬时流量是脉动的。柱塞越多则流量越均匀，而柱塞为奇数时流量比偶数情况下更均匀，一般常设 7 个或 9 个柱塞。

作用在柱塞底部的油压力 p 可分解为垂直于斜盘的力 N 和垂直于柱塞轴线的力 T。前者由斜盘产生的法向反力 N' 平衡，后者则使缸体受到一个倾覆力矩，必须由支承缸体的轴承来承受。分力 T 会对缸体产生扭矩。在排油区的各柱塞产生的扭矩之和减去在吸油区的各柱塞所产生的很小的反扭矩，构成泵总的液压扭矩。如果泵不被原动机驱动，而是由一个油口输入压力油，从另一油口回油至油缸或液压泵吸口，则上述液压扭矩将驱动缸体和转轴反转，液压泵即变成液压马达。

显然，在泵尺寸和转速一定时，改变斜盘倾角 β 的大小，即可改变泵的流量，$\beta=0$ 时泵的流量为 0；改变斜盘的倾斜方向，则泵的吸排方向也就改变。

泵的变量方式可以有许多种。目前，各厂家对泵变量方式的命名不尽相同，往往对不同角度的分类方法未加区分。若从变量机构的控制力经液压放大与否来看，有直接控制和液压伺服控制之分，目前大多采用后者，从而无须较大的控制力。若按变量机构控制信号的形式来分，又有手动控制、机械控制、液压控制和电气控制等。根据工作需要还设计了多种有特殊功能的自动变量泵，如恒功率式、恒压式和恒流量式等。

3) 液压泵的使用和管理

正确地使用和管理液压泵对保证其工作可靠性和延长使用寿命至关重要，主要应注意以下几点：

(1) 泵轴与电机应以弹性联轴节直联，轴线同心度误差不得超过0.05～0.1mm，不允许采用皮带、链轮等有径向负载的传动方式。底座必须有足够的刚度。

(2) 柱塞泵吸入压力不允许太低。允许吸油高度一般不超过0.5m，进口压力不应低于0.08MPa(绝对)，有的型号则不允许自吸。

柱塞泵泵内流道阻力大，推荐采用辅泵供油，闭式系统低压侧补油压力常为0.2～0.6MPa。斜盘式轴向柱塞泵如果吸入压力过低，不仅容易产生“气穴现象”，使容积效率降低，而且柱塞需靠铰接端强行从缸中拉出，易造成损坏。

(3) 为使泵内各轴承和润滑面得以充分润滑，初次使用或刚拆修过的泵，起动前必须向壳体内灌油。柱塞泵安装时应使壳体的泄油管向上行。若系统设计时使辅泵的油流经主泵壳体回油箱以冷却主泵，则须注意壳体内的油压通常不得大于0.1MPa，以保证壳体的密封。

(4) 变量泵不宜在零排量下长时间运转。因为零排量时不产生排出压力，各摩擦面得不到漏泄油液的润滑和冷却，容易使磨损增加，并使泵壳体内的油发热。

(5) 必须选用适当黏度等级的工作油。工作时油压和油温应不超出规定。

(6) 必须保持工作油清洁。轴向柱塞泵采用间隙自动补偿的端面配油方式，油膜很薄，滤油精度要求较高。如果油中含有固体杂质，不仅会使磨损加剧和容积效率降低，还可能阻塞泵内通道(如柱塞、滑履中的细小通孔堵塞会失去静压平衡作用而导致严重磨损)，或造成卡阻以及变量机构失灵等故障。叶片泵油液受固体颗粒污染严重时会造成工作表面擦伤或叶片卡阻。

(7) 泵内配合偶件精度很高且经过研配，拆装时不应用力锤击和撬拨，要防止换错偶件。拆装时应特别注意保持清洁，装配前各零件应该用挥发性洗涤剂清洗，并用压缩空气吹干，不宜用棉纱等擦干。

第二节 船用风机

一、风机分类

1. 按风机工作原理分类

按风机工作原理的不同，有叶片式风机、容机式风机两种类型。叶片式风机通过叶轮旋转将能量传递给气体；容积式风机通过工作室容积的周期性改变将能量传递给气体。两种类型的风机又分别具有不同的型式。叶片式风机可分为离心式风机、轴流式风机和混流式风机三种，容积式风机可分为往复式风机、回转式风机两种。

2. 按风机工作压力(全压)大小分类

按工作压力(全压)大小,风机可分为如下几种。

(1) 风扇。标准状态下,风机的额定压力范围为 $p<98Pa(10mmH_2O)$。此风机无机壳,又称自由风扇,常用于建筑物的通风换气。

(2) 通风机。设计条件下,风机的额定压力范围为 $98Pa<p<14710Pa(1500mmH_2O)$。通常所说的风机均指通风机,也是本节论述的风机。通风机是应用最为广泛的风机,空气污染治理、通风、空调等工程大多采用此类风机。

(3) 鼓风机。鼓风机的工作压力范围为 $14710Pa<p<196120Pa$,压力较高,是污水处理曝气工艺中常用的设备。

(4) 压缩机。压缩机的工作压力范围为 $p<196120Pa$ 或气体压缩比大于 3.5 的风机,如常用的空气压缩机等。

二、通风机分类

通风机是一种重要的船舶辅助机械,按使用场所的不同,大体可分为:机舱通风机,主要用于为主机、辅机、锅炉等燃烧设备提供足够的空气量并保持机舱内一定的空气清新度,主要有机舱送风机和抽风机等;居住舱室通风机,主要为船员和旅客活动场所保持一定的空气指标而设置,如空调送风机和舱室抽风机等;为一些空气质量较差且不适合空调的场所设置的风机,如浴室、厕所排风机等;为燃油燃烧直接提供燃烧空气的风机,如主机应急鼓风机、锅炉风机和焚烧炉风机等。

按气体在通风机内的流动方向,通风机可分为轴流式通风机和离心式通风机。前者气体沿着通风机轴线方向流入后继续沿着与轴线大体平行的方向流动;后者气体沿着风机轴线方向流入后沿着与轴线垂直的方向流出风机。

通风机通常也按工作压力进行分类,具体如下:

- 通风机
  - 离心式风机
    - 低压风机 $p\leqslant 980Pa(100mmH_2O)$
    - 中压风机 $980Pa<p\leqslant 2942Pa(300mmH_2O)$
    - 高压风机 $2942Pa<p<14710Pa(1500mmH_2O)$
  - 轴流式风机
    - 低压风机 $p\leqslant 490Pa(50mmH_2O)$
    - 高压风机 $490Pa<p<4900Pa(500mmH_2O)$

三、离心式风机

离心式风机的主要部件与离心泵类似,包括叶轮、蜗壳、集流器、进气箱及传动组件,如图 4.6 所示。下面结合风机本身的特点进行论述。

1. 叶轮

叶轮是离心式风机传递能量的主要部件,它由前盘、后盘、叶片及轮毂等组成。叶片有后弯式、前弯式和径向式,如图 4.7 所示。后弯式叶片形式又分为机翼形、直板形和弯板形。叶轮前盘的形式有平直前盘、锥形前盘和弧形前盘三种,如图 4.8 所示。

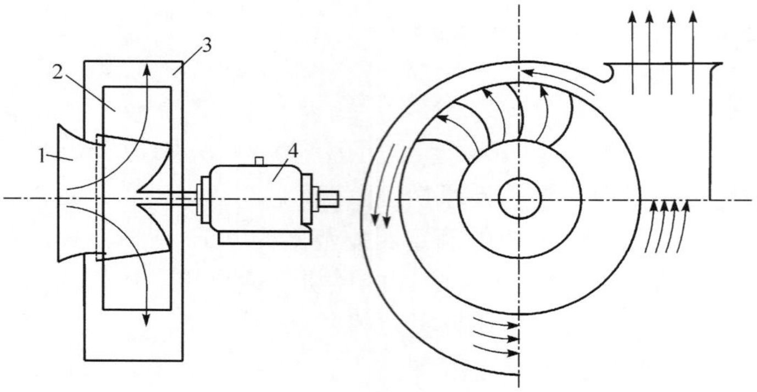

图 4.6　离心式风机基本结构

1-进口(集流器);2-叶轮;3-蜗壳;4-电机

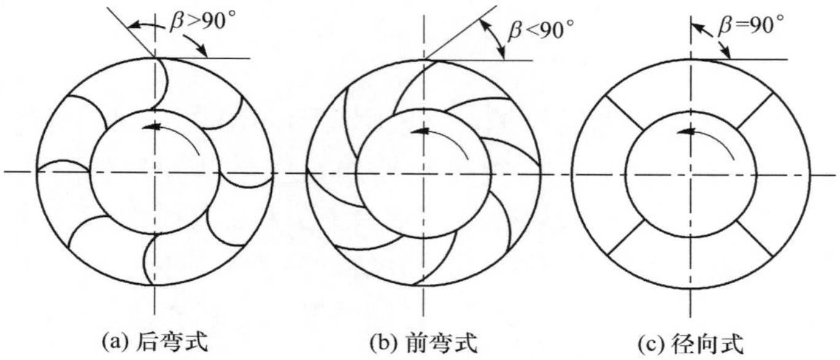

图 4.7　离心式风机叶轮的结构形式

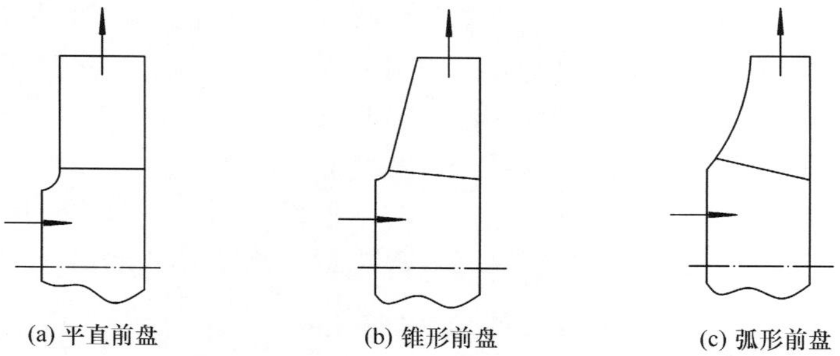

图 4.8　前盘形式

2. 集流器

将气体引入叶轮的方式有两种,一种是从大气直接吸气,称为自由进气;另一种是用吸风管或进气箱进气。不管哪一种进气方式,都需要在叶轮前装置进口集流器。集流器的作用是保证气流能均匀地分布在叶轮入口断面,达到进口要求的速度值,并在气流损失最小的情况下进入叶轮。集流器形式有圆柱形、圆锥形、弧形、锥柱形和锥弧形等,如图 4.9 所示。弧形、锥弧形集流器性能好,常被大型风机采用以提高风机效率,高效风机基本上都采用锥弧形集流器。

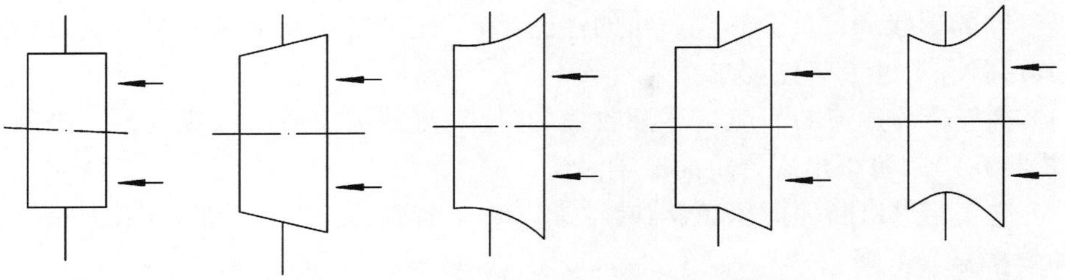

图 4.9　集流器形式

3. 蜗壳

蜗壳的作用是汇集叶轮出口气流并将气流引向风机出口，同时将气流的一部分动能转化为压力能。蜗壳外形以对数螺旋线或阿基米德螺旋线效率最高。蜗壳轴面为矩形，且宽度不变。

蜗壳出口处气流速度仍然很大，为了有效利用气流的能量，在蜗壳出口装有扩压器，由于蜗壳出口气流受惯性作用向叶轮旋转方向偏斜，所以扩压器一般制作成沿偏斜方向扩大，其扩散角通常为 6°～8°，如图 4.10 所示。

离心式风机蜗壳出口部位有舌状结构，一般称为蜗舌(图 4.10)。蜗舌可以防止气体在机壳内循环流动。一般有蜗舌的风机，效率、压力均高于无舌的风机。

4. 进气箱

气流进入集流器有三种方式：一是自由进气；二是吸风管进气，该方式要求保证足够长的轴向吸风管长度；三是进气箱进气，当吸风管在进口前需设弯管变向时，要求在集流器前装设进气箱进气，以取代弯管进气，可以改善进风的气流状况。进气箱如图 4.11 所示。

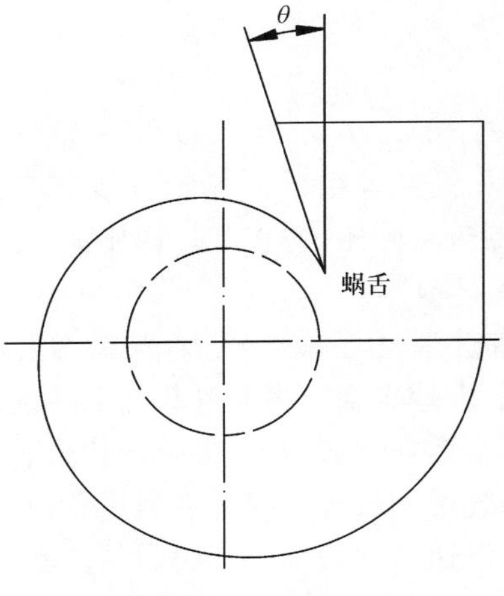

图 4.10　蜗壳

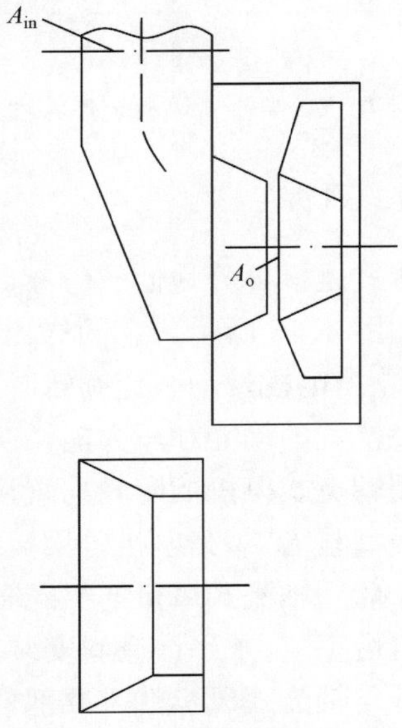

图 4.11　进气箱

进气箱的形状和尺寸会影响风机的性能，为了使进气箱能给风机提供良好的进气条件，对其形状和尺寸有一定要求。

(1) 进气箱的过流断面应是逐渐收缩的，使气流被加速后进入集流器。进气箱底部应与进风口齐平，防止出现台阶而产生涡流。

(2) 进气箱进口断面面积 A_{in} 与叶轮进口断面面积 A_o 之比不能太小，太小会使风机压力和效率显著下降，一般 $A_{in}/A_o \geqslant 1.5$；A_{in}/A_o 最好应为 1.25～2.0。

(3) 进风箱与风机出风口的相对位置以 90°为最佳，即进气箱与出风口呈正交，而当两者平行呈 180°时，气流状况最差。

5. 入口导叶

在离心式风机叶轮前的进口附近，设置一组可调节转角的导叶(静导叶)，以进行风机运行的流量调节。这种导叶称为入口导叶或入口导流器，或前导叶。常见的入口导叶有轴向导流器和简易导流器两种。入口导叶调节方式在离心式风机中有广泛的应用。

风机的特性曲线是指风压 p(Pa)、轴功率 N(kW)及效率 η 与流量 L(m^3/h)之间的关系曲线，与离心泵特性曲线相似，均由生产厂家在出厂时试验测得供以后管理时参考，并大致判断风机的运行状态。风压 p 是风机的全压，即风机出口端的实际风压(有时产品样本也给出与全压大致平行的静压 p_{st})的特性曲线；功率 N 是指原动机传给风机轴上的实际功率；效率 η 为有效功率与轴功率之比，通过测量与计算求得。将某一特定转速下上述特性参数在不同风机流量下的数值连成曲线，就是风机的定速特性曲线。图 4.12 为某一后弯叶片离心式风机的定速特性曲线。

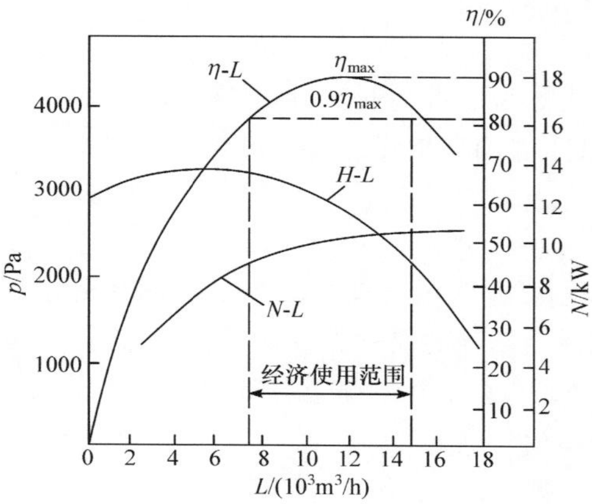

图 4.12　离心式风机定速特性曲线

四、轴流式风机

轴流式风机可分为低压(p<500Pa)和高压(500Pa<p<5000Pa)两种，轴流式风机基本结构如图 4.13 所示。它同样由叶轮、集流器和机壳等组成。叶轮安装在圆筒形机壳中，当叶轮由电机带动高速旋转时，空气由集流器进入叶轮，并在叶片作用下，通过能量的转换提高空气的动能和压力能，实现空气的输送。

船用轴流式风机的叶轮均直接安装在电机轴上。为了减小阻力，又常在叶轮前面安装一流线型整流罩，其电机也用流线型罩罩起来，以减少空气离开叶轮后因乱流造成的能量损失。船用轴流式风机的机壳多采用普通钢、不锈钢制成，叶轮多采用铝合金制成。轴流通风机可垂直、水平或倾斜安装。船舶通风系统中一般都直接装在通风管道中。

导叶是轴流式风机的重要部件，它可调整气流通过叶轮前或叶轮后的流动方向，使气流以最小的损失获得最大的能量；叶轮后的导叶，还有将旋转运动的动能转换为压力能的

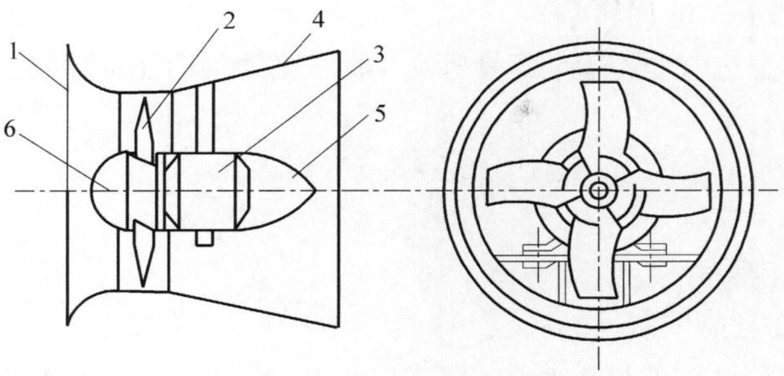

图 4.13　轴流式风机基本结构

1-集流器；2-叶轮；3-电机；4-扩压筒；5，6-前后整流罩

作用。叶轮后设置的导叶称为后导叶。后导叶装置在轴流式风机和轴流泵中普遍采用。叶轮前设置的导叶称为前导叶。目前，中、小型轴流式风机常采用前导叶装置。在叶轮前后均设置导叶是以上两种型式的综合，可转动的前导叶还可进行工况调节。这种型式虽然工作效果好，但结构复杂，仅适用于轴流式风机。

轴流式风机特性与离心式风机有较大区别，其中在稳定工作区功率随流量增加而提高，因此轴流式风机不适合用于节流调节。鉴于轴流式风机的运转特性，一般也不推荐其串并联使用。

五、风机比转数

风机比转数在风机的选型中有重要作用，特别是对于种类繁多的离心式风机无量纲性能曲线的选型更为方便。风机比转数的概念与水泵比转数相同，比转数在应用中的意义也相同。风机比转数的计算公式为

$$n_s = \frac{n\sqrt{Q}}{p_{20}^{3/4}} \tag{4.6}$$

式中，n 为转速，r/min；Q 为流量，m^3/s；p_{20} 为标准状态下的风机全压，mmH_2O。

目前，风机型号编制中的比转数就是按式(4.6)和规定单位计算的结果。风机比转数 n_s 是对单个叶轮而言的，对于多级(级数为 i)风机和双吸风机，其比转数分别如下。

i 级风机：

$$n_s = \frac{n\sqrt{Q}}{\left(\frac{p_{20}}{i}\right)^{3/4}} \tag{4.7}$$

双吸风机：

$$n_s = \frac{n\sqrt{\frac{Q}{2}}}{p_{20}^{3/4}} \tag{4.8}$$

比转数也是风机的基本性能参数之一。前面对于性能参数的有关讨论同样适用于比转数。另外，比转数 n_s 的大小还与计算采用的单位有关，下面就这些问题分别进行讨论。

1）非标准状态工作的比转数

当为非标准状态进气时，应计算风机在实际工作状态下的比转数，即

$$n_s=\frac{n\sqrt{Q}}{1.2\left(\dfrac{p}{\rho}\right)^{3/4}}=0.872\frac{n\sqrt{Q}}{\left(\dfrac{p}{\rho}\right)^{3/4}} \tag{4.9}$$

式中，标准状态空气密度 $\rho=1.2\text{kg/m}^3$。

2）风机比转数与单位制

比转数是一个有量纲的性能参数，按式(4.6)计算的风机比转数的值与各物理量的单位有关，当转速 n 的单位(r/min)和流量的单位(m^3/s)保持不变时，比转数 n_s 的值仅与全压 p_{20} 的单位有关。我国风机型号编制中的 n_s 值，就是 p_{20} 采用工程单位制的结果，其单位是 kgf/m^2 或 mmH_2O。当 p_{20} 采用国际单位制时，n_s 值也随之改变。

风机全压 p_{20} 采用国际单位制时的单位应为 N/m^2，注意到 $1\text{kgf/m}^2=9.8\text{N/m}^2=9.8\text{mmH}_2\text{O}$，则比转数变为

$$n_s=\frac{n\sqrt{Q}}{\left(\dfrac{p_{20}}{9.807}\right)^{3/4}}=5.54\frac{n\sqrt{Q}}{p_{20}^{3/4}} \tag{4.10}$$

即采用工程单位制的比转数是采用国际单位制的比转数的 5.54 倍。例如，4-73 型普通通风机，比转数 73 是采用工程单位制计算的取值结果，当 p_{20} 采用国际单位制时，比转数变为 13.21，按风机型号编制方法应为 4-13 型风机。

3）无量纲性能参数与比转数

利用风机的无量纲性能曲线时，能直接采用无量纲性能参数计算比转数将是很方便的。为此，应将比转数公式，即式(4.6)中的参数用无量纲性能参数表示。注意到叶轮 $u_2=\dfrac{\pi D_2^2 n}{60}$、$A_2=\dfrac{\pi D_2^2}{4}$，则有

$$n=\frac{60u_2}{\pi D_2},\quad Q=u_2A_2\overline{Q}=\frac{\pi D_2^2}{4}u_2\overline{Q},\quad p_{20}=\rho_{20}u_2^2\overline{p}_{20}$$

将以上关系代入式(4.6)中，有

$$n_s=\frac{n\sqrt{Q}}{p_{20}^{3/4}}=\frac{\dfrac{60u_2}{\pi D_2}\sqrt{\dfrac{\pi D_2^2}{4}u_2\overline{Q}}}{(\rho_{20}u_2^2\ \overline{p}_{20})^{3/4}}=\frac{30}{\sqrt{\pi}\rho_{20}^{3/4}}\times\frac{\sqrt{\overline{Q}}}{\overline{p}_{20}^{3/4}}$$

标准状态下，$\rho_0=1.2\text{kg/m}^3$，则上式可写为

$$n_s=14.8\frac{\sqrt{\overline{Q}}}{\overline{p}_{20}^{3/4}} \tag{4.11}$$

当风机全压采用国际单位制(N/m^2)时，比转数还应满足式(4.10)的关系，则有

$$n_s=82\frac{\sqrt{\overline{Q}}}{\overline{p}_{20}^{3/4}} \tag{4.12}$$

即利用风机的无量纲性能参数计算比转数时，采用工程单位制的 n_s 值是国际单位制的 82 倍。例如，4-73 型风机在设计工况（$\eta_{max}=93\%$）下的无量纲性能参数 $\bar{Q}=0.230$、$\bar{p}=0.437$，则按式(4.12)计算的比转数 $n_s=73.2$。

第三节　船用锅炉

锅炉是船舶动力装置的重要组成部分，其通过燃料(一般为燃油)的燃烧把化学能转化为热能，使炉内的水变成蒸汽(或热水)。在以蒸汽轮机为主机的船上，锅炉产生的过热蒸汽用于驱动船舶，故将其称为主锅炉，这在现代商船上已经很少采用；而在柴油机为主机的船上，锅炉产生的饱和蒸汽仅用于加热燃油、滑油以及满足生活使用，故将其称为辅锅炉。

普通干散货船一般设置一台饱和蒸汽压力为 0.5～1.0MPa、蒸发量为 0.4～2.5t/h 的辅锅炉。而油轮因为要加热货油、驱动货油泵、清洗油舱等，需要大量蒸汽，故一般应设置两台辅锅炉。在大型客船上，因旅客人数较多，一般也设置两台辅锅炉，这样即使有一台损坏也不至于影响旅客和船员的日常生活。

船舶在航行过程中，主机的排气量很大，温度也很高。大型低速二冲程船用柴油机的排气温度一般在 300℃以上，四冲程中速柴油机的排气温度可达 400℃左右。而水蒸气在压力为 0.5MPa 时，其饱和蒸汽的温度为 165℃；压力为 1.3MPa 时，饱和蒸汽的温度也仅为 194℃。因此，可以利用船舶主柴油机的排气余热产生蒸汽。在船舶主柴油机的排气管上，一般都装设有废气锅炉。废气锅炉不仅可以节约燃油，还可以降低柴油机排气噪声，起到节能减排的功效。

锅炉的主要性能指标有蒸发量、饱和蒸汽压力、效率、受热面积、蒸发率和炉膛容积热负荷等。

一般在机舱顶部装有燃油锅炉和废气锅炉各一台。停泊时，由燃油锅炉提供蒸汽；航行时，主要由废气锅炉提供蒸汽，必要时可同时使用燃油锅炉。

一、燃油锅炉

1. 燃油锅炉的结构

燃油锅炉利用燃油燃烧时释放的热量产生蒸汽。燃油锅炉本体一般包括炉膛、蒸发受热面、水腔和蒸汽空间等。锅炉本体上还应有一系列的附件，如水位计、安全阀、主蒸汽阀、炉水取样阀、上/下排污阀等。

传统的燃油锅炉主要有两种类型，即烟管锅炉和水管锅炉。若燃油燃烧产生的烟气在受热面管内流动，管外是水，则该锅炉为烟管锅炉。若锅炉受热面管内流动的是水或汽水混合物，而烟气在管外流动，则该锅炉为水管锅炉。近些年，一种新型的针形管锅炉在船上取得了广泛应用。

图 4.14 为德国生产的 SAACKEKLN/VM-2.5/7 型针形管式燃油锅炉的结构。该锅炉的圆筒形锅壳(汽水空间)10 中大部为水空间 B，上部是蒸汽空间 A，下部设有圆筒

形的炉膛 3。炉膛底板 11 焊接在炉膛本体上，上面覆盖有耐火层 12。

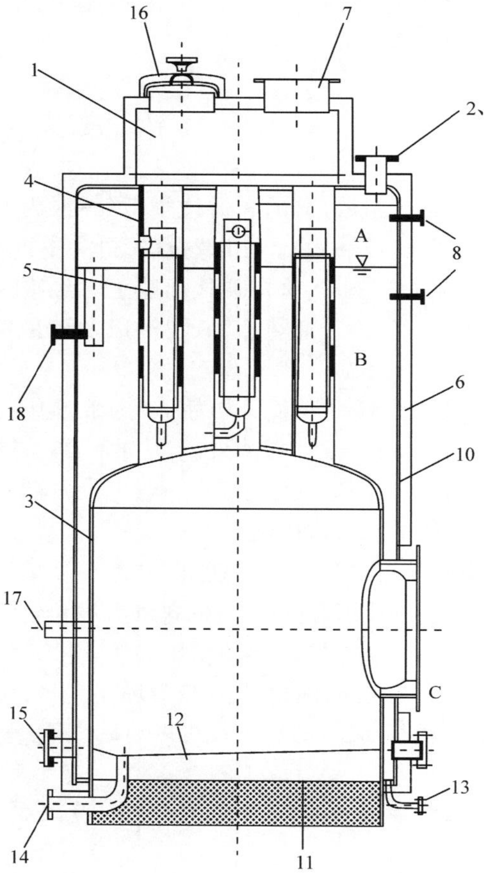

图 4.14　SAACKEKLN/VM-2.5/7 型针形管式燃油锅炉结构

1-烟箱；2-主蒸汽阀接口；3-炉膛；4-烟管；5-针形管；6-隔热层；7-烟囱；8-水位计接口；9-安全阀接口；10-锅壳；11-炉膛底板；12-耐火层；13-下排污口；14-炉膛灰冲洗水泄放口；15-泥渣孔；16-人孔；17-火焰观察镜；18-锅炉给水接口；A-蒸汽空间；B-水空间；C-燃烧器接口

在炉膛顶部和汽水空间内有一系列的垂直烟管 4，内有针形管 5，每一个烟管及其内部的针形管构成一个单元。流经各烟管的烟气最终汇聚到烟箱 1，经顶部的烟囱 7 排至大气中。

为减少锅炉的散热损失和降低周围的环境温度，并防止人员烫伤，锅炉的外部覆盖有隔热层 6，最外面由铁片罩起来。

锅壳的外面有若干接口，用于连接锅炉附件，如主蒸汽阀接口 2、安全阀接口 9、水位计接口 8 和锅炉给水接口 18 等。锅炉的底部还有下排污口 13 和炉膛烟灰冲洗水泄放口 14。

在水侧，炉膛和换热管壁面的水被加热产生气泡，含气泡的水密度较低，迅速上升，在蒸汽空间实现汽、水分离，其余的水从下方流过来补充，形成自然水循环。

锅炉本体上还设置有一些部件，用于进行内部检查和水腔的清洁。水腔的下部有泥渣孔 15,可以由此定期清除锅炉水腔内沉积的泥渣。人孔 16 用于对烟箱进行检查和清洁。火焰观察镜 17 可用来随时观察炉膛内的燃烧状况。

图 4.15 为针形管单元的剖视图。针形管本体为无缝钢管,外壁上焊有许多细长的钢针,以增加烟气与炉水之间的传热效果。针形管上、下两端分别通蒸汽、水空间,这种结构保证了炉水能够从针形管下部的水空间流入上部的蒸汽空间,形成良好的自然循环。

针形管锅炉是在立式烟管锅炉的基础上发展起来的,保留了烟管锅炉的某些特点:以容积较大的锅壳存水;炉膛中产生的热量主要通过辐射的方式传递给周围的炉水。但由于引入了针形管,所以也具有水管锅炉的特点,水自然循环良好。一个针形管元件可以代替很多根烟管,使锅炉的蒸发率明显提高,尺寸也显著减小。在该锅炉中,约有 50%的热量来自炉膛的辐射热,其余的热量来自针形管的对流传热。

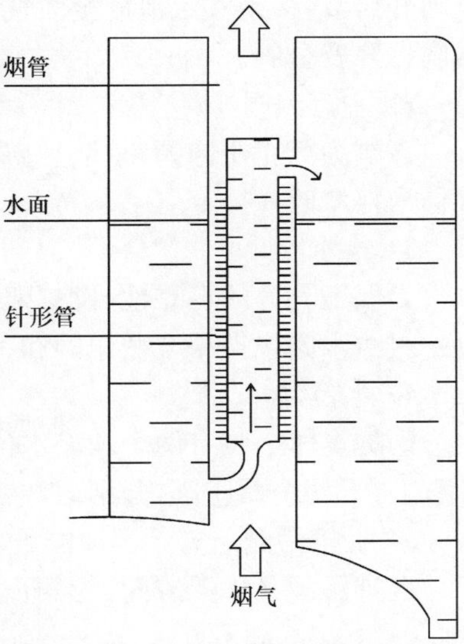

图 4.15 针形管单元剖视图

当然,这种针形管锅炉也有一些缺点,尤其是清洁不便。烟管和针形管结构复杂,且体积较小,无论是烟侧还是水侧,要进行人工清洗都显得比较困难。

表 4.1 为针形管式燃油锅炉的主要性能指标。

表 4.1 燃油锅炉主要性能指标

序号	性能指标	参数
1	锅炉数量	1 台
2	针形管数量	6 根
3	锅炉负荷	100%
4	蒸发量	2500kg/h
5	工作压力	7.0bar
6	蒸汽温度	170.4℃
7	设计压力	9.0bar
8	燃料	船用燃料油(HFO)
9	燃油消耗率	184kg/h
10	点火燃料	船用柴油(MDO)
11	100%负荷时的效率	83.4%
12	水腔容积(正常液位)	2.6m³

2. 燃油锅炉的附件

燃油锅炉的主要附件包括如下几种。

1）安全阀

在锅炉顶部的汽腔上设有两个安全阀，可在炉内蒸汽压力超过设定压力(9.0bar)时自动开启，将多余蒸汽泄放至大气中。此外，安全阀顶部还设置手动强开机构，必要时可强制打开安全阀。

2）主蒸汽阀

该阀为截止止回阀，是锅炉向外界提供蒸汽的唯一通道。由于该阀处于常开状态，也常称为停汽阀。

3）给水阀

为保证充分的可靠性，设有两组给水阀，用于向锅炉水腔补充因蒸发而损失的炉水。每一组给水阀包括一个截止阀和一个止回阀，可防止炉水倒流入给水系统。

4）水位计

锅炉本体上装有两个玻璃水位计，分布于左右两侧，用于显示锅炉的实际水位。水位计有上、下两个截止阀，分别通汽腔和水腔，其泄放管路上还有一支冲洗阀。

5）上排污阀

上排污阀又称浮渣阀，为截止止回阀，用于泄放炉水表面的浮渣。

6）下排污阀

下排污阀有两组，分别位于锅炉的两侧，用于泄放沉积在炉水底部的杂质和泥渣等。每一组下排污阀包括一个截止止回阀和一个速闭阀。

7）放气阀

放气阀位于锅炉的顶部，为截止阀，常闭，只有在锅炉初次起动前需要灌水或停炉后需要泄水时才打开放气。

8）取样阀

取样阀用于炉水取样化验。

此外，锅炉本体上还设有两个服务于废气锅炉的炉水进、出口阀。

二、废气锅炉

1. 废气锅炉的结构

目前，船上常用的废气锅炉主要有两种类型，分别为立式烟管废气锅炉和强制循环水管废气锅炉。图4.16为SAACKEKIP/PC-0.7/7型强制循环水管废气锅炉的结构简图。

在废气锅炉本体1内，布置有多组垂直并列的翅片管2(水管外部焊接有翅片，以提高传热效果)。

各组翅片管的进、出口分别与水平布置的进口联箱3和出口联箱4相连。两个联箱均布置在废气锅炉本体内，只有进、出口接头5、6露在外面。

在有联箱的一侧，各水管都被焊接到废气锅炉本体上，而水管的另外一端是浮动的，以便各管有热胀冷缩的余地。各组翅片管紧贴在一起，构成了废气锅炉的主体。每上、下两层水管之间由弯管7相连。

废气锅炉本体上覆盖有隔热层，并包有铁皮外罩8。整个废气锅炉坐落在钢架9上，

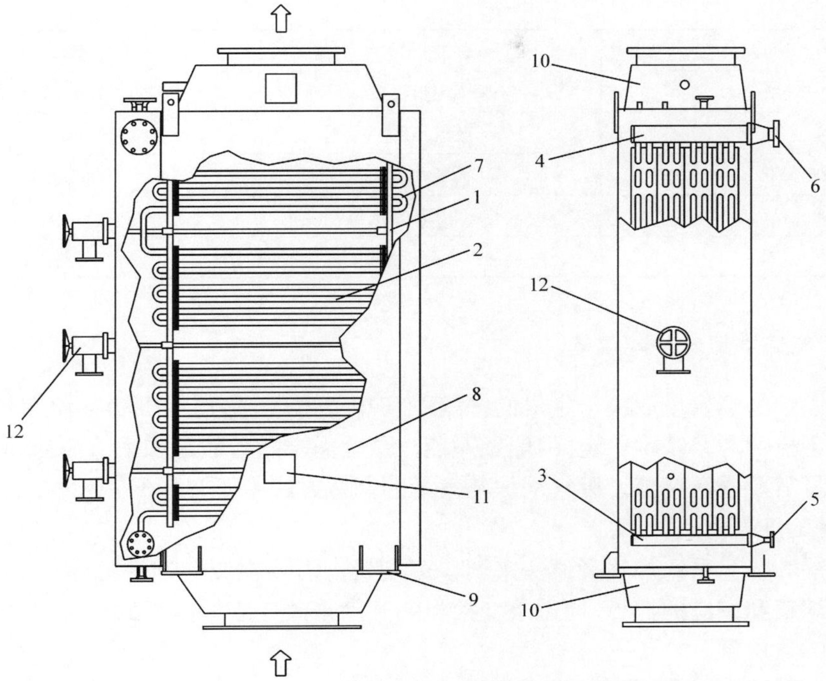

图 4.16　SAACKEKIP/PC-0.7/7 型强制循环水管废气锅炉结构图

1-本体；2-翅片管；3-进口联箱；4-出口联箱；5-进口接头；6-出口接头；
7-弯管；8-外罩；9-钢架；10-废气烟箱；11-检修道门；12-蒸汽吹灰器

废气烟箱 10 则焊接于本体上、下两端的法兰上。本体的侧面分布有上、中、下三个检修道门 11，正面则分布有三个蒸汽吹灰器 12，各检修道门与吹灰器位于同一高度，以方便检修和清洁。

在工作过程中，柴油机排气在翅片管的外侧流过，水则由专门的循环水泵从燃油锅炉水腔吸入，压送到废气锅炉进口联箱，再进入各翅片管内部进行加热，以汽水混合物的形式由出口联箱汇集，并送回燃油锅炉进行汽水分离。

由于主机通常运行在 85%的标定负荷下，该废气锅炉在 85%负荷下的主要性能指标如表 4.2 所示。

表 4.2　废气锅炉在 85%负荷下的主要性能指标

序号	性能指标	参数
1	锅炉数量	1 台
2	主机负荷	85%
3	蒸发量	700kg/h
4	工作压力	7.0bar
5	设计压力	12.0bar
6	废气进口温度	249.2℃

续表

序号	性能指标	参数
7	废气出口温度	199.1℃
8	废气压降	84mmH_2O
9	循环水量	6000kg/h
10	水腔容积(正常液位)	0.3m^3
11	蒸汽吹灰器数目	3 件

2. 废气锅炉蒸发量的调节

废气锅炉的蒸发量取决于主机的排气量和排气温度，是随主机功率而变的。尽管正常航行时主机的功率基本稳定，但船舶对蒸汽量的需求随着航区和季节而变，因此废气锅炉的蒸发量需要进行调节。废气锅炉蒸发量的调节方法主要有如下三种。

1）烟气旁通法

废气锅炉普遍采用烟气旁通法来调节蒸发量。需要在废气锅炉的烟气进、出口之间加设旁通烟道和相应的挡板，通过改变挡板的开度来改变废气锅炉的烟气流量，从而控制废气锅炉的蒸发量。

2）改变有效受热面积法

改变有效受热面积法是通过改变废气锅炉内的水量来控制蒸发量。在蒸发量较小时，需要大面积的受热面干烧，存在烧坏的危险。

3）多余蒸汽泄放法

主机所有的排气都进入废气锅炉，不存在旁通烟道，而废气锅炉的换热面也是固定的。在航行过程中，当废气锅炉的蒸发量超过全船的蒸汽需求时，蒸汽压力会过分升高，蒸汽管路上的多余蒸汽释放阀便会开启，向大气冷凝器泄放多余的蒸汽。

3. 废气锅炉与燃油锅炉的联系

废气锅炉与燃油锅炉之间的联系方式主要有三种。

(1) 两者相互独立，有各自的给水管路和蒸汽输出管路。

(2) 废气锅炉与燃油锅炉合为一体，形成组合式锅炉，二者共用汽水空间。

(3) 废气锅炉为燃油锅炉的一个附加受热面。

目前采用较多的是第三种方式。锅炉给水泵将来自热水井的水送至燃油锅炉，炉水强制循环泵将燃油锅炉中的水输送至废气锅炉使之加热蒸发，并将汽水混合物压回燃油锅炉汽腔，在汽腔内进行汽水分离，蒸汽最终由燃油锅炉的主蒸汽阀输出。

在航行中，若废气锅炉的蒸发量无法满足全船需求，蒸汽压力低于燃油锅炉的起动压力，则燃油锅炉可自动投入工作。

三、锅炉的燃油设备及系统

锅炉的燃油设备及系统主要包括燃烧器及外围的燃油系统。目前，船用燃油锅炉的燃烧器大多采用整装式。

1. 整装式燃烧器

1) 燃烧器的主要部件

图 4.17 为 SKVJM18 型整装式燃烧器,其主要部件如下。

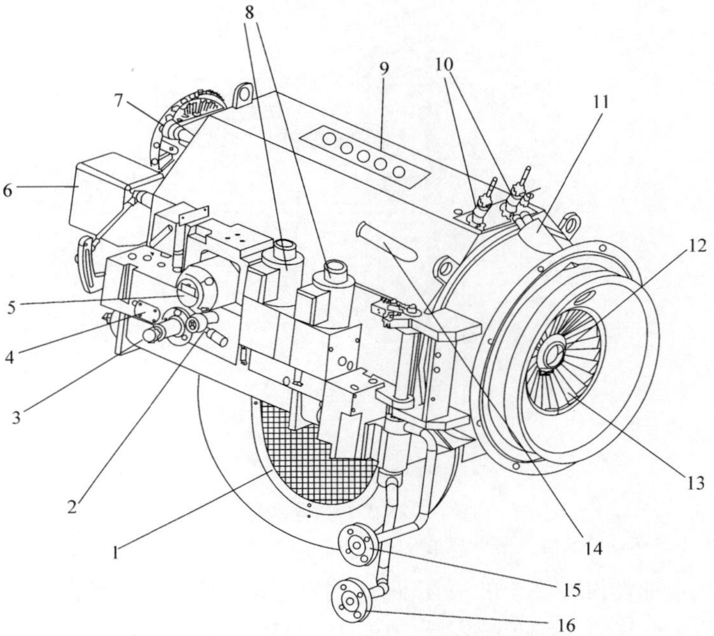

图 4.17 SKVJM18 型整装式燃烧器

1-风机;2-速闭阀;3-调压阀;4-滤器;5-流量计;6-伺服马达;7-负荷凸轮;8-燃油电磁阀;9-手动操作按钮;10-火焰探测器;11-点火油头座;12-主喷油器;13-配风器;14-火焰观察镜;15-进油口;16-回油口

(1) 喷油器。喷油器包括压力式点火油头座 11 和转杯式主喷油器 12。

图 4.18 为点火油头和电极的结构图。在点火时,首先点火电极 1 通电,两极之间尖端放电产生火花;同时,压力约 10bar 的柴油在点火油头 2 中央的细小喷孔的节流作用下以油雾的形式喷出,油雾在配风器 3 周围的空气助燃下被点火电极点燃;然后,点火油引燃主喷油器所喷出的燃油;之后点火油头停油,靠主喷油器持续燃烧提供热量。

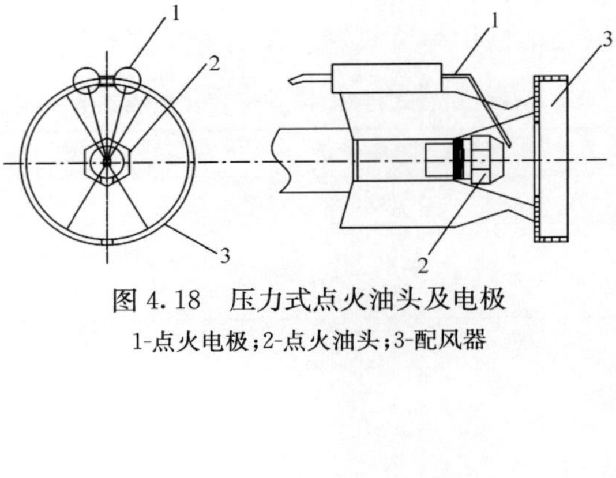

图 4.18 压力式点火油头及电极

1-点火电极;2-点火油头;3-配风器

图 4.19 为转杯式喷油器的结构简图。电机 5 通过传动皮带 6 带动中央轴 2 高速旋转，同时驱动圆锥形的转杯 1 和雾化风机叶轮 3 旋转。压力约 2.5bar 的燃油被泵入转杯后，由于离心力的作用，在转杯内壁形成油膜并被甩入炉膛；雾化风机叶轮 3 将雾化风（即一次风）从转杯外缘吹入，将甩出的油膜吹散成油雾。一次风量可由一次风门 7 调节，而提供燃烧所需氧气的二次风则由另外的风机单独供应。

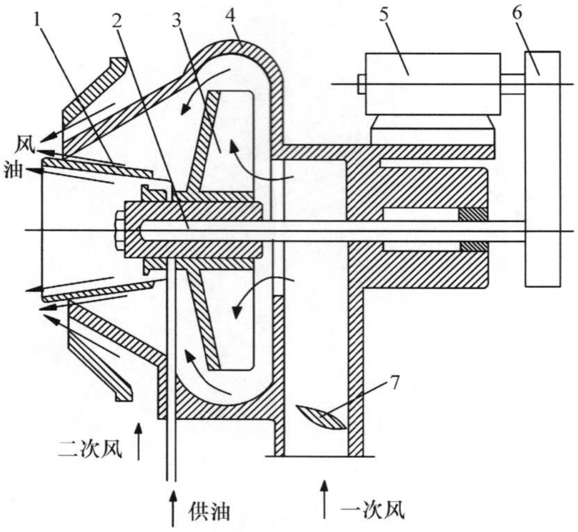

图 4.19　转杯式喷油器的结构简图

1-转杯；2-中央轴；3-雾化风机叶轮；4-外壳；5-电机；6-传动皮带；7-一次风门

由于转杯式喷油器没有细小的喷孔，所以对杂质不太敏感，可燃用劣质燃油甚至污油，因而在船舶辅锅炉中取得了越来越广泛的应用。但其缺点也很明显，即价格高，结构复杂。

(2) 风机 1，用于提供燃烧所需空气，为离心式风机。

(3) 配风器 13，用于向主喷油器分配一次风（雾化风）和二次风（燃烧风），确保风量与油量相匹配。配风器应当能够提供风量、风向和风速适宜的一次风和二次风。

(4) 火焰探测器 10 和火焰观察镜 14，分别对炉膛内的火焰进行自动探测和人工观察。

(5) 伺服马达 6，用于驱动负荷凸轮 7。

(6) 负荷凸轮 7，用于控制并指示锅炉负荷，可同时对风门和油门进行调节，使二者时刻保持匹配。

2) 燃烧器的主要技术参数

SKVJM18（整装式）燃油锅炉整装式燃烧器的主要技术参数如表 4.3 所示。

表 4.3　SKVJM18（整装式）燃油锅炉整装式燃烧器的主要技术参数

序号	性能指标	参数
1	总重量	340kg
2	燃油类型/工作温度/压力	HFO(180～380cSt)，70～90℃，3～5bar MDO，10～60℃，1.5～3bar

续表

序号	性能指标	参数
3	燃油流量	40～185kg/h
4	点火油类型/工作温度/压力	MDO，10～60℃，7～14bar
5	风机功率	7.5kW(50Hz)
6	转杯功率	1.5kW(50Hz)

2. 燃油系统

锅炉燃油系统包括从日用柜至锅炉燃烧器的管系及相关设备。

典型辅锅炉燃油系统如图 4.20 所示。燃油从重油日用柜 1 或柴油日用柜 2 被燃油泵组 3 吸入，经接口 A 送至主燃烧器。一般情况下，主油路燃用重油，只有在重油柜因无蒸汽加热而温度过低时才使用柴油。调压阀 5 用于调节 A 口处，即主燃烧器的供油压力。经调压阀旁通出来的燃油和经 B 口来的燃烧器回油一起返回重油日用柜，或回到燃油泵的吸口，这取决于回油三通阀 6 的位置。点火柴油由点火油泵 4 从柴油日用柜吸入，经接口 C 送至点火油头。

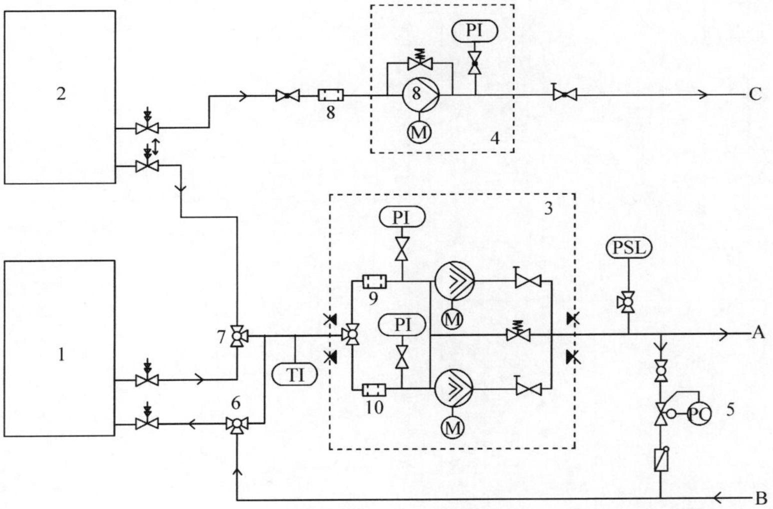

图 4.20 典型辅锅炉燃油系统

1-重油日用柜；2-柴油日用柜；3-燃油泵组；4-点火油泵；5-调压阀；6-回油三通阀；7-重/柴油转换阀；8,9,10-滤器；A-燃油至燃烧器；B-燃烧器回油；C-柴油至点火油头

四、锅炉的蒸汽和凝水系统

燃油锅炉和废气锅炉产生的蒸汽，通过管道输送至各处，供燃油、滑油加热，以及作为空调装置、热水柜和厨房等生活用汽。大部分蒸汽在放热后变成凝水，由凝水系统流回热水井，再由给水泵经给水系统送至锅炉水腔。由于少量的蒸汽被直接消耗，以及存在部分不可避免的泄漏，流回热水井的凝水要少于锅炉向外界提供的蒸汽量，再加上因锅炉排污

会损失部分炉水，所以要经常向热水井补水。

下面介绍船舶辅锅炉的蒸汽、凝水、给水和排污系统。

1. 蒸汽系统

蒸汽系统的任务是将锅炉产生的蒸汽按照不同的压力需求，送至各用汽设备。

如图 4.21 所示，燃油锅炉和废气锅炉产生的蒸汽通过燃油锅炉顶部的主蒸汽阀输出，首先有一路蒸汽经阀 STV27 至蒸汽吹灰器对废气锅炉进行吹灰；大部分蒸汽则汇集于 0.7MPa 的蒸汽分配器。经此分配器，蒸汽分别供各油舱、油柜、分油机、主/副机燃油单元等加热使用。一部分蒸汽经减压阀减压至 0.4MPa，并送至 0.4MPa 蒸汽分配器，供各舱室加热、空调加热加湿以及厨房、热水柜等处加热使用。另有一路蒸汽经多余蒸汽释放阀（压力式）泄放至大气冷凝器，用于在废气锅炉供大于求时释放多余蒸汽。还有一路蒸汽经温控阀进入热水井，用于在冬季对热水井加温，保持 60～90℃ 的给水温度。蒸汽分配器底部有泄水管，用以在刚开始供汽暖管时放出凝结水，以避免在管道中产生水击。

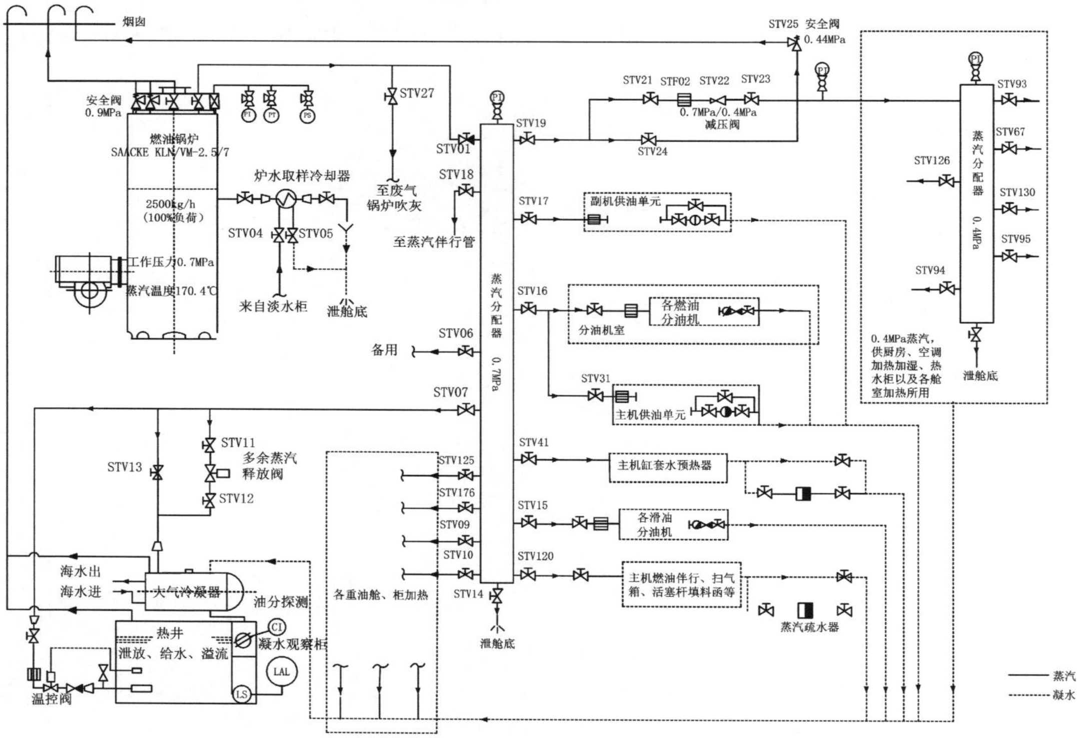

图 4.21　辅锅炉蒸汽和凝水系统

锅炉蒸汽压力由压力开关 PS 来控制，压力开关设定有蒸气压力的上、下限。锅炉工作压力一般设定在 0.55～0.70MPa，当蒸汽压力达到 0.70MPa 时，主油路电磁阀断电，燃油锅炉会自动断油停炉；而当蒸汽压力降至 0.55MPa 时，燃油锅炉会按照预设程序自动投入燃烧。

2. 凝水系统

凝水系统的任务是回收各处的蒸汽凝水，并防止油分进入锅炉。

如图 4.21 所示，供各处加热油、水和空气的蒸汽，在加热器中放热后大部分都会变成凝水，并经各自的蒸汽疏水器流回凝水总管。疏水器仅允许凝水通过，而蒸汽将被阻挡下来。但疏水器毕竟无法完全阻止蒸汽漏过，因此在凝水回到热水井之前，需要先经大气冷凝器的冷却，使蒸汽完全液化，并可适当降低凝水温度。大气冷凝器为管壳式换热器，采用海水冷却。

若加热油的蒸汽管路泄漏，可能会导致油分进入凝水系统，而油分进入锅炉则有可能导致局部过热。凝水首先进入热水井的凝水观察柜，在此可观察水中是否含油；同时，凝水观察柜内还设有油分探测器，在油分超标时会发出警报。

可通过专用的取样阀进行炉水取样。为免于人员烫伤，样水需首先经取样冷却器后方可流出。定期的取样化验是必需的，以监控炉水质量，并决定炉水处理剂的投放量。燃油锅炉炉水化验的主要指标包括盐分、碱度、导电性及联氨含量等。

3. 给水系统

给水系统的任务是及时向锅炉提供品质符合要求的炉水，一般有两套完整的管系，以保证可靠补水。

图 4.22 为辅锅炉给水和排污系统图。锅炉给水泵（20 级离心泵）从热水井吸水，经

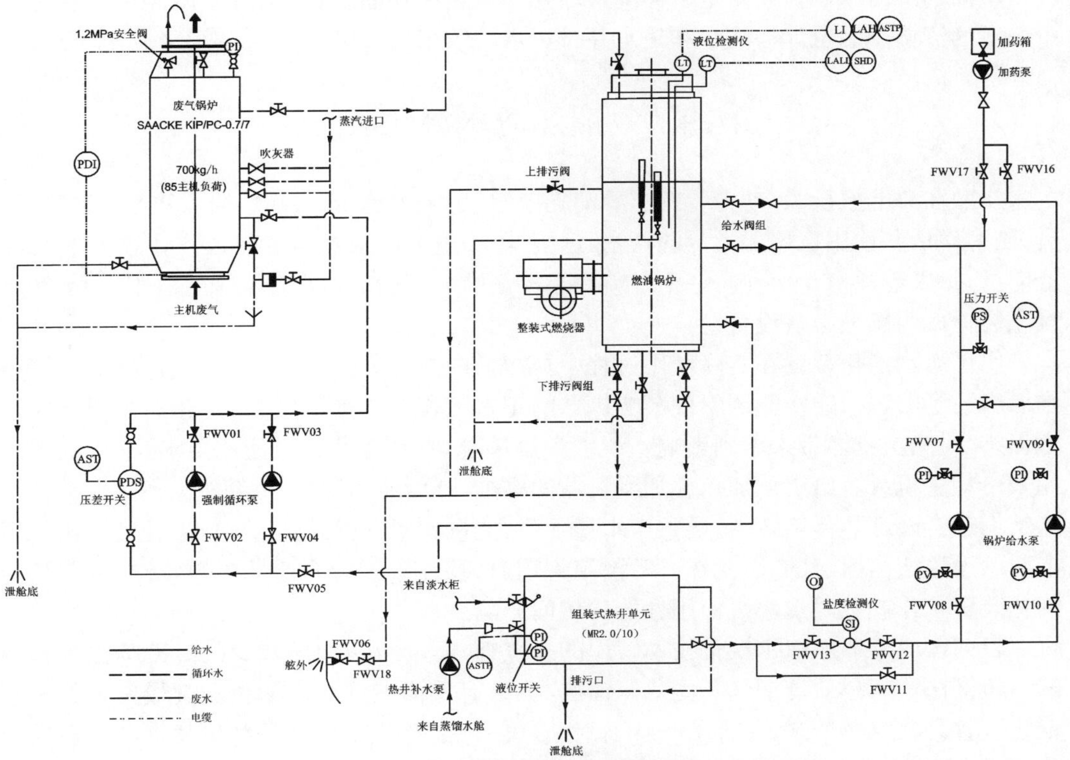

图 4.22　辅锅炉给水和排污系统

盐度监测仪的检测，在盐度合格后方可补入锅炉。给水泵的起、停由液位监测仪 LT 控制，使锅炉水位一直保持在设定的范围之内。热井补水泵（离心旋涡泵）从蒸馏水舱吸水，把由真空沸腾式造水机产生的蒸馏水补入热水井，以弥补锅炉汽、水系统中的损失。在自动状态下，热井补水泵的起、停分别由低、高液位开关 LS 来控制。热水井的功能包括收集蒸汽凝水、探测油分、过滤杂质、加入补充水和投放炉水处理药剂等。

炉水处理剂一般存放在专用的加油箱内，由加药泵定量输出，可随着锅炉补给水均匀地加入锅炉水腔。在投药装置发生故障时，可直接将药剂投入热水井。

系统中还设有炉水强制循环泵（离心泵），用于把燃油锅炉中的水送入废气锅炉，在其中吸收主机排烟的热量后再流回燃油锅炉。

4. 排污系统

锅炉在工作一段时间后，底部可能聚集泥渣，投药处理后也会产生部分沉淀，因此锅炉底部设有下排污阀（包括一个截止止回阀和一个截止阀），以便定期把泥渣和沉淀排出。同时，炉水表面也可能漂浮一定量的油污、盐分泡沫等，需要通过上排污阀（截止止回阀）将其泄放。上、下排污经通海阀排至舷外。

燃油锅炉在长期运行后，其炉膛会变脏，导致传热效果下降，故需要定期进行水洗。而废气锅炉烟侧也会逐渐脏污，在运行过程中，可每天对废气锅炉烟侧进行蒸汽吹灰；当吹灰没有明显效果时，就需要进行水洗。上述清洗产生的污水均经泄水管泄放至舱底。

燃油锅炉的水位计需要定期冲洗，以防卡死；热水井也需要定期上、下排污，以保持其中炉水的清洁。水位计冲洗水和热水井排污水均经相关管路泄放至舱底。

第四节　船舶海水淡化装置

船舶在海上航行时，动力装置需要消耗淡水，用于主机冷却、锅炉给水和蓄电池等，船员、旅客生活和饮用也需要大量的淡水，据统计，一艘万吨级远洋轮船（7350kW 左右），加上船员，每天消耗水 10 余吨，一个月就是 300 多吨。而船舶储水量又十分有限，因此海水淡化装置成为船舶必备设备。

船用海水淡化装置在实际使用过程中，常常存在造水量不足、淡水含盐量过高、管路结垢腐蚀等问题。这些问题不仅影响机器的正常工作及船舶的续航力，还对机器造成很大损害，对船员身体带来不利影响。淡水含盐量增加，甚至不符合使用要求，这样的淡水用来冷却主机或者给锅炉加水会加剧机器的腐蚀，降低使用安全性，缩短其使用寿命。管路结垢还会降低热传递效率，导致产水量下降，能量利用率偏低。这些问题往往是由使用参数的设置不当引起的，因此在日常使用管理时，要注意设置合适的参数，减弱甚至杜绝淡化装置工作参数对造水机使用性能的负面影响。

目前国内外船舶海水淡化技术常用的有蒸馏法和膜法，使用较少的有冷冻法和萃取法。蒸馏法又有单效蒸馏法和多效蒸馏法，膜法有反渗透法和电渗析法。最常见的海水淡化装置是真空蒸馏式，主要有以下原因：①船上的主机缸套冷却水和蒸汽可以提供废热，利用废热来淡化海水可以节约能源。②蒸馏法技术成熟，销售以及售后服务网络健全,出现问题可以及时维修。③同规格的淡化装置,蒸馏式的价格比反渗透式便宜很多,且保养费用低,维修简单。

现在传统的各种海水淡化技术已经相对成熟,国际上的研究主要围绕如何更节能、解决结垢、使其运行更稳定等问题展开,主要集中在以下方面。

(1) 新材料、新技术。2006 年,美国石油研究中心对多效闪蒸式海水淡化装置中加热用的铜镍合金管的腐蚀情况进行了调查,显示真空系统中存在氯和氧会加速管路的腐蚀,因此要加强对真空系统的检测。芬兰的一家公司研究出一种新型的不锈钢,已经应用于膜法和蒸馏法的装置中。世界各地也有其他一些合金不锈钢的研究,并有不少新的成果投入使用。

(2) 新型海水淡化方法。德国研究了一种多级闪蒸-反渗透海水淡化装置用于潜艇,该淡化系统进一步降低了能耗,水电匹配性更高。据 *Chemical Engineering* 报道,日本大川原制作所研究出一种新型真空蒸发器。这种蒸发器将动力蒸汽压缩后与高速涡流蒸发器结合在一起,降低了能耗,且运行成本降低到普通蒸发器的 1/3。还有些研究人员提出了电磁混合场海水淡化系统和汽缸式闪急蒸馏海水淡化系统的设想。

(3) 智能控制系统。近年来,我国在智能控制系统方面的研究有了一些成果,模糊控制和神经网络应用在海水淡化系统中减少了船员的操作,也使管理和保养更方便。芯片技术、单片微处理器、新型传感器的应用实现了数字化,明显减小了控制器的体积和能耗,提高了其工作可靠性。

(4) 减少结垢。在减少结垢方面,业内研究很多,但是没有统一的观点,投入使用的也比较少。在控制结垢方面,以前着重研究的是如何延缓或者防止结垢,以后应该是如何合理地运行蒸发器,使沉积在换热面上的污垢更少,更容易清除。研究新型无垢蒸发器也是一个方向,如闪急式蒸发器。

总之,随着各种海水淡化技术的日趋成熟、各种研究的不断深入以及各种新技术的陆续使用,必定会使船用海水淡化装置变得更节能、更方便、经济性更高、性能也更稳定。

一、船用海水淡化装置原理简述

目前,船用海水淡化装置采用的原理主要有蒸馏法和膜法两种。蒸馏法包括单效蒸馏、多效蒸馏、多级闪发式、机械压气式和热力压气式等。蒸馏法在 20 世纪 40 年代就应用于船舶上,历史较久,技术较成熟,使用普遍。膜法包括电渗析法、反渗析法。其中,电渗析能耗较高,目前已经较少使用;反渗透法从 20 世纪 70 年代才开始逐渐投入使用,其性能优越以但价格高昂,主要用于军舰。

1. 蒸馏法

1) 单效蒸馏

单效蒸馏是利用热蒸汽在蒸发器内加热海水,使其沸腾,蒸发产生蒸汽,再经冷凝器冷凝制得淡水。船用单效蒸馏海水淡化装置的工作原理如图 4.23 所示。

2) 多效蒸馏

多效蒸馏是将两个或者两个以上蒸馏器串联起来,多效利用蒸汽潜热来制取淡水,提

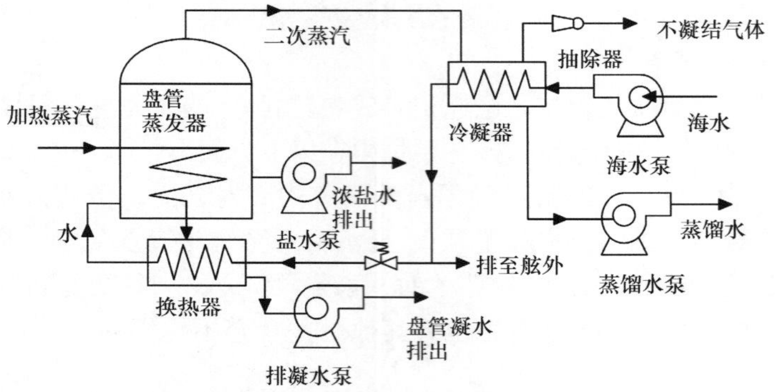

图 4.23　船用单效蒸馏海水淡化装置的工作原理

高能量利用率。基本原理是前一效的蒸汽通过下一蒸馏器对海水加热，二次蒸汽的潜热得到利用，蒸汽冷凝成淡水，海水蒸发成蒸汽，进入下一个循环。三效蒸馏海水淡化装置的工作原理如图 4.24 所示。

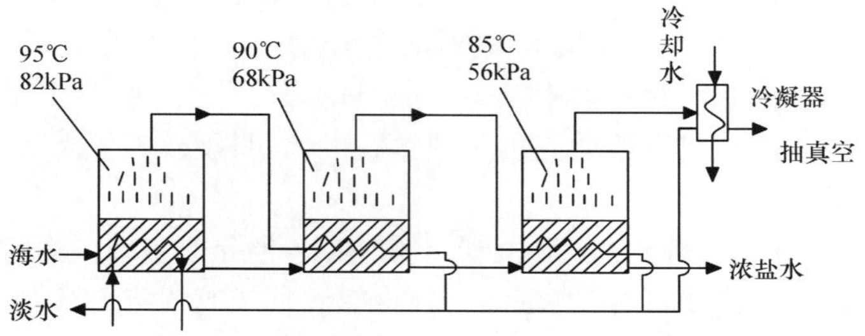

图 4.24　三效蒸馏海水淡化装置的工作原理

3）多级闪发式

多级闪发式海水淡化是将加热的海水减压喷洒到高真空度的蒸发器内，因为海水温度高于蒸发器内压力所对应的饱和温度，部分海水迅速汽化，产生蒸汽，再经冷凝器冷凝得到淡水。多级闪发是在闪发的原理上，将多个蒸发室串联，海水依次通过压力逐级降低的蒸发室，汽化产生蒸汽，再冷凝制得淡水。多级闪发式海水淡化装置的工作原理如图 4.25 所示。

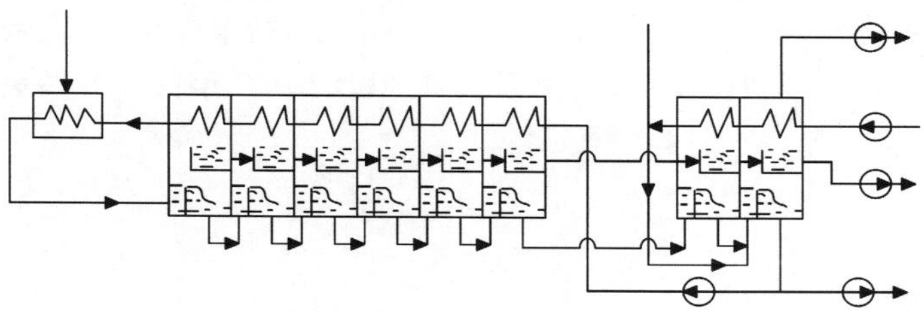

图 4.25　多级闪发式海水淡化装置工作原理

4）机械压气式

压气式海水淡化蒸汽从蒸发器出来后首先经过压气机压缩，温度和压力升高，然后通过蒸发器，利用二次蒸汽的潜热，产生更多的蒸汽。机械压气式海水淡化装置的工作原理如图 4.26 所示。

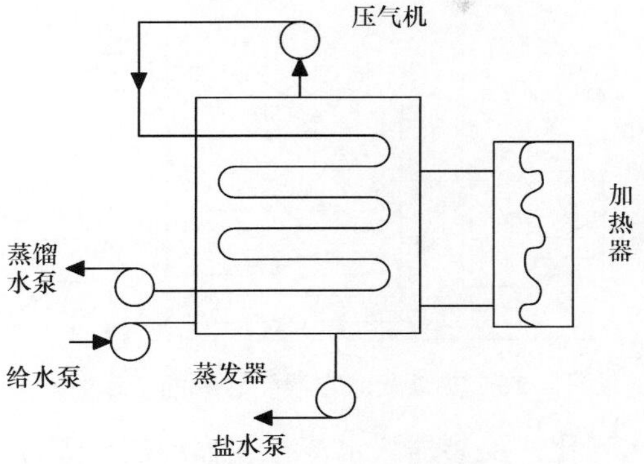

图 4.26　机械压气式海水淡化装置的工作原理

5）热力压气式

工作(高压)蒸汽与二次蒸汽经热力压气机压缩混合后再通入蒸发器,作为加热热源蒸发海水。热力压气式海水淡化装置的工作原理如图 4.27 所示。

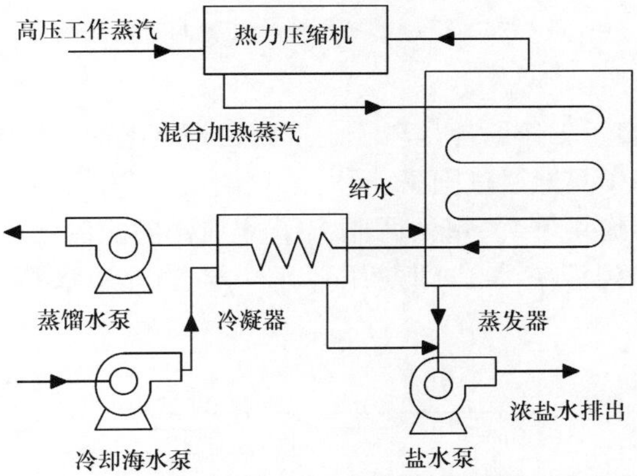

图 4.27　热力压气式海水淡化装置的工作原理

6）热泵式

制冷剂经热泵系统后温度升高,作为热源,在封闭式热交换器中对海水进行加热,加热后的海水经喷嘴喷入蒸发器,汽化产生蒸汽。制冷剂经热交换器后进入冷凝器,吸热变成气态,进入下一个循环。热泵式海水淡化装置的工作原理如图 4.28 所示。

2. 膜法

1）反渗透法

当两种不同浓度的溶液被半透膜隔开时,溶剂会自动从稀溶液侧通过半透膜渗透到浓溶液侧,直至浓溶液侧高出稀溶液侧一段高度,达到平衡,这就是渗透。反渗透正是利用这样的原理,在浓溶液侧施加一高于渗透压的压力,迫使水从浓溶液侧向稀溶液侧移动。反渗透技术用于海水淡化时,在海水侧(浓溶液)施加压力,水会透过渗透膜向淡水侧

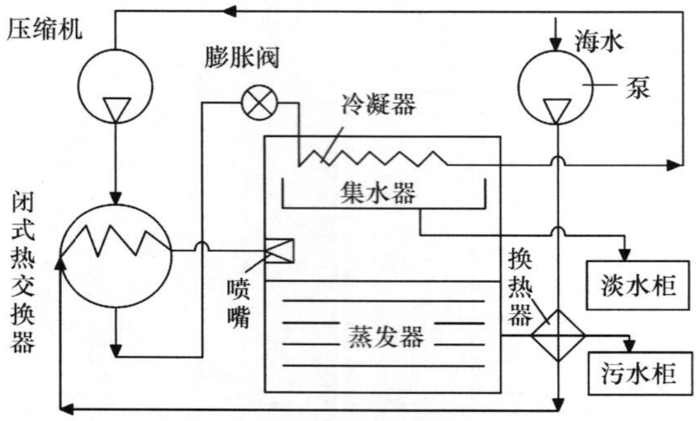

图 4.28　热泵式海水淡化装置的工作原理

(稀溶液)移动,实现海水淡化。反渗透海水淡化装置的工作原理如图 4.29 所示。

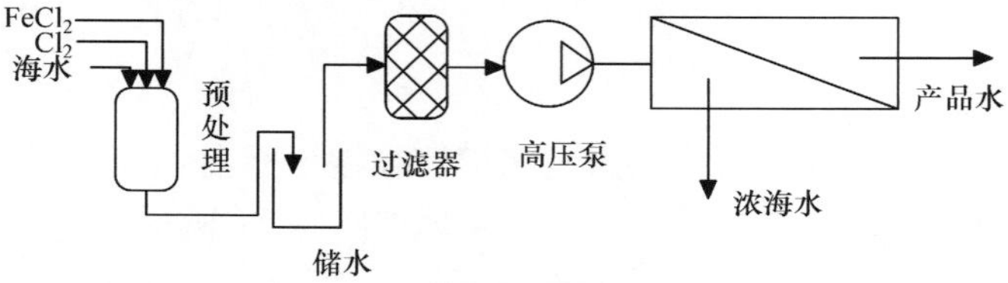

图 4.29　反渗透海水淡化装置的工作原理

2) 电渗析法

电渗析海水淡化装置工作原理是离子交换膜在直流电的作用下对溶液中的阴阳离子进行选择性通过,阳离子只能通过阳膜,阴离子只能通过阴膜。浓、淡室由隔板和阴阳离子膜组成,在直流电的作用下,淡室的阴阳离子分别移向两侧的浓、淡室,使淡室溶液更淡,浓室溶液更浓,直到淡室水达到使用要求。电渗析海水淡化装置的工作原理如图 4.30 所示。

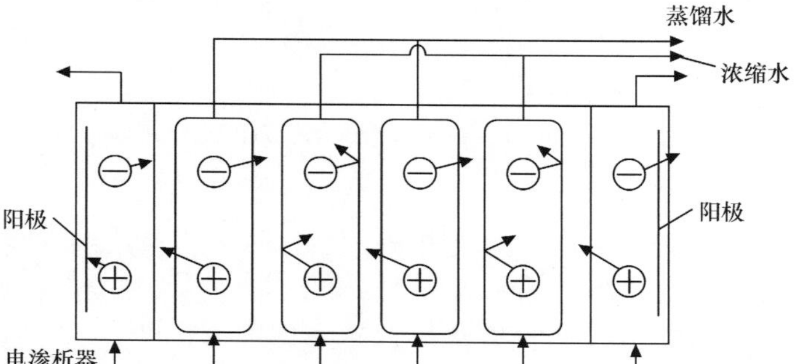

图 4.30　电渗析海水淡化装置的工作原理

3. 工作性能分析

1) 蒸馏法

在采用蒸馏法的海水淡化装置中,蒸馏装置由于其蒸发器加热盘管一直沉浸在海水中,温度较高,容易结垢,会降低热传递效率,所以需要定期清洗,维护管理较为复杂。单效蒸馏装置的二次蒸汽包含大量的热能没有得到利用，与多效蒸馏相比，产水比低，仅有0.95左右。其利用低品位热水加热，适用于小能量设备。但是单效蒸馏相比于其他海水淡化装置具有设备尺寸小、造价低的优势。多效蒸馏相比于单效蒸馏明显提高了能量利用率，因为其使二次蒸汽所含的大量冷凝潜热得到利用。双效蒸馏的产水比能够达到1.75左右，三效蒸馏的产水比能够达到2.50。多效蒸馏的经济性虽然得到很大的提高，但是其设备庞大笨重，制造成本大，维护管理也较复杂。船用多效蒸馏一般不超过三效，对于蒸汽动力的船舶，如大型客轮和军舰，为减少消耗于淡化装置的蒸汽，以提高动力装置的经济性，经常使用多效蒸馏。一般货船多采用单效蒸馏装置和双效蒸馏装置。

多级闪发装置的闪发室内没有加热盘管，可以有效解决结垢问题，这消除了其他蒸发器的结垢缺陷。多级闪发还具有工作可靠、操作方便的优势。多级闪发装置在船舶摇晃时无液面倾泼，消除了由于真空度变化、飞溅和输入热量不稳定造成的剧烈沸腾，产水量和水质都较稳定。但是多级闪发设备比较庞大，一次性投入费用多，所需循环盐水量最大，操作费用较高。与多效蒸馏相比，多级闪发需要更大的传热面积，适用于大型海水淡化装置，一般船用采用两级，多的采用四到五级。

热泵式海水淡化技术是一种新型的海水淡化技术，与热力蒸汽压缩法相似，但是其与传统的热力蒸汽压缩法相比，采用闭式循环，循环工质与蒸汽是分离的，通过优化设计，可以实现排放的热量最小化，达到节能环保的目的。

2）膜法

在采用膜法的海水淡化装置中，反渗透海水淡化过程无相变，节能性能好，设备简单，结垢紧凑，占地面积小，操作方便，易于控制，产水效率高。但是由于膜对水质的要求较高，反渗透海水淡化对海水预处理要求高，膜易受到污染，影响水质，要定期更换。

电渗析海水淡化技术具有以下优点：设备简单，操作方便，使用化学药剂少，污染少，设备规模和脱盐浓度适用范围大。但是其耗电量太大，不能处理非电解质的物质，现在使用较少。

二、真空沸腾式海水淡化装置

1. 工作原理

真空沸腾式海水淡化技术是蒸馏式的一种，它是在一定真空度的蒸发器中加热海水，由于压力降低，海水沸点降低，可以利用主机缸套冷却水为热源，海水沸腾，产生蒸汽，经汽液分离器后进入冷凝器，冷凝成淡水。真空沸腾式海水淡化装置的工程流程图如图4.31所示。

如图4.31所示，造水机本体壳体由两部分构成，图中左侧壳体带有各工作系统和附件接口，右侧弧形壳体为不锈钢材料，二者之间设有垫片，并用螺栓紧固在一起。本体内部最下方为盐水空间，盐水水位附近设有观察镜。盐水空间上方为蒸发器，蒸发器上方设有隔板，隔板上方为冷凝器。蒸发器和冷凝器均为钛合金板式换热器。隔板右侧和不锈钢壳体之间设置汽水分离器。工作时，造水机壳体内保持较高的真空度，供入蒸发器的海水受缸套水的加热沸腾汽化。因为沸腾过程进行得比较剧烈，所以水蒸气中会含有一定

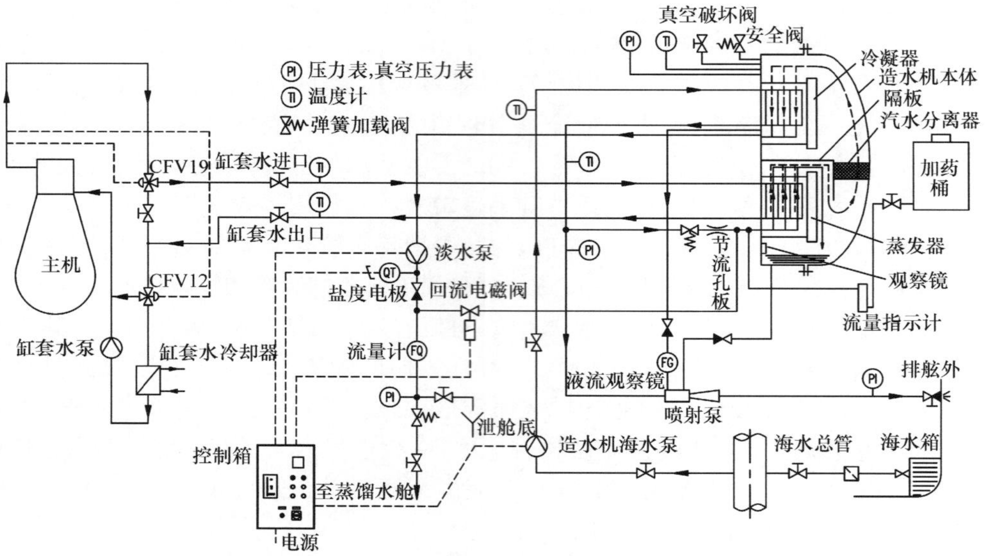

图 4.31　真空沸腾式海水淡化装置的工作流程图

量的细小水滴。汽水混合物在流经汽水分离器时，细小水滴被分离出而滴落到造水机壳体底部。水蒸气则进入冷凝器，被海水冷却，冷凝成为造水机的产物：淡水。

海水持续供给到蒸发器中，其中的水分沸腾汽化而产生淡水，盐分则残留在蒸发器中，如果不加处理，蒸发器中海水的含盐量将不断增加，最终导致造水机不能持续稳定地工作。为了解决这一问题，可向冷凝器中供给较大流量的海水，使一部分海水沸腾汽化最终成为淡水，另一部分(称为盐水)从蒸发器溢流而将盐分及时带走。造水机中，海水量/淡水量称为给水倍率。给水倍率较大可以减少淡水含盐量，减轻水垢的生成，但产水量会降低。给水倍率一般维持在 3～4。

2. 主要部件

1) 蒸发器

蒸发器是真空沸腾式海水淡化装置的心脏，海水在蒸发器内被加热、沸腾、产生蒸汽。图 4.32 中为壳管式换热器，主机缸套冷却水从管路 7 进入蒸发器，经竖直管由下向上流过蒸发器，对管外的海水进行加热，由于蒸发器内有较高的真空度，所以海水沸点较低，海水沸腾产生蒸汽。蒸发器内的真空度要维持在适当的范围，真空度太高会导致沸腾过于剧烈，二次蒸汽携带盐水珠增加，影响水质；真空度太低则蒸发温度高，影响产水量，且会加速蒸发器结垢。现在普遍采用板式换热器，板式换热器传热系数更高，结垢紧凑，清洗更方便。

2) 冷凝器

冷凝器位于蒸发器的上部，蒸汽从蒸发器出来后，经过汽水分离器 3，除去蒸汽中携带的盐水珠，进入冷凝器。冷凝海水由管路 5 通入冷凝器，自上向下流出，对管外的蒸汽进行冷凝，得到淡水。淡水经管路 12 排出淡化装置，经电盐度计检测合格后送入淡水柜。冷却海水出冷凝器后大部分经管路 6 直接排至舷外，小部分经管路 9 作为补给水通入蒸

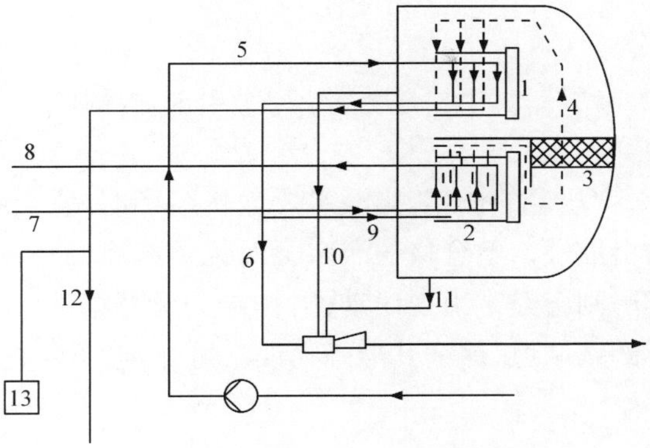

图 4.32　真空沸腾式海水淡化装置结构图

1-冷凝器；2-蒸发器；3-汽水分离器；4-二次蒸汽；5-冷凝海水入；6 冷凝海水出；7-加热水入；8-加热水出；9-补给水；10-抽真空；11-排盐水；12-淡水；13-盐度计

发器，使得二次蒸汽的潜热得到利用，提高产水率。冷却水进出冷凝器的温差要控制在合适范围，太高或太低都会对造水机制淡过程带来不利影响。因为冷却水进出冷凝器的温差可以反映出冷却水的流量，温差过大说明冷却水的流量不足，则冷凝器的冷凝能力就不能与蒸发器的蒸发能力相匹配。二次蒸汽不能全部被冷凝成淡水，制淡量下降。冷却水不足，蒸发器内真空度会降低，进而会造成制淡量下降。反之，温差过小，说明冷却水的流量太大，这会加大海水泵的功率，造成功率浪费。冷却水的流量过大还会造成真空度升高，加剧海水沸腾，影响水质。可以通过调节相关阀门来控制冷却水的流量，温差太大则调大冷却水的流量，使之达到规定范围，反之亦然。

3）喷射泵

喷射泵(图 4.33)是靠高压工作流体流经喷嘴后产生的高速射流引射被吸流体，与之进行动量交换，使被引射流体能量增加而被排送。在真空沸腾式海水淡化装置中喷射泵用来排盐水和抽真空，它的正常工作与否对于海水淡化装置十分重要。对于喷射泵，工作流体压力 p_p 和背压 p_d 十分关键，p_p 太小则喷射器的相对压差 h 会增加，引射系数 μ 减小，引射流量减小，这样会降低喷射泵的抽真空能力和排盐水能力，造成蒸发器内真空度偏高，海水沸点提高，造水量减少。由于蒸发器内盐水温度提高，所以水垢生成会加速，水垢会降低传热效率，进一步减少造水量。浓盐水不能及时排出则会提高水位，减少汽水分离高度，增加二次蒸汽含盐量，降低水质。若 p_p 太高，引射系数达到临界值后，喷射器效率反而降低，也不利于喷射器抽真空和排盐水，造成与上述同样的结果。

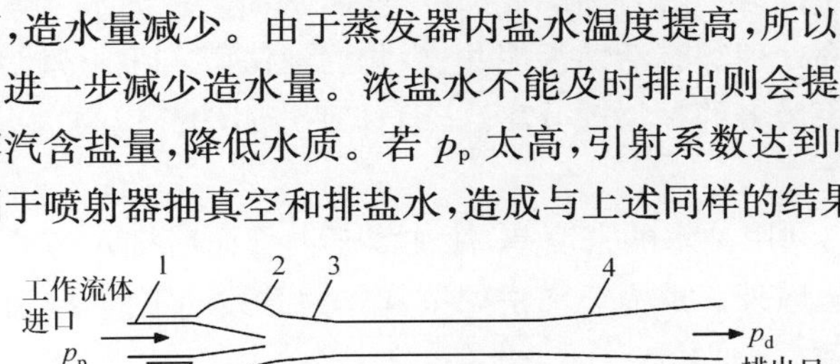

图 4.33　喷射泵结构原理图

1-喷嘴；2-吸入室；3-混合室；4-扩压室

$$h=\frac{p_d-p_s}{p_p-p_s} \tag{4.13}$$

式中，h 为扬程比；p_d 为喷射器排出口压力；p_s 为被引射流体压力；p_p 为工作流体压力。

4) 盐度计

盐度计起控制淡水含盐量的作用，当淡水含盐量超标时，它会报警，并开启电磁回流阀，将不合格的淡水排出舷外。不合格的淡水会对锅炉起腐蚀作用，对人员饮用也不利。若盐度计的调试值太低，则会经常出现误动作，排走大量合格淡水，造成制水量不足。因此，要经常检查盐度计的调试值，保证其准确无误。另外，也要检查盐度计的电路，保证其能够正常工作。

第五节　船舶防污染装置

一、油水分离器

MEPC 于 2003 年 7 月 18 日以 MEPC.107(49)决议的方式通过了《经修订的船舶机舱舱底水防污染设备指南和技术条件》，该决议替代了 MEPC.60(33)。我国参照 MEPC.107(49)决议制定了国家标准《15ppm 舱底水分离器》(GB/T 4795—2009)。为适应国际海洋环境保护的需要，该标准的主要性能指标与 MEPC.107(49)决议基本一致。

1. 工作原理

油水分离的方法较多，主要有物理分离法、化学分离法、电浮分离法和生物处理法等。

物理分离法是利用油水的密度差或过滤吸附等物理现象使油水分离的方法，主要特点是不改变油的化学性质而将油水分离，主要包括重力分离法、过滤分离法、聚结分离法、气浮分离法、吸附分离法、超滤膜分离法及反渗透分离法等。化学分离法是向含油污水中投放絮凝剂或聚集剂，其中絮凝剂可使油凝聚成凝胶体而沉淀，而聚集剂可使油凝聚成胶体而上浮，从而达到油水分离。电浮分离法是把含油污水引进装有电极的舱柜中，利用电解产生的气泡在上浮过程中附着油滴而加以分离，从而实现油水分离，实际上是一种物理化学分离方法。生物处理法有活性污泥法、生物滤池法等。由于船舶条件所限，目前在船用油水分离器中采用最多的是物理分离法，而物理分离法又以重力分离、聚结分离、过滤分离和吸附分离为主。

(1) 重力分离。利用油水的密度差，使油浮于上部而后排入污油柜中，下部清水若符合排放标准则可排出舷外。重力分离法如按其作用方式的不同，还可分为机械分离、静置分离和离心分离三种。

① 机械分离是让含油污水流过斜板、波纹板细管和滤器等，使之产生涡流、转折和碰撞，以促使微小油粒聚集成较大的油粒，再经密度差的作用而上浮，从而达到分离的目的。

② 静置分离是将含油污水储存在舱柜内，在单纯的重力作用下，经过沉淀使油液自然上浮以达到分离的目的。这种方法需要较长的时间和较大的装置，同时也难以连续

使用。

③ 离心分离是利用高速旋转运动产生的离心力，使油、水在离心力和密度差的作用下实现分离。它的特点是油污水在分离器中的停留时间很短，分离器体积较小。

重力分离法的优点是结构简单，操作方便；缺点是分离精度不高，只能分离自由状态的油，而不能分离乳化状态的油。一般认为油粒直径小于 50μm 就很难分离，不能满足 15ppm 的排放要求。因此，船用油水分离器都采用重力分离法作为第一级分离。

(2) 聚结分离。当含油污水通过聚结分离元件时，让它们互相碰撞以使油粒聚合增大，油污水中的微细油珠被聚结成较大的油粒(在这种分离过程中微小油粒逐渐聚合长大，故这种分离过程称为聚结，又称粗粒化过程)，在外力的作用下，粗粒化后的油粒脱离聚结分离元件的表面，利用油水密度差，克服阻力迅速上浮，从而达到提高油水分离精度、满足排放要求的目的。微细油珠的粗粒化过程可分为截留、聚结、脱离和上浮四个步骤。粗粒化的程度与聚结元件的材料选择以及材料充填的高度和密度等有关。提高油水分离效果，聚结分离元件(粗粒化元件)的材料是关键。为了强化油粒聚结效果，使聚结后剥离的油粒直径大，上浮速度快，进口处用孔隙小的粗粒化材料、出口处用孔隙大的粗粒化材料做成聚结元件。多孔介质对油的亲和性也影响聚结效果，亲油性强则剥离时可能形成油包水现象，容易堵塞，不宜长期连续使用，而亲水性材料粗粒化的油粒较小，应选用适宜亲和力的材料。目前应用的粗粒化材料有聚丙烯无纺布、丙烯腈纤维、弹性尼龙纤维、车削尼龙、玻璃和金属丝网等。聚结分离一般能将油污水中 5～10μm 油粒全部除去，甚至更小的油粒也能除去，效果好，设备紧凑。该方式占地面积小，一次投资低，便于分散处理且运行费用低，不产生任何废渣及二次污染。

(3) 过滤分离。让油污水通过多孔性介质滤料层，油污水中的油粒及其他悬浮物被截留，去除油分的水通过滤层排出，从而使油水得以分离。过滤分离过程主要靠滤料阻截作用，将油粒及其他悬浮物截留在滤料表面，此外由于具有很大表面积的滤料对油粒及其他悬浮物的物理吸附作用和对微粒的接触媒介作用，增加了油粒碰撞机会，使小油粒更容易聚合成大油粒而被截留。一般使用的过滤材料有人造纤维和金属丝织成的滤布、特制的陶瓷塑料制品、石英砂、卵石、煤屑、焦炭以及多孔性烧结材料等。这些滤料的共同特点是化学稳定性好，不易溶于水，一般不与污染物质起化学反应，不会产生有害或有毒的新污染物，同时还具有足够的机械强度。任何一种过滤介质对污染物的过滤能力都有一定的限度。如果油污水中含有的悬浮固体物过多，则会明显缩短过滤介质堵塞时间，促使过滤效果变差，甚至过滤过程过早中断。滤料达到饱和状态后必须进行反冲洗，此时滤料可重新获得良好的过滤性能。如果强度不够，反冲洗时由于不断碰撞和摩擦会使滤料产生粉末，并随冲洗水流一起流失掉，增加滤料损耗。反过来，在过滤时粉末又会聚积于滤料表层，增加流动阻力，滤速增大，过滤质量恶化。

使用粒状介质作为滤料时，要依据过滤要求及工艺条件选用适宜的滤料粒径的范围及在此范围内各种粒径的数量比例。在一定范围内还应尽可能选用孔隙率大的滤料，即滤料的孔隙体积与整个滤层体积的比值大，水力阻力损失小，滤层含污能力大，过滤效果好。

用粒状介质组成的滤料层，理想的状态应是各层粒径沿水流方向逐渐减少。这样整个滤料的作用都能充分发挥出来，含污能力高，水头损失速度慢，过滤使用时间增长。对仅用一种滤料做成的滤层，当水流方向自上而下流动时，实际难以保持粒径自上而下逐渐减少的状态。因为反冲洗时，整个滤层处于悬浮状态，必然有粒径大、重量大的滤料悬浮在下层，粒径小、重量小的滤料悬浮于上层，反冲洗停止后，就会自然形成粒径上小、下大的滤层，这样的滤层对过滤是很不利的。因此，为提高滤料过滤性能，可改变水流方向或采用两种以上滤料组成多层滤料层。

过滤分离法通常是油污水处理过程的终端手段，作精分离用。

(4) 吸附分离。吸附分离是利用多孔性的固体吸附材料直接吸附油污水中的油粒以达到油与水分离的目的。

固体内部分子所受的力是对称的，故彼此处于平衡状态。但在界面分子的力场是不饱和的，即存在一种固体的表面力，它能从外界吸附分子、原子或离子，并在吸附表面上形成多分子层或单分子层。物理吸附是由吸附材料和吸附剂分子间作用力所引起的，此力存在于任意两个分子间。因此物理吸附可以发生在任何固体表面上，且可吸附多层分子，直到完全抵消固体表面力。

吸附是一种可逆过程，被吸附的粒子由于热运动，会摆脱固体表面粒子引力从表面脱落下来重新回到污水中，这种现象称为脱附。当吸附速度与脱附速度相等时，吸附达到平衡状态，这时单位重量吸附材料所吸附的油量称为吸附量，它是表明吸附材料吸附能力的参数，比表面积(单位重量吸附材料所具有的表面积)越大，吸附量越大。常用的吸附材料具有良好的亲油性，如纤维材料、硅藻土、砂、活性炭、焦炭和各种高分子吸附剂(分子筛)等。吸附分离法主要用来直接回收微小的油粒，一般用作油污水处理的精分离手段。吸附材料吸附油粒达到饱和时，将失去油水分离效能，在吸附材料达到饱和之前就应予以更换，而吸附材料的更换和处理都比较困难，并且需要用大量吸附材料，因此吸附分离主要用于含油量很少的细分离。

近年来，为达到排放标准提高的要求(油分浓度小于 15ppm)，油水分离器多为重力式分离器配以过滤、吸附等组合方式，即由粗分离和细分离(精分离)两部分组成。

粗分离部分都是用于第一级，主要采用重力分离法处理容易上浮的分散油滴。重力分离法的结构形式有多层斜板式、多层隔板式、细管式和多层波纹板式等。

细分离部分用于第二级和第三级，多采用聚结法、过滤法和吸附法等，用以去除油污水中的微细分散油滴和乳化油滴。细分离部分的结构形式有圆筒式和填充式，采用最多的是以纤维材料构成的圆筒式分离元件，其特点是结构紧凑、元件容易更换。填充式是在油水分离器中填充有形纤维等过滤吸附材料，截留和吸附微小油滴。在其吸饱油后，可进行反冲洗，但当压力降到一定值时，就必须更换过滤吸附材料。

2. 典型结构

实际使用的船用油水分离器种类繁多，但绝大多数都采用重力分离法，再加上聚结分离、过滤分离或吸附分离等方法，即组合式结构，以满足国际公约规定的排放标准的要求。下面简要介绍 CYF-B 型油水分离器、ZYF 型油水分离器和 TURBULO MPB 型油水分离器的基本结构及其工作原理。

1) CYF-B 型油水分离器

CYF-B 型油水分离器属于重力-聚结组合式分离器，其结构如图 4.34 所示。它主要由粗分离装置即多层波纹板式聚结器 4、细分离装置即聚结材料构成的纤维聚结器 14、细滤器 16、加热器 7、油位检测器 8、自动排油阀 11、手动排油阀 10 和安全阀 3 等组成。

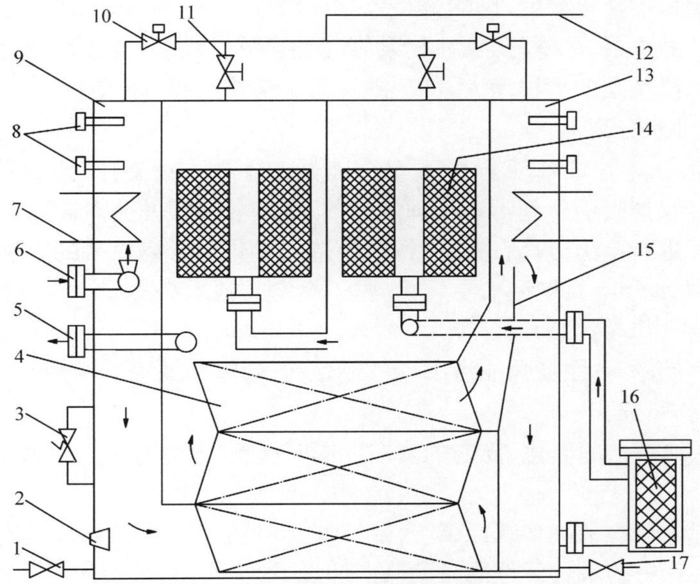

图 4.34　CYF-B 型油水分离器

1-泄放阀；2-蒸汽冲洗喷嘴；3-安全阀；4-多层波纹板式聚结器；5-清洁水排出口；6-油污水进口；7-加热器；8-油位检测器；9-左集油室；10-手动排油阀；11-自动排油阀；12-污油排出管；13-右集油室；14-纤维聚结器；15-隔板；16-细滤器；17-泄放阀

其工作过程如下：舱底水由污水泵经油污水进口 6 和喷嘴从左集油室中部送入油水分离器，由于喷嘴的扩散作用，进入油水分离器内的污水迅速分散开，大颗粒油滴上浮到左集油室 9 的顶部，而含有小颗粒油滴的污水向下流动进入峰谷对置的多层波纹板式聚结器 4 中。由于多层波级板式聚结器的湿周大，上浮距离小，流路长，水流平均流速低，使含油污水处于层流状态，并在特有的水腔结构内使小颗粒油滴相互碰撞，聚合形成较大的油滴。当其流出多层波级板式聚结器后，外接管流至细滤器 16，滤除水中的固态悬浮粒子和机械杂质，在浮力的作用下上浮至右集油室 13 的顶部，实现重力粗分离。此后，含有更小油滴的污水顺次进入串联布置的两级纤维聚结器 14 中，残留在水中的细微油粒在其中经截留、聚结、脱离和上浮四个步骤实现精分离。分离出的污油上浮至中间集油室顶部，而分离出的清水经清洁水排出口 5 排出舷外。

两级纤维聚结器都呈圆筒形，外形尺寸相同，但后一级填充的材料多，比前一级更紧密、孔隙更小，能分离更细微的油滴，但更易堵塞。安装时注意不能互换，其填充的聚结材料采用介于亲油和亲水之间的涤纶纤维及弹性尼龙纤维。

由油位检测器 8 检测左、右集油室内的污油量，控制自动排油阀的开闭。集油室的污油量较小，通过手动排油阀人工定期排放。集油室内设有蒸汽加热器或电加热器，保证高黏度污油在环境温度较低时能顺利排出。

CYF-B 型油水分离器主要用于处理机舱舱底水，可使排放水的含油量小于 10ppm，并能在船舶倾斜22.5°的条件下正常运行，其配套污水泵为单螺杆泵。

CYF-B型油水分离器污水泵位于分离器的前端，含油污水被泵入分离筒内，污水在水泵的搅拌下增加了乳化程度，影响分离效果。因此，为了减轻乳化程度，往往使用对输送液体扰动性小的水泵，如螺杆泵、往复泵等，但输送泵与没有经过处理的污水直接接触，其中的杂质和泥沙使泵的磨损增大，甚至螺杆泵卡住或折断，影响水泵的工作可靠性。

2) ZYF型油水分离器

ZYF型油水分离器与CYF-B型油水分离器的不同之处在于，它仅依靠重力分离元件配合后置螺杆泵抽吸而达到污水处理的目的，这种分离器的分离筒内保持一定真空，油水在真空状态下进行重力分离，避免了污水泵造成乳化对分离效果的影响。

ZYF系列油水分离器将污水泵后置，属于真空式油水分离器。真空式油水分离器具有如下特点：

(1) 水泵后置，真空抽吸含油污水，进出水泵的液体为处理后的清水，无杂质和泥沙，泵的磨损小，工作可靠。

(2) 避免了油污水的乳化，筒内的真空度同时起到"气浮分离"的效应，提高了油水分离效果。

(3) 可采用电动柱塞泵和螺杆泵，密封性好，自吸能力强，磨损小，工作可靠。

(4) 分离装置中的聚合元件能自动反向冲洗，不会堵塞，长期使用不需要更换。

ZYF系列油水分离器属于重力-聚结组合式分离器，其基本结构和工作原理如图4.35所示。

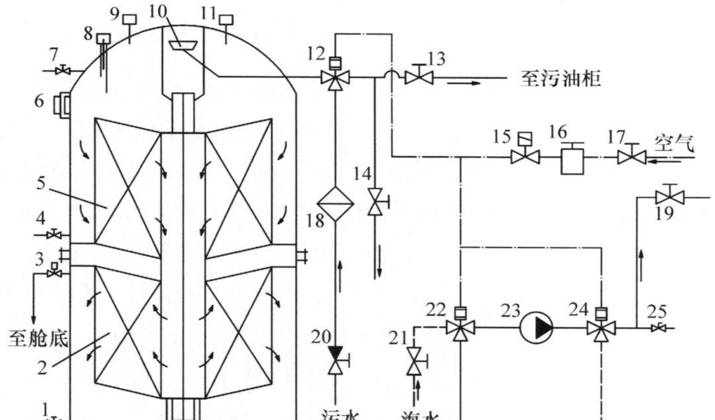

图4.35　ZYF真空式油水分离装置原理图

1-下排污阀；2-第二级集油器；3-第二级自动排油阀；4-上排污阀；5-第一级集油器；6-电加热器；7-检油旋塞；8-油位探测器；9-真空压力传感器；10-污水进入喷口；11-温度控制器；12-气动三通阀；13-排油截止阀；14-反冲洗管截止阀；15-气源电磁阀；16-空气压力控制阀；17-气源截止阀；18-污水吸入滤器；19-净水出口；20-污水吸入止回阀；21-海水吸入截止阀；22-气动三通阀；23-单螺杆泵组；24-气动三通阀；25-取样旋塞

其基本工作原理是：分离器运行时，单螺杆泵组23在分离装置排出口处抽吸处理后的排水过程中，使分离筒内产生真空度，舱底水经过污水吸入滤器18和气动三通阀12进入分离筒内部扩散喷口，进行初步的重力分离，被分离的大油滴浮至顶部集油室，含有小油滴的污水向下由环形室进入第一级集油器 5，在内部进行首次聚结分离，聚结形成的较大油滴逆向上浮至顶部集油室，污水继续由中心通道向下，进入第二级集油器 2 后向外腔流动，聚结后的大油滴停留在环形室顶部。符合排放标准的水(含油量小于 10ppm)则向下经分离器底部排出，流向气动三通阀 22，进入单螺杆泵组 23 吸入口，从泵的排出口排出，再经过气动三通阀 24 排向舷外。当分离出的污油在顶部聚集到一定程度时，油位探测器 8 触发信号，使气源电磁阀 15 开启，压缩空气同时进入三个气动三通阀 12、22、24 的顶部气缸，推动活塞向下，关闭常通口，打开常闭口，舱底水暂停进入分离器，分离后的水暂停排出。由于单螺杆泵组 23 仍在继续运转，使来自海水管的海水由气动三通阀 22 进入单螺杆泵组 23 的吸入口，泵出后再通过气动三通阀 24 进入分离器底，逆向经过聚结元件 2、5 进行反向冲洗，向分离器内部补充海水，并使分离器内部由真空变成压力状态。聚集的污油通过上部气动三通阀 12 排向污油柜。第二级集油器属于精分离过程，聚集在环形室顶部的污油较少，当顶部集油室排油时，环形室第二级自动排油阀 3 就会自动开启将污油或油水混合液排放至舱底水舱。

3) TURBULO MPB 型油水分离器

TURBULO MPB 型油水分离器利用重力-聚结原理完成油水分离，其外观及结构如图 4.36 所示。

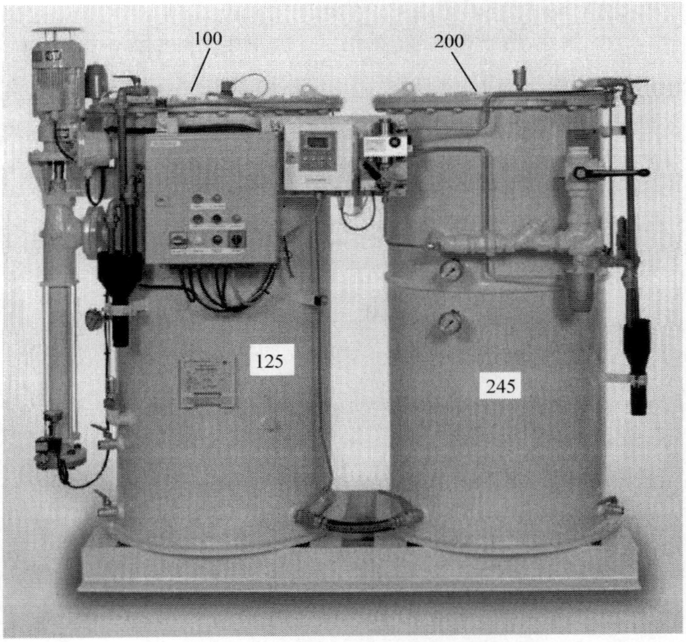

图 4.36　TURBULO MPB 型油水分离器

100-一级分离器；125-高效聚结元件；200-二级分离筒；245-圆筒式分离元件

油污水从左侧一级分离器 100 的左上部泵入，在分离器上部进行粗分离后，污水迅速分散，由于流速较慢，污水在向下流动的过程中，大颗粒油滴上浮到分离筒顶部的集油室，含有较小油滴的污水则向下通过高聚结元件(high efficiency coalescer，HEC)125。聚结元件表面亲油，呈多孔海绵状结构，具有高比表面积和低压头损失，在污水中具有足够的稳定性，污水中的污垢不会对其造成损害，即使有一定程度的脏污也无须对其进行更换，只需将聚结元件拆下用热水冲洗干净后即可重新使用。污水通过聚结元件时，由于聚结元件表面的亲油性，含有污水中的小油滴会短暂吸附在其表面，经过聚结长大，最后在浮力的作用下逐渐上浮进入分离筒顶部的集油室。细小油滴则随处理后的污水，一并经两分离筒底部的连通阀进入二级分离筒 200。

二级分离筒内装有多个圆筒式分离元件(hydrocarbon separator，HycaSep)245，每个元件外形一致，材质为高分子聚合纤维，具有良好的吸油性能。每一分离元件分上、下两级，经中间挡板和顶部支架固定在分离筒内，构成了二级分离筒内的两级油水聚合分离层。进入二级分离筒的污水从分离筒的底部经下层分离元件的外表面流入，细小油滴经聚合后从水中分离；流入下层分离元件内腔体的水沿腔体轴线向上流动，进入上层分离元件的内腔体，在水流压力的作用下，向外流出上层分离元件，其间，细微油滴被进一步分离。经处理后满足要求的清水从二级分离筒的上部排出阀流出。

二级分离筒内上、下两层分离元件虽均由聚合纤维构成，但由于处理的水质不同，上层聚合纤维比下层聚合纤维更聚密，空隙更小，能分离的油滴也更细微。在工作过程中，如果压力损失过大，则需对分离元件进行更换，而不是仅仅清洗。新的分离元件压力差约为 0.015MPa，最大可用压力差约为 0.14MPa。

在一级分离筒的上部装有油位检测电极，可以感知分离筒上部的油位，控制排油阀打开或关闭，间歇地进行排油。二级分离筒上、下腔体内的集油量很小，采用人工方法定期通过手动排油阀排出。在一级分离筒上部集油室还装有电加热器，可以保证高黏度污油在环境温度较低的情况下顺利排出。

新油水分离器在一级分离筒中的聚合元件顶部可能有选装的一层“临时过滤垫”，其作用是防止新船时期的大量污垢进入，在分离器正式运行前应撤除该垫。如装有该垫，分离器会贴有标签。此外，舱底水分离器在首次投入运行时需冲洗数次(每周两次，每次半小时)，以免颗粒、铁锈等形成堵塞。

4) 油水分离系统

(1) 典型的系统布置。船用油水分离系统主要组成部分包括控制箱、分离器(内有滤板、滤芯等)、管路、专用配套泵、自动排油监控系统(排油电磁阀、加热器、压力表、温度表及探头等附属设备)、油分浓度监测装置、自动停止排放装置等。

管路布置应尽量减少阻力节流损失，管路内径选择应使管内液体保持在层流状态下流动。不能用节流或旁通方法调节泵排量。为以后在船上的安全检查、港口国检查等的便利，应尽可能在靠近油水分离器出口的排液管垂直部分设一取样口。应在贯通装置舷外出口后面及附近装有再循环设备，使包括 15ppm 报警装置和自动切断装置的油水分离系统在停止舷外排放的情况下进行试验。典型的系统布置如图 4.37 所示。

(2) 油分浓度监测装置(15ppm 报警装置)。MARPOL 公约规定，船舶油水分离器必须在有油分浓度监测装置时才能使用，以便对排放水的含油浓度、排放总量及瞬时排放率进行测定、记录和控制。若排放水中含油浓度超过规定的标准，检测器就发出声光报

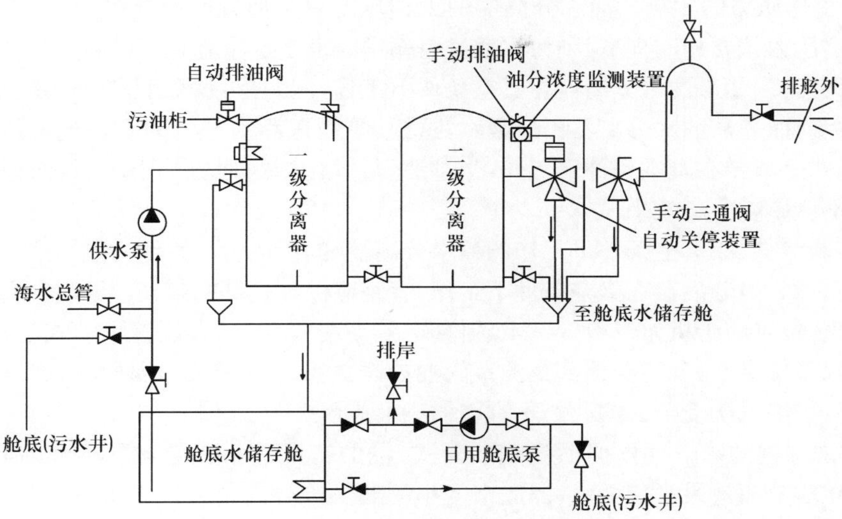

图 4.37 典型的油水分离系统

警，并自动切断舷外排放。轮机人员应立即检查油水处理系统的工作情况，并排除故障，直到水中含油浓度符合标准。

目前，常用光学方法来检测水中含油浓度，它又分为光学浊度法、红外线吸收法、紫外线吸收法和荧光法。

(3) 自动排油装置。油水分离器分离出的污油聚集在分离器顶部达到一定数量时，便自动打开排油阀将污油排往污油柜或油渣柜，这种装置称为自动排油装置。自动排油装置主要由气动排油阀(或电磁阀)和电阻式或电容式油位探测器组成。油位探测器位于分离器的集油室中，利用传感器在油、水中与分离器壳体之间导电率(或电容)的变化，测出油层厚度的变化，并输出控制信号，通过电气控制箱控制排油阀的开闭。

(4) 自动停止排放装置。在适用情况下，自动停止排放装置是指当排出物含油量超过 15ppm 时用于自动关停油性混合物的任何舷外排放的装置。它是一种阀门装置，装于 15ppm 油水分离器的排出物出口处，当排出物含油量超过 15ppm 时自动将排向舷外的排出物引回舱底或舱底水舱。

3. 操作、维护与保养

1) 油水分离效果的影响因素

油水分离器的工作性能在实际使用中受到许多因素影响，同样一台油水分离器在不同情况下使用，其工作性能相差很大。油水分离器的分离效果与其结构、内部清洁状况、舱底水泵的型式、污水中油的种类及其含油量、分离温度、工作压力、流量等因素有关。

(1) 泵的影响。污水中油的微粒化、乳化程度越高，油水分离器效果越差，因此污水通过泵时应尽量不产生乳化、搅拌或节流。

容积式泵如往复柱塞泵、单螺杆泵等的乳化程度最小，容易分离。在同样静置时间内，往复泵排出的水中含油量比离心泵、齿轮泵等少，也就是说大部分油很快与水分离。

(2) 工作压力的影响。油水分离器的工作压力对分离性能有显著影响,工作压力提高,泵排出压力就要相应提高,则污水通过泵输送时发生严重乳化,分离效果下降,排水含油量显著上升。如果油水分离器在真空条件下工作,例如,污水泵不是以一定压力向油水分离器供水,而是从油水分离器出口吸水,这样,泵输送污水产生的乳化现象可以完全消除。过滤式分离器在真空条件下工作,当过滤元件堵塞时,通流能力降低,而通流速度保持不变,不会影响分离效果。

据实验测得,在真空条件下工作的油水分离器比在压力状态下工作的排水含油量降低1/15～1/2。但分离器在真空条件下工作,管路应保证良好密封,安装高度要尽量低,如分离器安装位置高于机舱底板 3～5m 则真空就无法实现;或者设置重力式沉淀柜,这样设备增多、系统复杂,分离器顶部集油室内油的排放系统更复杂。因此,虽然真空工况净化质量高,但因系统复杂、体积大,不宜在船舶上应用。

(3) 油种类的影响。根据斯托克斯公式,油的密度越小就越容易分离,但也容易乳化,而乳化对分离效果影响更大,因此密度小的油更难分离。总体来讲,原油含有大量轻质油分,比较难分离。润滑油比较容易分离,不同种类的润滑油、油质劣化程度和添加剂种类等都会影响分离性能。

(4) 温度的影响。若含油污水温度升高及油、水的密度差增加,水的黏度降低,则油滴上升速度快,但温度升高后油污通过泵时乳化现象严重,反而使分离性能下降,因此综合起来,温度对油水分离效果影响不大。如果油污在低温时通过泵,高温下分离,则可取得良好的分离效果,特别是陆用大型静止分离池,提高温度是提高分离效果的有效办法。但对于一般船用油水分离器,温度对油水分离效果的影响不如其他因素大。

(5) 污水中含油的影响。污水中油分浓度高,分离性能会恶化,油分浓度越大,乳化程度就越严重。但污水中的油分浓度高,油滴相互碰撞的概率也会增加,一部分乳化油滴直径有加大的可能,使分离性能提高。油滴直径加大的程度与油水分离器的种类、构造有关,但总的影响仍然是浓度增加,分离性能下降。

(6) 管路的影响。油水分离器系统中管路的长度、直径、曲度、阀门和滤器等对分离性能的影响比较复杂。希望在到达分离器入口之前这段管路中也能进行一定程度的分离,而且保持在层流状态下流动,因此管径越大、管路越长,分离性能越好。阀门、滤器、管路弯曲部分等造成的节流,流动状态的变化都会使分离性能下降,使用和管理中应注意保持水流在稳定层流状态下流动。

(7) 流量的影响。油水分离器流量增加,油水在分离器内停留的时间减少,流速增加,分离效果必然下降。当流量超过油水分离器标准处理量时,分离效果显著下降,排水质量根本达不到排放标准要求,在使用中和选用污水泵时应特别注意。

(8) 旁通的影响。油水分离系统的污水泵,往往用船上原有的舱底水泵,而排量大于分离器处理量时,多余部分经旁通管再返回污水井,这部分经泵排出乳化的污水,下次再被泵吸入,会更进一步乳化,因此送入油水分离器内的油污水乳化程度相当严重,油水分离器性能显著下降。如果污水仅一次通过泵,油水分离效果可达到 30ppm,当有一半污水旁通再次通过泵送入分离器时,其分离效果超过 150ppm。

因此,当分离效果不佳时,可从上述方面查找原因。例如,油品的密度过大或过小都不利于油水分离器的分离；离心式船底水泵和齿轮式舱底水泵会使油污水乳化不易分离，因此宜采用低速往复式活塞泵、柱塞泵或单螺杆泵进行油水分离。

如果油水分离器中分离出的水含油量过大，即分离效果不佳，可采用以下措施：

(1) 改为间歇工作。当分离器中装满舱底水后停止供水，使容器内的舱底水有足够的停留时间，再开启污水泵，用新泵入的水将沉淀分离后的污水排出。

(2) 分层抽吸。先把下层含油少的污水直接排出舷外，只使上层含油较多的污水经分离器分离。

(3) 适当升温。将分离器内的污水加热至40～60℃，使油与水的密度差加大，增大浮力，水的黏度也降低，从而减少油滴上浮的阻力，增加油滴上浮速度。但一般当加热温度超过60℃时，油、水乳化程度显著增加，分离效果显著下降，很难达到排放标准。

(4) 改用输水平稳的污水泵(如单螺杆泵)以减轻油污水的乳化程度，使进入分离器的油污水中大颗粒状的油易于分离。

2) 运行管理

正确地使用和定期维护保养是保证油水分离器充分发挥其分离能力的先决条件和重要保证。轮机人员应仔细阅读使用说明书，了解其工作原理、运行及维护要求等。

(1) 起动的检查及准备。

① 使用分离设备和过滤系统排放前，应先征得驾驶员同意，并注意监视海面是否有明显油迹。

② 检查油水分离装置的水、油、气源系统及电气线路安装是否正确。油水分离器首次起动运转时，应向分离筒内注满清水，注水时需将分离筒顶部空气阀和高位检查旋塞打开，直至水从这些阀流出后，再将其关闭并停止注水；否则分离器顶部充满空气，很可能会导致油位探测器误动作，将自动排油阀打开，导致大量的污水/清水灌入污油柜。

③ 打开出水、排油、泵前引水管系及吸入清水(海水或淡水)管系上的阀，关闭舱底油污水吸入阀。油水分离器在首次使用或清洗后投入使用时应先注满清水，以便洗掉可能黏附的油污和杂质，避免油污水对分离器的污染。

④ 接通电源，起动配套泵的电机，向油水分离装置内供水，查看配套泵的转向是否符合箭头指示方向。此时自动排油指示灯亮，直至顶部空气阀中有水溢出，表明分离器内已注满水，排油指示灯应自动熄灭。起动污水泵前应先打开舷外排出阀，检查自动排油装置和应急操纵手轮是否处于正常位置。

⑤ 打开舱底水吸入管系上的阀，关闭清水阀，由配套泵将舱底油污水输入分离装置进行分离处理；同时开启监控系统，调整排放水的含油指标为15ppm，确认监控系统和自动停止排放装置正常，并一直处于运行中。

(2) 运行中的管理及注意事项。

油水分离器在使用中若管理不善，分离性能就会下降，排水中含油量将超过排放标准，甚至将大量污油排出舷外，因此必须严格按照各项管理要求。

油水分离器在使用中应充分注意排油、加热和清洗。

① 一定要按说明书规定的条件(工作压力、额定处理量、泵类型和转数等)使用油水分离器。调整排出水管路上阀的开度，保持分离器内具有一定压力，以利于分离器内的污

油排出。观察压力表、真空表等指示值是否正常，探测配套泵轴承表面温度是否在允许的范围内。设有电加热器温度自动控制的分离装置，应注意查看分离器上的温度表，以防温度过高产生故障。严禁在分离器内无水时起动加热器。

②运行中特别注意避免油水分离器超负荷。超负荷是指超过其达到排放标准的分离能力。如果供水量过大，或排油装置失控，导致积油过多，都会降低分离效果，造成污油污染分离器内壁。检验超负荷的方法：一是检查低位检验旋塞，若有油流出说明积油过多，应立即排油，如果自动排油失灵则应改为手动排油；二是通过出水口水样的观察，如果发现有可见的油迹，应使分离器停止工作。

③ 观察处理后的排出水的水质和油分浓度报警器的工作情况。在刚起动油水分离器或油水分离器运行一段时间后，经常出现油分浓度检测装置误报警，可能是因为油分浓度检测装置的玻璃管内壁脏污，此时应视情况进行手动清洁。

④ 要定期排放集油室中的空气，防止自动排油装置因存气太多而失灵。

⑤ 油水分离器的供水泵多为单螺杆泵或柱塞泵，运行中不能空转，不允许泵在关阀时运行。无自动控制停泵装置或未设置泵干运转保护的油水分离器，应注意在舱底油污水吸空前及时停泵，避免配套泵空转而烧坏。

⑥ 为保证分离效果，根据气候条件和污水中油种的不同，采用加热的方法提高分离效果。蒸汽加热器一般用 0.25～0.3MPa 的饱和蒸汽加热到 40～60℃为宜，以加速油滴上浮和黏附在内壁上的污油脱落。

⑦ 运行油水分离器时，切忌一次将舱底水柜彻底排空，以免舱底水柜内积存在上部的污油大量进入油水分离器，显著降低其性能。

⑧在油污水排放完后停用分离器之前，应引入海水继续运行 20～30min，用以清洁油水分离器及其监控系统，以免被油污堵塞和污染。停泵后，应关闭油水分离器的进、出口阀，防止筒内充满的水泄漏，减轻内壁氧化腐蚀。

⑨ 每次使用油水分离器进行舱底水排放，均应记入油类记录簿。

⑩ 经常检查保养。定期清洗分离器内部或调换集结元件，一般 1～2 个月清洗一次，为清洗沉积在分离元件表面上的蜡质等黏附物，最好用 50～60℃的热水清洗，但也有分离器不能用热水或蒸汽清洗，这一点应引起注意。洗油水分离器时不能用清洁剂。

⑪ 要及时排出集积在分离器集油室内的油，自动排油装置如发生故障，应采用手动方式排油。

二、焚烧炉

根据 MARPOL73/78 附则 VI，2000 年 1 月 1 日或以后建造的船舶上的焚烧炉或 2000 年 1 月 1 日或以后船舶上安装的焚烧炉，必须符合公约附则 VI 附录 IV《船用焚烧炉的型式认可和操作限制》的要求。符合该要求的焚烧炉必须经主管机关按 MEPC 制定的《船用焚烧炉标准技术规范》予以认可。

按要求安装焚烧炉的所有船舶应持有一份制造厂的操作手册，该手册必须随焚烧炉存放。

按要求安装的焚烧炉，在其运行期间必须随时对燃烧室烟气出口温度进行监测。如果焚烧炉为连续进料型，在燃烧室烟气出口温度低于最小许可温度 850℃时，不应将废弃物送入该焚烧炉装置；如果焚烧炉为分批装料型，该装置应设计成其燃料室烟气出口温度在起动后 5min 内达 600℃，且随后稳定在不低于 850℃的温度上。

1. 工作原理

船舶垃圾源于食品废弃物、舱室、污泥、废油、污油、渣油、油泥及扫舱垃圾等。对不同性质的垃圾可采用不同的处理方法：排岸接收或航行中直接投弃、粉碎处理后投弃和焚烧炉焚烧处理等。

焚烧炉用来处理油渣、废油、生活污水处理装置中产生的污泥、食品残渣、机舱产生的废棉纱和其他可燃固体垃圾等。其中，污油通过污油燃烧器燃烧；固体垃圾经投料口送入炉内燃烧；生活污泥可送入污油柜中与污油混合，经粉碎泵循环粉碎后，通过污油燃烧器送入炉内燃烧。

2. 典型结构——ATLAS200 型焚烧炉

一般焚烧炉都由一个钢制的外壳、内衬耐火砖形成炉膛，炉膛周围设有固体废物投料口和出灰口。污油燃烧器用以喷入污油、污水和污泥；而辅助燃烧器用以点火助燃。装有排烟风机以保证炉膛呈负压并冷却排烟，防止烟气外漏和发生火灾。此外，还有废油柜、控制箱、废油加热装置和观察孔等。

1）ATLAS200 型焚烧炉的工作原理

图 4.38 为 ATLAS200 型焚烧炉，配置 1200SP 型污油混合柜。

焚烧炉炉体由主燃烧室和两级辅燃烧室组成。主燃烧室用于焚烧固体垃圾和所有形式的可燃非爆炸性的、闪点不低于 60℃的污油，由一个速度控制单元自动调节污油供给量；辅燃烧室主要用于焚烧未充分燃烧的废气。主燃烧室和第一级辅燃烧室分别配有燃用柴油的主燃烧器和辅燃烧器，来自主燃烧器的热量用于干燥和点燃固体垃圾和污油。主要技术参数：焚烧污油为 24L/h（最大为 40L/h）；焚烧固体垃圾最大为 40kg/h；烟气温度为 250℃；装置的运行由 PLC 单元自动控制。

一级、二级燃烧室之间用顶端开口的耐高温重质陶瓷墙隔开，辅燃烧室顶装有排烟混合室，既便于维修，又可自由选择排烟管的走向。主燃烧室侧面分别设有固体加料门和出灰门。炉层可分为内、外两层，内炉层敷设耐火材料，内外壳之间通空气隔热，主鼓风机、辅助燃烧器（包括一级、二级燃烧器）和污油燃烧器等配套设备组装在炉体上。主鼓风机提供冷却炉壁、燃烧和排烟用的空气。排烟混合室中以空气作为介质的文丘里式抽气机抽吸并冷却烟气。

一级、二级燃烧器（均为辅助燃烧器）为全自动气流式燃烧器，并配有电点火装置和火焰控制装置。污油燃烧器为压缩空气雾化式燃烧器，适用于燃烧含固体杂质直径不大于 0.8mm 的油水污泥。将压缩空气供应到焚烧炉，用于污油燃烧器、加料槽和速闭阀。为避免空气管的阻塞，设置空气滤器，网孔尺寸最大为 20μm。

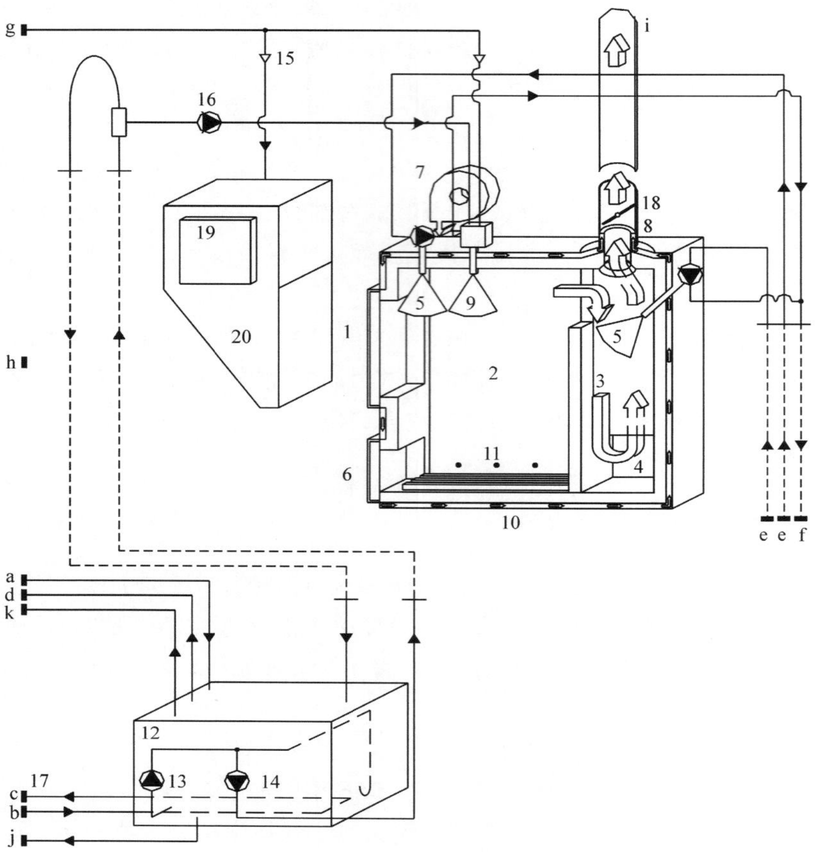

图 4.38　ATLAS200 型焚烧炉原理图

1-进料门；2-主燃烧室；3-一级辅燃烧室；4-二级辅燃烧室；5-带内置泵的辅助燃烧器；6-出灰门；7-主鼓风机；8-抽吸式空气喷射器；9-污油燃烧器；10-空气冷却双层壁；11-燃烧空气进口；12-污油混合柜；13-粉碎泵；14-循环泵；15-压缩空气；16-污油计量泵；17-加热单元；18-风门挡板；19-加料门；20-加料槽；a-污油进口；b-蒸汽进口；c-蒸汽出口；d-污油柜透气口；e-柴油进口；f-柴油柜(图中未示出)透气口；g-压缩空气进口；h-电源供应；i-烟气出口；j-污油柜放残；k-污油柜溢流

装置中使用的一级、二级燃烧器的内置泵和污油计量泵是具有自吸能力的泵，并由变速电机驱动。一级、二级燃烧器的内置泵均为齿轮泵，内置滤器，将柴油在焚烧炉柴油柜和燃烧器之间循环。柴油供应管路上装有粗滤器，避免管路堵塞，滤器网孔尺寸最大为 50～75μm。内置柴油泵设定压力为 10bar，建议的管路吸入真空为 0.4bar。

污油和生活污水装置产生的污泥焚烧前需作预处理，将二者均匀混合，用粉碎泵反复处理使其中的固相杂质充分搅拌、粉碎和乳化。出于放残和减少沉淀的需要，用蒸汽加热提高其流动性。装置的这一预处理系统包括污油混合柜(柜内装有加热管、搅拌器等)、粉碎泵和循环泵等。

袋装的固态垃圾，在焚烧炉起动前投入主燃烧室。起动时，先点燃一级燃烧器，燃烧约 30min 以加热炉膛，同时起动污油混合柜搅拌器、循环泵和粉碎泵，当炉温达到 800℃

时自动起动废油计量泵，自油水污泥预处理系统抽出的油水污泥被送往主燃烧室焚烧，污油计量泵的转速由主燃烧室的温度自动来调节。污泥含水量在60%以下时，污油燃烧器可正常燃烧，当污泥含水过多、热值过低使炉温下降到800℃以下时，一级燃烧器自动投入工作，以保证正常的焚烧作业。当污油混合柜的液位下降到低位开关动作液位时，便停止污油的燃烧，焚烧炉停炉后自动转入冷却状态。在燃烧和冷却期间，固体加料门紧锁。

单独焚烧固体垃圾时，在一级燃烧器辅助燃烧及污油燃烧器工作过程中，若出现温度过高、过低、熄火、雾化压力太低等失常情况，报警系统会发出报警信号。

2) ATLAS200 型焚烧炉的主要部件结构

(1) 一级、二级燃烧器。一级、二级燃烧器的基本结构如图 4.39 所示。

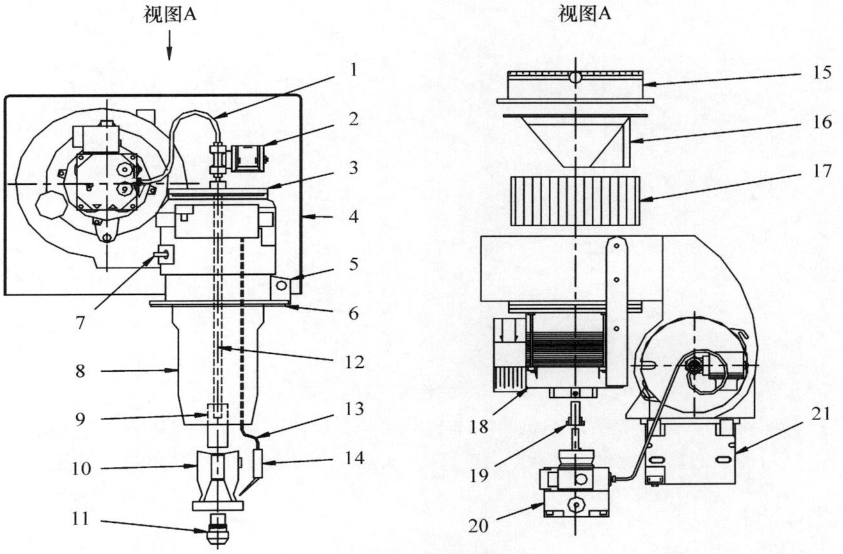

图 4.39　一级、二级燃烧器的基本结构

1-压力油管；2-电磁阀；3-后盖；4-罩壳；5-法兰；6-法兰垫片；7-火焰探测器；8-火焰通道；9-连接套；10-混合盘；11-喷油器；12-内部压力油管；13-点火电缆；14-点火电极；15-风量调节；16-吸风喷嘴；17-风机叶轮；18-电机；19-联轴器；20-油泵；21-点火变压器

点火电极及风量的调节如图 4.40 所示。两电极端部相距 3mm，电极端部距喷嘴中心线 7mm。风量调节时，螺母调向大的数值以获得较多的空气。

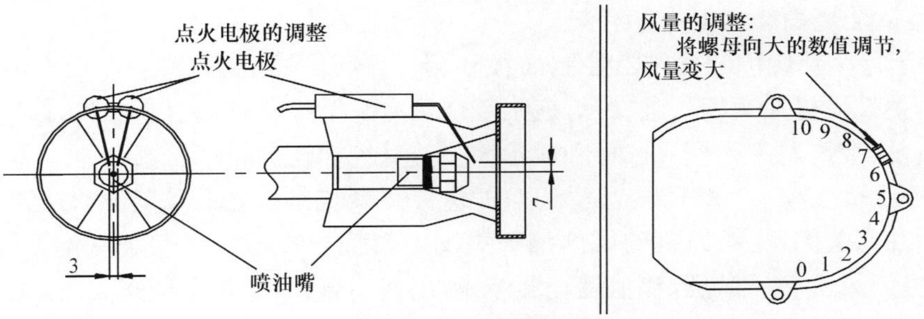

图 4.40　一级、二级燃烧器的调节

(2) 污油燃烧器。污油燃烧器的基本结构如图 4.41 所示。

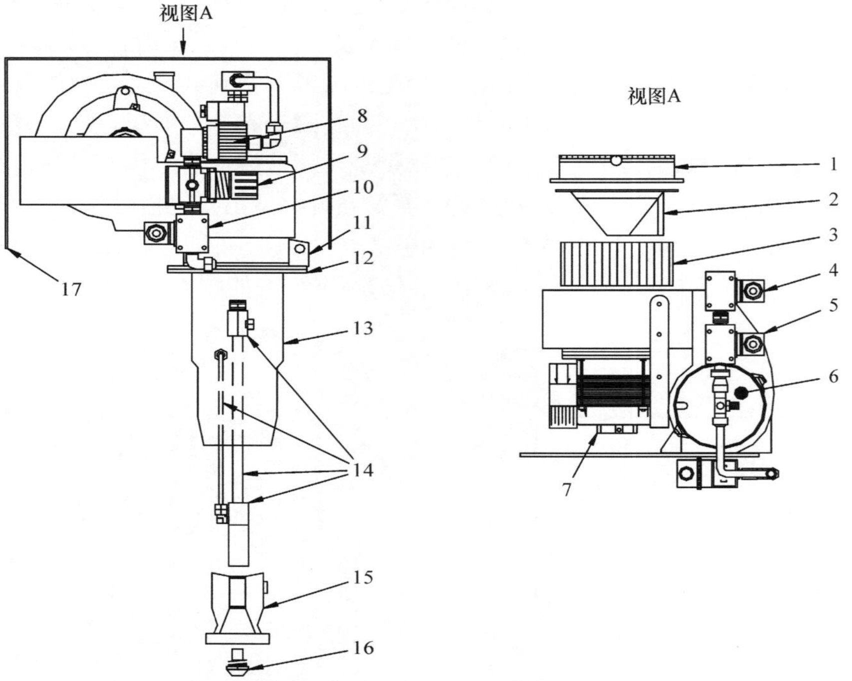

图 4.41　污油燃烧器的基本结构

1-风量调节;2-吸风喷嘴;3-风机叶轮;4,5,8,10-电磁阀;6-后盖;7-电机;9-压力调节阀;11-法兰;12-法兰垫片;13-火焰通道;14-油头插件;15-混合盘;16-喷油器;17-罩壳

3) 操作说明

(1) 焚烧炉的起动准备。

在起动焚烧炉之前,应完成下列准备工作:

① 打开所有柴油进、出口阀。

② 打开压缩空气进口阀。

③ 确认压缩空气到主鼓风机及烟气出口的通道畅通。

④ 确认出灰门和加料门关闭。

⑤ 确认污油混合柜中存有污油。

⑥ 确认焚烧炉柴油柜中存有柴油。

(2) 运行。焚烧炉的操作由控制面板和“起/停”开关控制。控制面板上的绿灯表示焚烧炉的主鼓风机在运行状态;红灯表示焚烧炉有一个报警被激活。此外,控制面板还提供温度指示、焚烧炉运行模式选择和显示警报信息等功能。

(3) 停止焚烧炉。将开关转至“STOP”位停止焚烧炉。当开关转至“STOP”位时,所有打开的油阀关闭,主鼓风机的风门挡板关闭。焚烧炉冷却。当燃烧室温度降至 100℃以下时,主鼓风机、主燃烧器和辅燃烧器停止,出灰门解锁,雾化空气阀关闭。

三、生活污水处理装置

1. 工作原理

船舶生活污水处理装置按污水的排放方式可分为无排放型生活污水处理装置和排放型生活污水处理装置。无排放型生活污水处理装置通常包含船上储存方式和再循环处理方式；排放型生活污水处理装置必须按照国际公约和相关规定的排放要求，对生活污水进行相应处理后再排放。船上一般选用的都是排放型生活污水处理方式，按其净化方式的不同有生化处理、物理化学处理等方式。

1）无排放型生活污水处理方式

能满足 MARPOL73/78 要求的常用方法就是船上安装生活污水储存柜。该储存柜系统将船舶日常产生的生活污水收集、储存起来，当船舶航行到允许排放海域时将储存的生活污水排出舷外或条件允许时排入岸上的接收设备。其简单储存方式系统流程图如图 4.42 所示。

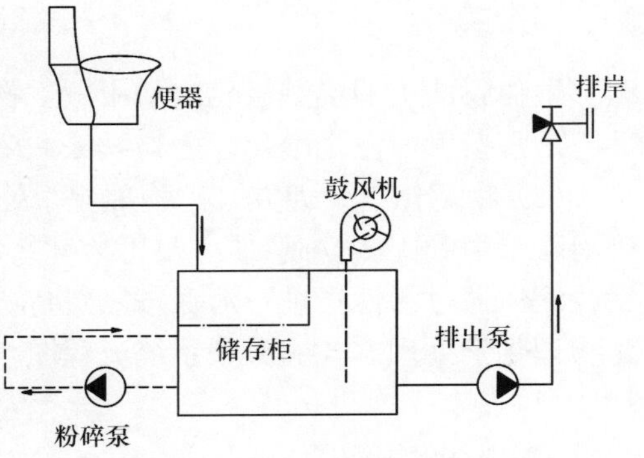

图 4.42　简单储存方式系统流程图

该系统包括生活污水的收集储存和排放两部分，主要设备有储存柜和排出泵。储存柜通常设置两个，两套排出泵、管系采用相互备用的并联方式，以备必要时的调换使用。由于排出泵易被坚硬的粪便和碎纸片等固体物质堵塞，影响其正常运转而产生臭味，因此在储存柜的出口专门装设了粉碎机、充气风机和通风管，以维持固体物的漂浮、减少气味和可燃性气体。柜内与外界保持密封，并装有冲洗设备。为了引出柜内产生的可燃气体，要安装带防火罩的透气管。另外，该装置在甲板上装有便于生活污水排往岸上接收设备的管路和标准排放接头。

该方式结构简单，操作管理容易，且对水环境几乎无任何损害。其主要缺点是：储存舱柜的容积较大，特别是在限制海域长期航行或停泊的船舶，必然造成船舶有效装载容积或机舱工作空间的减少；为了防止系统在工作中散发臭味，需适时地进行投药处理，从而使药品的使用费增加；船舶过驳生活污水增加了停港或抛锚时间，降低了船舶的营运效率。

2）排放型生活污水处理方式

（1）生化处理方式。生化处理方式方法通过建立和保持微生物（细菌）生长的适宜条件，利用该微生物群体来消化分解污水中的有机物，使之生成对环境无害的二氧化碳和水，而微生物在此过程中得以繁殖。生化处理法有好氧生物法和厌氧生物法两大类，好氧生物法又分为活性污泥法和生物膜法两种。船上常用以好氧菌为主的活性污泥对污水中的有机物质进行分解处理。

图 4.43 为活性污泥法处理生活污水的工作流程图。污水进入曝气池，在不断通入空气的情况下，活性污泥在此消化分解有机物，离开曝气池后的混合液进入沉淀池。在沉淀

池中活性污泥进行沉淀分离，而澄清的水进入投有杀菌药剂的消毒池，经杀菌后的净水排出舷外。从沉淀池中沉淀分离的活性污泥一部分流回曝气池，多余部分定期排出舷外。

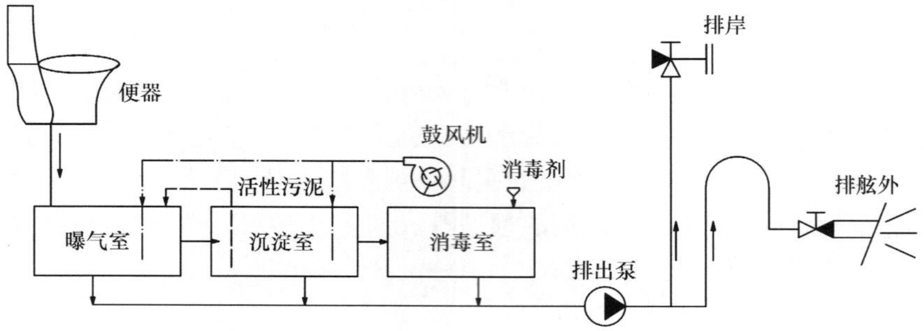

图 4.43　活性污泥法系统流程图

生物膜法中的接触氧化法利用微生物群体附着在其他物体(填料)表面上呈膜状，让其与污水接触而使之净化。生物膜法主要用来除去污水中溶解性和胶体性的有机物。

(2) 物理化学处理方式。物理化学处理方式的原理是首先通过凝聚、沉淀、过滤等过程消除水中的固体物质，使之与可溶性有机物质相脱离来降低生活污水中的 BOD_5 值，然后让液体通过活性炭进行消毒，最后将符合要求的处理后的生活污水排出舷外。图 4.44 为物理化学处理方式的典型系统流程图。

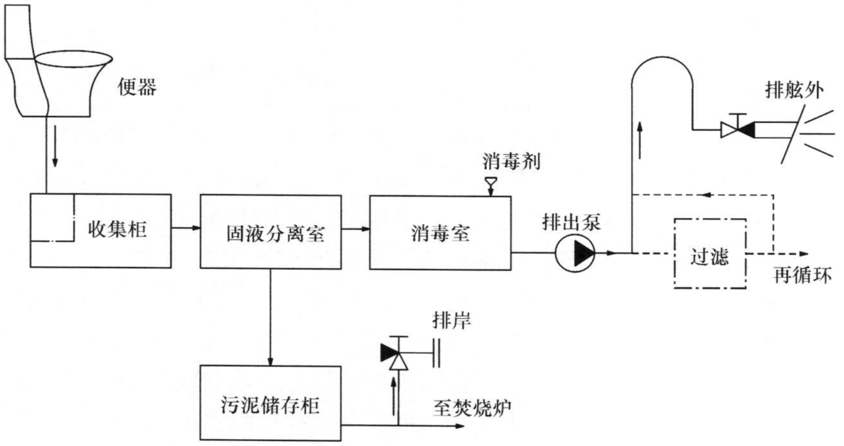

图 4.44　物理化学处理方式系统流程图

采用物理化学法处理污水的装置体积小，使用灵活，对污水量的变化适应性较强，工作过程可全面实现自动化。但是，该处理方式的药剂使用量较大，运行成本较高。

2. 典型装置——WCB 型生活污水生化处理装置

1) WCB 型生活污水生化处理装置的工作原理

图 4.45 为某公司生产的 WCB 型生化法污水处理装置，该装置利用活性污泥和生物膜的处理原理消解有机污染物质。

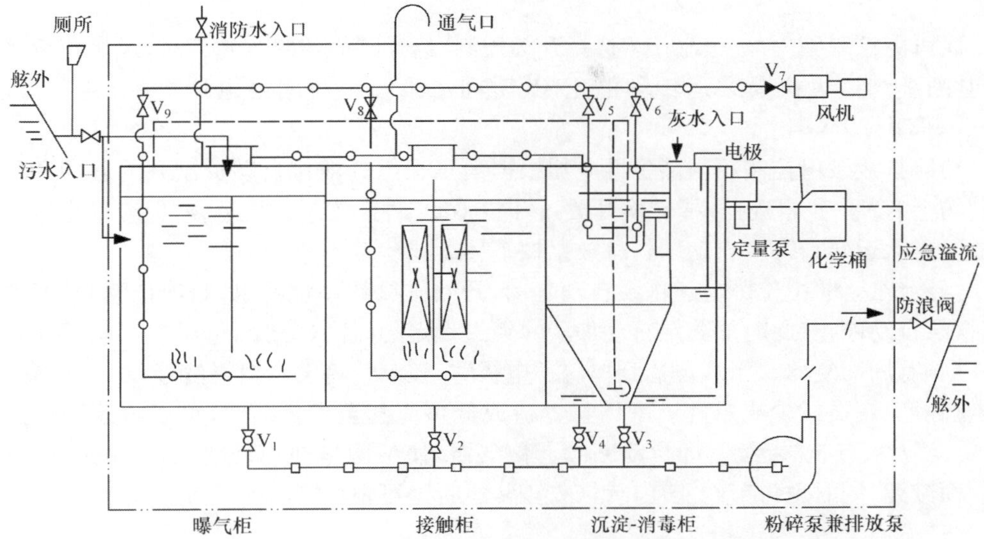

图 4.45　WCB 型生活污水处理装置

在一级曝气柜内以好氧菌为主的活性污泥菌团形成棉絮状带有黏性的絮体吸附有机物质，在充氧的条件下消解有机物质变成无害的二氧化碳和水，同时活性污泥得到繁殖，在作为菌团营养的有机污染物质减少时细菌呈饥饿状态以致死亡，死亡的细胞被附着在活性污泥中的原生物和后生动物的食物所吞噬，粪便污水中 95%以上是易消解的有机物质，完全被氧化。

在二级接触柜内悬挂有软性生物膜填料，具有吸附消解有机物功能的生物膜在水中自由飘动，大部分原生动物寄居于纤维生物膜内，同样由于充氧的作用，有机物质进一步与生物膜接触氧化分解。污水在进入沉淀柜时其中的污泥量已很少，在沉淀柜内累积的活性污泥沉淀物再被返送至一级曝气柜内为菌种繁殖。

如果停机一段时间再起动，由于生物膜中尚有细菌的孢子存活，所以比常规曝气法起动时间要快得多。

经过沉淀处理过的污水最后进入消毒柜用含氯药品杀菌，并由排放泵排至舷外。污泥排放周期视污水性质和负荷而定，一般三个月左右排放一次多余污泥是适当的。

2）WCB 型生活污水处理装置的构成

回转式鼓风机用于向装置供送空气，风机运转时，由滴油嘴向气缸体内滴入必要的润滑油，使摩擦表面润滑。润滑系统是利用风机工作时产生的压力差形成的自动供给机油的循环装置，因此风机不能空负载运转。

粉碎泵即排放泵，安装在装置前方，用于排出处理过的排放水，当需要时也可以排放本体各腔的污泥，此时具有粉碎的功能。

加药泵用于向装置消毒柜添加氯，泵头由几个聚四氟乙烯滚轮组成，由一个电机通过减速齿轮驱动，含氯液体由加药泵从塑料桶通过一根硅胶管由滚轮挤压到消毒柜内，在泵运转时，始终有一个滚轮接触以压住尼龙管，保证液体不返回塑料桶内，也不虹吸自流至柜内。

风机由控制箱内“连续-断续”选择开关控制，选择开关转向“连续”时，风机连续运转，转向“断续”时，风机断续运转和停止，其时间可由一个时间继电器控制，通常是运转20min，停止20min。

粉碎排放泵由控制箱内液位继电器根据消毒柜内的液位自动控制泵的起动和停止，控制箱上有“手动-自动”选择转换开关，转向“手动”时排放泵连续运转，但应注意，不要让排放泵无水运转；转向“自动”时，排放泵按下述方式运转。

当液位达到“中位”电极时，泵自动起动，开始排放处理过的水；当液位降到“低位”电极时，泵自动停止，此时加药泵自动加药。经过设定的时间(一般2min)后自动停止，等待下一周期，周而复始。当液位达到“高位”电极时，控制箱将发出报警信号。

在船上定员减少或船员上岸休息等造成低负荷甚至零负荷时，可以将装置上的“连续-断续”开关转向“断续”，即自动断续起停气泵，使细菌呈抑止繁殖状态，不至于因过于富氧而饿死，同时也可节约能耗，待恢复正常运行时可很快“起动”装置。

第六节　船用阀门

一、常用阀门简介及选用原则

1. 闸阀

闸阀作为截止介质使用，在全开时整个流通直通，此时介质运行的压力损失最小，其结构如图4.46所示。闸阀通常适用于不需要经常开闭且保持闸板全开或全闭的工况，不适用于作为调节或节流使用。对于高速流动的介质，闸板在局部开启状况下可以引起闸门的振动，振动又可能损伤闸板和阀座的密封面，而节流会使闸板遭受介质的冲蚀。从结构形式上，主要的区别是所采用的密封元件的形式。根据密封元件的形式，常常把闸阀分成几种不同的类型，如楔式闸阀、平行式闸阀、平行双闸板闸阀、楔式双闸板闸阀等。最常用的形式是楔式闸阀和平行式闸阀。

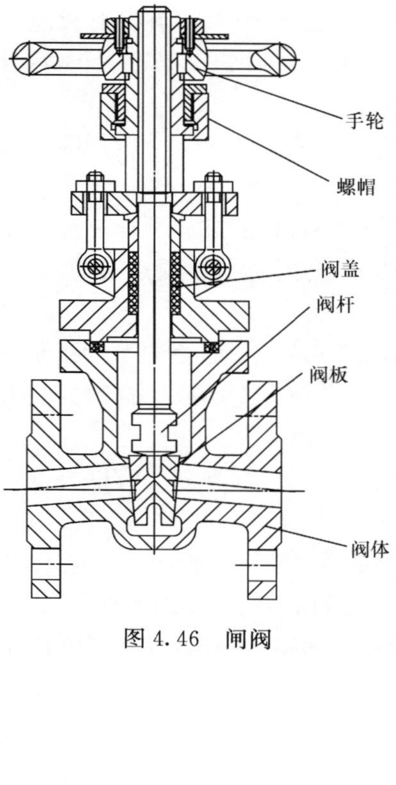

图4.46　闸阀

(1) 闸阀的优点如下：

① 流体阻力小。

② 开闭所需力矩较小。

③ 可以使用在介质向两方向流动的环网管路上，也就是说介质的流向不受限制。

④ 全开时，密封面受工作介质的冲蚀比截止阀小。

⑤ 结构形体比较简单，制造工艺性较好。

⑥ 结构长度比较短。

(2) 闸阀的缺点如下：

① 外形尺寸和开启高度较大，所需的安装空间也较大。

② 在开闭过程中，密封面相对摩擦、磨损较大，甚至在高温时容易引起擦伤现象。

③ 一般闸阀都有两个密封面，给加工、研磨和维修增加了困难。

④ 开闭时间长。

2. 截止阀

截止阀的阀杆轴线与阀座密封面垂直。截止阀的阀杆开启或关闭行程相对较短，并具有非常可靠的切断动作，非常适合作为介质的切断或调节及节流使用。截止阀的阀瓣一旦处于开启状态，它的阀座和阀瓣密封面之间就不再接触，并具有非常可靠的切断动作，非常适合作为介质的切断或调节及节流使用。

开启后，截止阀的阀座和阀瓣密封面之间就不再接触，因而它的密封面机械磨损较小，由于大部分截止阀的阀座和阀瓣比较容易修理或更换密封元件时无须把整个阀门从管线上拆下来，这对于阀门和管线焊接成一体的场合是很适用的。介质通过此类阀门时的流动方向发生了变化，因此截止阀的流动阻力较高于其他阀门。

常用的截止阀有以下几种。

(1) 角式截止阀。在角式截止阀中，流体只需改变一次方向，以至于通过此阀门的压力降比常规结构的截止阀小。

(2) 直流式截止阀。在直流式或 Y 型截止阀中，阀体的流道与主流道成一斜线，这样流动状态的破坏程度比常规截止阀要小，因此通过阀门的压力损失也相应变小，其结构如图 4.47 所示。

(3) 柱塞式截止阀。这种型式的截止阀是常规截止阀的变型。在该阀门中，阀瓣和阀座通常是基于柱塞原理设计的。阀瓣磨光成柱塞与阀杆相连，密封是由套在柱塞上的两个弹性密封圈实现的。两个弹性密封圈用一个套环隔开，并通过由阀盖螺母施加在阀盖上的载荷把柱塞周围的密封圈压牢。弹性密封圈能够更换，可以采用各种材料制成，该阀门主要用于“开”或者“关”，但是备有特制形式的柱塞或特殊的套环也可以用于调节流量。

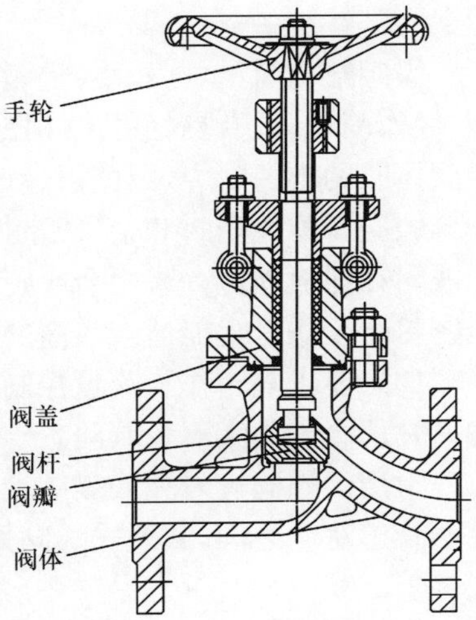

图 4.47　直流式截止阀

截止阀的优点如下：

(1) 在开启和关闭过程中，阀瓣与阀体密封面间的摩擦力比闸阀小，因而耐磨。

(2) 开启高度一般仅为阀座通道的 1/4，因此比闸阀小得多。

(3) 通常在阀体和阀瓣上只有一个密封面，因而制造工艺性比较好，便于维修。

(4) 其填料一般为石棉与石墨的混合物，故耐温等级较高，一般蒸汽阀门都使用截止阀。

截止阀的缺点如下：

(1) 由于介质通过阀门的流动方向发生了变化，截止阀的最小流阻也高于大多数其他类型的阀门。

(2) 由于行程较长，开启速度较球阀慢。

3. 蝶阀

蝶阀的蝶板安装于管道的直径方向。在阀体圆柱形通道内，圆盘形蝶板绕着轴线旋转，旋转角度为0°～90°，旋转到90°时，阀门呈全开状态，其结构如图4.48所示。

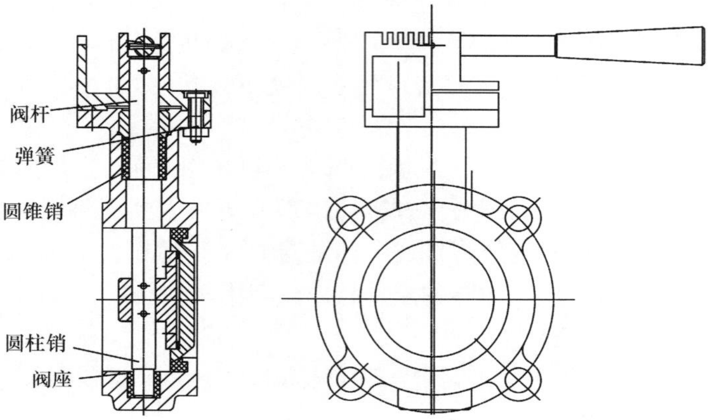

图4.48　蝶阀

蝶阀结构简单、体积小、重量轻，只由少数几个零件组成。只需旋转90°即可快速开闭，操作简单，具有良好的流体控制特性。蝶阀处于完全开启位置时，蝶板厚度是介质流经阀体时的唯一阻力，因此通过该阀门产生的压力降很小，具有较好的流量控制特性。

蝶阀有弹性密封和金属密封两种密封形式。弹性密封阀门，密封圈可以镶嵌在阀体上或附在蝶板周边。采用金属密封的阀门一般比弹性密封的阀门寿命长，但很难做到完全密封。金属密封能适应较高的工作温度，弹性密封则具有受温度限制的缺陷。

如果要求蝶阀作为流量控制使用，则要正确选择阀门的尺寸和类型。蝶阀的结构原理尤其适合制作大口径阀门。

常用的蝶阀有对夹式蝶阀和法兰式蝶阀两种。对夹式蝶阀是用双头螺栓将阀门连接在两管道法兰之间，法兰式蝶阀是阀门上带有法兰，用螺栓将阀门上两端法兰连接在管道法兰上。

(1) 蝶阀的优点如下：

① 结构简单、体积小、重量轻、耗材省，特别适用于大口径阀门。

② 开闭迅速，流阻小。

③ 可用于带悬浮固体颗粒的介质，依据密封面的强度也可用于粉状和颗粒状介质。可适用于通风除尘管路的双向开闭及调节，现已广泛用于冶金、轻工、电力和石油化工系统的煤气管道及水道等。

(2) 蝶阀的缺点如下:

① 流量调节范围不大,当开度达 30%时,流量就将达到 95%以上。

② 由于蝶阀的结构和密封材料的限制,不宜用于高温、高压的管路系统中。一般工作温度在 300℃以下,压力在 PN40 以下。

③ 密封性能相对于球阀、截止阀较差,故用于密封要求不是很高的地方。

4. 球阀

球阀由旋塞阀演变而来,它具有相同的旋转 90°的动作,不同之处在于旋塞体是球体,有圆形通孔或通道通过其轴线。球面和通道口的比例应该是:当球旋转 90°时,在进、出口处应全部呈现球面,从而截断流动。

球阀只需要用旋转 90°的操作和很小的转动力矩就能关闭严密。完全平等的阀体内腔为介质提供了阻力很小、直通的流道,其结构如图 4.49 所示。通常认为球阀最适宜直接做开闭使用,但近来的发展球阀已被设计成具有节流和控制流量之用。球阀的主要特点是本身结构紧凑,易于操作和维修,适用于水、溶剂、酸和天然气等一般工作介质,还适用于工作条件恶劣的介质,如氧气、过氧化氢、甲烷和乙烯等。球阀阀体可以是整体的,也可以是组合式的。

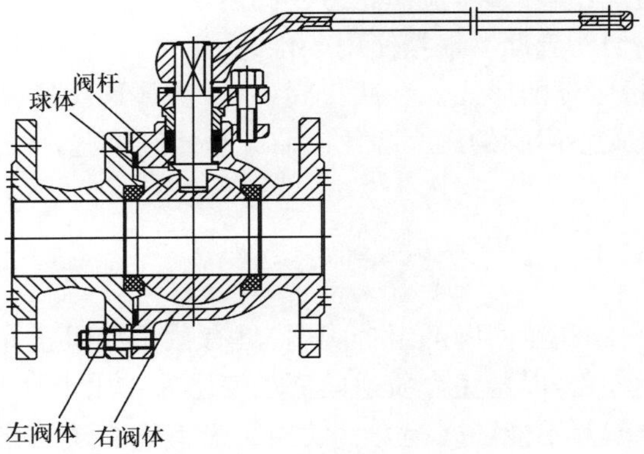

图 4.49 球阀

5. 止回阀

止回阀的作用是只允许介质向一个方向流动,阻止反方向流动。通常这种阀门是自动工作的,在一个方向流动的流体压力作用下,阀瓣打开;流体反方向流动时,由流体压力和阀瓣的自重合阀瓣作用于阀座,从而切断流动。止回阀包括旋启式止回阀和升降式止回阀。

(1) 旋启式止回阀有一铰链机构,还有一个像门一样的阀瓣自由地靠在倾斜的阀座表面上。为了确保阀瓣每次都能到达阀座面的合适位置,阀瓣设计在铰链机构上以便具有足够的旋启空间,并能真正、全面地与阀座接触,其结构如图 4.50 所示。阀瓣可以全部用金属制成,也可以在金属上镶嵌皮革、橡胶,或者采用合成覆盖面,这取决于使用性能的要求。旋启式止回阀在完全打开的状况下，流体压力几乎不受阻碍，因此通过阀门的压力降较小。

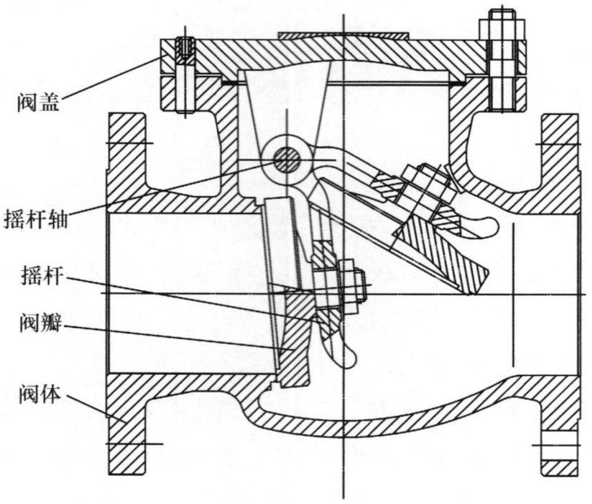

图 4.50　旋启式止回阀

(2) 升降式止回阀的阀瓣位于阀体的阀座密封面上。此阀门除了阀瓣可以自由地升降之外，其余部分如同截止阀一样，流体压力使阀瓣从阀座密封面上抬起，介质回流导致阀瓣回落到阀座上，并切断流动。根据使用条件，阀瓣可以是全金属结构，也可以是在阀瓣架上镶嵌橡胶垫或橡胶环的形式。和截止阀一样，流体通过升降式止回阀的通道也是狭窄的，因此通过升降式止回阀的压力降比旋启式止回阀大些，而旋启式止回阀的流量受到的限制很少。

6. 截止止回阀

截止止回阀是截止阀和止回阀的组合阀门，具有截止和阻止介质逆向流动的双重作用，一般用于泵的出口管路，以避免介质逆向流动使压力作用于泵上。截止止回阀不能强制开启阀盘，阀杆上升阀盘不能随之提升。仅当阀盘下面介质的作用力大于阀盘上面的作用力时，才能开启阀盘，顶起高度取决于阀杆上升的高度和介质的流动情况；反之，当阀盘上面的作用力(阀盘重量、弹簧弹力和介质压力)大于下面的力，即当介质逆向流动时，阀盘即下降而自动关闭，从而阻止介质逆向流动。转动阀杆可压紧阀盘，将阀强制关闭，从而截断介质的流动。与止回阀相同，尺寸较大的截止止回阀一般不设弹簧，也需要直立安装在管路上。

二、阀门的分类

1. 按驱动方式分类

按驱动方式，阀门分为如下几种。

(1) 自动阀：不需外力驱动，靠介质自身的能量驱动阀门，如减压阀、安全阀和止回阀等。

(2) 动力驱动阀：借助电力或压缩空气驱动的阀门。

(3) 液动阀：借助油等液体压力驱动的阀门。

(4) 手动阀：借助手轮、手柄、杠杆、链轮，由人力操纵阀门动作的阀门。

2. 按用途分类

按用途，阀门分为如下几种。

(1) 截断阀：用来截断或接通管道介质，如闸阀、截止阀、球阀、旋塞阀、蝶阀和隔膜阀等。

(2) 止回阀：用来防止管道中的介质倒流。

(3) 分配阀：用来改变介质的流向，起分配、分离或混合介质的作用，如三通阀、疏水阀和分配阀等。

(4) 调节阀：用来调节介质的压力和流量，如减压阀、调节阀和节流阀等。

(5) 安全阀：防止装置中的介质超过规定值，对管系及设备提供超压安全保护。

3. 按公称压力分类

按公称压力，阀门分为如下几种。

(1) 真空阀：工作压力低于标准大气压的阀门。

(2) 低压阀：公称压力 PN≤1.6MPa 的阀门。

(3) 中压阀：公称压力 PN 为 1.6～6.4MPa 的阀门。

(4) 高压阀：公称压力 PN 为 6.4～80MPa 的阀门。

(5) 超高压阀：公称压力 PN≥100MPa 的阀门。

4. 按工作温度分类

按工作温度，阀门分为如下几种。

(1) 常温阀：用于介质工作温度为－40～120℃的阀门。

(2) 中温阀：用于介质工作温度为 120～450℃的阀门。

(3) 高温阀：用于介质工作温度≥450℃的阀门。

(4) 低温阀：用于介质工作温度为－100～－40℃的阀门。

(5) 超低温阀：用于介质工作温度≤－100℃的阀门。

5. 按公称通径分类

按公称通径，阀门分为小通径阀门、中通径阀门、大通径阀门和特大通径阀门。

6. 按结构特征分类

按结构特征，阀门分为截门型阀门、闸门型阀门、旋塞型阀门、旋起型阀门、蝶型阀门和滑阀型阀门。

7. 按连接方式分类

按连接方式，阀门分为螺纹连接阀门、法兰连接阀门、焊接连接阀门、卡箍连接阀门、卡套连接阀门和对接连接阀门。

8. 按阀体材料分类

按阀体材料，阀门分为金属材料阀门、非金属材料阀门和金属阀体衬里阀门。

三、阀门的基本参数

1. 阀门的公称通径

阀门的公称通径是指阀门与管道连接处通道的名义直径，用 DN 表示，在字母 DN 后紧跟一个数字标识，它是阀门最主要的参数之一。例如，公称通径为 150mm 标为 DN150。常用的有 5、6、8、10、12、15、20、25、32、40、50、80、100、125、150、200、250、300、400、500、600、1300 等，具体的数值见国家标准《管道元件 DN(公称尺寸)的定义和选用》(GB 1047—2005)。

2. 阀门的公称压力

阀门的公称压力是指与阀门的机械强度有关的设计给定压力，是阀门在基准温度下允许的最大工作压力。公称压力用 PN 表示，表示阀门的承载能力，是阀门最主要的参数之一。公称压力用 PN 表示，它是与管道系统元件的力学性能和尺寸特性相关、由用于参考的字母和数字组合的标识。公称压力由字母 PN 和无因次的数字组成，PN 后的数字不代表测量值，不应用于计算目的，除非在有关标准中另有规定。除了与相关的管道元件标准有关联，PN 不具有意义。具体的数值见国家标准《管道元件 PN(公称压力)的定义和选用》(GB/T 1048—2005)。表 4.4 显示了 ANSI 压力等级和公称压力的对照。

表 4.4　ANSI 压力等级和公称压力

ANSI 压力等级/psi	公称压力 PN
150	16
300	40
600	100
900	160
1500	250
2500	400
4500	700

注：PN 和 ANSI 之间没有精确的对比关系(ANSI 是美国国家标准化组织的英文缩写)。

3. 阀门的压力与温度等级

当阀门工作温度超过公称压力的基准温度时，其最大工作压力必须相应降低。阀门的工作温度和相应的最大工作压力变化表简称温压表，它是阀门选用的基准。

4. 阀门的压力单位

阀门强度试验和密封的压力数值要准确，必须按国标规定换算法定计量压力单位。

具体换算方法见国家标准 GB/T 1048—2005《管道元件 PN(公称压力)的定义和选用》。

5. 阀门的标准

我国标准分国家标准、行业标准和企业标准三级。下级标准不得和上级标准相抵触。国家标准和行业标准都是全国性的。标准的编号一般由标准代号、数字号码(登记序)和批准年号三部分组成。标准代号表示标准的等级和使用范围。

四、国产阀门的标注方法

(1) 阀门的型号编制方法如图 4.51 所示。

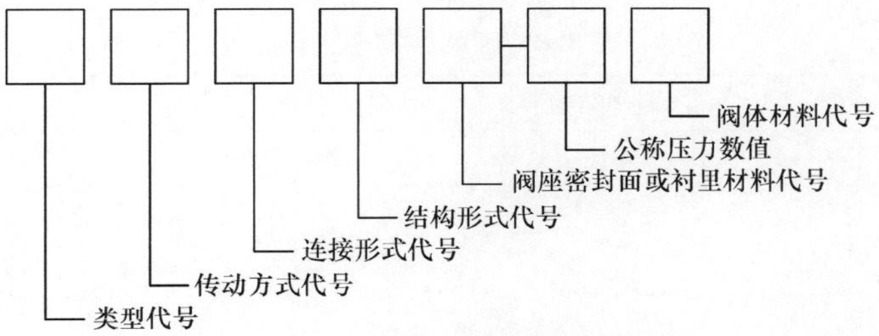

图 4.51　阀门型号编制方法

(2) 类型代号用汉语拼音字母表示,规定如表 4.5 所示。

表 4.5　阀门类型的分类

类型	代号	类型	代号
闸阀	Z	旋塞阀	X
截止阀	J	止回阀和底阀	H
节流阀	L	安全阀	A
球阀	Q	减压阀	Y
蝶阀	D	疏水阀	S
隔膜阀	G	柱塞阀	U

注:低温(低于零下 40℃)、保温(带加热层)和带波纹管的阀门在类型代号前分别加字母 D、B 和 W。

(3) 传动方式代号用阿拉伯数字表示,规定如表 4.6 所示。

表 4.6　阀门传动方式的分类

传动方式	代号	传动方式	代号
电磁动	0	伞齿轮	5
电磁-液动	1	气动	6
电-液动	2	液动	7
蜗轮	3	气-液动	8
正齿轮	4	电动	9

注:(1) 手轮、手柄和扳手传动以及安全阀、减压阀、疏水阀省略本代号。

(2) 对于气动或液动,常开式用 6K、7K 表示;常闭式用 6B、7B 表示;气动带手动用 6S 表示;防爆电动用 9B 表示;蜗杆-T 型螺母用 3T 表示。

(4) 连接形式代号用阿拉伯数字表示,规定如表 4.7 所示。

表 4.7　阀门连接形式的分类

连接形式	代号	连接形式	代号
内螺纹	1	对夹	7
外螺纹	2	卡箍	8
法兰	4	卡套	9
焊接	6	—	—

(5) 结构形式代号用阿拉伯数字表示,规定如表 4.8～表 4.17 所示。

表 4.8　闸阀结构形式代号

<table>
<tr><th colspan="4">闸阀结构形式</th><th>代号</th></tr>
<tr><td rowspan="5">明杆</td><td rowspan="3">楔式</td><td colspan="2">弹性闸板</td><td>0</td></tr>
<tr><td rowspan="7">刚性</td><td>单闸板</td><td>1</td></tr>
<tr><td>双闸板</td><td>2</td></tr>
<tr><td rowspan="2">平行式</td><td>单闸板</td><td>3</td></tr>
<tr><td>双闸板</td><td>4</td></tr>
<tr><td colspan="2" rowspan="2">暗杆楔式</td><td>单闸板</td><td>5</td></tr>
<tr><td>双闸板</td><td>6</td></tr>
<tr><td colspan="2">暗杆平行式</td><td>双闸板</td><td>8</td></tr>
</table>

表 4.9　截止阀和节流阀结构形式代号

<table>
<tr><th colspan="2">截止阀和节流阀的结构开式</th><th>代号</th></tr>
<tr><td colspan="2">直通式</td><td>1</td></tr>
<tr><td colspan="2">角式</td><td>4</td></tr>
<tr><td colspan="2">直流式(Y 型)</td><td>5</td></tr>
<tr><td rowspan="2">平衡</td><td>直通</td><td>6</td></tr>
<tr><td>角式</td><td>7</td></tr>
</table>

表 4.10　球阀结构形式代号

<table>
<tr><th colspan="3">球阀结构形式</th><th>代号</th></tr>
<tr><td rowspan="4">浮动</td><td colspan="2">直通式</td><td>1</td></tr>
<tr><td>L 型</td><td rowspan="2">三通式</td><td>4</td></tr>
<tr><td>T 型</td><td>5</td></tr>
<tr><td colspan="2">四通式</td><td>6</td></tr>
<tr><td>固定</td><td colspan="2">直通式</td><td>7</td></tr>
</table>

表 4.11　蝶阀结构形式代号

蝶阀结构形式	代号
杠杆式	0
垂直板式	1
斜板式	3

表 4.12　隔膜阀结构形式代号

隔膜阀结构形式	代号
屋脊式	1
截止式	3
闸板式	7

表 4.13　旋塞阀结构形式代号

旋塞阀结构形式		代号
填料	直通式	3
	T 型三通式	4
	四通式	5
油封	直通式	7
	T 型三通式	8

表 4.14　止回阀和底阀结构形式代号

止回阀和底阀结构形式		代号
升降	直通式	1
	立式	2
旋启	单瓣式	4
	多瓣式	5
	双瓣式	6
	蝶式	7

表 4.15　安全阀结构形式代号

<table>
<tr><th colspan="4">安全阀结构形式</th><th>代号</th></tr>
<tr><td rowspan="9">弹簧</td><td rowspan="5">封闭</td><td>带散热片</td><td>全启式</td><td>0</td></tr>
<tr><td colspan="2">微启式</td><td>1</td></tr>
<tr><td colspan="2">全启式</td><td>2</td></tr>
<tr><td rowspan="4">带扳手</td><td>全启式</td><td>4</td></tr>
<tr><td>双弹簧微启式</td><td>3</td></tr>
<tr><td rowspan="4">不封闭</td><td>微启式</td><td>7</td></tr>
<tr><td>全启式</td><td>8</td></tr>
<tr><td rowspan="2">带控制机构</td><td>微启式</td><td>5</td></tr>
<tr><td>全启式</td><td>6</td></tr>
<tr><td colspan="4">脉冲式</td><td>9</td></tr>
</table>

注:(1) 杠杆式安全阀在类型代号前加汉语拼音字母 G。

(2) 脉冲式导阀用 9a 表示。

表 4.16　减压阀结构形式代号

减压阀结构形式	代号
薄膜式	1
弹簧薄膜式	2
活塞式	3
波纹管式	4
杠杆式	5

表 4.17　疏水阀结构形式代号

疏水阀结构形式	代号
浮球式	1
钟形浮子式	5
双金属式	7
脉冲式	8
热动力式	9

(6) 阀座密封面或衬里材料代号用汉语拼音字母表示,规定如表 4.18 所示。

表 4.18　阀门密封面的分类

阀座密封面或衬里材料	代号	阀座密封面或衬里材料	代号
铜合金	T	渗氮钢	D
橡胶	X	硬质合金	Y
尼龙塑料	N	衬胶	J

续表

阀座密封面或衬里材料	代号	阀座密封面或衬里材料	代号
氟塑料	F	衬铅	Q
锡基轴承合金(巴氏合金)	B	搪瓷	C
合金钢	H	渗硼钢	P

注:由阀体直接加工的阀座密封面材料代号用 W 表示,当阀座和阀瓣(闸板)密封面材料不同时,用低硬度材料代号表示(隔膜阀除外)。

(7) 公称压力数值,按《管道元件 PN(公称压力)的定义和选用》GB/T 1048—2005 规定标注。

(8) 阀体材料代号用汉语拼音字母表示,规定如表 4.19 所示。

表 4.19 阀门阀体材料的分类

阀体材料	代号	阀体材料	代号
灰铸铁	Z	Cr5Mo	I
可锻铸铁	K	Cr18Ni9Ti	P
球墨铸铁	Q	Cr18Ni12Mo2Ti	R
铜及铜合金	T	12CrMoV	V
WCB	C	—	—

注:PN≤16MPa 的灰铸铁阀体和 PN≥25MPa 的碳素钢阀体省略本代号。

第五章　船舶与海洋工程动力管路系统

第一节　管系的基本知识

船舶管系是联系主、辅机及有关设备的脉络，是专门输送流体的管路、设备以及检查、测控仪表的总称，是保证船舶正常航行、停泊、营运及船员、旅客正常生活必需的设施。

一、船舶管系分类

船上的管路纵横交错，遍布全船，概括起来，可将船舶管系分为三种类型：①动力管系，主要包括燃油系统、滑油系统、冷却系统、压缩空气系统和排气系统。②船舶辅助管系，主要包括压载水系统、舱底水系统、消防系统、日用水系统、通风系统和蒸汽系统等。③特种船舶专用系统，如液货装卸系统、洗舱系统和液货加热系统等。本章主要介绍船舶辅助系统。

船舶管系根据设计压力和设计温度分为 3 级，如表 5.1 所示。

表 5.1　管系等级

管系	Ⅰ		Ⅱ		Ⅲ	
	设计压力/MPa	设计温度/℃	设计压力/MPa	设计温度/℃	设计压力/MPa	设计温度/℃
	大于		不大于		不大于	
蒸汽	1.6	300	1.6	300	0.7	170
热油	1.6	300	1.6	300	0.7	150
燃油、滑油、可燃液压油	1.6	150	1.6	150	0.7	60
其他介质	4.0	300	4.0	300	1.6	200

注：(1) 当管系的设计压力和设计温度其中 1 个参数达到表中Ⅰ级规定时，定为Ⅰ级管系；当设计压力和设计温度其中 1 个参数达到表中Ⅱ级规定时，定为Ⅱ级管系；两个参数均未达到表中Ⅲ级规定时，定为Ⅲ级管系。

(2) 其他介质是指空气、水和不可燃液压油等。

(3) 不受压的开式管路如泄水管、溢流管、排气管、透气管和锅炉放气管等也为Ⅲ级管系。

二、管路材料

1. 管子材料

1）碳钢和低合金钢

船用管子材料的选择应根据船舶管系用途、介质种类和设计参数确定，船舶管路绝大多数采用钢质管。根据制造工艺不同，钢管可分为无缝钢管和有缝钢管；根据材质不同，钢管可粗略地分为碳素钢管和不锈钢管。根据用途不同,可选用不同系列、通径和壁厚的钢管。用于Ⅰ级和Ⅱ级管系的管子,应为无缝钢管或船级社认可的由焊接工艺制造的焊接管。碳钢和碳锰钢钢管、阀件和附件一般不能用于流体温度超过400℃的管系。

2）铜及铜合金

铜及铜合金管抗腐蚀性能好,特别适合作为海水管,其缺点是价格较贵,一般商船不会大量选用。Ⅰ级和Ⅱ级管系中使用的铜及铜合金管应为无缝管,Ⅲ级管系所用的铜及铜合金材料,应根据标准进行制造和试验。铜及铜合金管、阀件和附件使用温度一般应不超过下列规定:

(1) 铜和铝黄铜为200℃。

(2) 铜镍合金为300℃。

(3) 适合高温用途的特殊青铜为260℃。

3）灰铸铁

灰铸铁管、阀件和附件一般不用于Ⅰ级和Ⅱ级管系,但设计压力和设计温度分别不超过1.3MPa和220℃的Ⅱ级蒸汽管系的阀件和附件可采用灰铸铁材料。灰铸铁管、阀件和附件可用于Ⅲ级管系及油船货油舱内的货油管路。但不可用于:

(1) 油船露天甲板上压力大于1.6MPa的货油管。

(2) 承受压力冲击、过大应力和振动的管路。

(3) 舷旁阀和海水箱上的阀。

(4) 安装在防撞舱壁上的阀。

(5) 燃油舱柜外壁受静压的阀。

(6) 锅炉排污管路。

(7) 蒸汽管、消防水管、舱底水管和压载水管。

4）塑料

船用塑料管具有耐冲击、耐腐蚀、重量轻等优点,但其耐温和耐火性较差,船上所用塑料管应根据其化学成分、力学性能和耐温极限进行选取。塑料管一般不用于介质温度高于60℃或低于0℃的管系,使用场合有疏排水管、部分生活污水管等。船用塑料管的设计、制造和使用应符合规范规定。

2. 密封材料

1）对密封材料的要求

密封材料的功能是阻止泄漏,应满足密封功能的要求。被密封的介质及工作条件不同,要求密封材料具有不同的适应性。对密封材料的一般要求如下:

(1) 材料致密性好,不易泄漏介质。

(2) 有适当的机械强度和硬度。

(3) 压缩性和回弹性好,永久变形小。

(4) 高温下不软化、不分解,低温下不硬化、不脆裂。

(5) 抗腐蚀性好,在酸、碱、油等介质中能长期工作,其体积和硬度变化小,且不黏附在金属表面。

(6) 具有与密封面贴合的柔软性。

2) 常用密封材料的种类

常用密封形式有垫密封、胶密封、填料密封和波纹管密封等。其中,垫密封广泛用于液体和气体管路的连接部位。传统的石棉垫片由于对环境有污染和对人体有危害,现已禁用,由矿棉、陶瓷棉等材料取代。橡胶垫片根据化学成分的不同,有芳纶耐油橡胶垫片(适用于燃油、滑油、海水、淡水、饮用水、空气、烟和惰性气体,温度不高于350℃的蒸汽及温度不高于150℃的热油)、丁腈橡胶垫片(适用于矿物油、汽油、苯)、氯丁橡胶垫片(适用于空气、水、氧)以及聚氨酯橡胶垫片(适用于水、油)等。除了橡胶垫片,还有纸垫片、皮垫片、塑料垫片、金属包平垫片和金属垫片等。

3) 密封垫的选用原则

管路密封垫应根据工作压力、工作温度、密封介质的腐蚀性并结合密封面的形式来选用:

(1) 在常温、低压下选用非金属软密封垫。

(2) 在中压、高温时,选用金属与非金属组合密封垫或金属密封垫。

(3) 在温度、压力有较大波动时,选用弹性好的密封垫或自紧式密封垫。

(4) 在低温、腐蚀性介质或真空条件下,应考虑密封垫的特殊性能。

三、船舶管系识别

为了便于管理人员识别各种管路输送的工质和流向,管路外表通常按系统作用不同涂有不同颜色的油漆予以标识,如表5.2所示。

表5.2　管路识别

管路	颜色
燃油管路	棕色
滑油管路	黄色
海水管路	绿色
淡水管路	灰色
压缩空气管路	浅蓝色
消防管路	红色
舱底水管路	黑色
蒸汽管路	银白色

透气、测量和溢流管路则依其介质而定。不同的国家可能略有差异,故应以船上的标识说明为准。管路上还有用标识颜色表示的介质流向的箭头符号。

第二节　燃 油 系 统

柴油机燃油系统包括三大功能系统,分别是燃油输送系统、燃油日用系统和燃油净化管系。

一、燃油输送系统

燃油输送系统是为了实现船上各燃油舱柜间驳运及注入排出而设计的，系统应包括燃油舱柜、输送泵、通岸接头以及相应的管路和阀件。通过管路的正确连接和阀件的正确设置，实现规格书要求的注入、调拨和溢流等功能。

设计时，应注意如下几方面：

(1) 规格书无特殊要求，注入管应直接注入至各储油舱，再通过输送泵送至各日用柜和沉淀柜，各种油类的注入总管应设有安全阀，泄油至溢流舱，泄油管配液流视察器。

(2) 所有用泵注入的燃油舱柜都要有不小于注入管直径的溢流管，溢流至相应的溢流舱或储油舱，具体规定见各船级社规范，溢流管要配液流视察器。

(3) 从日用柜至沉淀柜的溢流，在日用柜的管子上都要开透气孔以防止虹吸作用，两柜的连接管处要有液流视察器。

(4) 装在日用柜和沉淀壁上低于液面的阀，有的船级社规范对其材料有具体的规定，选阀时应予以注意。

(5) 一般情况下输送系统的介质的温度和压力都是较低的，系统的管材选用Ⅲ级管即可。

(6) 通岸接头处要配有温度计、压力表和取样考克。

(7) 燃油输送泵和柴油输送泵互为备用时，两泵进口与出口的连通管中，双联盲板法兰要设在截止阀柴油侧。

二、燃油日用系统

燃油日用系统是为主机、辅机和锅炉等烧油设备能正常服务而设计的系统，主要是根据设备的要求，配置适当的油柜、油泵、加热器、滤器和阀件、管子等，保证所供给的燃油在数量、质量、温度和压力等方面都能满足设备正常运行的要求。

在设计时，应注意如下几方面：

(1) 认真阅读规格书有关章节和有关设备的资料，弄清设备燃烧对燃油的要求，以便能准确地配置各种附属的设备。

(2) 加温加压后的燃油，要根据不同船级社的规范要求，准确地给予管子和附件相应的等级，使今后在材料订购、加工和检验等方面都能满足船检的要求。

(3) 如果主机和辅机共用一个供油系统，则要考虑其供油和回油管的压力调整能分别满足主、辅机的不同要求。

三、燃油净化管系

燃油净化管系需进行分油机流量计算。按规格书的要求进行分油机的选用，并按计算出的流量进行分油机型号的选定。

在系统设计时应注意如下几个方面：

（1）对于两台分油机，管路连接应做到既能串联又能并联或单机工作，以便使用者根据实际需要按所用分油机的规定进行操作。

对于HFO（重燃料油），尤其是密度达991kg/m^3（15℃）的HFO，为改善分离效果，厂商推荐串联使用。第一台用于分离水分（purifier），第二台用于分离杂质（clarifier），当需大量分水时，则需两台并联使用。

对于密度达到1010kg/m^3（15℃）、黏度达700mm^2/s（50℃）的燃料油，Alfa-Laval公司推荐使用FOPX/FMPX分油机，并同时推荐单机使用而不推荐双机串联，仅在油中出现过量淤渣和水时可双机并联。Westfalia公司则推荐，当油中出现过量水分时使用并联，当油中出现过量淤渣时使用串联。

（2）分油机的供油泵可以独立布置，也可以是与分油机安装在一起的整体式。选用分油机时应向厂商咨询清楚。一般地，对于大中型船舶，供油泵多为独立布置，以便适应机舱中燃油柜及分油机的布置，达到较好的吸油、泵油效果。该泵可布置在沉淀柜附近。

（3）分油机厂商提供的供油泵的排量不可能正好与分油机需要的计算流量相配，而常偏大。因此，应在供油系统的出口管路上安装一个恒流量调节阀，使进入分油机的流量恒定，而多余的油则返回沉淀柜。

四、燃油系统的作用及组成

燃油系统的基本任务是保证动力装置在燃油方面的需要。燃油系统的组成和形式与发动机型式、舰船类型及所用燃油的种类有密切的关系，例如，燃气轮机对日用燃油的油质要求就要高一些，为此需配置除水设备。燃油管系一般都能实现下列功能：

（1）储藏。有足够大的油舱容积，能够满足最大续航力的要求。大多数船舶的燃油储藏在双层底油舱及深油舱中，潜艇的燃油则储藏在耐压壳外的燃油压载水舱中及耐压壳体内的燃油舱中。小型船舶上也有以成柜的形式安放在机舱内用来储藏燃油。

（2）注入。根据舰船的续航力要求，确定燃油装载量，设有燃油注入管路，燃油由基地或其他舰船装入储藏舱。

（3）调拨。能将各油舱的燃油互相调拨或输送到其他油舱柜，以及自本船调拨至他船。

（4）燃油净化与供应。将燃油中的水分和杂质分离出来，再将净化后的燃油向发动机输送，并保证供应不断。发动机使用的燃油有燃料油、重柴油和轻柴油三种。燃油中含有一定的杂质和水分，要根据发动机对油质的不同要求，在进入发动机之前应予以净化。净化的方式有聚水型滤器、机械分离和沉淀三种方法。

（5）测量。燃油储藏的舱柜中，为保证不断地供应发动机用油的需要，必须设有测量和指示舱柜内油面高低的指示装置。一般储油舱设有测量管与自动测量装置，测其储藏量、消耗量。

（6）加热。在使用燃料油、重柴油的燃油管系中，燃油在舱、柜中，在分油机和过滤器、燃油输送泵、发动机高压油泵等之前，以及输送管路中，均需进行加热，以提高油温而降低其黏性，使油具有良好的流动性。

一般舰船内燃动力装置的燃油管系组成如图 5.1 所示。燃油由供油船或基地码头用软管接头与舰船甲板上的装油管接头连接，注入燃油舱，储油舱的数量根据舰船的具体情况而定，储油舱一般设有一根吸油管，油舱的舱顶最高处设有透气管，以便舱内的燃油储量变化时，其上方的空气可以自由排出或向内补充。透气管出口位置应在最大破舱水线之上，以免海水从透气管口进入储油舱，引起船体进一步下沉。

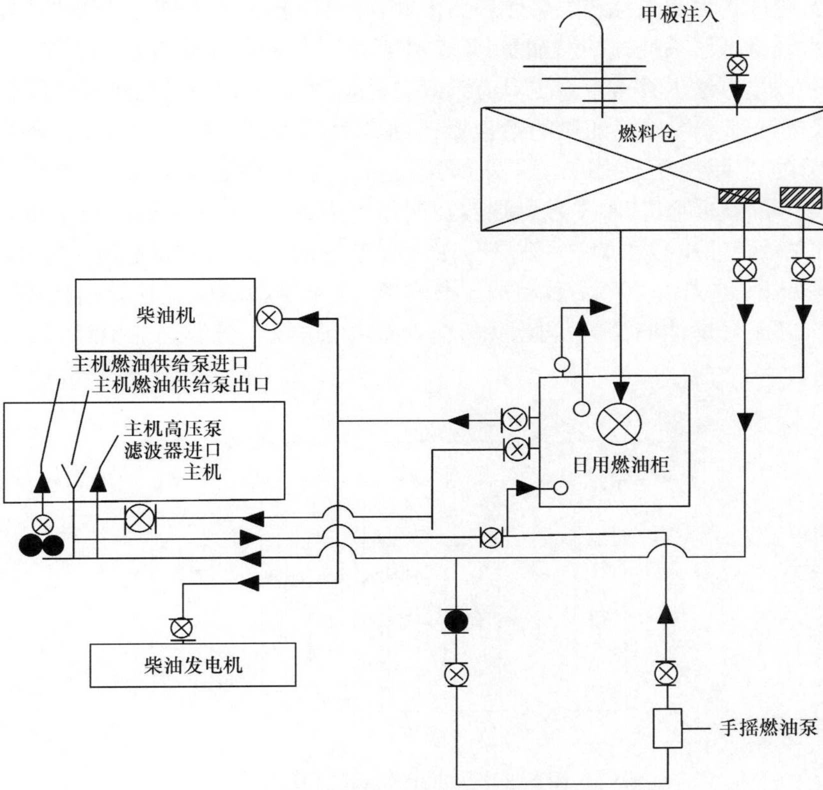

图 5.1　一般船舶内燃动力装置的燃油管系组成

在实际管理工作中，常常需要将各储油舱之间的燃油相互调拨，将燃油驳运至日用燃油舱、柜，有时甚至将本船的燃油调给他船使用。燃油管系的设计必须能够实施这些工作。燃油的驳运工作必须有独立燃油输送泵或手摇泵辅助。

燃油在到达发动机高压油泵之前，必须严格地清除其中的固体杂质和水分，清除工作分阶段进行，大量的水分和重量较大的固体，先用沉淀法自油中析出，此后用不同过滤精度的滤器在到达发动机之前的管路上分多次将软细的固体滤出，混在油中的微粒水点及固体杂质在中大型船舶上则常常利用离心分离机进行清除。

对于民用船舶，日用燃油柜一般放在比发动机稍高的位置处，使燃油自日用油柜到达发动机的燃油系统时有足够的静压头。日用油柜上应有测量油位的指示器，以便测量燃油的耗量，日用油柜装满时可由溢流管返回油舱。

五、补重式燃油管系

舰船的燃油储藏量随着航行时间的增加而逐渐减少。燃料储藏量的减少引起排水量的下降和船的重心转移。这些变化对某些舰船的浮态将产生重大的影响，最显著的是潜艇。

远程潜艇的燃油储量常占其排水量的10%以上，如果采用一般燃油管系，则当燃油大量消耗之后，船体将大幅上浮或发生倾斜。因此，必须在燃油消耗的同时自动将海水引入储藏柜，以海水重量抵偿消耗掉的燃油重量，这种管系称为补重管系或置换管系。相应地，在储藏、调拨和计量方法上补重管系也具有独到之处，它实际上是一种自动式的压载管系。

补重式燃油管系中储存油舱的组合形式通常为三种：独立式、串联式、分组式。分组式是最常用的一种油柜使用方法，外部用独立式，内部用串联式，是混合消耗形式。图5.2中共计9个油舱，其中1号燃油舱在耐压壳体内，其余均在耐压壳体和非耐压壳体之间。4、7、8号燃油压载水舱，一般只有在远程航行时作为燃油舱使用，共分成4组，燃油消耗次序如下：首先由8、7、4号燃油压载水舱，经4号燃油压载水舱消耗；其次由2、3、4号燃油舱，经4号燃油舱消耗；再次由6、5号燃油舱，经5号燃油舱消耗；最后由1号燃油舱消耗。

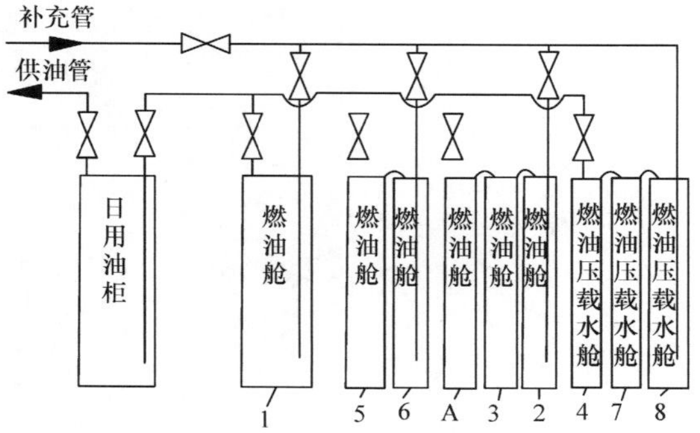

图5.2　燃油补重管系原理图

在消耗燃油时，用补重水输入燃油舱将燃油压至日用油柜。

按顺序消耗过程中，要经常注意燃油舱油量的消耗情况，如发现检查管内有水出现，应立即停止使用并转换燃油舱。

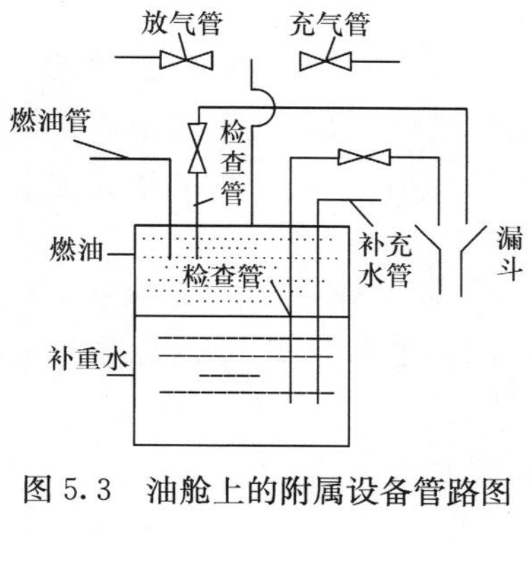

图5.3　油舱上的附属设备管路图

每一燃油舱上的附属设备管路如图5.3所示。

两根检查管分别用来测量燃油舱是否已经装满和用完，打开该管的阀，通过在漏斗处检查流出的是油还是水来判别。

充气阀在必要时向燃油舱内送入压缩空气，借以排除舱内的油或水。放气阀仅在新艇下水第一次装入燃油或修船时油舱的油和水被排空待竣工后又重新装船的情况下才使用，此时舱内全是空气，装油时打开放气阀，让舱内空气全部排出舱外，装油完毕后，在正常使用中,放气阀始终关闭。

六、燃油储存量及设备的估算

各种舰船燃油储存量的计算方法有所不同,主要是因为航行工况等存在差异,但其基本原理是相同的。

1. 燃油储存量计算

燃油储存量计算公式为

$$Q^{R}=Q^{z}+Q^{f}+Q^{g} \tag{5.1}$$

式中,Q^{R}为燃油储备量,t;Q^{z}为主机总耗油量,t;Q^{f}为辅机在航行工况、停泊工况和装卸货工况下(军用舰艇为满足续航力和自持力情况下)的总耗油量,t;Q^{g}为辅锅炉总耗油量,t。

2. 主机耗油量计算

主机耗油量计算公式为

$$Q^{z}=g_{e}^{z}\times N_{e}^{z}\times T\times 10^{-6} \tag{5.2}$$

式中,g_{e}^{z} 为主机燃油耗油率,g/(kW · h);N_{e}^{z} 为主机长期持续运转的最大输出功率,kW;T 为续航力,h。

在计算舰艇的燃油储存量时,N_{e}^{z} 以特定巡航速度下所需发动机功率进行计算。

3. 辅机耗油量计算

辅机耗油量计算公式为

$$Q^{f}=g_{e}^{f}\times(N_{e_1}^{f}\times T_1+N_{e_2}^{f}\times T_2+N_{e_3}^{f}\times T_3)\times 10^{-3} \tag{5.3}$$

式中,g_{e}^{f} 为辅机燃油耗油率(假定在各种工况下取同一值),g/(kW · h);$N_{e_1}^{f}$、$N_{e_2}^{f}$、$N_{e_3}^{f}$ 分别为柴油发电机组在航行工况、停泊工况、装卸货工况的功率,kW;T_1、T_2、T_3 为三种工况下相应的运行时间,h。

4. 辅锅炉耗油量计算

辅锅炉耗油量计算公式为

$$Q^{g}=\frac{D(i_1-i_2)}{Q_{H}^{P}\times\eta_{g}}\times(t_1+t_2)\times t\times 10^{-3} \tag{5.4}$$

式中,D 为辅锅炉蒸发量,kg/h;i_1 为蒸汽热焓,kcal/kg;i_2 为辅锅炉给水热焓,kcal/kg;Q_{H}^{P} 为燃油低发热值,kcal/kg;η_{g} 为辅锅炉效率;t_1 为在规定航速续航力下辅锅炉使用的时间,d;t_2 为停泊时使用辅锅炉的时间,d;t 为每天使用辅锅炉的时间,h。

5. 燃油储油舱容积计算

燃油储油舱的总容积根据燃油储备量而定。油舱容积计算公式为

$$V=Q^{R}\times\frac{1}{\gamma}\times K\times C\times\eta_V \tag{5.5}$$

式中，V 为油舱容积，m^3；γ 为燃油密度，t/m^3；K 为风浪系数，海船一般取 1.15～1.2；C 为储备系数，一般取 1.1；η_V 为容积系数，一般取 1.15。

注：若主机采用重油或燃料油，则油舱总储藏量中应有 20%为轻柴油，作为主机进出港起动及停车用，并作为加热和净化设备发生故障时的应急用油。

6. 主机日用油柜容积计算

主机日用油柜容积计算公式为

$$V_r=g_e^z\times N_e^z\times\frac{1}{\gamma}\times\frac{1}{C_r}\times T_r\times10^{-6} \tag{5.6}$$

式中，C_r 为容积系数，轻柴油为 0.9，重柴油或燃料油为 0.8；T_r 为供给时间（军用舰艇日用燃油舱柜的容量只要满足主、辅机在持续功率下运行 4h 的耗油量）；V_r 为油舱容积，m^3。

注：日用油柜数量根据计算容积，通常燃料油或重油可设置两个，轮流使用，轻柴油一般可取用一个，如果容积过大，则最好隔开。

7. 辅机日用油柜容积计算

辅机日用油柜容积（以 V_f 表示）计算公式同主机日用油柜。

8. 辅锅炉日用油柜容积计算

辅锅炉日用油柜容积（以 V_g 表示）计算公式同主机日用油柜。

9. 燃油沉淀柜容积计算

使用含杂质和水分较多的燃油，可采用沉淀柜来澄清，燃油在沉淀柜中一般要沉淀 24h 以上，具体时间视油的品质和温度等条件而定。沉淀柜容积的计算公式为

$$V_c=g_e^z\times N_e^z\times T_c\times\frac{1}{\gamma}\times C_c\times10^{-6} \tag{5.7}$$

式中，T_c 为计算时间，一般取 24～48h；V_c 为沉淀柜容积，m^3；C_c 为容积系数，一般取 0.8。

10. 油渣柜容积计算

油渣柜用来存放从离心分油机中分离出来的水分、杂质和油渣，其容量可根据使用燃油的性质及主机总耗油量来决定，一般取用的容积计算公式为

$$V_z=g_e^z\times N_e^z\times T_z\times\frac{1}{\gamma}\times\frac{1}{C_z}\times10^{-6} \tag{5.8}$$

式中，T_z 为计算时间，一般取 3h；C_z 为容积系数，一般取 0.9；V_z 为油渣柜容积，m^3。

11. 燃油输送泵计算

燃油输送泵计算参数包括排量、压头、造型及轴功率，具体如下所述。

(1) 排量计算公式为

$$Q=\frac{V_t+V_f+V_g+\cdots}{T} \tag{5.9}$$

式中,T 为注油时间,一般取 0.5～1h;Q 为需要泵的排量,m^3/h。

(2) 压头:一般采用 20～35mH_2O。

(3) 选型及轴功率计算:

根据计算所得能量及压头,选择现成系列产品,一般采用电动齿轮泵,大型船舶采用螺杆泵,轴功率计算公式为

$$N_r=\frac{Q\times H\times\gamma\times10^3}{3600\times75\times\eta_1\times\eta_2} \tag{5.10}$$

式中,Q 为油泵排量,m^3/h;H 为油泵使用压头,mH_2O;γ 为油密度,t/m^3;N_r 为油泵轴功率,kW;η_1 为油泵效率,齿轮泵取 0.4～0.60;η_2 为油类黏度对油泵功率的影响,由式(5.11)计算:

$$\eta_2=\frac{1}{1+\frac{{}^*E_{50}\times v}{24.2\times P}} \tag{5.11}$$

式中,${}^*E_{50}$ 为液体的恩氏黏度(温度在 50℃时);v 为油泵齿轮的圆周速度,m/s;P 为油泵压头,mH_2O。

12. 离心分油机能量计算

离心分油机的能量一般以 8h 内可分离主机工作 24h 所需的用油量计算,公式为

$$Q_e=K\times g_e^z\times N_e^z\times\frac{24}{8}\times\frac{1}{\gamma}\times10^{-3} \tag{5.12}$$

式中,Q_e 为离心分油机的能量,L/h;K 为考虑油类黏度影响的系数,燃料油取 2～2.5,重柴油取 1.2～1.5。

分油机的能量可以根据经验数据来决定,如表 5.3 所示。

表 5.3 分油机能量

主机功率/kW	200～400	400～700	700～1200	1200～1800	1800～3500	3500 以上
分离器能量/(L/h)	75～275	175～650	300～1200	800～3000	1200～4500	2500～8000

13. 分油加热器温度及黏度

分油加热器的加热温度和燃油黏度与分油机的性能有关,一般来说,燃油黏度越大则加热温度要求越高。轻柴油在分离前可以不必加热。为保证分油机性能燃油一般可加热至 75～90℃,加热温度不足时可以降低分离燃油量以相适应。加热器一般与分油机成套供应。

14. 油舱及油柜加热计算

使用重柴油及燃料油时需要加热,以便于输送和滤清,加热温度由燃油的黏度决定。

一般情况下，燃料油舱加热温度为 20～32℃以保证燃油的可泵性，但最高不超过 40℃；沉淀柜加热温度为 40～60℃，日用油柜保温 60℃，重柴油可稍低。加热所需要的热量大致分为四部分：

(1) 将燃油自最初温度加热到设计要求温度的实际吸收热量。

(2) 经油舱(柜)壁与外界空气接触的散热损失。

(3) 经油舱壁与外界海水或江水接触的散热损失。

(4) 经油舱壁与相邻油舱或舱室散失的热量。

上述四部分的热量都可以用理论方法进行计算。

(1) 燃油加热所需的热量为

$$Q_1=\frac{G[C_2\times(t_2-t_1)]}{T}\times1000 \tag{5.13}$$

式中，G 为燃油量，t；t_2 为燃油加热结束时的温度，℃；t_1 为燃油加热开始时的温度，℃；T 为燃油加热时间，h；C_2 为燃油比热容，kcal/(kg · ℃)，其值为

$$C_2=(0.345+0.0009t_H)\times(2.1-\gamma)$$

式中，t_H 为平均加热温度，$t_H=\frac{2}{3}t_2+\frac{1}{3}t_1$；$\gamma$ 为燃油密度，t/m^3。

(2) 由船底、船舷、舱壁散热损失的热量为

$$Q_2=U\times A\times(t_H-t_c) \tag{5.14}$$

式中，A 为与海水或空气接触的传热面面积，m^2；t_c 为外界物质温度(海水或舱内舱外的空气)，℃；U 为与海水或空气接触面的传热系数，kcal/(m^2 · h · ℃)。

在海船上 $U\approx25\sim40$(海水温度为 0℃)，在内河船上 U 值可参考表 5.4 的平均数值。

表 5.4　U 值

与传热面接触的外界物质	外界温度 t_c/℃	U/[kcal/(m^2 · h · ℃)]
河水(船底及船舷)	+3	6.0
外界空气(船舷及甲板)	−5	3.0
空气，在隔离舱及邻舱(舱壁)	+5～+15	1～3.5
空气，在燃油表面上	+15	0.5

(3) 燃油加热所需总热量为

$$Q=Q_1+Q_2 \tag{5.15}$$

(4) 燃油加热所需蒸发汽量为

$$D=\frac{Q}{(i-i_1)\times0.95} \tag{5.16}$$

式中，i 为蒸汽热焓，kcal/kg；i_1 为凝结水热焓，kcal/kg；0.95 为蒸汽流动时的热量损失，取 5%。

(5) 加热时所需的加热面积为

$$F=\frac{Q}{K(t_n-t_H)} \tag{5.17}$$

式中，t_n 为加热蒸汽的平均温度，℃，$t_n=\frac{t_3+t_4}{2}$，其中，t_3 为蒸汽温度，t_4 为凝水温度；K 为加热器的传热系数，kcal/(m² · h · ℃)，钢管制成的加热盘管的传热系数计算公式为

$$K=1.57\sqrt[4]{\frac{t_n-t_H}{\nu d}}\times 10^4 \tag{5.18}$$

式中，ν 为运动黏度，cm²/s；d 为加热盘管外径，m。

(6) 加热管外径计算公式为

$$d=\sqrt{\frac{4D}{11300\gamma_n \cdot Z \cdot V}} \tag{5.19}$$

式中，γ_n 为蒸汽密度，kg/m³；Z 为并联加热盘管的数目(无并联的情况 $Z=1$)；V 为蒸汽的理想流速，取 10～30m/s。

(7) 需要加热的长度为

$$L=\frac{F}{\pi d} \tag{5.20}$$

七、燃油系统管路的布置

在布置燃油管时，应特别考虑安全问题，同时要考虑管路附件、阀件的布置、操作和养护的方便。一般应尽可能远离电气设备及高温装置(如排气管、消声器和辅助锅炉)，若管路在这些装置的上方敷设，即使有足够的距离，也不应设有可拆接头。

凡输送加热过的燃油的压力管路，应以焊接接头连接为宜。若欲增强管路的可拆性，则可拆接头必须能至少承受 1.4MPa 的压力。

燃油系统的阀件及旋塞在管路布置时，一般均考虑布置在花钢板以上，并尽可能操作方便。阀件应严格按管路流向布置，但有些阀件，如日用油柜注入管路的截止阀，其注入口因某种原因而设置在油柜最高液位以下较大距离处，为避免阀的压盖受液位静压产生渗漏，可将此阀按注入管路流向倒置，如图 5.4 所示。

此外，凡布置在双层底以上的储油舱柜、沉淀舱和日用燃油柜的供油及平衡管路，阀件均应直接布置在舱柜壁上，并采用铸钢件。

燃油滤器是需要经常打开清洁的装置，因此除按规定必须在其下面设置油盘外，还应将其布置在不妨碍拆装的适当位置上。

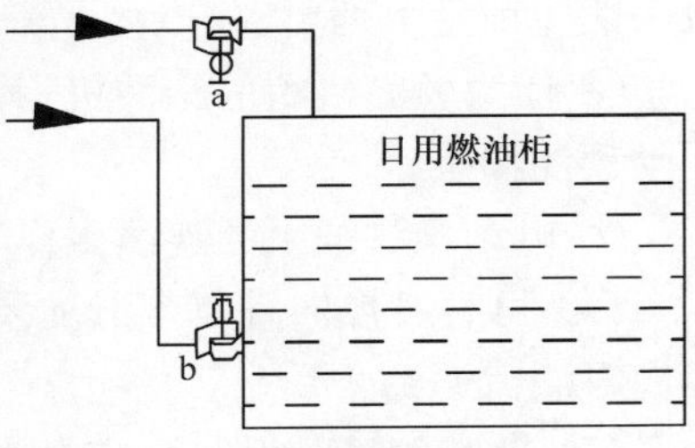

图 5.4　注入管路阀件的安装
a-阀件为顺流向；b-阀件为逆流向

燃油系统设置吸入口的处所一般为双层底油舱、沉淀油舱(柜)。不同用途舱柜的吸口布置有其相应的要求：

(1) 双层底油舱大多底部为曲面，因此吸口应布置在最深部位，有利于扫舱、清洁。

(2) 沉淀油柜的作用是沉淀燃油中的水和杂质，再将这些水和杂质运至储存油柜或直接驳进日用油柜。若吸口太低，首先吸出的将是沉淀物，这样便失去了沉淀的意义；若吸口较高，清除沉淀物又会出现困难。因此，燃油的驳运、输送、净化管路在沉淀油柜中，

一般都设高、低位吸口，其中高位吸口比低位吸口高出400～1000mm。

第三节　滑油系统

一、滑油系统的任务及组成

滑油系统的基本任务是保证供应主机、辅机、压缩机、传动设备及轴系等各运动部件一定压力和温度的滑油，以进行润滑和冷却。其目的是在两个接触机件间以液体摩擦来防止发生干摩擦，从而降低摩擦功的消耗，减少磨损，并带走机件中因摩擦产生的金属屑和炭渣等有害物质。

滑油与燃油不同，除因部分滑油烧掉或变质而需要更换部分滑油外，其余极大部分经重新处理后可再行利用。因此，滑油的消耗量比燃油要小得多，柴油机的滑油消耗率一般仅为2～7g/(kW·h)，蒸汽轮机与燃气轮机(包括减速齿轮箱)的滑油消耗率为1g/(kW·h)左右。

为了延长滑油的使用期，通常对大中型船舶的滑油管系设置滑油分油机。分油机及其管系布置应保证机组在停机或运行过程中，能分离滑油中渗入的水分和杂质。

滑油系统包括注入、储藏、输送、净化、供应和计量六部分。

二、滑油系统设计的一般要求

滑油系统设计的一般要求如下。

(1) 每台主、辅机组，应有各自独立的滑油系统。

(2) 标准排水量在1000t以上的舰船，每台主机应设有两台滑油泵，其中至少有一台为独立动力的备用泵。每台泵的容量应能满足主机最大功率工作时所需的油量。

(3) 主、辅柴油机的滑油泵如为柴油机本身带动，一般均需设置预注油泵，小型柴油机除外，管系中的其他滑油泵，在满足压头和容量的要求下，也可作为预注油泵。预注油泵一般应满足下列要求：

① 作为发电机组的柴油机，其电动预注油泵的电源应为蓄电池，否则还需设置应急手动预注油泵。

② 电动预注油泵的连续工作时间应能满足柴油机的起动要求，一般不少于1min。

(4) 可直接换向且自带滑油泵的柴油主机，若未设置独立的备用泵，则应设有供主机换向时润滑的油泵。

(5) 辅汽轮机的滑油泵应由本身带动，并设有满足起动和停机时润滑的辅助油泵。

(6) 废气涡轮增压器的滑油若由柴油机自带泵供给，则应设有备用泵或其他措施。当柴油机停车后，应能自动接入增压器滑油管系工作。

(7) 滑油管系中应设有抽除各油舱中沉渣的手动泵。

(8) 柴油机滑油泵的吸入管路应装设磁性过滤器，输出管路应装设精滤器。

(9) 主机滑油管系的滤器应为双联式，功率大于300kW的柴油机滑油管系应设有滑油高温、低温报警装置，一般还应设有滑油低压自动停车装置。

(10) 主汽轮机组的滑油总管应与主机保护装置相连,在总管油压降低至极限值时,主机应迅速停车,并发出灯光和声响报警信号。

(11) 柴油机组滑油管系应设置能自动调温的恒温器,该恒温器应设有手控装置。

(12) 滑油输送泵的管系应和主机滑油管相连。

(13) 主汽轮机组备用滑油泵的动力源,应不受主动力源故障的影响。备用泵应设有自动设备,当滑油总管油压降低到规定值时,备用泵应能立即自动起动,并发出灯光和声响报警信号。

(14) 主汽轮机的轴承及减速齿轮箱各滑油管上应装设调压阀,其开启位置应加以固定。

(15) 主汽轮机组滑油泵的压出管路应装设截止止回阀。

(16) 滑油管系安装后应有防锈油封措施。滑油管系必须经滑油压力循环清洗合格后,方可向机组供油。

(17) 大中型舰船的滑油管系应设置滑油分油机,分离器及其管系布置应保证机组在停机或运转过程中,能分离滑油中渗入的水分和杂质。

(18) 主汽轮机组滑油管系应设置滑油加热器,加热器能量应保证在30min内将系统中的全部滑油从8℃加热到30℃。

(19) 主汽轮机组的滑油冷却器应采用二级冷却方式。机组在最大功率工作时,滑油冷却器的一级出口油温应不大于42℃,二级出口油温不大于37℃。

(20) 滑油循环舱柜的容量应能容纳循环于主机滑油管系中的全部滑油量。循环舱柜的滑油进出口应尽可能远离。循环舱柜的透气管应引到机舱外,并高出破舱水线。

主汽轮机组的滑油循环次数一般为不大于15次/h,主汽轮机组的滑油循环油舱一般应装设低油位警报器。

(21) 所有舰船应设有滑油储存舱柜,其容量应不小于循环滑油舱柜。储存舱柜的布置一般应高于循环滑油舱柜,油柜上应装设油位指示器和溢流管。

(22) 污油舱柜应能储存循环于主、辅机滑油管系中的全部滑油。

三、日用滑油系统

日用滑油系统的任务是保证供应一定压力和温度的滑油,其相应设备为日用滑油泵、滑油冷却器和滤器等。

保证滑油在摩擦件上的压力有两种方式:①利用日用滑油泵直接把滑油压入发动机内的滑油压力总管而到达各摩擦面。②日用滑油泵将滑油输送至高于发动机的重力油箱中,由重力油箱用管接至发动机的压力总管,利用重力油箱内油的静压头来保证摩擦面上的滑油压力。第二种方式具有如下一系列优点:

(1) 滑油压力均衡不变。

(2) 当日用滑油泵突然发生故障而不能输油时,由于高位油箱中有存油,可以维持发动机正常工作几分钟,使轮机员有时间采取应急措施,避免发动机由于滑油供应中断而损坏。

(3) 如果日用滑油泵是由发动机带动,则发动机在起动之前,润滑系统中就应该有压力，以利于起动。在发动机停车之后，仍可以用润滑系统送油，以排除轴承等处的热量。但重力油箱的使用受一定条件的限制，尤其在机舱高度有限的船上，若采用高位油箱便无适当位置。

日用滑油泵的驱动也有两种方式：①由发动机本身驱动。②由电机独立驱动。发动机驱动法的主要优点是机舱设备可以简单些，它多用于轻型发动机。独立驱动法可以体现高位油箱的第 1 个和第 3 个优点，如果使用了滑油备用泵自动起动设备，则也具备高位油箱的第 2 个优点，并回避了高位油箱具有一定高度的要求。

油压显示是否有足够的滑油送到润滑机件的摩擦面上，以维持机件的正常润滑和正常工作温度。因此，保持滑油的供应压力，是发动机安全运转的最重要的一个保证条件。除了上述高位油箱和滑油备用泵的应急起动等安全设施之外，通常船舶滑油系统都设有滑油低压报警装置。

四、滑油的净化处理

滑油被日用滑油泵送入发动机的滑油系统中，完成润滑冷却作用之后，发生两方面的变化：①滑油接收机械摩擦功转化的热量温度提高；②润滑冷却循环过程中滑油的质量逐渐下降。滑油质量下降的主要原因是：随着温度升高其黏度发生变化，在空气中发生氧化，滑油中有胶状氧化物出现，特别是当循环系统的滑油兼作气缸润滑时，滑油的氧化更剧烈，并且还会把活塞环槽处的积炭及燃烧物中的硫酸带到循环油舱、柜中去，燃烧产物中的水蒸气也会凝结成水，混于滑油中，从而进一步降低滑油黏度。这些现象都加快了滑油质量的下降，虽然采取了许多措施加以改进，如在滑油中增加抗氧化添加剂、抗腐蚀添加剂等，但这些措施只能起减轻的作用，滑油质量的下降是不可避免的。

为了使滑油在管系不断循环工作，在每次循环中，必须把滑油的温度重新降为原来进入发动机时的温度，这部分内容将在冷却系统中论述，本节主要讨论如何保持滑油的质量在一定范围内，这样不仅可以延长滑油的使用时间，更重要的是能减少机件的摩擦消耗。

对于发动机使用中质量下降的污油，一般有两种净化处理方法，即平行净化处理和更换净化处理。

平行净化处理是当日用滑油在工作的同时，由专门设备，如离心式分油机、磁性滤器等，将循环中的一部分滑油的杂质加以清除。单位时间内，杂物自滑油中的清除量等于杂物在滑油中的生成量，在理论上可以保持滑油的质量不变。其工作原理如图 5.5 和图 5.6 所示。

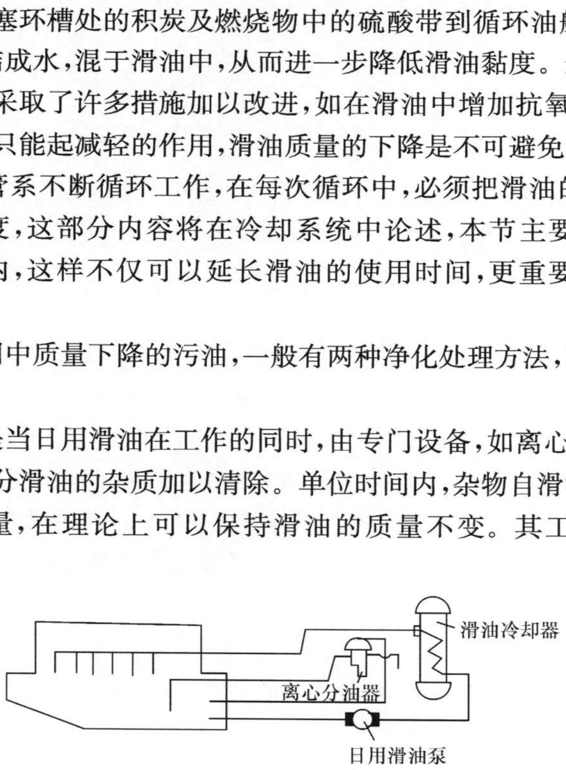

图 5.5　用离心分油机平行净化处理

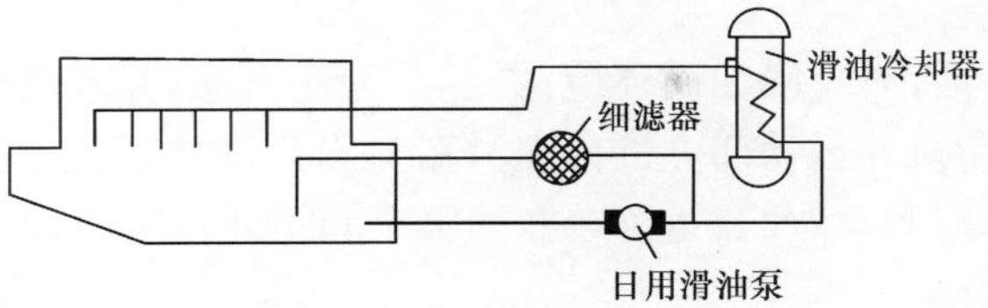

图 5.6　用过滤器平行净化处理

利用离心分油机平行净化处理常用于大型发动机上，用过滤器平行净化处理常用于小型发动机上。

平行净化处理用于航程较长的舰船的滑油管系，因为在航线较长的情况下，航行中不可能按更换净化处理方式把主机停下来更换滑油。另外，平行净化处理法能保持滑油质量稳定，对机件磨损来说也比较有利。

更换净化处理是让滑油在循环系统中连续工作，直至质量降低到下限时将其全部取出，更换新油。将污油存放在滑油分离舱内单独进行杂物清除，使滑油质量达到使用要求。

常用的润滑油牌号如下：

压缩机油为 HS-13、HS-19。

汽轮机油为 HU-22、HU-30、HU-46、HU-57。

柴油机润滑油为 HC-8、HC-11、HC-14。

五、滑油系统的类型

内燃机滑油系统可分为湿底系统和干底系统两种。

1. 湿底系统

滑油系统的滑油存放在内燃机的底壳中，正常运转时由本身附带的油泵抽吸底壳中的滑油，泵至各润滑部分进行润滑，借重力流回底壳中，成为独立的润滑系统。这种系统一般用于小型发动机，在动力装置中不需另添设备，只需在经过一定的运转时间后进行补充或更新滑油，如图 5.7 所示。

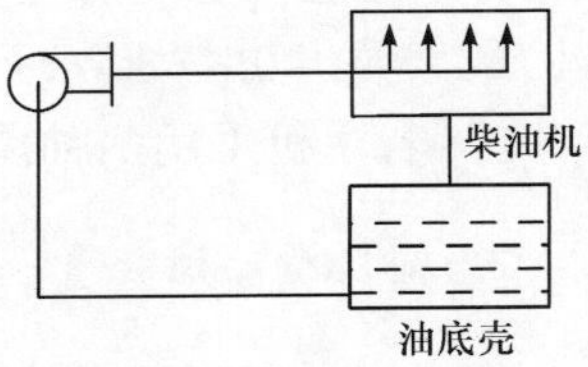

图 5.7　内燃机湿底润油管系线图

2. 干底系统

滑油系统的滑油，由另设的油舱存入，这种系统在大、中型发动机中普遍采用，一般有如下两种形式。

(1) 在发动机底壳下设置循环滑油舱时，可以采用一台油泵，这台油泵可以由发动机本身带动或另设，首先抽吸循环滑油舱中的滑油，泵至滑油冷却器后再至发动机各运动部分进行润滑；然后借重力流至发动机底部集中，又流回循环滑油舱中，组成一个完整的日用滑油管系。这种管系的滑油循环舱安装位置必须低于发动机的底壳，如图 5.8 所示。

(2) 采用两台油泵，这两台油泵可以由发动机本身带动或另设，一台为抽吸泵，用于抽吸发动机底壳的滑油，泵至滑油循环柜；另一台为压入泵，用于将循环柜中的滑油泵经滑油冷却器，再至发动机各运动部分进行润滑后流至发动机底壳。这种系统不受发动机和循环柜安装位置的限制，冷却器也可装在抽吸泵和循环柜之间，如图 5.9 所示。

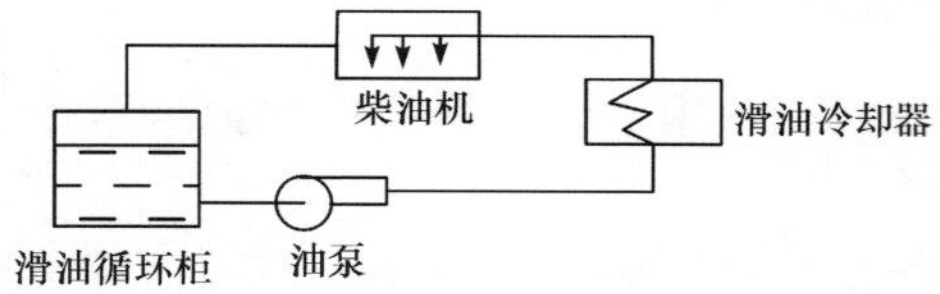

图 5.8　内燃机干底单泵滑油管系原理图

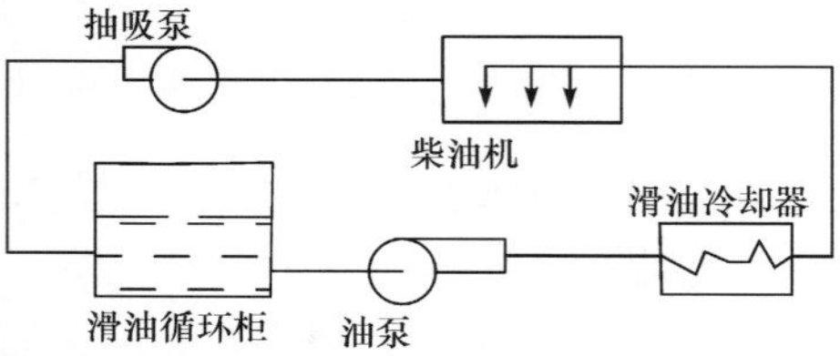

图 5.9　内燃机干底双泵滑油管系原理图

内燃机干底滑油管系的优点是曲柄箱的容积和高度较小，适用于发动机座矮浅的舰船；滑油积集于单独的循环油柜中，有较好条件可放出其中的气泡；易于对滑油质量进行检查和处理，特别是进行发动机修理时，便于工作人员进入曲柄箱内工作，且修理时落于曲柄箱处的污物棉纱等不会将滑油弄脏。

六、滑油系统估算

1. 主机滑油消耗量

主机滑油消耗量一般可按式(5.21)计算：

$$M^z = g_h^z \times N_e^z \times T \times 10^{-6} \qquad (5.21)$$

式中，M^z为主机滑油消耗量，t；g_e^z 为主机滑油消耗率，g/(kW · h)；N_e^z 为主机长期持续运转的最大输出功率，kW；T 为续航力，h。

注：若主机采用两种滑油，则需分别计算。

2. 辅机滑油消耗量

辅机滑油消耗量一般可按式(5.22)计算：

$$M^f = g_h^f \times N_e^f \times T \times 10^{-6} \qquad (5.22)$$

式中，M^f 为辅机滑油消耗量，t；g_h^f 为滑油消耗率，g/(kW · h)。

注：对于舰艇，应另加停泊(自持力时间内)时滑油的耗量。

3. 滑油储藏量

滑油储藏量一方面要考虑在气缸中消耗掉的滑油，包括漏油的补充，另一方面要考虑准备循环滑油的更换。

滑油的消耗与发动机的类型和结构有关，一般为 2～7g/(kW · h)，低速机取低值，高速机取高值。

循环滑油的更换因素较复杂，与滑油本身的质量、发动机的技术状态、滑油净化处理能力等因素有关，因此一般滑油储藏量不少于全部滑油更换一次所需的量。另外，循环滑油变质还有意外原因，最常见的是燃油在发动机内混入滑油中发生了稀释，冲稀了的滑油因黏度急剧降低而失去润滑能力，故必须更换。滑油储藏量可按式(5.23)计算：

$$V=(M^{z}+M^{f}+M_{H}^{z}+M_{H}^{f})\times C_{v}\times\frac{1}{\gamma_{H}}\times\frac{1}{C} \tag{5.23}$$

式中，V 为滑油舱(柜)容积，m^3；M_H^z 为主机换油量(一般在主机内循环的滑油每一航次中都考虑更换一次，小型船舶可不更换，远洋船则应视续航力要求而定)，t；M_H^f 为辅机换油量(同主机，但更换次数应视续航力而定)，t；C_v 为储备系数，可取 1.15～1.2；γ_H 为滑油密度，t/m^3；C 为容积系数，一般取 0.8～0.9；

另外也可用式(5.24)估算：

$$V=24K_{v}\cdot D\cdot V_{z} \tag{5.24}$$

式中，K_v 为估算系数，一般取 1.2～1.5；D 为航海时间，d；V_z 为主、辅机长期持续运转的最大输出功率时每小时的滑油耗量之和，m^3/h。

通常，滑油储藏舱(柜)可采用 1～2 个。

4. 主机滑油循环柜容积

主机滑油循环柜容积一般可按式(5.25)计算：

$$V_{x}=\frac{S_{x}}{Z}\times1.2 \tag{5.25}$$

式中，V_x 为滑油循环柜容积，m^3；S_x 为滑油循环泵的能量，m^3/h；Z 为主机滑油每小时的循环次数(一般取 12～18 次/h)；1.2 为油柜容积系数。

主机滑油循环次数取得高，系统的滑油量可减少，但滑油的使用寿命将会缩短；反之取次数较低时，循环滑油能沉淀的时间可以延长，使滑油的寿命延长，但滑油储存量将增加。

5. 主机滑油泵

由于滑油系统的重要性，在中小型船舶上，为了防止发动机的滑油泵损坏或检修时不使发动机停车，另设有备用滑油泵，该油泵依照原滑油泵的规格能量及压头等选用相近的产品。大型发动机本身不附带滑油泵时，可根据下列计算方法来确定。中小型船舶大多采用电动螺杆油泵，大型舰船则通常采用排量较大的电动齿轮泵或螺杆泵。

1) 排量的决定

(1) 一般以发动机燃油的消耗热值来计算滑油带走的热量，其大致为总耗油热值的5%～8%，计算公式为

$$q_{H}=(0.05\sim0.08)\times g_{e}^{z}\times N_{e}^{z}\times Q_{H}^{p} \tag{5.26}$$

式中，q_H 为滑油带走的热量，kcal/h；Q_H^p 为燃油低发热值，kcal/kg。

(2) 实际上，按滑油带走的热量来计算滑油泵的排量：

$$Q_{H}=\frac{q_{H}}{C_{H}(t_{1油}-t_{2油})\times10^{3}}\times\frac{1}{\gamma_{H}}\times K \tag{5.27}$$

式中，Q_H 为泵排量，m^3/h；C_H 为滑油比热容，kcal/(kg · ℃)；t_1 为滑油出主机温度，℃；

t_2 为滑油进主机温度，℃；K 为考虑泵的磨损后漏泄量增大的裕量系数，一般取 1.2～1.3；γ_H 为滑油的密度，一般取 0.92t/m^3。

2）压头的决定

滑油泵的压头，一般以最后一个主轴承前的滑油压力不低于 0.8～1.2kgf/cm^2 为依据，再加上管路阻力损失。滑油进入发动机的压力通常采用 3～4kgf/cm^2（不包括活塞冷却）、4～5kgf/cm^2（包括活塞冷却），小型发动机可略低些，高速强载发动机则高达 7kgf/cm^2。

6. 滑油输送泵

在大中型船舶上，各种油柜间的输送转运及驳至舷外等工作，一般通过独立的电动泵来完成，有时兼作主、辅机的备用滑油泵，在能量及压头方面没有详细的要求，一般来说，如电力负荷允许，能量大些可以缩短操作时间。兼作备用泵的规格应与替代的泵规格相似。

7. 废气涡轮用滑油泵

1）排量计算

排量计算公式为

$$Q_{FT}=\frac{N_{FT}\times f_{FT}}{\gamma_H\cdot C_H(t_{1油}-t_{2油})\times 10^3}\times K \tag{5.28}$$

式中，Q_{FT} 为废气涡轮用滑油泵的排量，m^3/h；N_{FT} 为废气涡轮的功率，一般为主机功率的 10%；f_{FT} 为废气涡轮轴承产生的热量（一般采用 4.50kcal/(kW · h)）；$t_{1油}$ 为滑油出废气涡轮温度，℃；$t_{2油}$ 为滑油进废气涡轮温度，℃。

2）压头计算方法

滑油泵的压头与废气涡轮的形式结构及大小有关，一般采用 15～25mH_2O，大型发动机采用上限。

8. 发动机喷油嘴冷却泵

在重型低速柴油机上，喷油嘴冷却泵带走的热量约为主机耗油量总热值的 0.2%，泵的排量计算公式为

$$Q_p=\frac{0.002\times Q_H^p\times Q^Z}{C_H(t_{1油}-t_{2油})\times 10^3\times\gamma_H} \tag{5.29}$$

式中，Q_p 为喷油嘴冷却泵的排量，m^3/h；Q^Z 为主机总耗油量，t。

泵的压头一般取用 20～30mH_2O。

9. 滑油沉淀柜

滑油沉淀柜用于储存清洁的滑油，可以分设主、辅机滑油沉淀柜，主机滑油沉淀柜的总容积可略大于循环柜容积。如果用同品种滑油，也可以设一个滑油沉淀柜，容积取主、辅机滑油系统的一次换油量。在舰艇及小型船舶上，为了简化设备可以不设沉淀柜，而以

总的储藏舱(柜)代替。

10. 污油柜

主、辅机滑油使用一定时间后,滑油内的杂质、水分及氧化沉淀物等会使其润滑性能变坏,应当调换新油,而将发动机滑油系统中的污滑油排出,为储存排出的污滑油应设有污油柜。一般选用能容纳各个循环油柜总容量的1.2倍左右的污油柜,布置在双层底内。

11. 油渣柜

设有离心分油机的船舶,为存放离心分油机分离出来的油渣和水分,应设有专用的油渣柜。柜的容积随分油机的容量而定,较小的船上可与燃油油渣柜合并。

12. 滑油系统的加热设备

在冬天或寒冷航区航行的船舶,滑油系统必须预热,以便于主机的起动和运转,以及滑油的转运及清理。

一般采用蒸汽加热,有关的油柜加热温度及时间如下:

(1) 滑油储存舱(柜)及沉淀柜的一般加热时间约为24h,加热温度至20℃左右,以便于泵输送为宜。每立方米的油舱容积加热管的表面面积一般采用0.1～0.15m^2。

(2) 滑油循环柜的加热时间一般在1h以内,可加热至发动机运转所需的温度,一般为35℃左右,加热管的表面面积一般采用0.4～0.5m^2/m^3。

(3) 滑油污油柜的加热时间没有明确要求,加热管的表面面积一般采用0.1～0.155m^2/m^3。

七、滑油系统管路的布置

1. 吸入管路的布置

独立的滑油循环泵的形式有立式和卧式两种。齿轮式油泵,一般允许吸入高程为3mH_2O;螺杆式油泵,允许吸入高程较大,一般为4～5mH_2O。因此,吸入管路的长度应尽可能布置得短些;吸入管在进入循环油舱时,其吸入口应与回油口成相反方向且有足够距离,以免吸入污油;吸入口距油舱底部不小于100mm;若吸入管末端设置滤网或止回装置,则应满足不进入油舱就能对其进行清洁或排除故障的要求。

2. 回油管路的布置

为避免滑油回进循环油舱时引起泡沫飞溅而夹带空气,回油管管端应布置在循环油舱的最低工作液位以下,并与油泵吸油管口间设置隔离板。

3. 压力管路的布置

滑油循环泵出口滑油滤器间的管段为压力波动区域,且越靠近泵排出口的压力波动越剧烈。例如,在齿轮油泵出口管上,最大振幅处的压力可达到油泵平均压力的3倍以上。离油泵越远，振幅就越小，一直到滤器以后压力才趋于稳定。因此，在布置滑油循环泵排出口至滤器的管路时，管子弯曲形状应尽量简单且弯头越少越好。弯头设置过多，尤其是小于或等于 90°的成型弯头，不仅会增加管内流体阻力，还能导致管路振动。

第四节　冷却管系

一、冷却管系的任务及组成

内燃动力装置中有许多机械设备，在正常运行过程中不断地散发出热量，这些热量如不及时散发，机械设备的温度就不断上升以至于超过容许界限而不能继续工作，造成严重事故。冷却系统的主要任务就是解决这些机械设备的散热问题，从而保证各种机械设备的正常工作。

在船舶上需要散热的机械设备如下：

(1) 主、辅柴油机，包括气缸盖、气缸壁、活塞和增压器等。

(2) 主、辅机的滑油冷却器、淡水冷却器以及增压空气中间冷却器等热交换器。

(3) 轴系的轴承、艉轴管和传动设备。

(4) 空气压缩机等。

另外，压缩机等排出的气体以及废气和凝结水等也都需要冷却，以适应工作过程的需要。

在上述机械设备中，主机散发出的热量最多，其冷却管路规模也最大。

为了保证气缸工作容积壁部不受高温的影响，并保持气缸工作表面上的润滑油膜，需要在其受热的壁部施行有效的冷却。此外，由运动部件摩擦产生的热量必须从其产生处，直接或间接地通过润滑油传递到冷却剂中，否则这些部件会大量积聚热量而损坏。发动机的单位功率越高，冷却越重要。

不良的冷却会使气缸与燃料室的壁部有过高的温度，将造成润滑油炭化、活塞环胶结、活塞过度磨蚀与咬合以及排气阀过热等。

二、冷却管系设计的一般要求

冷却管系设计的一般要求如下：

(1) 每台主机应有独立的冷却管系及循环水管系。

(2) 辅机一般应有独立的冷却水管系，若几台辅机共用一台海水冷却泵，则应设有备用泵或代用泵。

(3) 采用自流式冷却及循环水管系，除应满足主机各种正车工况外，还必须满足主机空车和倒车工况的要求。

(4) 登陆舰艇应考虑登陆前后一段时间内的主、辅机海水冷却问题。若采用压载水舱作为海水冷却循环水舱，则该舱的容量应满足上述时间内的主、辅机的冷却需要，并应有和舷外海水的转换装置。

(5) 滑油冷却器中的冷却水压力应低于滑油压力。

(6) 采用自流式循环水系统的主汽轮机组，必须设有一台循环水泵以满足主汽轮机组最大倒车功率及舰船备航和低速航行时的需要。

(7) 采用泵流式循环水系统的主汽轮机组，其主循环水泵应有代用泵，代用泵的排量应满足巡航功率时的需要。若主循环水泵系由两台独立动力泵组成，则可免设代用泵。

(8) 循环水管路进、排水管与主机冷凝器的连接应有膨胀接头。

(9) 循环水管路一般应设有可调节海水流量的挡板装置。

(10) 辅冷凝器应有独立的循环水管系，管系中应有一台独立的循环水泵，并设有代用泵。

(11) 主汽轮机组滑油冷却器所需的冷却水一般由主循环系统供给，若采用独立的海水泵供给，则应设有备用泵或应急补水管路。

(12) 柴油机应采用闭式冷却水管系。

(13) 标准排水量在 1000t 以上的柴油机舰船，每一主机舱中至少应设有主机备用冷却的电动海、淡水泵各一台，其排量应满足一台主机最大功率时的需要。

(14) 柴油机的淡水冷却管系应设置能自动调节淡水进机温度的恒温器，并设有手控装置。

(15) 柴油机的淡水冷却管系一般应设置高温报警装置。

(16) 柴油机的淡水冷却管系应有单独的淡水膨胀箱，采用封闭压力式的淡水膨胀箱应装设安全阀。

(17) 柴油机的淡水冷却管系中采用乳化防锈油作为淡水添加剂时，淡水管系内的橡胶件应采用耐油橡胶。

(18) 主柴油机的淡水冷却管系应备有海水应急接管，且有避免平时淡、海水相混的可靠措施。

三、冷却系统的冷却方式

采用水作为冷却剂，在内燃机中占很大比重，一般有开式冷却和闭式冷却两种方式。

1) 开式冷却方式

采用舷外水直接进行冷却，这种形式比较简单，如图 5.10 所示。海水泵自海底门经过通海阀、滤器吸入海水。从海水泵排出的海水经过滑油冷却器，吸收滑油从柴油机带来的热量后进入发动机，经过气缸水套及气缸盖、排气管后带走热量，汇集于总管推开单向阀而排至舷外。水温调节阀根据离开发动机的海水温度自动调节回流管的热水流量，以保持发动机不致过热或过冷。油温调节阀则根据油温度的变化，自动调节滑油冷却水流量，以保持滑油温度基本不变。

开式冷却方式所需设备最简单，一般应用于小功率的舰船上，但这种海水直接冷却方式有很大的缺点：

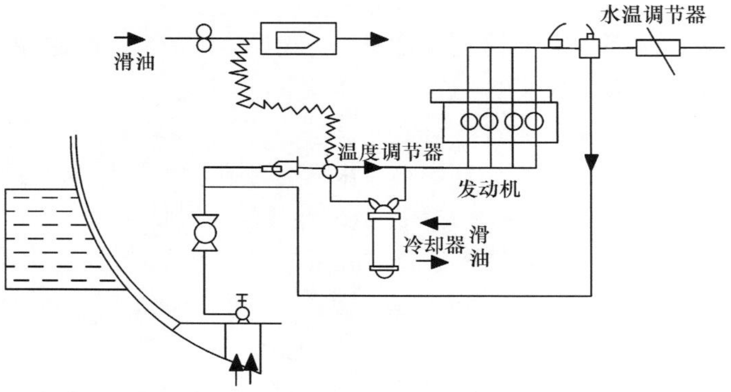

图 5.10　开式冷却管系原理图

(1) 从舷外引进的海水中所含杂质和盐含有的杂分将增加机件的腐蚀。沉积污垢后会降低传热功能，影响发动机运转。污垢的沉积与冷却水温度的升高有关，当海水温度高过 50℃后，盐垢的沉积将迅速增长。当季节或航区变化等过分降低海水温度时，缸壁等处的内外温差大且不利于发动机的燃烧和润滑性能，则会明显降低柴油机的经济性。

(2) 当海水温度高达 50～55℃时，水垢会大量析出而积附在高温的传热表面上，如气缸盖、气缸套的冷却壁面上，在局部死角、转弯等处也易形成积垢，这种积垢是不良热导体，妨碍了热量向海水的传导，工作时间越长，积垢越厚，传热阻力就越大，引起局部过热，以致气缸套壁内表面温度过高而发生破裂，因而开式冷却的海水温度被限制在 55℃以下。

(3) 对于中、大功率柴油机，要求气缸套等高温部件本身温度分布均匀，即温差要小，以保持高负荷时部件工作的安全可靠以及能有较高的热效率。因此，通常都不采用开式冷却方式，只有在一些冷却温度较低的部件，如轴承空压机等才采用此方式。

2) 闭式冷却方式

闭式冷却方式是由淡水冷却发动机的高温部件后带走热量，再由海水冷却淡水。也就是由舷外水冷却发动机的闭式淡水循环冷却系统，其原理如图 5.11 所示。

闭式冷却方式的优点如下：

(1) 循环在主机内的水是清洁的淡水，因此不易产生水垢、发生管道堵塞现象。

(2) 淡水不会产生积盐现象，能保证良好的传热效果，同时冷却水温可以不受盐分自海水中析出的温度限制，达到 65～85℃，在某些船上甚至可高达 95～110℃。这样，高温件热表面与冷却水之间温差减小，被冷却水带走的热量就减少，有利于提高热效率和减少热负荷。

(3) 暖机时关上舷外水，便能很快用淡水加热循环滑油。

闭式冷却系统的缺点就在于设备和管路比开式冷却系统复杂。

闭式冷却系统由两套独立的管路组成：海水管路和淡水管路。

(1) 海水管路。海水由海水泵自舷外经过海底门吸入后先经过滑油冷却器，再经过

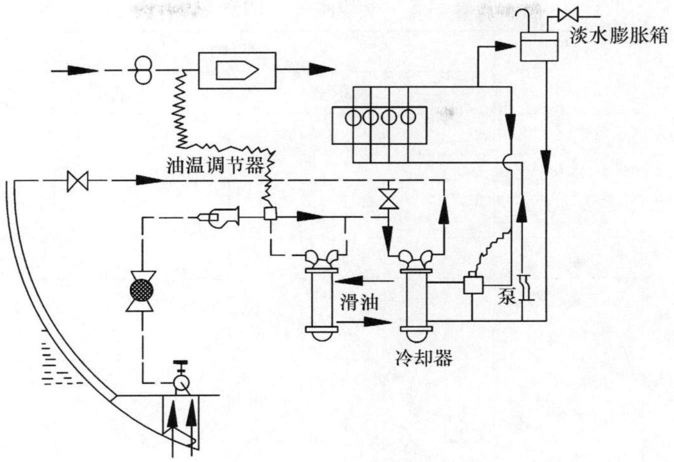

图 5.11　闭式冷却管系原理图

淡水冷却器后排出舷外。

(2) 淡水管路。淡水泵把淡水送入柴油机吸收热量后进入淡水冷却器,又把热量传给海水,降低温度后的淡水又由淡水泵送入柴油机,从而在淡水管中不断循环。淡水温度调节器根据柴油机淡水出口温度的高低来调节流过淡水冷却器的淡水量,从而可调节进入柴油机的淡水温度。在淡水管路中设置了一个淡水膨胀箱,其作用如下:

① 淡水在封闭管路中循环,它的体积会随着温度的变化而热胀冷缩。当淡水在管路中受热膨胀时,体积增加,管路中多出的淡水则储存在淡水膨胀箱中;当淡水在管路中受冷收缩时,体积减小,淡水膨胀箱中的水补入管路。

② 淡水受热温度升高时,其中有气体分离出来,该气体必须及时从管路中排出,否则会影响管路的正常工作。为了排除这些气体,在进出发动机的淡水管路最高点引出管子与淡水膨胀箱上部相通,这样气体可通过淡水膨胀箱而逸入大气。

③ 淡水膨胀箱与淡水泵的入口由管路相通,运转中管路中损失的淡水可经此管补充,而淡水膨胀箱中的淡水一般由淡水舱进行补充。同时,由于淡水温度较高,为了使淡水泵吸入口维持一定的压力,防止吸入时水产生汽化现象,以保证水泵的正常工作,所以淡水膨胀箱应设在柴油机气缸头以上一定高度,如布置有困难时可充入低压空气以在整个管路中保持较高的水压,而避免产生汽化现象。

④ 有时为了缩短暖机时间,淡水膨胀箱内接入蒸汽管,供起动用。

四、冷却水带走热量的一般估计

柴油机的冷却,其冷却水所带走的热量范围较大。不同类型发动机的冷却水带走的热量占发动机油耗总热值的比例如表 5.5 所示。

表 5.5　冷却水带走的热量　（单位：%）

<table>
<tr><th colspan="3" rowspan="2">型式</th><th colspan="4">无气喷射</th><th rowspan="2">排气管冷却时所需加的数值</th></tr>
<tr><th colspan="2">直接喷射式</th><th colspan="2">预燃式</th></tr>
<tr><td rowspan="3">单作用式四冲程</td><td colspan="2">活塞不冷却</td><td colspan="2">25～36</td><td colspan="2">25～40</td><td rowspan="6">四冲程发动机
6～8</td></tr>
<tr><td rowspan="2">活塞冷却</td><td>气缸及气缸盖</td><td>18～22</td><td rowspan="2">25～31</td><td>19～24</td><td rowspan="2">26～33</td></tr>
<tr><td>活塞</td><td>7～9</td><td>7～9</td></tr>
<tr><td rowspan="3">单作用式四冲程增压</td><td colspan="2">活塞不冷却</td><td colspan="2">20～25</td><td colspan="2">—</td></tr>
<tr><td rowspan="2">活塞冷却</td><td>气缸及气缸盖</td><td>15～18</td><td rowspan="2">21～28</td><td colspan="2" rowspan="2">—</td></tr>
<tr><td>活塞</td><td>6～8</td></tr>
<tr><td rowspan="3">单作用式二冲程</td><td colspan="2">活塞不冷却</td><td colspan="2">24～30</td><td colspan="2">28～33</td><td rowspan="5">二冲程发动机
5～6.5</td></tr>
<tr><td rowspan="2">活塞冷却</td><td>气缸及气缸盖</td><td>15～18</td><td rowspan="2">19.5～26</td><td>17～22</td><td rowspan="2">20～29</td></tr>
<tr><td>活塞</td><td>4.5～8</td><td>5～7</td></tr>
<tr><td rowspan="2">双作用式二冲程</td><td rowspan="2">活塞冷却</td><td>气缸及气缸盖</td><td>16～18</td><td rowspan="2">23～26</td><td colspan="2" rowspan="2">—</td></tr>
<tr><td>活塞</td><td>7～8</td></tr>
</table>

从表 5.3 中可以得到柴油发动机装置中冷却水热量的大致比例。从这些数据来看，小型发动机带走的热量往往较大，因为它比同类大型发动机的传热表面积与冲程容积的比率大。高速发动机冷却水带走的热量也低于低速发动机冷却水带走的热量；长行程发动机冷却水带走的热量则低于短行程发动机冷却水带走的热量。

船用发动机转速变化中，通常在转速增高时传给冷却水的热量减少，但也有例外，在具有分割式燃烧容积的发动机上，由于燃烧的恶化或燃烧容积中气流速度的增高，会得到相反的情况。

小型发动机的传热情况优于大型发动机，因此小型发动机允许较高的冷却水流出温度，大型发动机要求较多的冷却水量和较低的冷却水温度。

1. 冷却管系的设备估算

1）淡水泵排量

淡水泵排量一般可按式(5.30)计算：

$$D_t = R_t \times Q_H^p \times g \times N_e \times K/(t_2 - t_1) \times \gamma \times C \quad (\mathrm{m^3/h}) \tag{5.30}$$

式中，R_t 为冷却水带走热量的比例；Q_H^p 为燃料低发热值，kcal/kg；g 为燃油消耗率，kg/(kW·h)；N_e 为发动机有效功率，kW；t_2 为冷却水出发动机温度，℃；t_1 为冷却水进发动机温度，℃；γ 为淡水密度，kg/m³；C 为淡水比热，kcal/(kg·℃)；K 为裕度系数，一般取 1.2～1.3。

冷却水进出主机的温度一般按发动机说明书中的要求选择即可。通常情况下，温度越高，发动机的气缸磨蚀越小，气缸的热应力也越小，发动机的耗油率越低。若过度冷却，则气缸壁温度会大大降低，使气缸壁与活塞环因腐蚀而增加磨蚀程度，同时会使燃烧物中所含的水蒸气凝积于冷的气缸壁上，由于冷凝水吸收燃烧中的有机酸和无机酸，腐蚀会增强，这在活塞环的上止点位置附近处更为严重。

柴油机采用舷外水直接冷却时，由于海水温度超过 55℃会加速水套内盐分的析出和积垢，从而影响冷却面的导热率，所以冷却水温度一般取 50℃以下。

当柴油机采用封闭式淡水冷却时，其冷却温度可提高到 90℃，因一般冷却水泵的压头为 1.2～1.3kgf/cm^2，其相应的饱和蒸汽温度为 104～107℃。若继续提高冷却水温度，将会产生汽化现象，使气缸壁的传热效率显著降低而影响发动机的正常运转。

柴油发动机中，冷却水进出温度差一般为 10～15℃，不应超过 17℃。温度差过大对气缸壁的冷却均匀性有影响，产生热应力较大；温度差过小，则必须增加冷却水量和发动机的冷却通道。因此，目前国内柴油机采用 10～15℃的温差比较多。

压头的大小按照发动机及管路内的流阻来决定，根据现有设计资料压头一般选为 20～30mH_2O。

2) 海水泵排量

海水泵排量一般可按式(5.31)计算：

$$D_h = R_h \times Q_H^p \times g \times N_e \times K/(t_2 - t_1) \times \gamma_h \times C_h \ (m^3/h) \tag{5.31}$$

式中，R_h 为海水带走的热量(包括淡水及滑油两部分)；t_1 为海水进滑油冷却器的温度(当滑油冷却器置于淡水冷却器的前面时)，℃；t_2 为海水出淡水冷却器的温度，℃；γ_h 为海水密度，kg/m^3；C_h 为海水比热容 kcal/(kg · ℃)；K 为裕度系数，一般取 1.2～1.3；压头一般取 15～25mH_2O。

3) 淡水膨胀箱

淡水膨胀箱是避免因淡水受热膨胀而使水管破裂的一种保护装置。当循环淡水温度太高时，其体积会膨胀，增加的过剩体积被推进膨胀箱中；而当循环淡水温度降低或管路泄漏时，淡水膨胀箱里的水就随时补充到系统中。

在淡水膨胀箱的顶部设有空气管和溢流管，以便把系统中的空气、蒸汽、过多的冷却水排出，这样可以保证冷却系统中的压力稳定，有利于系统正常有效地工作。淡水膨胀箱上接有淡水补给管，当系统中无水或因蒸发、泄漏等水量减少时，由补给管向淡水膨胀箱中补充淡水。

系统中的水与大气接触的自由液面有水汽损失，水汽损失的数量与自由液面面积及水的温度有关。为了减少淡水膨胀箱的水汽损失，需要减少自由液面面积，并使水箱内的水保持在较低的温度。

另外，水与空气接触时，在一定的温度和压力条件下，空气中的氧有一定量溶解于水，温度低，压力大，溶解于水中的氧气就越多，溶解于水中的氧气对系统的金属有腐蚀作用，为减少淡水膨胀箱中氧气的溶解量，也要减少淡水膨胀箱内的自由液面面积或适当提高箱内的水温。

因此，从减少蒸发损失和减少氧气溶解量出发，淡水膨胀箱的容积应在满足系统要求的情况下尽可能小。

淡水膨胀箱的容积根据各种发动机的要求而定，目前可采用式(5.32)估算：

$$V_p = 0.10 \times D_p \times \eta_p \ (m^3) \tag{5.32}$$

式中，D_p 为发动机淡水循环系统内的淡水容量，m^3；η_p 为淡水膨胀箱的有效容积系数，一般取 1.1～1.2。

2. 冷却器

目前使用较多的冷却器是壳管式冷却器，用于冷却油和水。冷却水（海水或江水）在管内进行两次回流，吸取管外被冷却介质传递过来的热量后被排出冷却器，被冷却介质在管外侧空间横掠管束若干次，然后排至冷却器外。

冷却器由壳体、端盖、管组及其他零附件等组成，壳体由钢板滚成圆筒形后焊接而成，其上焊有法兰，被冷却介质进、出口接管及接头座等。

装配于壳体内的管组由管板、冷却管、隔板、支杆及滑道等组成。冷却管两端安装于管板上，固定管板借环节螺栓及普通螺栓与端盖和壳体法兰相连，活动管板可以在由两个垫料圈、疏水环、压盖等组成的填料函内自由移动，以补偿整个管组的胀缩。冷却管组由几块隔板分成若干个空间，以保证被冷却介质在其间做若干次横流的叉流流动而得到充分冷却，隔板则借套在支杆上的套管来定距固定。

两端盖是铸铁的，其中一个端盖上铸就冷却水进、出口接管各一个，盖中间有一横向隔板，借此将腔室分成两个空间；另一端盖则使冷却水在此做 180°回转，在端盖内壁附有防蚀锌棒（块），以减轻海水对零部件的电化腐蚀。

滑油、淡水扁管冷却器的选型可参考表 5.6。

表 5.6 滑油、淡水冷却器选型表

序号	冷却器型号	散热面积/m^2	扁管根数	传热量/(kcal/h)	海水		滑油		淡水		净重/kg	配柴油机型号
					流量/(t/h)	压力/(kgf/cm^2)	流量/(m^3/h)	压力/(kgf/cm^2)	流量/(t/h)	压力/(kgf/cm^2)		
滑油冷却器												
1	HL1-22	22	1150	450000	50	3	40	6	—	—	322.9	6E390C、6E390DC
2	HL2-4	4	203	75000	30	3	6	6	—	—	60	12V180
3	HL3-8	8	408	300000	120	3	14.6	6	—	—	109	42-160 (M503)重 12V180
4	HL4-16	16	816	300000	70	2	25	6	—	—	204	12V230ZC
5	HL5-22	22	1150	360000	104	8	76	6	—	—	339.5	6E390ZC（即 1Z39 型）
淡水冷却器												
1	DL1-10	10	276	1000000	70	3	—	—	55	2.5	120	6E390C、6E390DC 2V230ZC，重 12V180

续表

序号	冷却器型号	散热面积/m²	扁管根数	传热量/(kcal/h)	海水		滑油		淡水		净重/kg	配柴油机型号
					流量/(t/h)	压力/(kgf/cm²)	流量/(m³/h)	压力/(kgf/cm²)	流量/(t/h)	压力/(kgf/cm²)		
淡水冷却器												
2	DL2-5	5	140	658500	33.8	3	—	—	35.4	—	55	12V180
3	DL3-13	12.5	364	1800000	120	3	—	—	132	—	151.3	42-160（即 M503）
4	DL4-13	12.5	364	1200000	104	8	—	—	120	3	157.8	6E390ZC（即 1Z39）

注：型号的顺序（HL1、HL2、…）为原图纸采用的编号，因此其不与散热面积的递增顺序相适应。

五、冷却水系统的管路布置

冷却水系统的作用在于间接或直接带走机械做功时产生的热量。冷却水系统的管路布置应根据冷却方式，以最合理、最有效的热交换接管方式达到最佳冷却效果。

1. 海水冷却管路的布置

海水冷却系统为开式冷却系统，其管路一般可分为海水吸入管路和压力管路两部分。

1）海水总管的布置

海水总管为吸入部分的主要管路，它是整个系统中口径最大的管路。对于大、中型船舶，海水总管连通左、右海水门和高位海水门，并将舷外水引进管内，供给各需用机械。其布置形式均为横跨机舱。为保证船舶在横倾 3°～5°的情况下海水泵的吸水性能不受影响，同时应考虑避免管内的沉积泥沙，故海水总管应按舱底设置的自然高进行水平布置，不能有局部低凹或凸起。图 5.12(a)所示的弯曲形状布置显然是不适当的。若考虑整个机舱管路的布置协调，海水总管下部要求纵向通过舱底水等管路，且净空间高 H 大于所通过管路最大管径的法兰外径，如图 5.12(b)所示。若海底阀的自然高度不能满足这一要求，则可提高该阀的自然高度予以解决，但绝不能用加设短管的方法。应该采取加厚座板法兰的方法来提高阀的布置高度。

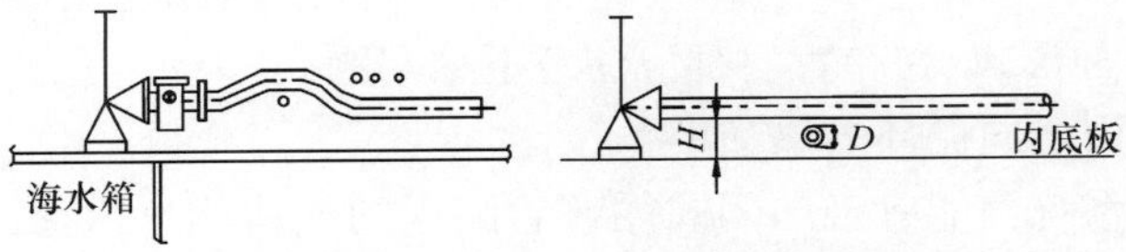

(a) 不正确曲形的海水总管　　(b) 正确曲形的海水总管

图 5.12　海水总管布置

2）主海水管路的布置

海水管路布置时，不能全部是直线布置，必须有水平的曲线，以防热胀冷缩和船体变形。主海水管路的主要供水对象为柴油机的空气冷却器、滑油冷却器和淡水冷却器，还附带制淡装置。根据主海水冷却系统的原理和冷却器的形式，正确选择主海水管路的进、出口是很重要的。

3）辅海水管路的布置

大型船舶的辅海水管路主要向发电机组的柴油机间接冷却供水。除功能性单元机组外，一般中、小型柴油机的滑油和淡水冷却器都应配套布置。冷却器的布置形式通常包括重叠布置、纵向并列布置、直角布置和直列布置，如图 5.13 所示。无论哪一种形式，海水均应先进入滑油冷却器。

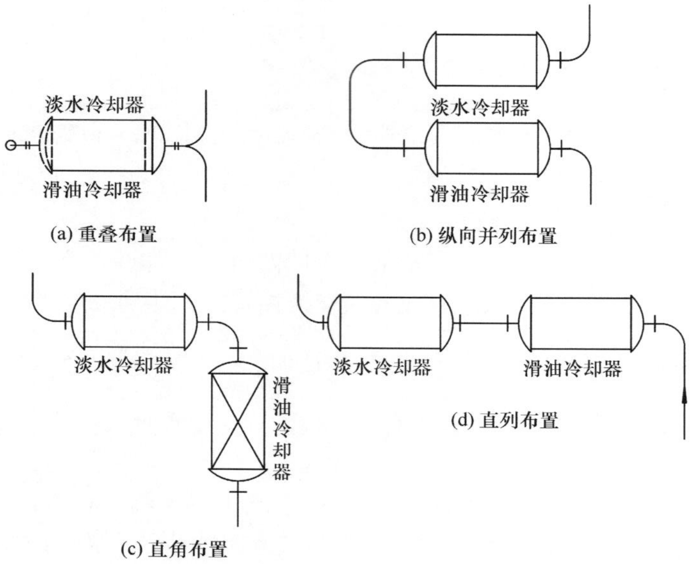

图 5.13　柴油发电机滑油与淡水冷却器的布置形式

2. 淡水冷却管路的布置

淡水冷却系统一般有两种布置方式。一种是柴油机→淡水冷却器→淡水泵→柴油机的布置，这种方式能保证进入气缸套的冷却水保持较高压力，使冷却水不易发生汽化现象。另一种是柴油机→淡水泵→淡水冷却器→柴油机的布置，可以保证淡水在淡水冷却器中有较高压力(高于海水压力)，万一冷却器管子有渗漏，海水也不易渗入而污染淡水。

无论采用哪一种形式，在布置时都应注意下列问题。

(1) 应尽量采用逆向循环的热交换。

(2) 为保证对系统性能有害的闭式循环管路内的气体能自由逸出，透气管路应从最高点引出。

(3) 淡水在管路循环时温度较高，在淡水泵吸入口容易产生汽化现象。因此，为了使淡水泵吸入口维持一定的压力，防止产生汽化，以保证水泵的正常工作，淡水膨胀箱应布置在柴油机上方，距水泵吸口高度应不小于 3m。淡水膨胀箱的补充水管从底部引出，其终端接管应选择在靠近水泵吸口的管段上。

3. 冷却水管路的阀件布置

根据柴油机的功率大小及其冷却水系统的配置情况，阀件的布置通常有分散和按单元集中两种布置形式。为使系统具有良好的操纵性，一般都选择按单元集中布置的形式。

第五节　压缩空气系统

一、压缩空气系统的组成及作用

压缩空气系统由空气压缩机、减压阀、分离器、空气瓶、各种阀件和管系组成，它利用空气压缩机将大气压缩至所需的压力，储存于空气瓶中以备使用。当空气被压缩至一定压力后即成为有做功能力的工质，鉴于它具备独特的技术性能，舰船中许多机械设备采用压缩空气作为能源。例如，用来起动发动机，吹除通海阀、油渣柜、海上航行补给系统中燃油补给后的残油，用作汽笛、风动工具、鱼雷发射、潜艇下潜上浮、自动控制和自动调节等的能源等。

压缩空气用于不同的场合，其使用压力范围也不同。各种类型柴油机的起动空气压力范围如表 5.7 所示，其他用途的压缩空气使用压力范围如表 5.8 所示。

表 5.7　各种类型柴油机的起动空气压力范围

名称	压力范围	
	最高起动空气压力/(kgf/cm^2)	最低起动空气压力/(kgf/cm^2)
大型低速柴油机	25～30	7～10
中速柴油机	45～60	20～25
高速柴油机	90～150	60～75

表 5.8　其他用途压缩空气的使用压力范围

名称	使用压力范围/(kgf/cm^2)	名称	使用压力范围/(kgf/cm^2)
通海阀、油渣柜吹除	2～3	汽笛	10～20
海、淡水压力柜充气	3～4	自动控制、自动调节器	10～15
风动机械等	6～10	武器发射等	150～235

由于使用的空气压力相差悬殊，通常在船舶上将压缩空气分成三组：高压组，一般在 $100kgf/cm^2$ 以上；中压组，一般在 $16～100kgf/cm^2$；低压组，一般在 $16kgf/cm^2$ 以下。

压缩空气有多种来源，可以由主机自带空气压缩机提供，也可以由柴油机驱动的空气压缩机或者电机驱动的空气压缩机提供，在有些船舶上也有使用自由活塞式压气机装置提供，另外有些舰艇，特别是潜艇，还在一定程度上依靠停泊时在基地充灌的空气瓶提供。

无论在停泊还是航行，压缩空气都不是经常耗用的，因此空气压缩机在正常的舰船运动情况下大部分时间都停歇不工作，平时少量的压缩空气由空气瓶供应。

二、压缩空气系统的设计要求

压缩空气系统的设计要求如下。

(1) 船上发动机采用压缩空气起动时，为了保证可靠性，一般配置独立的电动空压机和柴油空压机，如果充气设备由主机带动，则必须另设一套，采用独立的机动或电动充气设备。这些充气设备的总排量应能从 7kgf/cm^2 开始，在 1h 内达到规定的容量。在空气瓶上最好装有压力自动控制设备，或者在管路上装设自动充气设备，当瓶内压力达到规定的最高值时，压缩机自动停止充气，以保持空气瓶内经常具有主机起动所需要的压力。

(2) 在空气压缩机给空气瓶充气的管路上，必须装有油水分离器，以防压缩机气缸油混入空气瓶而产生油气，油气遇到高温会爆炸，水滴混入空气瓶内会造成空气瓶锈蚀。进入空气瓶的压缩空气其极限温度不应超过 60℃，否则应在压缩机出口加装冷却器。所有的空气压缩机、空气瓶、空冷器及减压阀后面的管路上都必须安装压力表和安全阀，安全阀的开启压力为最高工作压力的 1.1 倍。

(3) 船上装有两台以上的主发动机时，空气瓶至主机的起动空气管径必须保证至少两台主机能同时起动，管路上应安装放气阀，供发动机起动后卸去管内压力用。空气压缩机至空气瓶的充气管路上也应装设放气阀。

(4) 供主机起动用的空气瓶至少有两个，对于本身可反转的主发动机，其与推进器轴直联时，起动空气瓶的总容量在不补充气体的条件下，供给所有主机连续由冷机起动及倒转不少于 12 次。当主机采用可反转的离合器时，空气瓶的总容量应满足主机连续起动不少于 6 次的要求。

供辅机起动用的空气瓶的容量，应在不补充气体的情况下，能冷机连续起动功率最大的一台辅机不少于 6 次。

空气瓶在舰船上通常直立安放(在潜艇上则是卧式安放)。民用船上的压缩空气瓶(柜)通常卧式布置，并应在瓶上装设泄水设备。

(5) 供主机起动用的压缩空气瓶，除减压后可供汽笛用外，不能作为其他用途。对于小型船舶，考虑到辅机起动所需压缩空气储藏量的情况，可以由主发动机起动空气瓶供辅机起动用。从主机起动空气瓶供给汽笛用时，对于主机的起动空气瓶中容量最大的空气瓶，必须在供汽笛用的管路中装置隔离阀，以防止两个空气瓶同时供气。汽笛用的压缩空气的工作压力不应小于 10atm。

图 5.14 为一艘拖轮的机舱压缩空气管系原理图。

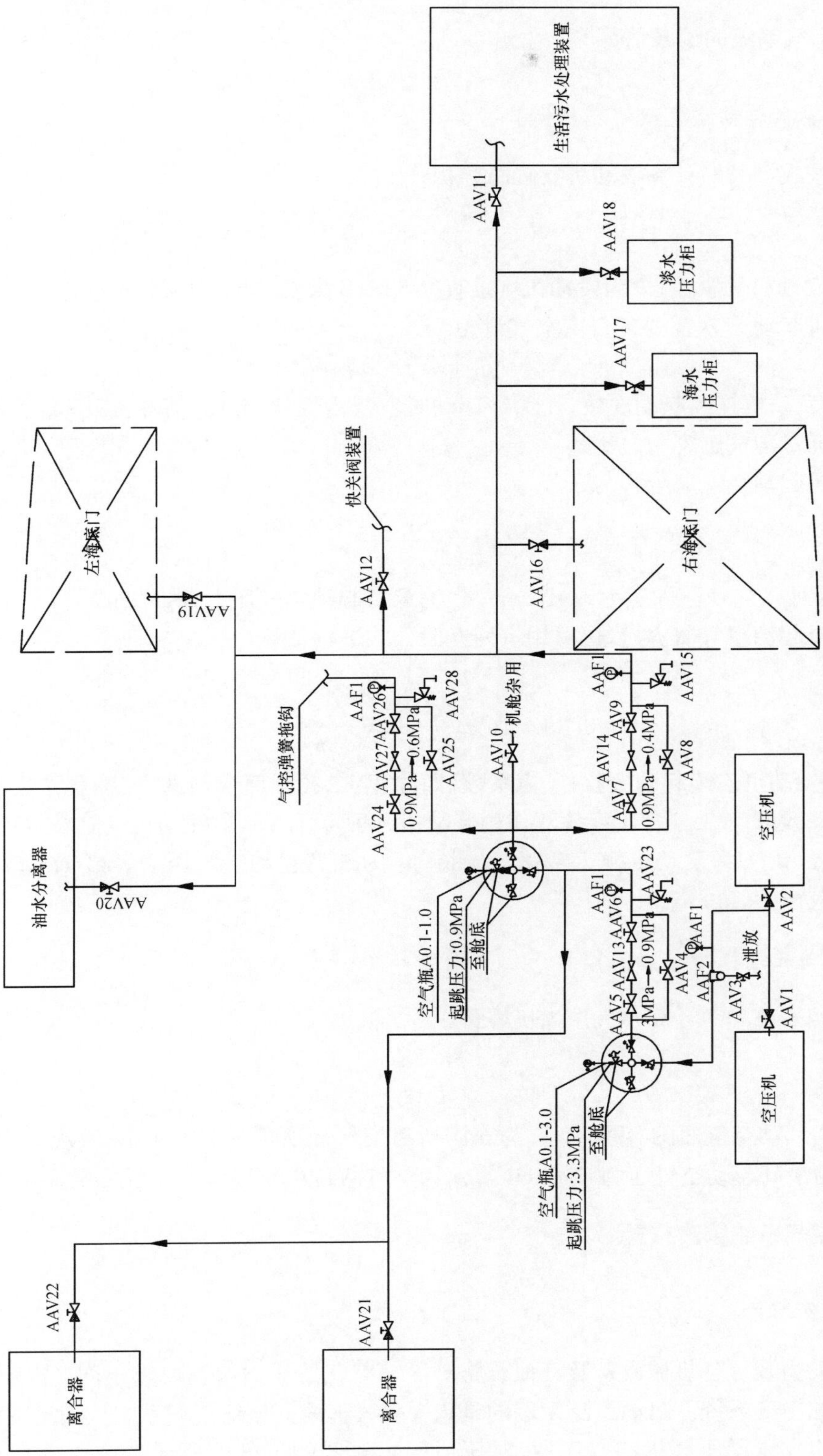

图 5.14　机舱压缩空气管系原理图

三、压缩空气系统的设备估算

1. 发动机起动空气瓶的容积估算

一般按式(5.33)计算发动机气缸总容积：

$$V=i\frac{\pi D^2}{4}\cdot S\cdot 10^{-3} \tag{5.33}$$

式中，i 为发动机气缸数；D 为发动机气缸直径，cm；S 为发动机气缸行程，cm。

发动机起动 Z 次需要的自由空气量为

$$V_{\mathrm{f}}=[q_1+(Z-1)q_2]V \tag{5.34}$$

式中，Z 为发动机连续起动次数；q_1 为冷起动时空气消耗量与气缸容积之比；q_2 为热起动时空气消耗量与气缸容积之比。

发动机起动空气瓶容积为

$$V_{\mathrm{y}}=\frac{V_{\mathrm{f}}}{p_1-p_2} \tag{5.35}$$

式中，p_1 为最高起动空气压力，$\mathrm{kgf/cm^2}$；p_2 为最低起动空气压力，$\mathrm{kgf/cm^2}$。

发动机起动空气瓶容量，也可用下列经验公式进行估算；

$$V_{\mathrm{y}}=0.36Z\times C\frac{\left(i+\frac{1}{i}\right)\cdot D^2\cdot S\cdot n^{1/3}}{p_1-p_2} \tag{5.36}$$

式中，Z 为发动机连续起动次数；C 为系数，四冲程、二冲程筒形活塞、二冲程十字头单作用柴油机一般取 1，二冲程十字头双作用柴油机一般取 1.3；i 为发动机气缸数；D 为发动机气缸直径，m；n 为发动机额定转速，r/min；p_1 为最高起动空气压力，$\mathrm{kgf/cm^2}$；p_2 为最低起动空气压力，$\mathrm{kgf/cm^2}$。

2. 空气压缩机的容量估算

一般按式(5.37)计算空气压缩机容量：

$$V_{\mathrm{q}}=\frac{V_{\mathrm{y}}(p_1-p_3)}{T}\times 10^{-3} \tag{5.37}$$

式中，V_{y} 为起动空气瓶的容积，L；T 为充满所有空气瓶所需的时间 h，一般规定为 1h 内充满；p_1 为最高起动空气压力，$\mathrm{kgf/cm^2}$；p_3 为空气瓶最小充气压力，$\mathrm{kgf/cm^2}$。

四、压缩空气系统管路布置

1. 布置形式

船舶动力装置各机械设备及其他设施对压缩空气的压力参数要求不同，需采用不同形式的压缩空气系统。目前广泛采用的是集中供气形式。压缩空气系统从满足系统最高压力参数出发设置压气机和空气瓶，对压力要求较低的供气处所通过减压方式来逐级满足。

2. 布置要求

压缩空气管路应处于明显位置，不宜夹杂在其他管路中，更不能置于管束上方。一般主、辅柴油机的起动空气管路，均应布置在空间管路的低位置，尽量少设可拆接头。压缩空气管路的阀件，应布置在机械及其附属装置就近处且易于接近、方便操作的部位。其中，截止止回阀必须以阀盘水平正装。每一压力分级的减压阀，均应设截止阀及旁通管，并在减压阀后就近处设置安全阀和压力表。

第六节　排气系统

一、排气系统的组成

船上排气系统的作用是将柴油机和锅炉的废气顺利地排到船外。此外，排气系统还可以起到降低排气噪声的作用。对于装运和拖运易燃、易爆等危险品货物的船舶，如油船、工作船等，排气系统还要能够熄灭废气中的火星。对于军用舰艇，考虑到隐蔽性也需要减少废气的可见度。

排气系统的组成因船舶类型和大小的不同而有差异，但一般都有排气管、膨胀接头(补偿管)、废气锅炉、消声器和换向调节阀等附件。在废气涡轮后装有废气锅炉的柴油机上，一般都不再装消声器。

机舱中的排气管必须包扎绝热层，其厚度要保证表面温度不超过 60℃。这不仅是为了防止烫伤工作人员，也为了减少废气热量传到机舱里而使机舱环境温度升高。多台发动机的排气管不能相互连接，因为这样会影响它们的正常工作。在连接无法避免时，各排气管之间必须装设隔离设备，以防止运转发动机的废气倒灌进不工作的发动机中，如图 5.15 所示。

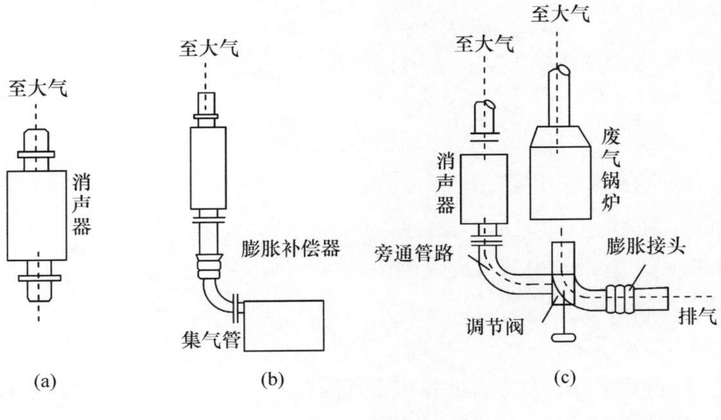

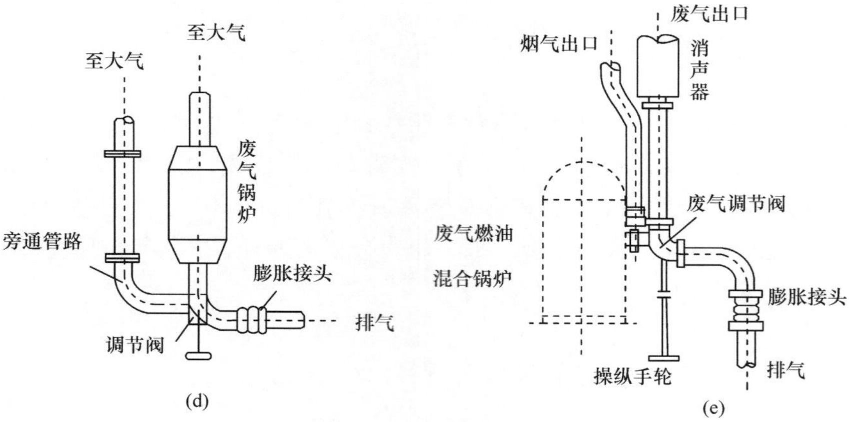

图 5.15 排气系统的布置形式

二、排气系统的计算

1. 排气量

柴油机的排气量一般在柴油机的技术规格书中列出，其估算公式为

$$q_{mg}=\alpha\cdot L_{o}\cdot\beta+\beta \tag{5.38}$$

式中，q_{mg}为柴油机排气量，kg/s；L_o为燃烧 1kg 燃油需要的理论空气量，一般为 14kg；β为燃油耗量，kg/s；α为空气裕度系数，二冲程低速机为 3.5～3.7，四冲程中速机为 2.1～2.6。

废气体积流量计算公式为

$$q_{v_g}=\frac{t_{mg}}{\gamma}$$

式中，γ为废气平均密度，kg/m³；t_{mg}为排气管中废气平均温度，℃，即

$$t_{mg}=\frac{1}{2}(t_{g1}+t_{g2})$$

式中，t_{g1}为进排气管废气温度，℃；t_{g2}为出排气管废气温度，℃。

2. 流速

排气管中的烟气流速如下：

二冲程柴油机为 25～35m/s。

四冲程柴油机为 40～50m/s。

主锅炉为 7～10m/s。

辅锅炉为 15～20m/s。

按废气排量和选定流速可以确定排气管管径，但最后还需计算排气系统的阻力是否在柴油机允许的背压范围内，如果高于柴油机允许背压，则会对柴油机的输出功率产生影响。

三、排气系统的布置

1. 一般要求

排气管布置的一般要求如下：

(1) 排气管的布置应和烟囱、废气锅炉(或经济器)、消声器及火星熄灭器的位置一同考虑，使排气管长度最短、弯头最少、固定容易且安装方便。

(2) 排气管上方(应考虑船舶摇摆的角度)应避免布置油管及油柜，以避免油滴泄漏至排气管上。当不可避免时，应采取有效措施，确保油滴不会落在排气管上。

(3) 排气管及其法兰处应与燃油柜有一安全距离，建议不小于 1m。燃油管与排气管之间也应有一定的距离，尤其要注意燃油管的连接法兰部位，应有措施防止法兰处可能因损坏而将燃油喷至排气管上。

(4) 每台柴油机、锅炉的排气管应是独立的。当两台或两台以上柴油机的排气通向共同的消声器、废气锅炉或废气经济器时，每根排气管应装设烟气隔离装置。除了燃油/废气组合锅炉外，锅炉排烟管不能与柴油机的排气管相连通，如图 5.16 所示。

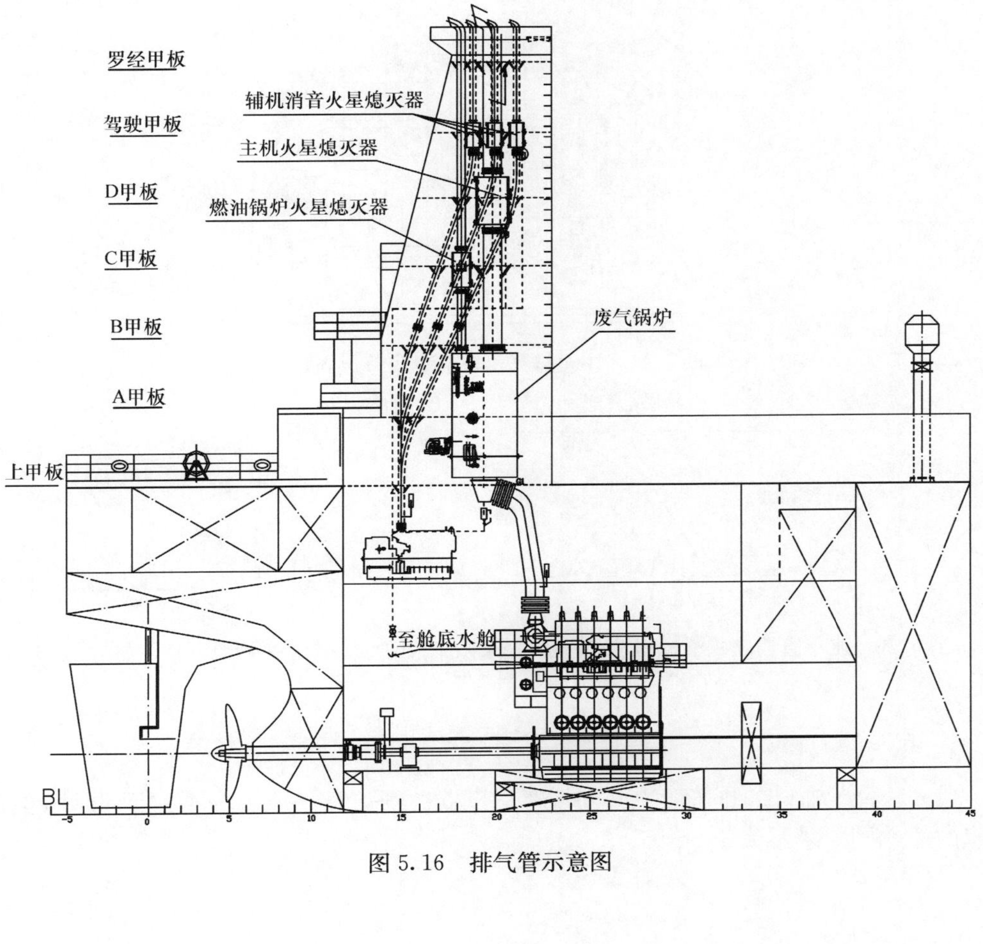

图 5.16　排气管示意图

(5) 对于一些较小的船舶,当柴油机的排气管拟在载重水线附近引出舷外时,应设有防止海水从排气管进入柴油机内的装置。

2. 热膨胀

由于排气管温度较高,设计时必须注意管子的热膨胀。钢管的线性热膨胀系数 α 一般取为 11.7×10^{-6} m/(m·K),因此每升高 100K 管子将伸长约 1.2mm/m。为此,必须在排气管系中装设膨胀节。一般采用不锈钢材质的波形膨胀节。选用波形膨胀节时必须使该膨胀节的允许伸缩量大于该段管子的可能膨胀量。根据膨胀节的具体特性,有时也可考虑一定的预压缩量。

一般主机的增压涡轮机排气出口需按装一个膨胀节,在排气管向上的管段上,每一个水平段及垂直段均按装一个膨胀节,并根据管子膨胀的方向设置管子的固定点,如图 5.17～图 5.19 所示。

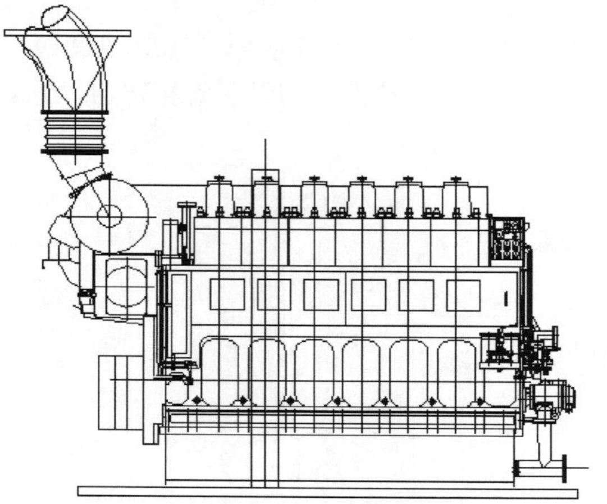

图 5.17 主机排气出口的膨胀节及固定点

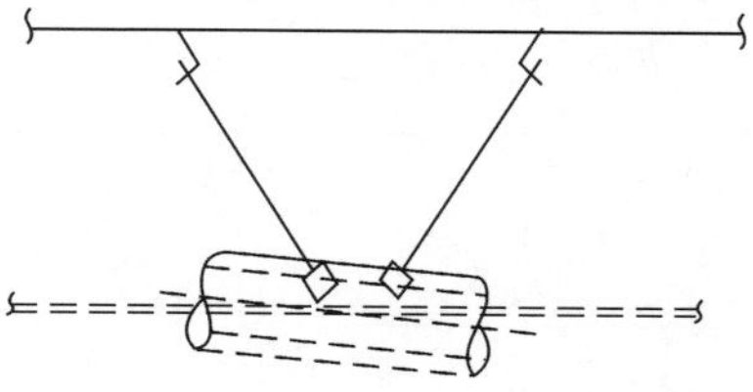

图 5.18 水平管段膨胀节及固定点(弹簧托架)

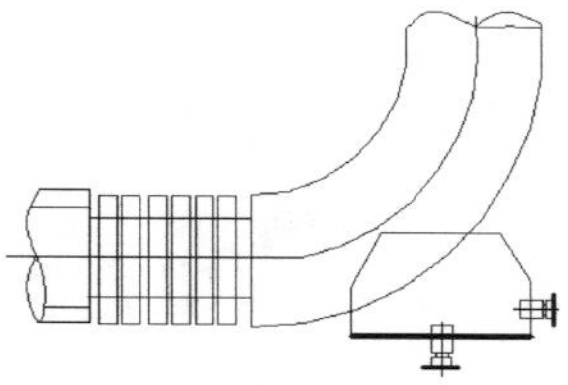

图 5.19 水平管段固定点(弹簧吊架)

3. 其他

(1) 每台柴油机的排气管上必须设有消声器。消声量一般要求不大于 25dB,但挂德国旗的船舶则要求不大于 35dB。

（2）对于油船、液化气船和化学品船，以及需在油区码头、港口或装卸站运行的船舶，柴油机的排气管及锅炉的排烟管应装有火星熄灭器，如表 5.9 所示。

表 5.9　国外部分国家的船舶噪声标准（机舱和集控室）　（单位：dB）

国别	IMO	英国	美国	日本	德国	挪威	瑞典	丹麦	荷兰	波兰
机舱	110	110	110	—	110	105	100	110	110	—
集控室	75	75	75	75	75	75	65	75	80	75
无控制室机舱	90	90	90	90	90	90	—	90	90	90

第六章　船舶与海洋工程辅助管路系统

第一节　舱底水系统

舱底水是指机舱或货舱舱底的积水，专门用于排出舱底积水的管路系统称为舱底水系统。

一、舱底水的来源

舱底水主要来自以下几个方面：

(1) 机舱内冷却水管路的海水、淡水的泄漏；蒸汽管路冷凝水的泄漏，水柜中水的泄漏和泄放；燃滑油管路、油柜及设备中油的泄漏等。

(2) 艉轴填料函处的漏水。

(3) 舱口流入的雨水。

(4) 甲板冲洗用水。

(5) 设备检修放水。

(6) 货舱洗舱水。

(7) 扑灭火灾用的消防水。

(8) 船体破损后的进水。

舱底积水对船体有腐蚀作用；货舱积水会浸湿货物造成货损；机舱舱底积水会使机电设备受潮或浸水损坏，影响机器正常运转，并给管理工作带来困难。舱底水积存过多时，会严重影响船舶稳性，危及航行安全。

二、舱底水系统的作用

舱底水系统的作用是及时将机炉舱和货舱的舱底积水排至舷外。一般而言，正常营运的船舶，机舱舱底积水量为 $1\sim10m^3/d$，对于 20～30 万吨级的船舶，则可达到 $20m^3/d$ 左右。当船舶破损时，舱底水系统还可用于应急排出积水。货舱积水一般不含油，通常直接排放至舷外；而机舱积水一般都含油，故需要经油水分离器进行处理，当含油量低于 15ppm 后方可排放入海。

三、对舱底水系统的要求

对舱底水系统的一般要求如下：

(1) 所有船舶均应设置有效的舱底水排放装置,以便能抽除及排干任何水密舱室中的水。

(2) 机器处所舱底水的排除应符合防止船舶造成水域污染的有关规定。

(3) 系统中的管路应能防止舷外水或自压载舱的水进入货舱或机炉舱,或从一舱进入另一舱。

(4) 舱底水管路中的液流是单向的,只允许将舱室中积水向外抽出。为防止各舱舱底水相互串通,管路中的分配阀箱、舱底水管和直通舱底水泵支管上的阀门均应为截止止回阀。

(5) 舱底水泵、压载水泵和消防水泵等互相连通时,管路应保证各泵同时工作而互不干扰。

(6) 对于客船,在事故后所有实际可能的情况下,无论船舶正浮或倾斜,应能抽除并排干任一个水密分舱内的积水,但固定油舱和水舱除外。

(7) 排水管系的布置应保证在船舶正浮或横倾不超过 5°时任何舱室或水密区域内的积水至少通过一个吸口排出。为此,可在短而窄的舱室内设 1 个吸口进行有效排水,其余舱室一般均应在两舷设置吸口。

四、舱底水系统的组成

舱底水系统一般由舱底水泵、舱底水管、舱底水吸口、阀件、吸入滤网及有关附件组成。下面以某客船为例介绍舱底水系统的组成,该系统由机舱舱底水系统和应急舱底水系统组成。

1. 机舱舱底水系统

图 6.1 为该客轮的机舱舱底水系统。机舱中所产生的含油污水会自动向舱底的各污水井汇聚而形成舱底水。污水井液位达到一定高度时,可利用日用舱底泵将其中的污水输送至容积较大的舱底水舱进行储存。在适宜的条件下,便可使用油水分离器对舱底水舱中的含油污水进行处理,在含油浓度不超过 15ppm 的情况下排放入海。

此外,油水分离器也可以直接从各污水井吸入舱底水。日用舱底泵也可以经阀 BMV15 将舱底水通过通岸接头排到港口接收设施,以满足某些海域不允许任何舱底水入海的要求。日用舱底泵采用的是自吸能力较强的往复泵,该泵一般不需引水便可实现自吸。在必要时,也可经阀 BMV93 将海水引入泵腔,以提高往复泵的吸入性能。

2. 应急舱底水系统

该客轮的应急舱底水系统如图 6.2 所示。舱底泵和 No.1/No.2 舱底消防总用泵均可以将舱底水直接排送到舷外。舱底泵为自吸离心泵,采用的是空气喷射器自吸装置。No.1/No.2 舱底消防总用泵还可以作为消防泵,向消防总管提供足够压力的海水。两台

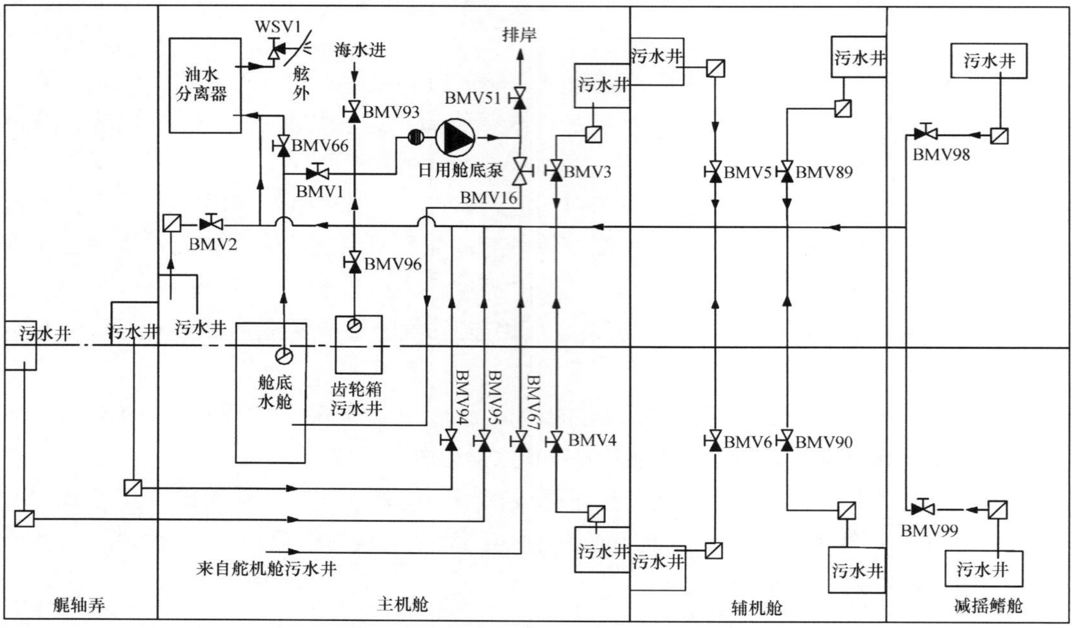

图 6.1　客轮机舱舱底水系统

舱底消防总用泵结构完全相同，为两级自吸离心泵（采用了水环泵自吸装置）。其中，第一级自吸离心泵用于泵送舱底水，出口通向舷外；第一、二级自吸离心泵串联后泵送消防水，出口通向消防总管。系统中的阀大部分是电、液遥控蝶阀，可以在驾驶台或集控室控制站进行遥控操作。

机舱之外的健身房、测深仪舱等处的舱底水可以通过该系统排出舷外，但机舱舱底水不能随意通过该系统入海，只有在因船体或管路破损而导致机舱大量积水时，才允许通过该系统向舷外应急排水。

五、舱底水系统的维护管理

舱底水系统的维护管理需注意如下事项：

（1）日用舱底泵、舱底消防泵应按运行周期进行保养、检修，并定期检查水泵的运行状态。

（2）平时保持机舱内花钢板下洁净，并定期清洗污水井泥箱。

（3）定期试验各舱污水井高位报警功能是否正常。

（4）定期活络管路系统上的阀门，以防其锈死。

（5）对于具有阀门遥控的舱底水系统，应定期在各遥控操纵部位进行系统操纵试验，确保系统功能正常。

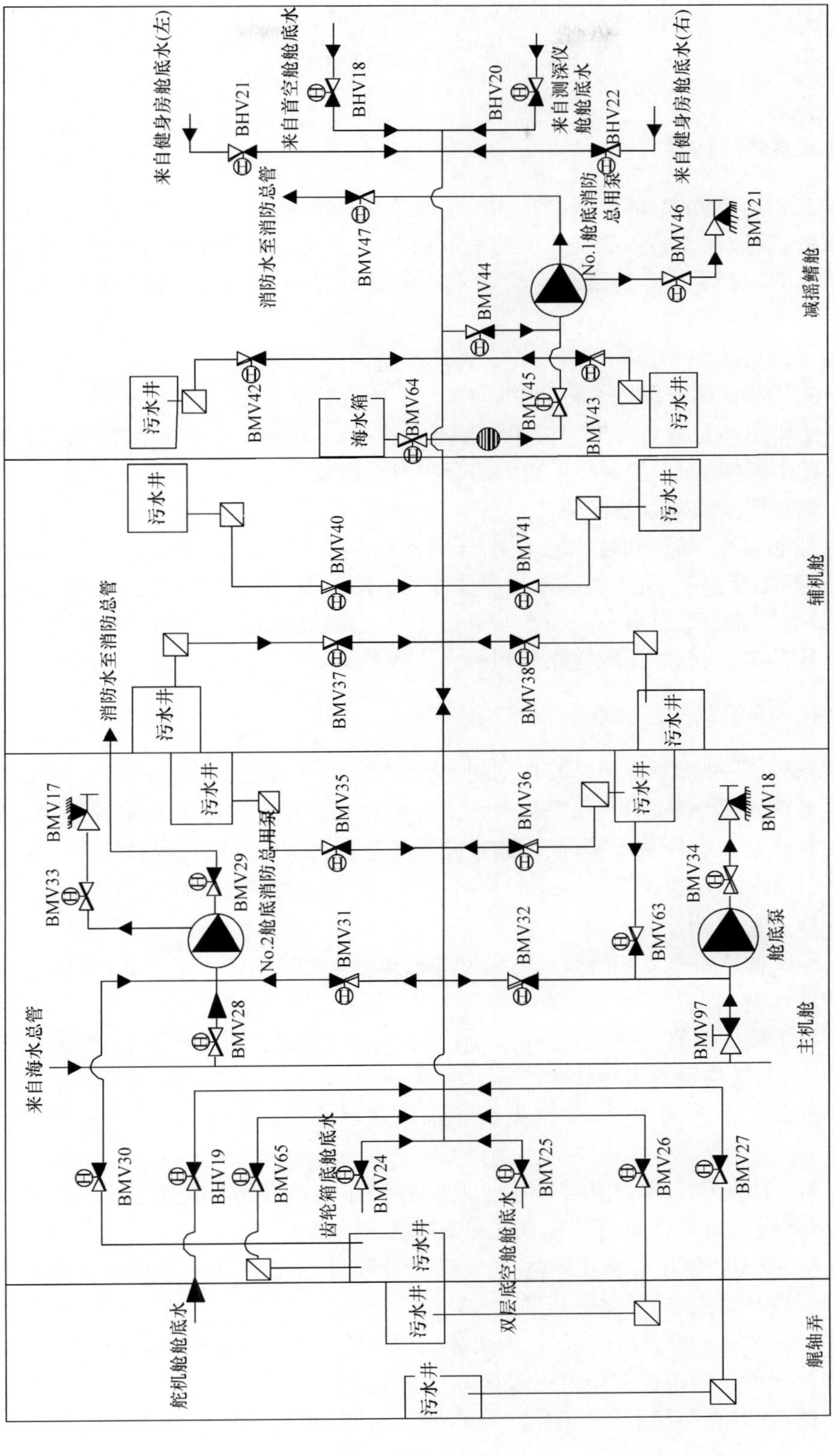

图 6.2　客轮的应急舱底水系统

第二节　压载水系统

一、压载水系统的作用

船舶在营运过程中，需要根据具体的情况调整吃水、稳性、横倾和纵倾，这一任务可借助压载系统，通过改变各压载水舱中的水量来完成。因此，压载水系统既可以将舷外水注入各压载水舱，又可以将各压载水舱的水排到舷外，还可以实现各压载水舱间的相互调驳。

对船舶进行压载和排载可起到以下作用：

(1) 使船舶在横向保持平衡，在纵向有合乎要求的吃水差。

(2) 使船舶具有适当的排水量和重心高度，以获得较高的螺旋桨效率和合适的稳性。

(3) 减小船体变形，避免产生过大的弯曲力矩和剪应力。

(4) 减轻船体和轴系的振动。

根据船舶用途、结构和吨位的不同，压载水舱的位置、大小和数量也不完全相同。在货船上，一般把艏尖舱、艉尖舱和双层底舱作为压载水舱，也有的加设上、下边舱和深舱为压载水舱，少数船上还设有专门用来调节稳性的上稳性舱和下稳性舱，油船上设有专用压载水舱。压载泵、阀门和压载管路共同构成压载系统。

二、对压载水系统的一般要求

一般来说，各种水系统无论其功用如何，水在管路中都是单向流动的。例如，舱底水系统只将舱底水排到舷外，日用海淡水系统只把海水或淡水排至各用水处所等。而压载系统既要将水注入各压载水舱，又要通过同一条管道将水从各压载水舱排出。这种"既进又出"的工作情况，形成了压载系统的管路特点。根据压载系统的特点，压载系统在布置上应满足以下要求。

(1) 压载管系的布置和压载水舱吸口的数量，应使船舶在正常浮态下排出和注入各压载水舱的压载水。

(2) 在压载系统的管路上，不能设止回阀和止回阀箱。压载水舱长度超过 35m 时，一般应在前、后端均设置吸口。

(3) 压载水管系的布置，应避免舷外水或压载水舱内的水进入货舱、机器或其他舱室。

(4) 为了防止压载水管泄漏时海水进入货舱，压载水管如需通过货舱，皆应铺设在双层底空间，其吸入口在各舱的布置应有利于压载水的排出。

(5) 艏、艉尖舱的压载管在穿过首、尾防撞舱壁时，应设有在上甲板能开关的阀门，以便在首、尾处船体撞破时能将该压载管关闭。

(6) 压载水管不得通过饮水舱、炉水舱或滑油舱。若不可避免，通过这些舱室的压载水管应加大壁厚。管子接头应采用焊接方式连接。

干货舱或油舱(包括深舱)用作压载水舱时，压载水管应装设盲板或其他隔离装置。

淡水舱作为压载水舱时，为避免两个系统相互沟通，也应符合这一要求。含油压载水排放应符合有关防污染规定。

海船的压载水舱容量非常大，一般杂货船的压载水量可达船舶排水量的15%左右，其中艏、艉尖舱占总压载水量的12%～17%，其他大多存于双层底压载水舱中。通常要求压载泵能在2～2.5h内将最大的一个压载水舱注满或排空，在6～8h内将全船所有的压载水舱注满或排空。

三、压载水系统的布置形式

1. 支管式布置

支管式系统压载水舱室的管系布置如图6.3所示，其多用于压载管径较小、舱数不多的普通货船的压载系统。在这种布置方式下，各舱均单独有支管通往机舱阀门或阀箱，再经压载水总管与压载水泵相连。总管分别与压载水泵进出口接通，泵进口接海水总管以便吸取舷外水，接通总管以便抽排舱内的水；泵出口接通总管以便向舱内注水，另接一路排至舷外的排水总管，水流方向靠阀门控制。艏尖舱作为压载水舱时，要在靠艏尖舱舱壁的一侧安装一只截止阀，该阀材料要采用铸钢或青铜。该阀的操纵要在干舷甲板以上进行。在泵的进、出口，一般都安装带旋塞真空压力表和压力表。阀件上要有标明用途的铭牌，以便于压载水系统的管理。管子一般采用10号或20号输送流体的无缝钢管。对于内河简易船舶，也可采用低压流体输送用镀锌焊接钢管。

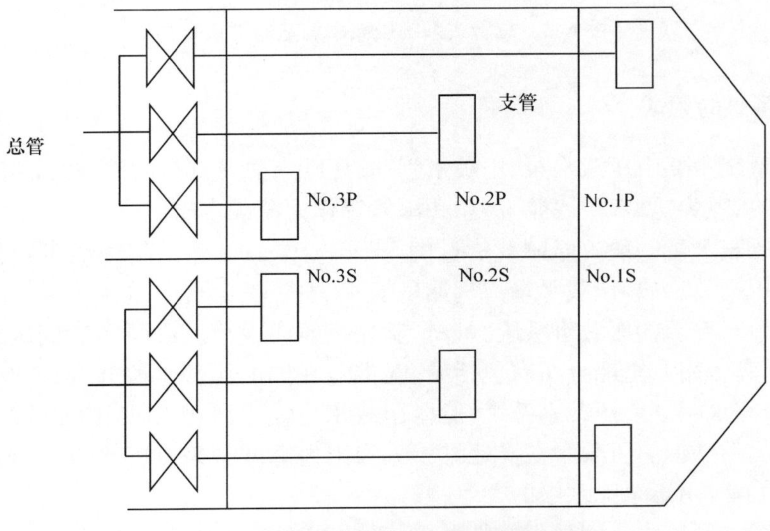

图6.3　支管式系统压载水舱室的管系布置

支管式布置的优点是可将压载水控制阀集中布置在机舱压载泵附近，便于集中操作和管理；缺点是从压载泵至压载水舱，每舱均有单独的管子，因此比较浪费管材，且增加投资和维护成本。支管式布置适用于长度适中、压载水舱数较少的船舶。

2. 总管式布置

总管式系统压载水舱室的管系布置如图 6.4 所示，它沿船的纵向铺设总管，从总管向压载水舱引出支管，在支管上安装阀和吸口。这种形式已被广泛采用，其变形有单总管式、四总管式、环形总管式、管隧式和半管隧式等，每舱可能有一个或两个吸口。总管式布置的优点是节省管系材料，机舱内的布置相对简单；缺点是压载水舱控制阀门分散布置，不利于现场操作，因此总管式压载系统比较适合采用阀门遥控系统。另外，采用总管式压载水系统在打开多个舱控制阀时，可能会产生压载水舱之间的压载水串通现象，尤其是采用单总管系统，如左右舱之间串通，可能会造成船舶倾斜，操作时应特别注意。

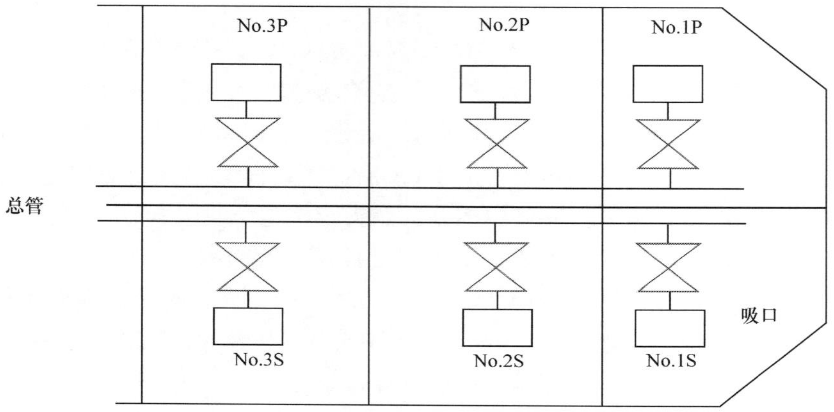

图 6.4　总管式系统压载水舱室的管系布置

四、压载水系统的组成

压载水系统主要由压载水泵、压载水管路、压载水舱及有关阀件或阀箱组成。一般船上可用艏尖舱、艉尖舱、双层底舱、边舱和深舱等作为压载水舱。

货船的压载水量一般占船舶载货量的 50%～70%；油船的货油舱可兼作压载水舱，有的还设专用压载水舱，压载水量占货油量的 40%～60%。

图 6.5 为某轮船的压载水系统。该轮船在机舱内设置压载泵和舱底压载泵各一台，前者主用，后者备用。全船分布有包括艏、艉尖舱在内的压载水舱共计 15 个。海水可以经左、右两个海水箱进入压载水系统，舱内压载水可经出海阀 BMV19 和 BMV20 排至舷外。为防止船舶携带的压载水在异地排放时为当地海域带来有害水生物，系统还设置有压载水处理装置，用于杀灭水中的微生物。

该轮压载水系统中各阀采用的是电、液遥控蝶阀，每个阀都具有独立动力源和液压驱动系统。在甲板工作室和机舱集控室内均设置有压载水控制站，可分别遥控操作压载水泵以及管路上的各阀。

五、压载水系统的操作

船舶压载水系统的日常操作是按甲板部的书面通知进行的。自动化程度高的船舶大

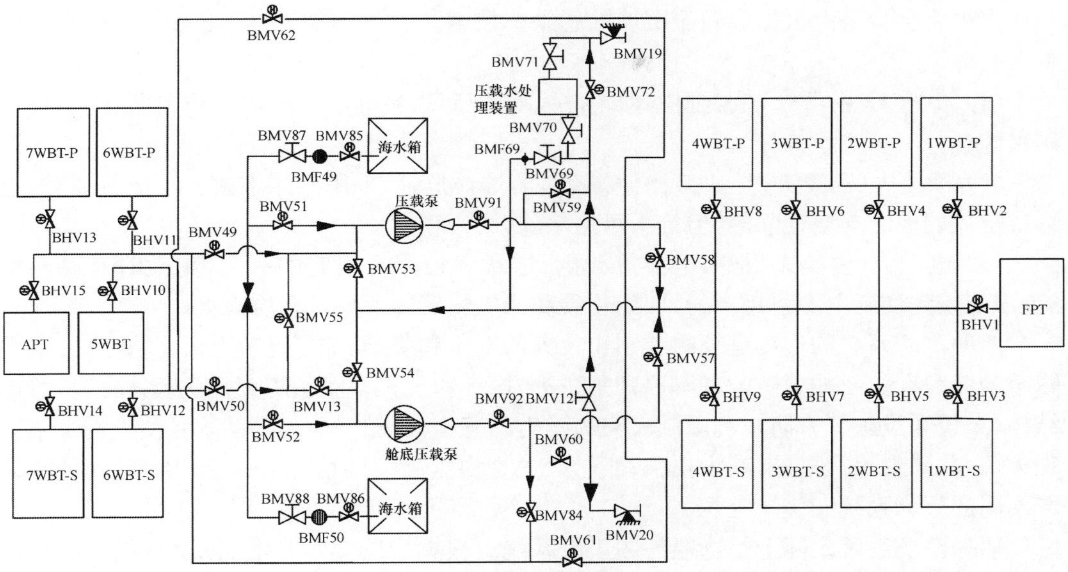

1WBT-P/S-1号压载水舱-左、右；FPT:艏尖舱；APT:艉尖舱；:电、液遥控蝶阀；:手动蝶阀；:滤器；:出海阀

图 6.5　某轮船的压载水系统

多是由甲板部直接进行压载水系统的日常操作，这种船舶设有专门的船舶压载控制室，其内安装各舱液位检测装置、泵的控制装置和各种控制阀的遥控设备。压载水系统中的各种设备均由轮机部负责日常维护管理。

压载水的就地操作步骤如下：

(1) 确认压载水控制方式为本地控制。

(2) 检查压载泵电源的供应是否正常。

(3) 人工转动压载泵轴，检查叶轮是否卡阻。

(4) 在其余各阀处于关闭状态的前提下，手动打开阀 BMV87，再在压载水控制站遥控打开阀 BMV85 和 BMV51，将海水引入压载泵内。

(5) 压载操作。打开有关阀门后起动压载泵即可。例如，打开阀 BMV91、BMV58 和 BHV1，再起动压载泵，即可将海水从舷外打入艏尖舱。

(6) 排载操作。在其余各阀处于关闭状态的前提下，依次打开阀 BHV1、BMV53、BMV91、BMV59、BMV72 和 BMV19，即可将艏尖舱内的压载水排至舷外。

(7) 操作结束后，停泵，关闭各阀门，切断电源。

当驾驶台遥控操作时，只需要实施步骤(4)和步骤(6)。

第三节　消 防 系 统

船舶在有限的空间里集中了船上人员和大量物资，存在各种可燃和易燃物质。船上同时存在着许多火源：吸烟者的烟蒂，厨房的炉灶，运转的主、辅机，锅炉，烟囱，维修中的气焊和电焊，电气设备的短路或绝缘不良，易燃物品的保养不当，甚至静电等均可引起火灾。而船舶远离陆地，自身消防能力较差，发生火灾时难以疏散和救助，因此船舶一旦失火将会带来巨大损失乃至沉船的恶果。按着火物性质的不同，船舶着火可分为以下三类。

(1) 普通火(甲类火)是由固体，如木材、纸、布和煤炭等易燃固体物质引燃着火，主要用水施救。

(2) 油类火(乙类火)是油类、油气着火，有爆炸危险，采用泡沫施救。泡沫较油轻，应形成覆盖层使之与空气隔绝，但绝不可用水施救。

(3) 电气火(丙类火)是由电器等漏电、过载和短路等引起的火灾，施救时有触电危险，因此应先切断电源再用干粉、四氯化碳和二氧化碳等不导电介质灭火。

船舶消防系统的作用是预防和制止火灾的发生和蔓延，并可迅速灭火，将火灾的损失降至最低程度。船舶消防的基本原则是防火、探火和灭火。船舶防火是从船体材料、船体结构、布置和设施上来防止和限制火灾的发生和蔓延；船舶探火报警系统是使人们及早发现火情，并采取灭火措施，减少损失；船舶灭火是根据火灾的情况、灭火介质等的不同，采取不同的灭火系统。

船舶消防系统实际上是指船舶的灭火系统。根据中国船级社的《钢质海船入级与建造规范》、国际公约和我国法规的规定，船舶应设置固定式消防系统，使用有效的灭火剂，如水、二氧化碳、蒸汽、泡沫和干粉等。固定式消防系统按照灭火剂类型主要分为水消防系统、水喷淋灭火系统、水雾灭火系统、蒸汽消防系统、CO_2 消防系统、泡沫消防系统和干粉消防系统。

一、水消防系统

水消防系统是所有船舶均必须设置的固定式消防系统，由消防泵、管路、消火栓、消防水带和水枪等组成。灭火时，消防泵抽取舷外水，将舷外水送至船上各甲板和舱室处的消火栓，水经消防水带从水枪喷射到船舶起火位置进行灭火。

水是不燃液体，是船上最常用的灭火剂。其灭火原理是利用强大的水流或水雾冲击火区，使燃烧物急剧降温，并利用水受热产生的大量水蒸气来稀释火区的氧浓度。扑灭可燃固体物质火灾可采用直流水枪，通过冲刷、冷却作用来灭火；扑灭可燃液体物质火灾可采用喷雾水枪，通过覆盖、冷却作用来灭火。

1. 对水消防系统的要求

对水消防系统的要求主要如下：

(1) 所有消防水泵应为独立机械传动，通常采用离心泵。卫生水泵、压载水泵或总用水泵如符合消防水泵的有关要求，均可作为消防水泵。100 总吨以下的货船，消防水泵可以由主机带动。

(2) 各消防水泵(应急消防水泵除外)的排量最好相同。如果水泵排量不同，则最小一台水泵的排量不应小于所需消防水泵总排量的 80%除以所需消防水泵数，且至少应满足两股射程不小于 $12mH_2O$ 要求，其排量不足部分应由较大排量的水泵补偿。

(3) 对大于及等于 1000 总吨的船舶，应至少备有 1 个国际通岸接头，并便于由船舶的任何一舷连接，以便在船舶失火时相互救援灭火。

(4) 消火栓的布置和数量,应至少能将两股不是由同一消火栓喷出的水柱射至船上任何部位。消火栓的位置应便于连接消防水带和进行有效的灭火。

(5) 锚链冲洗水一般取自水消防系统,应设置隔离阀,以便灭火时切断锚链水供给。

(6) 应急消防泵应具有单独的海底门。

2. 水消防系统的布置

水消防系统的布置应视船舶的大小、类型及对系统生命力的要求而定,具体如下:

(1) 对于中、小型船舶,消防水主管可呈直线延至船舶的首、尾部,再由主管分出若干支管及分支管至各消火栓处。这种布置简单、管子用量少,但灵活性差。

(2) 在大型船舶上,消防主管一般呈环形布置,在其中部,用横跨管将两舷干管连通起来,泵的排出管与此横跨管沟通,横跨管的两端各装一隔离阀,使消防泵可以向任一舷或同时向两舷主管输水。如果在环形主管上再构成若干小的环形管段,则可进一步提高系统的生命力。当主管局部发生故障时,不致影响其余部分的运用。

(3) 消火栓的数目和位置,应至少将两股不是由同一消火栓射出的水柱,射至船舶在航行中旅客或船员经常到达的任何位置,且其中一股仅用 1 根消防水带。管子及消火栓的位置应易于接近,便于操作。

(4) 由于消防泵一般设在机舱内,为在机舱发生火灾而消防泵不能用时进行应急消防,应在机舱外设置独立的应急消防泵。对于消防泵及其备用泵(总用泵、压载水泵和舱底泵等),在管路布置中要保证能够互相独立地工作。

图 6.6 为某浮船坞消防水系统布置原理图。

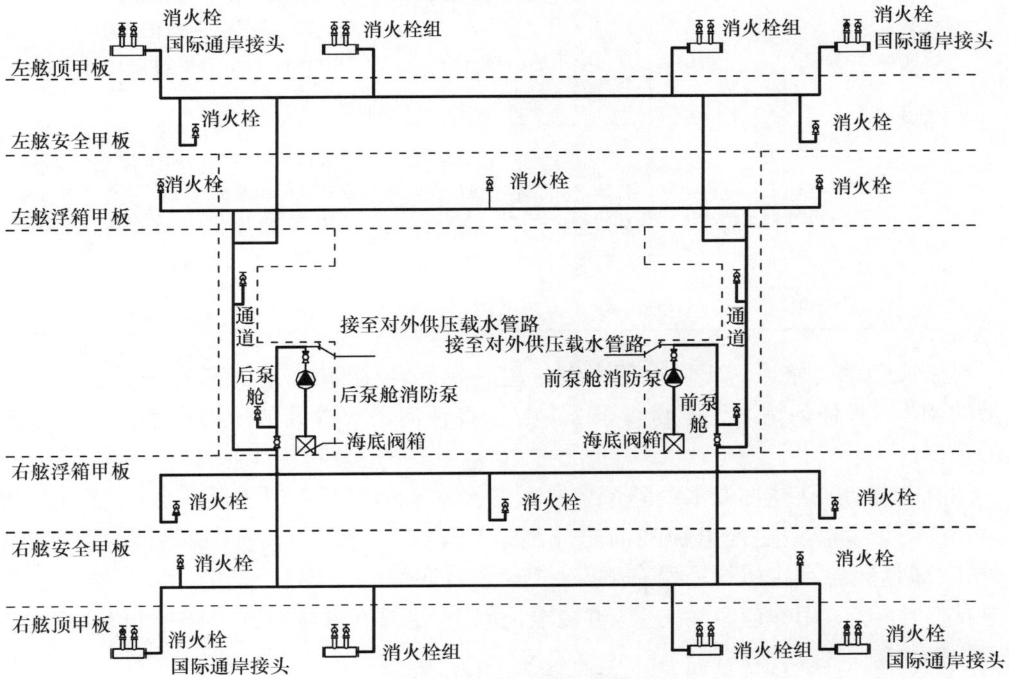

图 6.6　某浮船坞消防水系统布置原理图

该浮船坞设有两台消防水泵，分别设在前后泵舱内。消防水泵经消防水总管和截止阀，将水送至各层甲板两舷，再由两舷侧送至各层甲板上的消火栓。

消防管在各层甲板左、右两舷贯通布置，分别向船尾和船首延伸。消防水也可用来对坞修船舶供压载水。在左、右两舷还设有若干国际通岸接头。

除常规固定式水消防系统外，还有用于客船、货船的起居和服务处所的自动喷水系统，它可扑救初起火灾并自动报警；用于机舱和特种处所的水雾灭火系统，一般为手动和自动控制喷出水雾进行灭火。这两种系统均属于固定式水消防灭火系统。

3. 消防水泵的配置

我国《钢质海船入级与建造规范》规定了各类船舶消防水泵的配置，如表 6.1 所示。

表 6.1　各类船舶消防水泵的配置

船舶类型		台数	容量	压头
客船	＜500GT	⩾1	排量应不小于 $25m^3/h$	小于 1000GT 的船舶的每一台消防泵应能在船舶最高位置的消火栓上至少维持两股射程各不小于 12m 的水柱
	⩾1000GT 但＜4000GT	2	总排量应不小于该船所需全部舱底泵计算排量的 2/3	当两台消防水泵同时工作并通过规定水枪由任何相邻消火栓输出要求水量时，在所有消火栓上应维持的压力不小于 0.27MPa
	⩾4000GT	3		同上，但不小于 0.31MPa
货船	＜1000GT	⩾1	排量应不小于 $25m^3/h$	船上每一台消防泵应能在船舶最高位置的消火栓上至少维持两股射程不小于 12m 的水柱
	⩾1000GT 但＜6000GT	2	总排量应不小于该船所需全部舱底泵计算排量的 2/3，但不必大于 $180m^3/h$	当两台消防水泵同时工作并通过规定水枪由任何相邻消火栓输出要求水量时，在所有消火栓上应维持的压力不小 0.25MPa
	⩾6000GT	2		同上，但不小于 0.27 MPa

对于应急消防水泵，《钢质海船入级与建造规范》要求其排量应不少于所需消防泵总排量的 40%，且任何情况下不得少于 $25m^3/h$，在任何消火栓处的压力应不低于表 6.1 规定的最低压力。

图 6.7 为 6000 吨客船水消防系统原理图。本系统配有主消防泵一台，布置在主机舱中，可在本地、集控室主配电板和消防控制站起停(吸入截止阀、排出截止阀为手动阀)。另外，在减摇鳍舱和主机舱还设有 No. 1、No. 2 舱底消防总用泵，其中，No. 1 舱底消防总用泵接应急电源，用作应急消防泵，可在本地起动，也可在驾驶台或消防控制站遥控起动。应急消防泵有单独的海底阀箱。

除用于灭火外，消防水还可用于冲洗锚链及锚机、冷却系缆机液压单元。

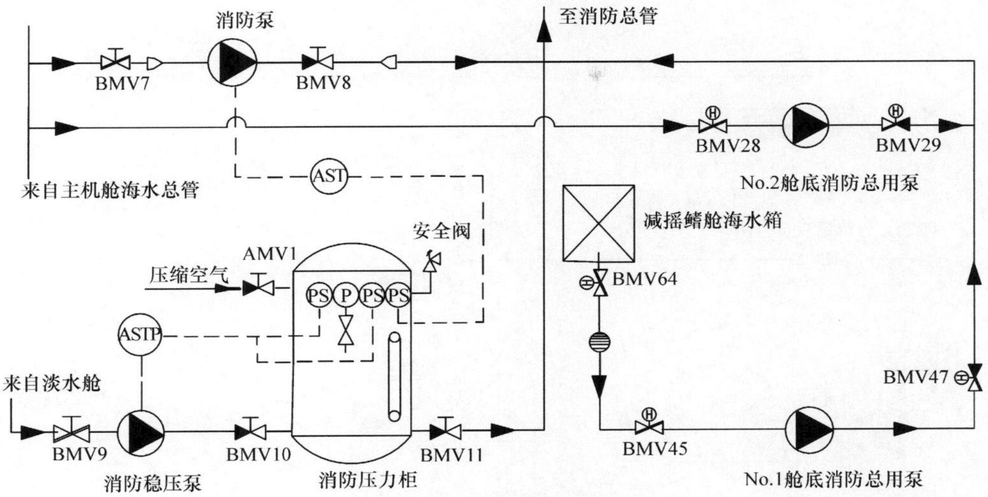

图 6.7　6000 吨客船消防水系统

根据规范要求，客船消防水管分为内消防管（舱室内部）和外消防管，其中内消防管应始终保持压力，能够随时出水。图 6.7 所示的消防水系统配有消防稳压泵和压力水柜，通过单向阀向内消防管供水并保压，其他消防泵直接向外消防管供水并通过单向阀向内消防管供水，同时可防止内消防管淡水进入外部管路。

消防压力柜经截止止回阀 BMV11 向消防总管提供一定压力（0.8～1.0MPa）的消防淡水。当柜中压力低于 0.75MPa 时，压力开关 PS（低压）会发出起动信号（automatic start，AST）使消防稳压泵起动，从淡水舱吸入淡水，从而补入消防压力柜；当柜中压力升至 1.0MPa 时，压力开关 PS（高压）发出起动信号（AST）使消防稳压泵停止，从而保持消防压力柜内的压力稳定。消防压力柜上设有补气阀 AMV1，在必要时可向柜中手动补充 1.0MPa 的压缩空气，以保证柜中压力足够。

当消防水被大量使用时，由于消防稳压泵的流量有限，可能导致其连续运转仍不能保证消防总管有足够压力，此时，消防压力柜中的压力会逐渐下降。当压力降至 0.6MPa 时，第三个压力开关 PS 将发出起动信号（AST），使消防泵起动。消防泵从海水总管吸入，可以向消防总管提供足够压力和流量的海水并通过单向阀进入内消防总管。

船舶消防水系统主要保养工作如下：

(1) 定期起动并做喷水试验，检查泵及系统工作是否正常。

(2) 保持压力水柜正常，必要时通过充气或放气调整，并注意所用淡水舱应保持适当水量，以免抽空。

(3) 冬季需防止外消防水管冻裂，使用后应注意放残。

二、居住舱室水喷淋及机舱局部水雾灭火系统

随着国际上对船舶安全的日趋重视，客船或定员较多的船舶需要设置居住舱室水喷淋灭火系统。而在机舱设置水雾灭火系统也已经成为远洋海船的强制性要求。

图 6.8 为居住舱室水喷淋灭火系统的原理图。系统设备主要包括消防喷淋泵、喷淋压力柜、喷淋淡水泵、空气喷射器、水雾喷嘴以及各控制装置等。喷淋设备设置在减摇鳍舱内。

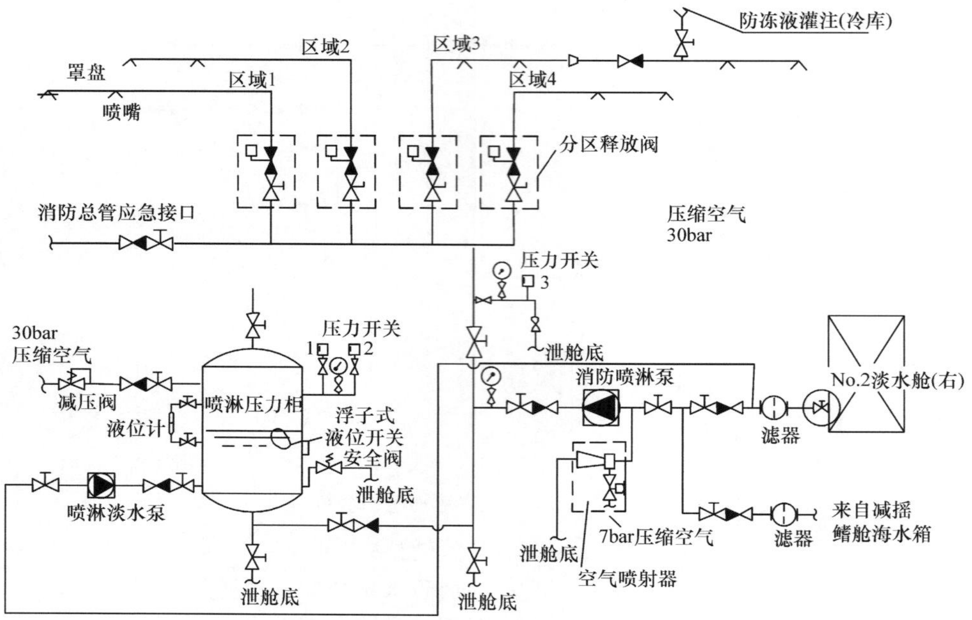

图 6.8　居住舱室水喷淋灭火系统原理图

喷淋压力柜设定压力为 1.6MPa，该压力值可以由补气管路上的减压阀来设定。柜中设有浮子式液位开关，低于设定液位时会发出警报；压力开关 1 也会在柜中压力低于 1.55MPa 时发出警报。若要向柜中补水，需要手动起动喷淋淡水泵。压力开关 2 会在柜中压力达到 1.6MPa 时自动停止喷淋淡水泵。

当系统中的水被大量使用而导致压力低至 0.9MPa 时，压力开关 3 会起动消防喷淋泵，从而向各喷嘴提供流量足够的淡水。消防喷淋泵从淡水舱吸入淡水，也可在必要的时候应急吸入海水。消防喷淋泵接应急电源，只能在控制箱上手动停止。

当整个喷淋系统意外失压时，也由消防总管应急接口向各喷嘴提供消防水。

设置在各舱室顶部的水雾喷嘴由玻璃管密封，当房间温度达到 68℃以上时(厨房为 93℃)，玻璃管受热破裂，1.6MPa 的喷淋水便会以水雾的形式喷出进行灭火。

机舱局部压力水雾灭火系统的原理如图 6.9 所示，该系统设高压泵组 1 套。细水雾系统保护区域分为 7 个，其中，主机 1 台，上方布置 3 个细水雾喷嘴；3 台发电机组分为 3 个区域，上方各布置 2 只细水雾喷嘴；3 台分油机为 1 个保护区，上方各布置 1 个细水雾喷嘴；燃油锅炉为 1 个保护区，上方布置 1 个细水雾喷嘴；焚烧炉为 1 个保护区，上方布置 1 个细水雾喷嘴。

该系统与机舱保护区域火灾报警系统联合工作。每个保护区域上方都有感温与感烟探头，当发生火灾时，感温与感烟探头同时作用，发出声光报警，高压泵组自动起动从淡水舱吸水，并将压力提高至 3.5MPa；水泵出口接高压水管，上有 7 个电控中压选择阀，报警区域的选择阀自动开启，将压力水送至着火设备的上部喷嘴，产生细水雾灭火。

细水雾喷嘴的安装应注意：喷头间距不宜大于 2.5m，喷嘴在被保护设备上方不小于 0.5m；应确保喷嘴直对被保护对象，无障碍物遮挡，不受干涉地保护防护对象。

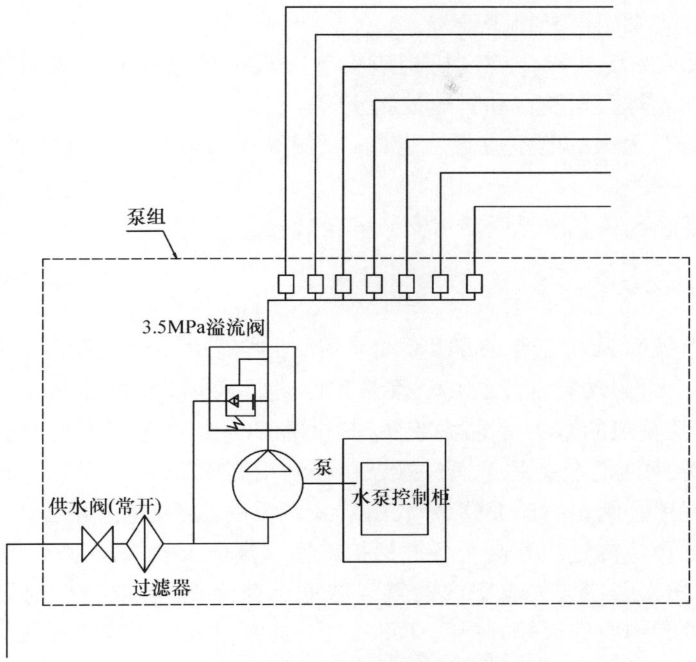

图 6.9　机舱局部压力水雾灭火系统原理图

三、CO_2 消防系统

CO_2 在常温下是一种无色无味的惰性气体，密度为 1.529g/L。空气中 CO_2 含量达到 15%以上时能使人窒息死亡；达到 28.5%时可使空气中的氧含量降至 15%，使一般可燃物质的火焰逐渐熄灭；达到 43.6%时使空气中的氧含量降至 11.8%，能抑制汽油或其他易燃气体的爆炸。因此，CO_2 灭火剂适用于货船、油船的灭火，因其不导电和无腐蚀作用，也适用于电气火灾和机舱火灾的扑救。CO_2 在船上以液态储存于钢瓶中。利用 CO_2 的窒息和冷却作用进行灭火。

固定式 CO_2 消防系统分为高、低压两种形式。高压系统为 15MPa，低压系统为 2.1MPa（储存于－18℃以下的专用冷库中）。一般船舶的机舱、货舱采用高压系统；大型油轮、滚装船和集装箱船采用低压系统。

1. 对 CO_2 消防系统的要求

对 CO_2 消防系统的要求主要如下：

(1) CO_2 灭火剂应储存在上层建筑或开敞的甲板上，通风良好，温度为 0～45℃，保证其安全与工作可靠。

(2) 全船 CO_2 灭火剂储存量按规定要求，至少为各被保护舱室灭火需要量的最大值。例如，货舱应取其最大货舱舱容的 30%；机舱取机舱容积的 35%～40%。

(3) 由于 CO_2 的窒息作用，当空气中含 CO_2 量达到 5%时人感到呼吸困难，超过 10%时人有生命危险，所以船上 CO_2 管路不能通过起居室处所和经常有人的舱室。使用

CO_2 灭火剂时应先发出声光报警信号。

(4) CO_2 灭火系统的操作控制机构应设置在灭火舱室以外且短时间内能到达的地方,如居住舱室的通道、驾驶台和货舱控制室等。

(5) 采用 CO_2 灭火的舱室应设水密门,以便灭火时隔绝失火舱室的空气,提高灭火效率。

(6) CO_2 储存容器上按规范要求安装安全装置。

2. CO_2 消防系统的布置

CO_2 消防系统普遍用于干货舱、货油泵舱、机器处所和燃油设备处所等,由 CO_2 钢瓶、瓶头阀、分配阀、起动装置、压力表、管路和自动烟雾探测装置等组成。

图 6.10 为某轮船的 CO_2 消防系统图,其全部 CO_2 钢瓶置于船尾甲板上的 CO_2 储存室中。打开 CO_2 钢瓶的瓶头阀是通过操纵拉杆利用高压 CO_2 压缩空气推动气缸完成,或由人拉动钢索直接开阀。货舱 CO_2 释放由驾驶台控制,瓶头阀打开后,CO_2 进入总管,经截止阀进入分配管。再经快开阀至各被保护舱室。高压 CO_2 喷入失火舱室后,压力急剧下降并气化,体积膨胀使失火舱室内的氧气浓度迅速降低,当空气中的氧含量降至 15% 时可扑灭一般可燃物质的火焰,降至 11.8%时可抑制汽油或其他易燃气体爆炸。

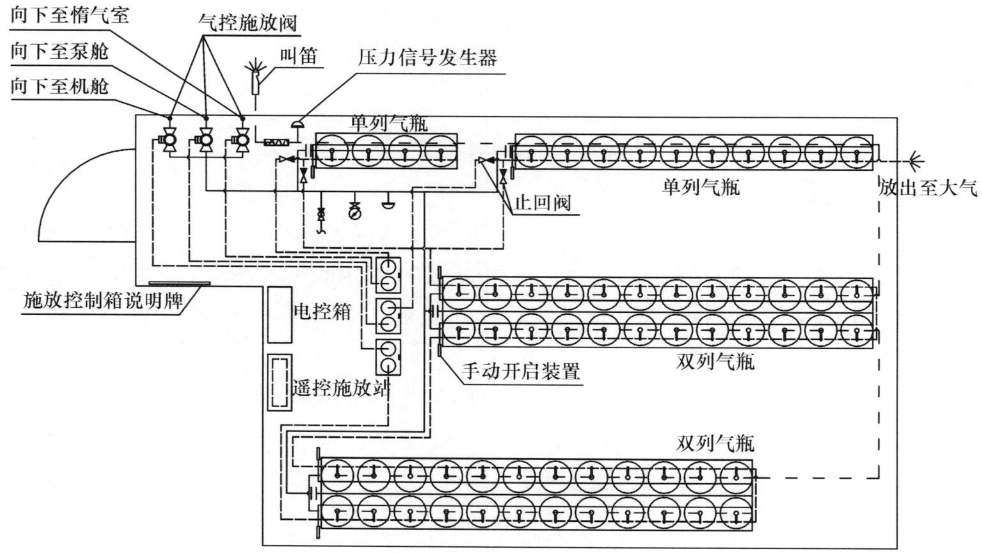

图 6.10　某轮船的 CO_2 消防系统图

为及早发现火警,在 CO_2 消防系统中配置烟气自动探测报警装置。当舱室着火时,在舱室中设置的吸烟口可将烟气吸入并将信号送至驾驶台的自动烟气报警装置,使之报警。

烟气探测装置有感烟式、感温式和感光式。货舱多采用感烟式探测装置,居住舱室一般采用感温式探测装置,机舱采用感光式探测装置。

CO_2 灭火系统的设计和布置主要从灭火的有效性、操纵方便性及人员的安全等方面出发。一般是在站室内进行集中控制,并逐渐发展到驾驶台遥控。对于被保护的干货舱,

CO_2 灭火系统应保证使该舱所需的 CO_2 量在 15min 内全部注入。对于被保护的燃油锅炉舱、机舱及货油泵舱，则应能使所需 CO_2 量的 85%在 2min 注入。

第四节　供水系统

机舱供水系统的作用是满足船员和旅客的日常生活用水需要，可分为饮用水系统、生活淡水系统和卫生海水系统。

饮用水系统主要供应炊事用水、饮用水和医疗用水等；生活淡水系统主要供应浴室、洗衣室、洗物池和洗盆等处的冷、热洗涤水；卫生海水系统从舷外吸取海水，供厕所等处冲洗用。

供水系统的主要设备有水泵、水柜、热水器、供水管和阀件等。供水方式分为重力供水和压力供水两种。目前，大中型海船基本采用压力供水方式。压力供水的特点是设置压力水柜，借助水柜中空气的压力将水送至各用水处。

一、饮用水系统

船舶饮用水系统的工作原理如图 6.11 所示。来自饮用水舱的淡水被饮水泵送入饮水压力柜(0.2～0.4MPa)。两个压力开关 PS 的设定值分别为 0.2MPa 和 0.4MPa，分别决定饮水泵的起、停。当柜中水位较高而压力仍偏低时，需要手动向柜中补充 0.4MPa 的压缩空气。离开饮水压力柜后，饮用水被压送至饮水矿化装置，并经饮水处理装置的过滤、紫外线消毒后，送往厨房、配餐间以及各饮水机等，供人员饮用。如果饮用水舱中的水质足以满足要求，可以经阀 FMV47 将饮水矿化装置旁通。当水舱中的水将用完时，可以通过游步甲板上的加水口从岸上加水。

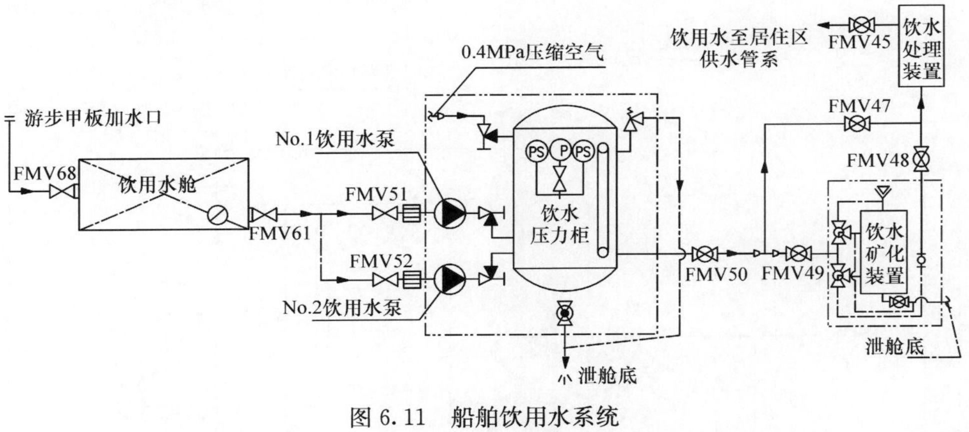

图 6.11　船舶饮用水系统

二、生活淡水系统

淡水包括冷水和热水。图 6.12 为船舶生活淡水系统。淡水泵从淡水舱吸入淡水，将淡水送至淡水压力柜加压(0.2～0.4MPa)后，分别经阀 FMV32 和 FMV34 送至居住区供水系统和热水柜。热水柜中的压力由淡水压力柜保持，热水由顶部的阀 FMV28 送至居住区供水系统。热水柜中设有蒸汽加热器，由温度开关 TS 控制蒸汽流量，从而将水加热至 60～65℃。为保证管路中一直有热水，还需要由热水循环泵将系统中的热水回水送入热水柜循环加热。

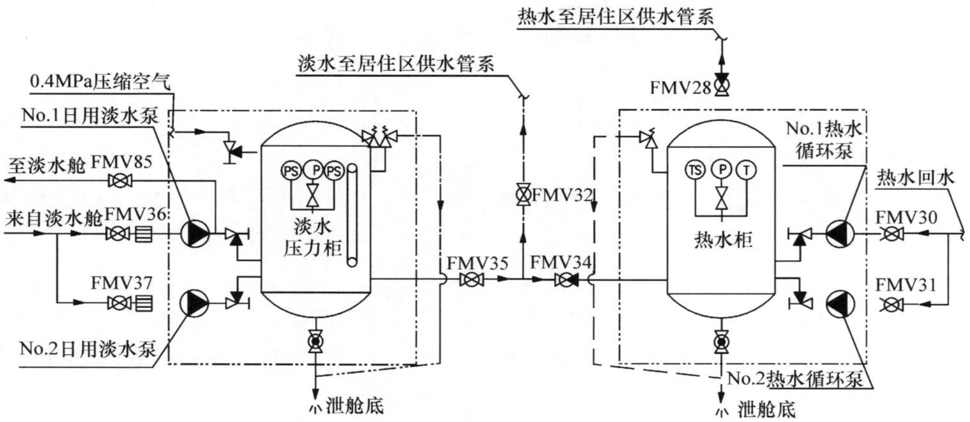

图 6.12　船舶生活淡水系统

No. 1 日用淡水泵还可用于各淡水舱之间的互相调驳。

三、卫生海水系统

图 6.13 为船舶的卫生海水系统。卫生水泵从辅机舱海水总管吸入海水，将其送入卫

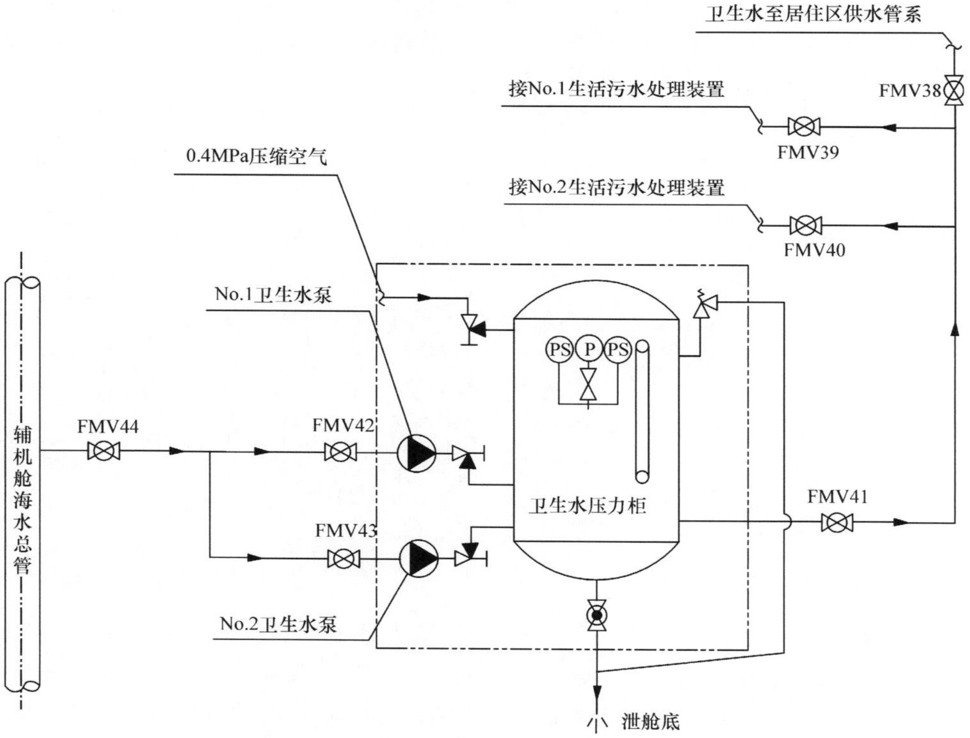

图 6.13　船舶卫生海水系统

生水压力柜加压(0.2～0.4MPa)。加压的海水经阀FMV41和FMV38至各居住区,供厕所冲洗所用。卫生水也可经阀FMV39和FMV40分别进入No.1、No.2生活污水处理装置,供装置内部清洗所用。

第五节 空调系统

大多数船舶在营运过程中,将航行于各个海域,气象条件复杂多变。为了能给船上人员提供舒适的工作和生活环境,现代船舶通常都设有空气调节系统(简称空调)。

一、对船舶空调的要求

船舶空调大多是为满足人们对工作和生活环境舒适、卫生的要求,属于舒适性空调。它与某些生产场所为满足工艺或精密仪器的要求所用的恒温恒湿空调不同,其对温、湿度等空气条件的要求并不十分严格,允许空气参数在稍大的范围内变动。

船舶空调装置应在舱外空气条件不超过规定参数时,使室内空气符合以下几方面的要求。

1) 温度

空调能否使人舒适与否,最重要的是能在人一般衣着条件下,自然地保持人体的热平衡,其中对舒适性影响最大的因素是空气温度。在湿度适中和空气稍有流动的条件下,一般人在通常衣着时感到舒适的空气温度是:冬季19～24℃,夏季21～28℃。从节能角度考虑,空调设计参数可偏近舒适范围的上限。我国国标《船舶起居处所空气调节与通风设计参数和计算方法》GB/T 13409—1992中规定无限航区船舶空调舱室的设计标准是:冬季舱内温度为22℃;夏季舱内温度为27℃;舱内地板以上1.8m内及距四壁0.15m以上的中间空间内,各处温差不超过2℃。此外,夏季人进出舱室时一般不加减衣物,为防止感冒,舱内外的温差不宜超过6～10℃。

2) 湿度

人对空气的湿度不是非常敏感。相对湿度以50%左右为宜,而在湿度30%～70%的范围内都不会明显感到不适。但如果湿度太低,会因呼吸时失水过多而感到口干舌燥;而湿度太高,汗液难以蒸发,容易使人感到闷热。冬季靠喷水蒸气或喷水加湿,舱内湿度设计值通常取50%,实际可控制在30%～40%范围内,以便减少淡水耗量,并防止与室外低温空气接触的舱壁结露。夏季空调依靠冷却除湿,舱内湿度可按(50±5)%设计,实际保持在40%～60%范围内即可。

空调设计中设定的舱外气候条件关系到空调装置负荷的大小,对装置的尺寸和造价有较大的影响。考虑到经济性,设计船舶空调时一般不以极端的气候条件为依据。我国所定的无限航区船舶空调设计的舱外条件是:冬季−20℃;夏季35℃,相对湿度70%。

3) 清新程度

空气清新是指空气清洁(含粉尘和有害气体少)和新鲜(有足够的氧含量)。如果只为满足人呼吸氧气的需要,新鲜空气的最低供给量为每人2.4m^3/h即可;然而要使空气中二氧化碳、烟气等有害气体的浓度符合卫生要求,则新风量就要多得多。国标GB/T

13409—1992 规定每人所需新鲜空气量(m^3/h)是:28(船员舱室按定员计),20～25(办公室按 2～4 人计,公共舱室按座位计),30(娱乐室按 4 人计);或不小于空调总风量的 40%(有限航区)或 50%(无限航区)。以上两种算法中取所得数值较大者。

4) 气流速度

在室内人的活动区域,要求空气有轻微的流动,以使室内温、湿度均匀,不会感到气闷。室内气流速度以 0.15～0.20m/s 为宜,最大不超过 0.35m/s。

此外,距室内空调出风口 1m 处测试的噪声应不大于 55～60dB。

二、船舶空调装置的概况

船舶空调装置一般都是将空气集中处理后分送到各个舱室,这种空调称为集中式空调或中央空调;有的船舶空调装置还能将集中处理后送往各舱室的空气进行分区处理或舱室单独处理,这种空调称为半集中式空调;某些特殊舱室,如机舱集控室等,因热负荷与一般舱室相差太大,需单独设专用的空调器,这种空调称为独立式空调。

图 6.14 为船舶集中式空调装置的示意图。首先通风机 7 由新风吸口 6 吸入外界空气(称为新风),同时也从与走廊连通的回风吸口 4 吸入一部分空气(称为回风),二者混合后在中央空调器 1 中经过过滤;然后加热、加湿,或冷却、除湿,达到要求的温度和湿度;最后送入若干并列的主风管 2,再经各支风管分送到各舱室的布风器 3,对舱室送风。舱室中的空气则通过房门下部的格栅流入卫生间(如果有)及走廊,走廊中的空气部分作为回风又被空调器吸入,其余排往舱外。

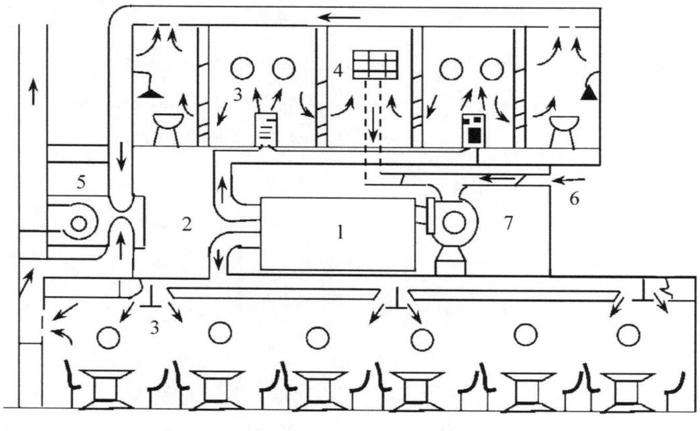

图 6.14　船舶集中式空调装置示意图

1-中央空调器;2-主风管;3-布风器;4-回风吸口;5-排风机;6-新风吸口;7-通风机

对于有不卫生气体或有异味气体产生的舱室(如厕所、浴室、医务室、病房、公共活动舱室、餐厅和厨房等),应设机械排风系统,由排风机 5 将空气排至舱外,以保持舱内负压,避免这些舱室的气味散发到走廊和其他舱室。较大客船的走廊也应进行机械排风。舱容小而自然排风条件好的处所,可以采用自然排风。

排风舱室的进风,可由空调舱室的空气流入(如船员舱室卫生间)以保持一定的空调效果,或以通风机直接送入新鲜空气(如厨房),或靠空调送风系统直接送风(如餐厅、公共活动舱室、医务室和病房)。医务室、病房的送风管应装止回风板。

独用的厕所、浴室最小换气次数为每日 10 次；公用的厕所、浴室和洗衣间等最小换气次数为每日 15 次。医务室、病房若设独立排风系统，其设计排风量应比空调送风量大 20%；而餐厅的排风量应等于空调送风量。空调区域内各排风系统所排除的空调空气量之和，不能超过区域内送入新风量的 80%，加上其回风量，不能超过区域内空调送风量的 90%，以保持空调区域的空气正压。而排风量相对新风量太少的空调系统，空调区域的适当处需设自然排风口，以使区域内的空气正压不致过高。

三、船舶空调系统及设备

集中式和半集中式船舶空调系统主要有以下几种形式。

1. 集中式单风管系统

在集中式单风管系统中，送风由中央空调器统一处理，通过单风管送到各个舱室，如图 6.15 所示。由于各舱室的送风参数相同，对各舱室空气参数的个别调节就只能依靠改变布风器风门的开度，即改变送风量来实现。

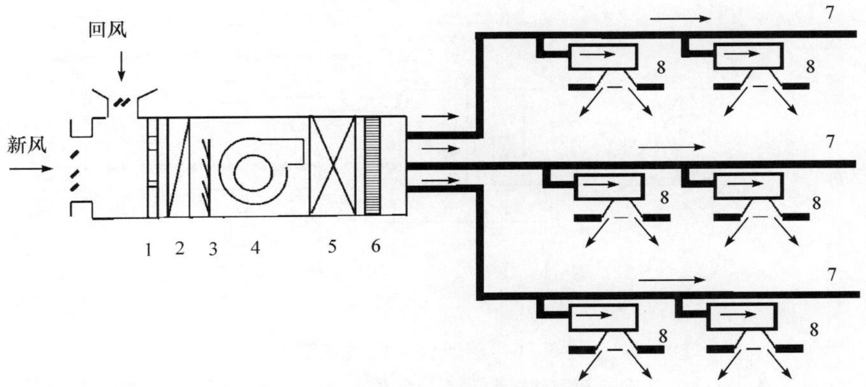

图 6.15　集中式单风管空调系统简图

1-空调滤器；2-空调加热器；3-加湿器；4-风机；5-空气冷却器；6-挡水器；7-主风管；8-布风器

集中式单风管系统比较简单，初装费较低，在货船上用得很普遍。但因其采用变量调节，调节幅度不宜过大，否则难以保证舱室的新风供给量和室内空气参数均匀；此外，调节时还会对其他舱室的送风量产生干扰。

2. 分区再热式单风管系统

分区再热式单风管系统是将中央空调器统一处理后的空气，先由设在空调器分配室的各隔离室内或主风管内的再热器进行再加热，然后用单风管送至各空调舱室。

这种系统冬季采用较小的送风温差，对损失热量较小的舱室可少进行或不进行再加热，故一般不需要将送风量过分调小。虽然要对舱室进行进一步调节仍要依靠变量调节，但所需调节幅度明显减小，不会影响新风需要量和室温均匀。这种系统允许将热湿比相差较大的舱室列入同一空调区。

3. 末端再热式单风管系统

末端再热式单风管系统除了在中央空调器中对送风进行统一处理，还在各舱室的布风器内设电加热器。冬季气温高于 5℃时，只需调节电加热器即可改变舱室的送风温度；当气温低于 5℃时，空调器会将送风加热到能满足热损失较小的舱室对室温的要求，一般低于 30℃，热损失大的舱室可用布风器中的电加热器补充加热，进行变质调节。夏季则只能进行变量调节。

这种方法设备费用增加不多，管理也较简单，适合常在高纬度海域航行的货船。

4. 双风管系统

双风管空调系统如图 6.16 所示，中央空调器由前、后两部分组成，进风经空调器前部预处理(冬季经空气预热器 3 加热，夏季即自然风)后，经中间分配室送至舱室布风器，称为一级送风；其余空气则经空调器后部再处理(冬季经空气再热器 8 再加热、加湿器 4 加湿，夏季经空气冷却器 7 冷却除湿)后，经后分配室送至舱室布风器，称为二级送风。这种系统能向舱室同时供送温度不同的两种空气，通过调节布风器两个风门的开度，改变两种送风的混合比，即可调节舱室温度，冬、夏季都可变质调节。

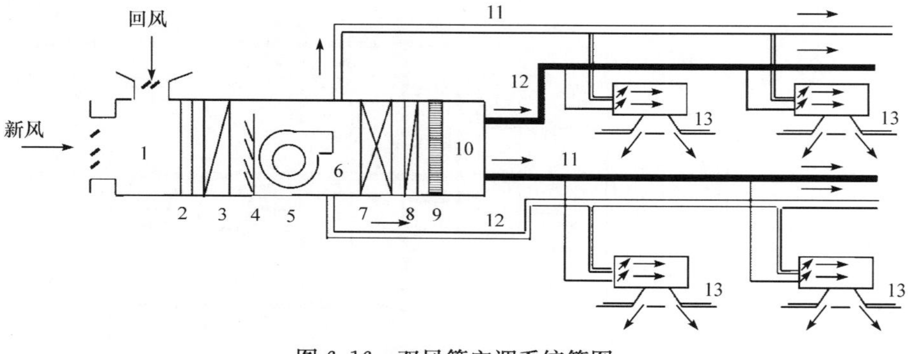

图 6.16　双风管空调系统简图

1-进风混合室；2-空气滤器；3-空气预热器；4-加湿器；5-风机；6-中间分配室；7-空气冷却器；8-空气再热器；9-挡水器；10-后分配室；11-一级送风管；12-二级送风管；13-布风器

双风管空调系统虽然其空调器和风管的重量及尺寸较大，但调节灵敏，不影响新风送风量、室内风速和温度均匀性，较多用于对空调性能要求高的客船。

四、船舶空调装置实例

某轮船的空气调节装置共设有 6 台结构相同的半封闭螺杆式压缩机组，将其组装在 3 个台架上，即每 2 台组成一个冷水机组，除蒸发器是共用的外，各自的压缩机组都是独立的。在空调系统里采用淡水作为媒介来传递热量，冷媒水在蒸发器里被低压低温的制冷剂冷却，由冷媒水泵送到各个空调器。本轮船的送风布风采用中压单风管系统。

1. 冷水机组

该空调装置设有 3 台冷水机组，结构如图 6.17 所示，每台容量为设计负荷的 50%。冷媒水管管路用镀锌钢管，外部用发泡绝缘材料包裹。每台机组包括 2 台半封闭螺杆式压缩机组、2 个由低温淡水冷却的冷凝器、1 个蒸发器(带两个回路)。

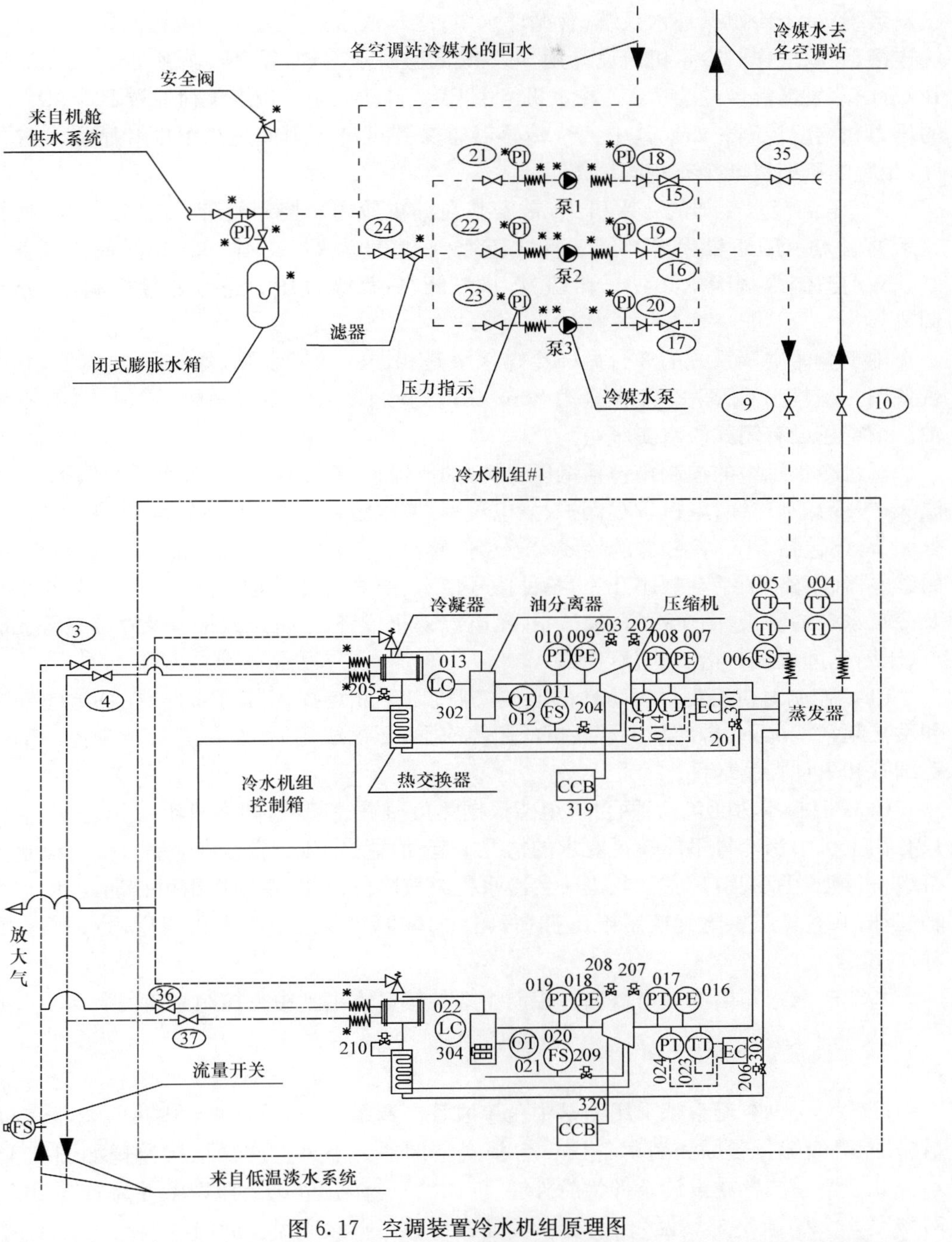

图 6.17　空调装置冷水机组原理图

004、005、014、015、023-温度传感器；006-流量开关；007、016-低压开关；008、010、017、019、024-压力传感器；009、018-高压开关；011、020-油流量开关；012、021-油温控制器；013、022-油位控制器；201、206-膨胀阀；202、203、207、208-能量控制阀；204、209-回油阀；205、210-热交换阀；301、303-蒸发控制器；302、304-加热器；319-No. 1 压缩控制箱；320-No. 2 压缩机控制箱

冷水机组的功能是将用于空调系统的循环冷媒水冷却。每台机组包括：R404A 直接

蒸发系统；一个冷媒循环水系统，含循环水泵；冷却淡水系统。冷水机组与循环冷媒水系统连接，并联工作。冷水机组设计用36℃的低温淡水冷却，循环冷媒水进蒸发器温度为12℃，出蒸发器温度约为7℃。冷水机组由PLC自动控制。机组负荷通过PLC根据相应的压力和温度控制。如果其中一个传感器感受到过高压力或过高温度和感受到过低温度，相应的压缩机就会有相应动作。

3套低温淡水冷却的冷水机组，被安装在辅机舱内。控制箱带PLC控制器、遥控和显示的触点。压缩机为半封闭螺杆式压缩机，型号为HSK7471-90-40P，制冷量为2×235kW/套；制冷剂为R404A。带吸气/排气阀，依靠吸气压力进行能量控制，可分6步调节。

用于全船空调系统的3台循环冷媒水泵是相同的立式水泵，各50%的容量，其中一台备用。型号为CB65-250；容量为70m^3/h；压头为20m。泵壳铸铁，叶轮青铜，不锈钢轴。系统还设有闭式淡水膨胀箱。

每台冷水机组的控制箱包括低压保护、油压保护、高压保护、冷媒水低温保护、排气超温保护、冷却水连锁、电机过载保护、漏电流保护、电源缺相保护、冷媒水温控制以进行能量调节，还包括PLC控制器的接线端子及传感器、彩色触摸屏幕。每台控制箱装有必要的继电器、断路器、手动顺序开关、各种信号指示、压缩机延时起动控制、计时器、与冷却水及冷媒水泵的联锁、高压报警、油压报警、电源缺相报警、电机过载报警及外部报警无源触点、压缩机远程运行指示的触点等。

PLC控制对机组提供预防性的监测，通过以下几点提高其可靠性：在特定起动情况和反复起动情况下，自动减少压缩机的起停次数；压缩机等时运行；有效减少控制部件的毛细管和手动控制部件。

PLC控制器功能包括：两台机组能根据热负荷顺序起动，即主机组首先起动，辅机组只有在主机组制冷量不能满足要求的情况下起动；通过PLC能够将任一台机器设定为主机组；机组的手动及自动控制；当一台冷水机组故障停机时，备用机组可自动起动，也可手动起动；共有4路供电到控制箱，3路(每路约160kW)单独供冷水机组用，另一路供其他部件用。

系统的输入输出参数可以通过控制箱上的接口输出到中央控制系统。

2. 中央空调系统

该轮船中央空调系统采用的是中压单风管空调系统，共设有6台中央空调器，普通船员餐厅、高级船员餐厅和厨房各设1台柜式空调器。中央空调器结构原理如图6.18所示。此空调系统冬季设计条件为舱外温度−20℃、新风比50%，舱内条件为温度20℃、相对湿度50%。当室外气温介于20～23℃时，可采用自然通风。而当气温高于23℃时，即可起用空调制冷装置。夏季的设计条件是舱外温度35℃、相对湿度70%、新风比50%，舱内条件是温度25℃、相对湿度50%。低温淡水的温度36℃。可见夏季制冷和冬季采暖时新风比均不小于50%。中间过渡季节新风比为100%。独立人员房间每人最小新风量为25m^3/h；公共舱室人员每人最小新风量为15m^3/h。回风通过通道和走廊(病房不回风)。

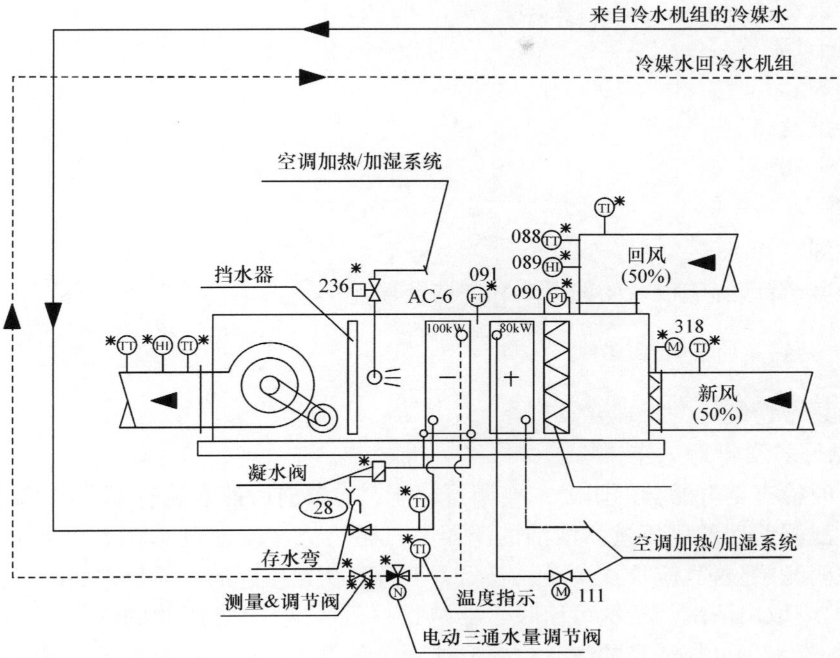

图 6.18　船舶中央空调器结构原理图

088-温度传感器；089-湿度传感器；090-压力传感器；091-防冻温控；111-电动加温控制阀；236-湿度控制阀；318-电动空气挡板；HI-湿度指示器；TI-温度控制器

新风与回风混合后通过滤器(新风进口采用电动风闸，回风采用手动风闸)进入空气加热器、冷却器。冷却器后设有加湿器和挡水器。

加热器连接蒸汽系统，在冬季将空气加热到要求温度。冷却器连接到冷媒水系统，在夏季将空气冷却到要求温度和相应的湿度。在冷却器后的加湿器上有数个蒸汽喷嘴，用来加湿，在冬季时将加热后的空气加湿到舒适的湿度。其控制通过湿度传感器和电动调节阀来实现。

在加湿段后装有挡水器，用以防止水汽进入空调送风系统。冷却器、加湿器和挡水器下有承水盘，经水封管泄水。之后风机将空气送入特制的静压箱，静压箱内壁包裹绝缘材料，用于降噪。处理后的空气分配到各个相应舱室，通过顶式布风器将风送到室内。舱室布风器采用锥形扩散型直布式布风器，只能作变量调节。

通过自动控制的三通阀调节冷媒水/蒸汽的流量来实现温度控制。这些阀件由设置在空调器室的控制箱控制。温度和湿度的测定通过安装于相应区域的回风管的传感器来感受。

空调器采用 PLC 控制并连接到局域网。控制箱除包括手动和自动控制功能外，主要还有以下功能：空调器风机起动器，并带热过电流继电器；加湿控制；加热/冷却系统的控制；缺相报警，滤器过压差报警；用于报警的常开触点；温度、湿度显示；当失电后，空调器风机能够从驾驶室遥控延时 20s 起动。

系统的输入输出参数可以通过控制箱上的接口输出到中央控制系统。

所有设备在如下指定的环境条件下能长时间工作：

横倾±15°。

纵倾 5°。

横摇±22.5°。

纵摇±10°。

温度－20～＋50℃。

相对湿度 95％。

受盐雾、霉菌影响以及船舶振动和冲击环境。

3. 空调装置的管理要点

下面是空调装置的管理要点。

1）做好日常管理工作

要及时检查空气滤器的阻力。空调器箱体上滤器前后处常装有 U 形玻璃管压差计，用以测量滤器前后的风压差。清洁的滤器空气阻力大多不超过 100Pa（10mmH_2O）。阻力过低说明滤层破损，应检查换新。若阻力上升到初始压降的 2.5 倍左右，则说明滤器已脏堵较重，应取出清洗。清洗可用吸尘器从进口侧吸灰，也可用软刷沾 40℃以下热水从出口侧刷洗，水中可加适当的洗衣粉等清洁剂。冬季清洗后一定要吹干，以防气温太低时冻住。在一般空气条件下，第一次清洗前可用 4000h 左右，以后的清洗间隔会缩短。清洗的次数不能太多，必要时应换新皮带，传动的风机应及时检查调整皮带的松紧。皮带中部用手可压下的距离应是 15mm/m 左右，太松会打滑而使皮带磨损，太紧会降低轴承寿命。有的风机轴承需要定期更换润滑油（脂），而有的轴承是封闭的，无须加换润滑剂。管理好的轴承可连续工作 30000h 左右，约相当于 3 年半。此外，还应注意检查和维护自动调节设备工作是否正常。

2）保持合适的新风比

在满足新鲜空气需要的前提下，采用较低的新风比可以节省空调能耗。空调装置安装后初调时，已按设计新风比调好新风和回风风门的开度，并做有记号，一般不要随便改动。

以下情况可以临时改变新风比：①春、秋季单纯通风工况可用全新风。②外界空气特别热湿或特别寒冷，超出了空调装置的设计条件时，可适当减少新风比，以求保持舒适的温、湿度。③外界空气特别污浊时（如在码头装卸粉尘货时）也可暂时减小新风比，甚至短时间内采用封闭循环。挡板控制机构必须定期润滑。

3）防止外界空气进入走廊

在降温工况和采暖工况时，走廊通外界的防水门应随手关闭。一般除防水门外还增设能自动关闭的弹簧门，以免忘记关门让外界空气进入走廊，增加舱室的热负荷和恶化回风条件。

4）采暖工况起停注意事项

采暖工况起用空调装置应先使加热器投入工作，再开通风机，以免外界冷空气突然灌入舱室，最后开加湿阀。若是蒸汽加热器，应先全开出口阀，进口阀开始时只慢慢开半圈，对加热器进行预热，并注意泄放凝水，否则容易引起水击。

停用时则应先关加湿阀，半分钟后再停风机。如果先停风机再关加湿蒸汽，则存留在空调器和风管中的已加湿空气因温度下降而在金属壁面结露，易导致腐蚀。应定期清洁空调器内部，除去锈迹并涂上油漆。

5）采暖工况严格控制加湿量

应及时检查加湿喷嘴，发现脏堵应予清除，并用压缩空气吹通。采暖工况舱内空气的含湿量一般不应超过 6.5g/kg（相应于室温 22℃、相对湿度 40%），空调器出口相对湿度不宜超过表 6.2 中的数值，气温较高时应关小加湿阀。若仅保持舱内湿度满足设计下限（室温 18～22℃、相对湿度 30%时含湿量仅为 4～5g/kg），气温在 5～8℃以上一般无须加湿。外界气温降低时，需要适当开大加湿阀。加湿器多置于加热器之后，该处空气温度较高，吸水能力强，务必防止加湿过量，否则送风进入舱内后温度降低，容易使舱内湿度过高，甚至在舱壁上结露。

表 6.2　单风管空调系统采暖工况送风湿度最大值

送风温度/℃	25	30	35	40	45	50
相对湿度/%	30	22	18	13	10	8

6）降温工况起停注意事项

降温工况起动空调装置时，应先开风机，后起动空调制冷装置。因为制冷装置刚起动时，膨胀阀由于温包降温较慢而开度较大，如果风机未工作，则进入空气冷却器的制冷剂吸热太少，压缩机可能吸进湿蒸汽，容易造成液击（同理，降温工况不允许关闭所有布风器）。

活塞式空调制冷压缩机起动时应慢慢开启吸入截止阀，若听到液击声就立即关小吸入阀，以后再逐渐开大。起动初期应让压缩机按较低容量工作，以后再逐渐调至满负荷，以便乘员逐步适应气温的改变。天不太热的中间季节时起动活塞式空调压缩机尤须小心，因为这时空气冷却器换热量小，操作时储液器供液阀可只开 1/2 圈，压缩机吸气阀慢慢开一半。

活塞式制冷压缩机降温工况停用时应将系统抽空：先关闭储液器出液阀，手动控制压缩机工作，待抽空蒸发器使吸气压力降至表压为零时再停车，关闭压缩机进、排气阀和储液器进口阀。若停机前不抽空蒸发器将制冷剂回收至储液器中，不仅停久后制冷剂容易漏泄，而且天凉后制冷剂会在蒸发器中凝结，以后再起动压缩机时容易出现液击。

螺杆式制冷压缩机对湿压缩不敏感，起动时不必担心液击，停用时也不需要抽空系统。

降温工况应注意保持承水盘的清洁。如果杂质堵塞承水盘的泄水口，则凝水聚集有可能浸渗到空调器其他部分，损坏隔热层。

第六节　冷藏系统

制冷是指用人工方法从被冷却对象中移出热量，使其温度降低到一种相对低的状态。显然，要使一个冷藏室中的温度低于周围环境温度，必须不断地从室内移出热量。因为热量只会自行从高温处传至低温处，而不能反向转移，所以制冷装置的功用就在于将冷藏室中的热量强行排出。

在船上安装制冷装置的目的主要如下。

(1) 伙食冷藏。船舶一般本身都必须储藏相当数量的食品，以满足船上人员生活上的需要。为了储存食品，大多设有伙食冷库和相应的制冷装置，船上习惯称为伙食冰机。有的远洋船一次在海上就要连续航行一个多月，因此必须设有相当容积的食品冷库和制冷装置。

(2) 船舶空调。现代船舶为了能向船员和旅客提供适宜的生活条件和工作环境，一般都装有空气调节装置。为空调提供冷源的制冷装置船上习惯称为空调冰机。

(3) 冷藏运输。为了防止易腐蚀食品或一些特殊货物在运输过程中腐烂变质、蒸发、自燃或爆炸，早在19世纪80年代就开始建造并使用专门运送冷藏货物的冷藏船。现在冷藏集装箱运输已日趋普遍，冷藏船和冷藏集装箱都设有专门的制冷装置。

下面列出食品冷库的冷藏条件。

(1) 温度。低温是食品冷藏最重要的条件。低温可以抑制微生物的活动，同时也可抑制水果、蔬菜的呼吸，延缓其成熟。只有食品中的水分完全冻结，微生物的生命活动才会停止。食品中的水分溶有盐类等物质，要完全冻结约需－60℃；但到－20℃时食品中的大部分微生物已基本停止繁殖。储藏冻结的肉、鱼类食品的船舶伙食冷库习惯称为低温库。长航线航行的船低温库储藏温度以－22～－18℃为宜(也有的设计温度低至－25℃)，肉类能较长时间(半年以上)保存。库温保持在0℃以上的其他伙食冷库习惯称为高温库，其中菜库温度多保持在0～5℃，粮库和干货可选择为12～15℃。

(2) 湿度。相对湿度过低会使未包装的食品因水分散失而干缩；而湿度过高又会使霉菌容易繁殖，但对冷冻食物影响不大。因此，高温库适宜的相对湿度为85%～90%，低温库可保持在90%～95%。冷库一般在降温过程中能保持适宜的湿度，不需要专门调节。

食品在冷藏期间会发生干缩，这是因为食品在降温过程中其温度比库温高，食品表面的水分容易蒸发而不断散失。食品干缩速度不仅取决于库内空气的含湿量，还与库内空气流速及食品的性质、外形和包装方式有关。侵入库内的热量越多，制冷装置工作的时间越长，则食品的水分转移到制冷蒸发器表面的霜、露就越多。

(3) 二氧化碳和氧气的浓度。适当减少 O_2 和增加 CO_2 的浓度，能抑制水果蔬菜呼吸和微生物的活动，减少水分的散失，储藏期可达到普通冷藏库的1.5～2倍，但如果 CO_2 浓度过高呼吸就会过弱，菜、果反而更快变质腐烂。菜、果库一般以 CO_2 浓度控制在5%～8%(大气中含量约为0.4%)、O_2 浓度控制在2%～5%为宜。

船舶冷库采用适当的通风换气来保持合适的气体成分。舱室的换气次数是指更换了相当于多少个舱室容积的新鲜空气量。果蔬类冷藏舱或冷藏集装箱的换气次数以每昼夜2～4次为宜。船上菜库由于每天开门存取食品，一般无须特意换气。

(4) 臭氧浓度。臭氧是分子式为 O_3 的气体，它在一般条件下极易分解，即 $O_3 \longrightarrow O_2 + [O]$，产生的单原子氧的氧化能力很强，能使细菌、霉菌等微生物因其蛋白质外壳氧化变性而死亡。臭氧除杀菌作用外，还可抑制水果的呼吸，防止其过快成熟，这是因为水果在呼吸时会放出少量的乙烯，对水果有催熟作用，而臭氧能使乙烯氧化而将其消除。此外，臭氧有除臭作用，但也会使奶制品和油脂类食物的脂肪氧化，产生脂肪酸而变质，故目前在船上臭氧多用于菜库。

臭氧可由臭氧发生器产生，它是利用两个金属电极间的高压放电，使空气中的氧气转变成臭氧，即 $3O_2 \longrightarrow 2O_3$，这和夏季雷雨时天空中的闪电能使大气产生臭氧一样。臭氧发生器宜装设在冷库高处，因为臭氧在空气中相对密度较大，放在高处有利于臭氧散播。

臭氧一般是无毒安全的，呼吸 0.1ppm 以下体积分数的臭氧对人体还有保健作用。但由于其强氧化作用，体积分数超过 1.5ppm（空气中含量约 $2mg/m^3$）时，会刺激人的呼吸道黏膜并使人头疼，故进冷库前应停止臭氧发生器的工作。国际臭氧协会制定的卫生标准是 0.1ppm、接触不超过 10h（我国标准是 0.15ppm，接触不超过 8h）。臭氧体积分数达到 0.02ppm 时嗅觉灵敏的人可嗅到草腥味，体积分数超过 0.15ppm 时一般人都能嗅出。

一、蒸气压缩式制冷的原理

机械制冷的方法主要有蒸发制冷、气体膨胀制冷和半导体制冷，其中蒸发制冷最为普遍。蒸发制冷是利用液体蒸发汽化时吸收汽化潜热的原理来制冷，常用的有蒸气压缩式（简称压缩式）、吸收式和蒸气喷射式三种。下面只介绍蒸气压缩式制冷方式。

1）液态与气态互相转换的规律

任何物质呈液态时，总有一些动能大的分子能脱离液面蒸发成为气体，液体温度越高，单位时间内汽化的质量就越多，液体汽化时如果不能从外界吸热，则汽化后剩下液体的温度就会降低。另外，气体分子在运动时总会有一部分返回液体中，气体的压力越大，单位时间液化的质量就越多，气体液化时要放热，如不能向外散热，液体的温度就会升高。在某温度下，液面气体压力达到某既定值时汽化和液化会达到动态平衡，液面上气体达到饱和状态，这时的气体压力称为该温度所对应的饱和（蒸气）压力，而此时的温度就称为该压力所对应的饱和温度。

任何液态物质都存在自身固有的饱和温度和饱和压力的对应关系。温度越高，饱和压力也越高，反之亦然。

压缩制冷所用的工质制冷剂（又称冷剂）通常是常温下饱和压力较高的液体。当液态制冷剂单独存放在制冷剂瓶中时，瓶内压力便是它在该温度所对应的饱和压力。温度升高则瓶内压力也随之升高。例如，制冷剂 R404A 在 30℃时的饱和压力（绝对）是 1.415MPa，如温度升高到 50℃，饱和压力便升高到 2.30MPa。因此，为安全起见，制冷剂瓶不应被太阳暴晒或接近高温热源。当需要把制冷剂从甲容器转移到乙容器中时，只要用能耐压的接管将两容器相连，使甲容器瓶口向下，并适当加热甲容器（如浇热水）或冷却乙容器（如浸冰水），使两容器保持一定温差（压差）即可。

当液体温度低于其压力所对应的饱和温度时，汽化只在液面上发生。而液体被加热温度升高到其压力所对应的饱和温度时，内部便会产生许多气泡，因其饱和压力已达到液体所受压力而不至被“压灭”，便会随液体吸热汽化而长大浮起，这种在液体表面和内部同时进行的较剧烈的汽化现象称为沸腾。液体沸腾时即使继续被加热，温度（沸点）也不变，所吸收的热量用于使液体汽化；反之，气体被冷却到其压力所对应的饱和温度时便开始冷凝成液体，放出潜热。在冷凝过程中气体和液体的温度(冷凝温度)保持不变。在同样压力下冷凝温度和沸点相同。单位质量的某物质在一定压力下全部汽化吸收的热量与液化放出的热量相等，称为气化潜热。在沸腾或冷凝过程中，气体称为饱和蒸气，液体称为饱和液体，二者的混合物称为湿蒸气。饱和蒸气在湿蒸气中所占的质量分数称为干度。液体全部汽化后，干度为 1 的饱和蒸气称为干饱和蒸气。干饱和蒸气继续吸热温度升高即成为过热蒸气。过热蒸气的温度与其压力所对应的饱和温度之差称为过热度。另外，湿蒸气在液化过程中干度降为 0 的饱和液体继续冷却而温度下降即成为过冷液体，其温度称为过冷温度。液体所处压力所对应的饱和温度与液体实际温度(过冷温度)之差称为过冷度。

2) 压缩制冷的基本循环

压缩制冷的原理如图 6.19 所示。如果将钢瓶中的制冷剂经膨胀阀泄放到冷却盘管(蒸发器)中，而使盘管内的压力保持比钢瓶中低得多，则制冷剂流经阀后压力便急剧降低。因其原来温度远高于盘管中压力对应的饱和温度，部分制冷剂便迅速闪发成气，其汽化潜热取自其余未汽化的液体，气、液温度均降为阀后压力所对应的饱和温度。这就像锅炉中温度高于 100℃的水被泄放到大气中，其中一部分会闪发成汽，其余水的温度立即降到 100℃一样。以 R404A 为例，如阀后表压力为 0.203MPa，其饱和温度(在此称为蒸发温度)约为−20℃，这时阀后管壁立即结满霜层。

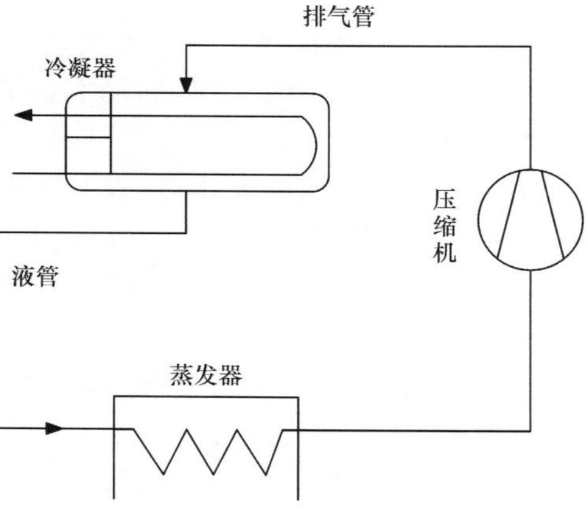

图 6.19　压缩制冷的原理

制冷剂在蒸发器中从周围的空气吸热使之降温，本身不断汽化，至接近盘管出口处即可成为过热蒸气。为了使盘管中气体压力能保持较低，并能回收制冷剂供循环使用，盘管出口应接气体压缩机吸口。压缩机从盘管中吸入制冷剂过热蒸气并压送到冷凝器中。冷凝器不断接收压缩机排出的温度较高(吸收了压缩机耗功所转换成的热)的过热蒸气，因而气压较高。压力越高则饱和温度越高，例如，R404A 在表压 1.315MPa 时饱和温度为 30℃，低于此温度的冷却介质(如处于环境气温的空气或船舶的舷外水)便能将制冷剂过热蒸气冷却到饱和温度(在此称为冷凝温度)而液化，在冷凝器底部的液体还可能有一些过冷度。将冷凝器中的制冷剂液体引至膨胀阀，则可再流经阀循环使用。

膨胀阀、蒸发器、压缩机和冷凝器是组成压缩制冷循环的基本元件，它们的功用如下：

(1) 膨胀阀。使流过的制冷剂节流降压，并可控制制冷剂的流量。

(2) 蒸发器。使流经其中的制冷剂吸热汽化。

(3) 压缩机。抽吸蒸发器产生的制冷剂蒸气，并将其压送到冷凝器中。

(4) 冷凝器。使压缩机送来的制冷剂气体冷却并液化。

在压缩制冷循环中，从膨胀阀至压缩机吸口为系统的低压部分，从压缩机排出口到膨胀阀进口为系统的高压部分。在此循环中，制冷剂从蒸发器中吸收的热量加上压缩制冷剂气体耗功所转换成的热量，经冷凝器传给冷却介质带走。

二、制冷剂和冷冻机油

1. 制冷剂

制冷剂是制冷装置用来完成制冷循环的工质。近几十年来船上普遍使用的制冷剂是氟利昂(Freon)，它是卤代烃的商品名。制冷剂氟利昂是将甲烷(CH_4)或乙烷(C_2H_6)中的氢原子用卤素氟(F)、氯(Cl)原子全部或部分取代而成。由甲烷制成的用R××表示，由乙烷制成的用R1××表示；若有分子式相同的异构体在后面加a、b、c等。

在距地球表面15～60km的大气层中臭氧含量相对较多，此臭氧层能将太阳辐射至地面的紫外线绝大部分吸收。科学研究发现，有些含氯的氟利昂在地表外的大气中很难分解，升至高空臭氧层后，在强烈的紫外线作用下释放出氯离子，会起催化作用而大量损耗臭氧，形成臭氧空洞，使到达地面的紫外线显著增强，对人类健康和农作物、海洋浮游生物的生长不利，并引起气候异常。这种分解臭氧的能力通常用ODP(臭氧耗损潜值)来衡量，它是以R11为基准，将其ODP值定为1而得出的相对指标。

另外，CO_2和大部分制冷剂及某些其他气体还有“温室效应”，即能吸收到达地面后又被反射的太阳射线，再辐射加热地面空气，从而使全球变暖，对人类生存环境产生不利影响。全球变暖潜值(GWP)是衡量物质温室效应大小的相对指标，常以CO_2(也有用R11的)为比较基准，定其GWP值为1。氟利昂的GWP值是CO_2的几千倍，但其耗量少得多，对全球变暖的相对影响不足1%，随着世界各国制冷剂使用量的不断增大，这种影响也绝不可忽视。

CFCs表示不含氢的氯氟烃，其ODP值高，按国际协议已从1996年(发展中国家推迟至2010年)起禁用。HCFCs表示含氢氯氟烃，其ODP值较低，按协议属第二批受控物质，2020年(发展中国家2030年)起禁用，欧盟已提前至2015年禁用，而R22在德国、意大利等国2000年已禁用。HFCs表示无氯的含氢氟化烃，其ODP为零，未限制使用。

共沸制冷剂是由两种氟利昂按一定比例合成的共沸混合物，用R5××表示。这类制冷剂在汽化或液化的相变过程中，液、气相物质组分的质量分数始终不变；相变压力既定，则相变温度始终不变，彼此有既定的相应关系，就和单一物质一样。

共沸制冷剂的标准沸点比组成它的纯制冷剂都低，因此可用在蒸发温度要求较低的制冷装置中；若蒸发温度既定，采用共沸制冷剂的吸气压力比采用纯制冷剂高，密度更大，故单位容积制冷量大。现在研发的共沸制冷剂只在部分国家使用。

非共沸制冷剂现今也是由两种以上氟利昂按一定的质量比混合而成，它的编号是

R4××，若组分相同而各组分质量分数不同，则后面加 A、B、C、…区分。这类制冷剂在既定压力下相变时，各组分在气相和液相中的质量分数不同，且一直在变化，相变温度也在改变。汽化开始和结束（即液化结束和开始）的温度分别称为泡点和露点，两者的温度差称为温度漂移。使用非共沸制冷剂的系统如果在只有气体（如吸、排气管）或只有液体（如液管）处发生漏泄，系统中制冷剂组分的质量比不会改变。但在停机期间或工作时在制冷剂同时存在气、液相的地方（冷凝器、蒸发器），如果发生气体或液体漏泄，则系统中制冷剂组分的质量比就会改变，装置的性能（制冷量和效率等）就会有某种程度的变化。

如果气压混合物的定压相变过程温度漂移小（<1℃），则称为近共沸混合物，其气、液相中各组分的质量分数相近。实验证明，使用近共沸制冷剂的装置即使多次漏泄和补充制冷剂，性能也几乎不会受到影响。

下面介绍船舶制冷装置使用的制冷剂，它们的主要热力参数和物理参数如表 6.3 所示。

表 6.3　制冷剂的主要热力参数和物理参数

制冷剂	R22	R134a	R404A	R407C	R410A
分子式或组分	$CHClF_2$	CH_2FCF_3	R125/143a/134a (44/52/4)	R32/125/134a (23/25/52)	R32/125 (50/50)
相对分子质量	86.47	102.03	97.60	86.20	72.58
标准沸点/温度漂移/℃	−40.8/0	−26.07/0	−46.48/0.78	−43.8/7.08	−51.6/0.05
p_k(30℃)/p_0(−15℃)/MPa	1.20/0.297 =4.05	0.771/0.164 =4.7	1.415/0.363 =3.9	1.175/0.264 =4.45	1.897/0.484 =3.92
等熵压缩排气温度（低温工况）/℃	90	75	70	80	94
临界温度 t_c/℃	96.1	101.1	72.1	87.3	72.5
临界压力 p_c/MPa	4.98	4.06	3.74	4.63	4.95
密度(24℃) 液/气/(kg/m³)	1194.6/43.03	1210.5/31.38	1050/62.21	1140/39.18	1070/63.29
热导率(24℃) 液/气/[mW/(m·K)]	84.1/11.30	81.6/13.72	67.9/16.0 (1.2MPa)	89.9/14.90 (1.2MPa)	107.3/13.92 (1.2MPa)
黏度(24℃) 液/气/(μPa·s)	167.7/12.63	200.4/11.76	130.0/12.34 (1.2MPa)	152.1/13.0 (1.2MPa)	140.3/13.06 (1.2MPa)
ODP	0.034	0	0	0	0
GWP	1700	1300	3800	1700	2000

1) R22（二氟一氯甲烷，$CHClF_2$）

R22 的标准沸点为−40.8℃，排气压力适中，适合船舶冷库和空调制冷装置使用，是船上使用较广泛的冷剂；属于 HCFCs，今后需由新的冷剂取代；无毒、不燃、不爆，单独存在时即使温度超过 500℃仍然稳定。但存在以下问题。

(1) 与明火接触时(800℃以上)会分解产生微量有毒的光气,故应避免接触明火;易漏又不易察觉;因密度比空气重得多故不易散发,若在狭窄闭塞空间内装置严重漏泄以至于在空气中浓度太大,人停留过久会缺氧窒息。此外,操作过程中应严防其液体溅到人体,以免造成冻伤。

(2) 微溶于水。水在液态的 R22 中的溶解度在 30%时为 1470mg/kg,－30℃时为 180mg/kg。R22 含水时慢慢发生水解反应生成酸,会腐蚀金属,油位镜和封闭式、半封闭式压缩机的电机绕组,并使滑油变质生成沉淀,因此 R22 允许的含水量应小于 60mg/kg。另外,R22 含水较多时若经过膨胀阀后降温至 0℃以下,水的溶解度会急剧下降,游离出来的水就会结冰,在流道狭窄处形成"冰塞",严重妨碍制冷工作的正常进行。

(3) 条件性溶油。在温度高于 8℃的部位(如曲轴箱、冷凝器和液管等),R22 与冷冻机油的互溶性强,温度低于－8℃时互溶性则急剧降低。因此,流过膨胀阀降压降温后,溶有少量 R22 的滑油和溶有微量油的 R22 液体会形成分层。

2) R134a(四氟乙烷,CH_2FCF_3)

R134a 属于 HFCs,其 ODP＝0,是 R12 的代用品。R134a 的单位容积(流量)制冷量 q_v 与 R12 相近,制冷量相同时压缩机的容积流量需比用 R22 大 50%以上,较适合螺杆式、离心式压缩机。它的排气温度较低,标准沸点为－26.5℃,用于伙食冷库制冷温度不够低,但可用于空调制冷装置。

R134a 在应用方面有以下特点:①分子较小,渗漏性很强,因不含氯而不能用电子检漏灯检漏,但仍可使用电子检漏仪检漏。②溶解水的能力比 R22 低,所用干燥剂为避免吸附 R134a 分子,要求孔隙更小,不宜用硅胶,应采用分子筛 XH-7、XH-9 等。③会使普通橡胶浸润膨胀,因此应选用氢化丁腈橡胶或氯丁橡胶。④与矿物油不相溶,应采用脂类油 POE,某些场合也有用聚二醇类油 PAG,这些滑油价格都比较高,前者吸水性约为矿物油的 10 倍,后者吸水性约为矿物油的 100 倍,因此使用和保管时应特别注意防潮。

3) R404A

R404A 是组分为 R125/143a/134a(44/52/4)的 HFCs 近共沸混合物,在标准大气压的泡/露点是－46.48/－45.71℃,现有的船舶伙食冷库和空调制冷装置已多有采用。一般伙食冷库和空调制冷装置采用的都是这种冷剂。与 R22 相比,R404A 的工作压力约高 20%,排气温度较低,制冷量相对稍高,性能系数 COP(压缩机单位轴功率的制冷量)要低百分之十几。其装置应采用脂类油 POE,并以分子筛 XH-10 或 XH-11 作为干燥剂。

4) R407C

R407C 是组分为 R32/125/134a(23/25/52)的 HFCs 非共沸混合物,标准大气压的泡/露点是－43.79/－36.71℃。在船上已有用在制冷装置中替换 R22 的,与 R22 相比,在同温度下工作压力高 10%左右,排气温度稍低,两者制冷量接近,不作优化匹配则 COP 比 R22 的稍低(降低不超过 10%)。因 R407C 在相变时有约 7℃的温度漂移,若采用逆流式换热器,制冷量可比用普通换热器提高 2%～6%,COP 值可提高 5%～6%。

R407C 是非共沸混合物,其装置设计和管理时应尽量防止冷剂漏泄,补充冷剂时应以液态充注。实践证明,漏泄量小于 20%时对装置性能影响不大。其装置应采用脂类油 POE,并以分子筛 XH-10 或 XH-11 作为干燥剂。

5) R410A

R410A 是组分为 R32/125(50/50)的 HFCs 近共沸混合物，标准大气压的泡/露点是 －51.57/－51.52℃，相变温度漂移可以忽略，能替代 R22，相比之下排气温度略高，传热性能较好，液体流动阻力较低，制冷量可为 R22 的 1.4～1.5 倍，COP 略低(降低不超过 8%)；但其工作压力比 R22 约高 60%，压缩机和管路、设备需专进行相应的设计，目前尚未用于船舶制冷装置。使用这种冷剂的装置也应采用脂类油 POE 和分子筛 XH-10 或 XH-11 作为干燥剂。

2. 冷冻机油

合理选用制冷压缩机的冷冻机油(润滑油)是保证压缩机安全、高效运转和延长压缩机使用寿命的重要条件。冷冻机油的作用是润滑、密封(渗入运动部件密封间隙，阻碍冷剂泄漏)、冷却(带走摩擦热，降低排气温度)，有的还用来控制卸载和容量调节机构。

1) 冷冻机油应满足的主要要求

压缩机的制冷工况和所用冷剂不同，则选用的冷冻机油也不同。冷冻机油应满足的主要要求如下。

(1) 倾点(油能流动的最低温度，比凝固点高 2～3℃)应低于最低蒸发温度。冷冻机油会被冷剂带入蒸发器，为了能被冷剂带回压缩机，在低温下保持良好的流动性很重要。

(2) 闪点应比最高排气温度高 15～30℃，以免引起滑油结焦变质。

(3) 应根据蒸发温度和排气温度选用适当的黏度。制冷压缩机的轴承负荷不高，黏度容易满足润滑的要求，因此主要应满足密封要求。黏度过低，则活塞环与缸壁间的油膜容易被气体冲掉。氟利昂在较高温度时大多易溶于油，溶入 5%就会使油的黏度降低一半，故氟利昂压缩机所用冷冻机的油黏度应适当高些。黏度高的油分子链较长，倾点和闪点相对也会高些。

(4) 含水量要低。这是为了避免在低温通道处引起“冰塞”和防止腐蚀金属。含水的润滑油与氟利昂的混合物还会溶解铜，而与钢铁部件接触时，铜又会析出形成铜膜，称为“镀铜”现象，这会妨碍压缩机的正常运行。

(5) 化学稳定性与所用材料(如橡胶、分子筛等)的相容性要好。如果油在高温下受金属材料催化而分解，则会产生积炭和酸性腐蚀物质。

(6) 用于封闭式和半封闭式压缩机时电绝缘性要好。电击穿强度一般要求在 10kV/cm 以上。油中有杂质会降低电绝缘性能。

其他对冷冻机油的要求还包括酸值和腐蚀性低、氧化安定性好、机械杂质和灰分少等。

2) 冷冻机油的品种

国标 GB/T 16630—1996 将国产冷冻机油(精制矿物油或合成烃)分为一等品 L-DRA/A、L-DRA/B 和优等品 L-DRB/A、L-DRB/B 四类。一等品适用蒸发温度在 －40℃ 以上的开启式和半封闭式压缩机。其中，A 类适用的冷剂是氨，B 类适用 CFCs 和 HCFCs。优等品适用于 CFCs 和 HCFCs 全封闭式压缩机，最低蒸发温度可至 －40℃以下。每类又按 40℃的运动黏度分为 5～9 个等级，与 ISO 标准接轨。

换用国外机油公司的冷冻机油时，应采用相同的黏度等级，并核查其重要的性能指标。

R134a 不溶于矿物油或合成烃油，使用它或含同样性质组分的混合工质冷剂时，应选用脂类油或聚醚油。前者以多元醇酯(POE)综合性能较好；后者以环氧乙炔即环氧丙烷共聚醚(PAG)的综合性能较合适。它们都需要加入抗氧化剂提高热氧化安定性。

三、制冷压缩机

制冷压缩机是制冷装置中的重要组成部分，对装置的制冷量、性能系数和使用寿命有决定性的影响。制冷压缩机有活塞式、螺杆式和离心式等类型。

活塞式制冷压缩机使用最广泛，制造、管理和维修的经验都比较成熟。因其流量受转速限制，只用于 $Q_0<200$kW 的中、小制冷量范围，是船舶制冷装置采用的主要机型。

螺杆式压缩机转速高，输气量较大，过去适用制冷量 Q_0 的范围是 150～1500kW，在船上主要用于冷藏舱制冷装置，近年来经不断改进，Q_0 已可达 50kW 以下。其价格虽比活塞式高，性能系数一般也比活塞式低，但单位制冷量的尺寸较小，重量较轻，易损件少，工作寿命长，维护简单，因此在有些大型船舶的空调装置中已取代活塞式制冷压缩机。

本节只介绍活塞式和双螺杆式两种制冷压缩机。

1. 活塞式制冷压缩机

船用活塞式制冷压缩机多为单级多缸(2、3、4、6、8)。按气缸中心线布置方式分有立式、V 型、W 型、S(扇)型。按壳体结构又可分为开启式、半封闭式和全封闭式。

(1) 开启式。压缩机曲轴通过轴封伸到机体之外，再由原动机驱动。较大的压缩机通常都采用开启式，其轴封或多或少会有制冷剂泄漏。我国国家标准 GB/T 10079—2001《活塞式单级制冷压缩机》规定的开启式压缩机的缸径有 100mm、125mm、170mm。

(2) 半封闭式。电机和压缩机共用一根主轴，装在同一机体内，没有轴封；有可拆卸的缸盖、端盖以便换修气阀、油泵等易损件，采用垫片静密封，使制冷剂泄漏机会显著减少。其电机可由制冷剂吸气冷却，所用绝缘材料等必须耐油、耐制冷剂。我国国家标准 GB/T 10079—2001《活塞式单级制冷压缩机》规定的半封闭压缩机缸径≤70mm。

(3) 全封闭式。采用同一主轴的电机和压缩机装在一个焊死的薄壁机壳内，没有任何可拆卸的部件。这种压缩机要求可靠性高、使用寿命长，同时也要求系统清洁、密封好，在使用期内一般可免维修。全封闭式压缩机主要用于冰箱、小型空调装置等。

以 810F70G 为例，GB/T 10079—2001 规定的我国活塞式制冷压缩机的型号表示方法为：前面数字表示缸数 8 和缸径 10(cm)，F 表示制冷剂为氟利昂(A 表示氨)，后面数字表示行程 70(mm)，G 表示高冷凝压力(低冷凝压力不用文字表示)。

图 6.20 为最简单的单缸立式活塞式制冷压缩机。它主要由机体、活塞、曲轴、连杆、吸(排)气阀、气缸和气缸盖等组成。但根据具体结构、气缸位置排列、制冷剂进出方向、气缸直径、气缸数、压缩级数及采用的制冷剂等的不同，可以分成许多类型。目前，中、小型压缩机多采用小缸径、多缸、V 型或 S 型布置。这不但可以改善压缩机的运转平衡性能，使其结构紧凑，而且可以用同缸径不同缸数的压缩机来满足对制冷量的不同要求。

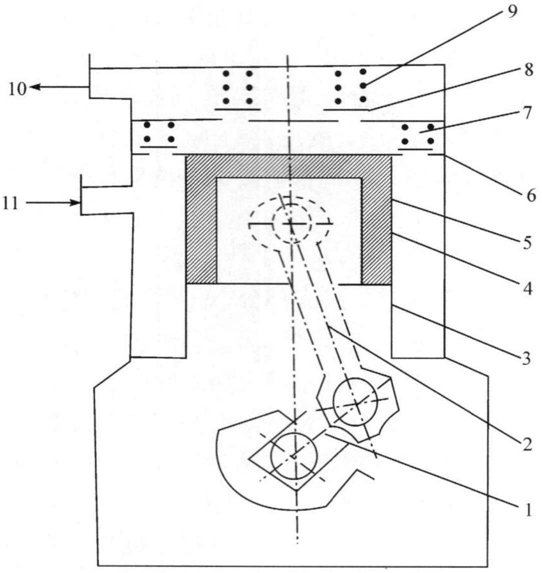

图 6.20　活塞压缩机简图

1-曲轴；2-连杆；3-活塞；4-气缸；5-气缸套；6-吸气阀；7-吸气阀弹簧；8-排气阀；9-排气阀弹簧；10-排出管；11-吸入管

2. 双螺杆式制冷压缩机

双螺杆压缩机的主要运动部件是设在机体气缸内的一对互相啮合的螺旋式转子。其中齿凸起的称为阳转子，齿槽凹进的称为阴转子，齿数多为 4∶6、5∶6 或 5∶7。一般阳转子是主动转子，工作时阴转子是被压缩的气体驱动反向旋转，而不是靠阳转子机械接触驱动。

两转子的每一对相通的齿槽和与转子贴合的缸壁圆柱面及两头端盖之间形成的容积称为基元容积，其容积和位置随转子转动而变化。双螺杆压缩机的吸、排气口通常各包括两部分，在吸气端盖上有占据大部分圆弧的轴向吸气口；同时，缸壁内侧上部有凹进形成的三角形径向吸气口。转子另一头排气端盖的斜下方有较小的轴向排气口。

在工作中，相继形成的每个基元容积都要经历吸气、压缩、排气三个过程，只是在同一时刻，各基元容积处于不同的阶段。

四、伙食冷库制冷装置实例

某轮伙食冷库系统共有 5 个库，即肉库（77m^3、−22℃）、鱼库（39.3m^3、−2℃）、蔬菜库（102.6m^3、2℃）、干货库（47m^3、15℃）和粮食库（41.8m^3、12℃）。显然，上述库温有的在 2℃以上，有的在 0℃以下，对于不同的食品，应分别采用冷却和冷冻不同的冷处理方法。

肉库、鱼库和蔬菜库配备融霜装置，肉库、鱼库还配有排水管的加热电缆。鱼库、肉库和菜库冷风机提供自动融霜控制，冷冻库每天进行 3 次融霜，每次 30min。菜库每天进行 3 次融霜，每次 10min。鱼库融霜功率约为 2700W（3×380V/50Hz），肉库为 3990W，蔬菜库为 2400W。各个冷库的库温可以在缓冲间内各库库门边上的温度计上显示，也可通过一个遥控温度显示器在厨房显示。各冷库冷却用的是顶式安装的冷风机，所有冷风机包括膨胀阀、电磁阀、止回阀、压力调节阀和集水盘等都预装在冷风机机箱内。

另外，系统正常运行所需的其他所有必要的设备，如温控器、电磁阀、膨胀阀、气液分离器都将提供。总的负荷设计为每天运行 16h。除了在拿取食品时，库内的灯和开关都应关闭。

冷藏机组包括两套完整的冷凝装置，安装在同一公共基座上。机组用的是开式压缩机，安装在距冷库 10m 以内，包括低温淡水冷却的冷凝器和独立的储液器，以及必要的安全装置、压力开关和气液分离器等。每套机组为 100%设计负荷。一台机组作为备用，两台机组可同时运行也可单台运行。

每台冷藏机组包括以下主要部分：

(1) 一个开式压缩机。型号为 4H-2Y；制冷功率为 15.6kW，带能量控制；蒸发温度为−30℃；冷凝温度为 45℃；制冷剂为 R404A；依靠吸气压力可在 100%和 50%两挡进行能量控制。

(2) 一个壳管式淡水冷却冷凝器。型号为 K283 H2；热负荷为 30kW；冷却水进口温度为 36℃；冷却水出口温度为 40.4℃；耗水速率为 6.12m^3/h。

(3) 其他设备，包括一个自动回油油分离器，一个加油阀和油量调节阀，一个曲轴箱加热器，一套高压、低压开关和表及阀件，一套液体干燥过滤器(带截止阀)，压缩机进出口的温度和压力表，一个储液器，一个气液分离器(两台冷藏机组共用)和一个充液阀(带旁通阀)。所有上述元件全部预装在机组上。

下面对冷藏机组的主要组成部分进行详细介绍。

1) 压缩机

压缩机是制冷装置的“主机”，是决定装置制冷量的关键设备，也是维修保养的重点，其结构在上一节中已经讲述。

2) 油分离器

虽然制冷系统设计上要求能让滑油随冷剂一起流经系统后返回压缩机，但滑油进蒸发器太多会使制冷量降低。为此，在压缩机排出端可装设油分离器，用来分离排气带出的滑油，使之直接返回压缩机曲轴箱(半封闭式压缩机回至吸气管)，从而避免压缩机排气将过多的滑油带入系统。油分离器并不能将油全部分出，仍会有少量滑油随冷剂一起循环。有些小型伙食冷库制冷装置或空调制冷装置的系统管路不长，也可省去油分离器。

3) 冷凝器

冷凝器的功能是将压缩机排出的气态冷剂冷凝成液态，供系统循环使用。

船舶制冷装置的冷凝器几乎都采用卧式壳管式，如图 6.21 所示。该结构冷凝器两侧的端盖内装有防蚀锌棒，或内表面涂有防蚀涂层。

4) 储液器

储液器是装在冷凝器后用来储存液态冷剂的容器。其作用是：①在制冷系统中储备一些冷剂。当热负荷减小、蒸发压力降低时，蒸发器等低压管路中的冷剂量减少，可防止冷凝器中液位太高而妨碍气体冷凝，以致排气压力过高；而当系统中冷剂有所损失，或热负荷增大、蒸发压力升高、低压管路中冷剂量增加时，可防止膨胀阀供液不足。②装置检修或长期停用时收存系统中的冷剂，减少漏失。小型装置可不设储液器而以冷凝器兼之。

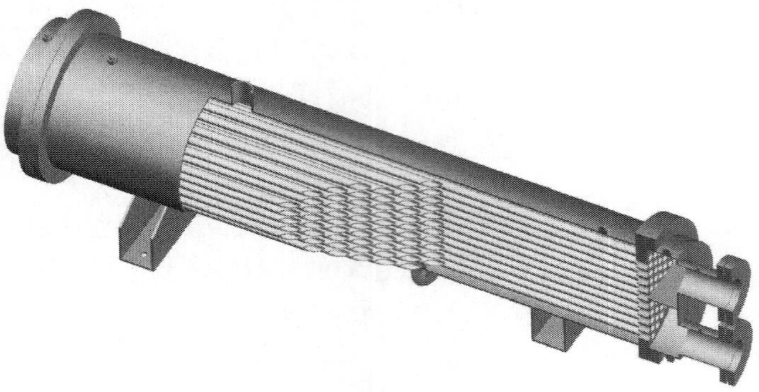

图 6.21　卧式壳管式冷凝器

储液器应有足够的容积，以保证系统中全部冷剂储存后不超过其容积的 80%。储液器不允许完全充满液体，否则当温度升高时会有压力过高的危险。

5）干燥过滤器

氟利昂制冷系统中均应装设干燥器，其布置应使其能旁通并关断，以便在拆开时不妨碍系统的运行。同时还规定在压缩机的吸入管路(常设在压缩机吸入口)和膨胀阀的冷剂管路上应设过滤器。现在，通常将干燥器和过滤器做成一体装在液管上。此外，常选用进口带滤网的热力膨胀阀。

常用的干燥剂可分为吸收性干燥剂和吸附性干燥剂两类。吸收性干燥剂有无水氯化钙、氧化钙等，能将水吸收成结晶水或与水发生化学反应。它们价格低，吸水能力较强，但吸水后易溶解成糊状，故只宜临时使用，例如，无水氯化钙接入系统时间不宜超过 6～8h。

分子筛是一种理想的吸附性干燥剂，其吸水能力比硅胶、无水氯化钙都强，特别是在水分浓度低时，仍有很高的吸水能力，但价格较贵。

6）液流指示镜

有的氟利昂制冷装置的液管上装有液流指示镜，用来指示液管中液体流动的情况。

正常工作时应看到稳定的液流；若见到许多气泡，则表明系统中冷剂在液管中的压降太大，出现“闪气”，或是冷剂不足。

氟利昂制冷装置用的液流指示镜还常兼水分指示器，其中装有浸透金属盐指示剂的纸芯。当冷剂含水量不同时，金属盐生成的水化物能显示不同的颜色。

7）蒸发器

蒸发器的功能是使冷剂在其中汽化，而从被冷却的介质吸热。采用不同制冷方式的制冷装置，其蒸发器冷却的介质不同，蒸发器的形式也不同。

(1) 船舶氟利昂制冷装置大多采用直接冷却式，其蒸发器直接放在冷库(或空调器)中冷却空气，有冷却排管和冷风机两种形式。

① 冷却排管有立式管和蛇形管两种。船舶冷库的氟利昂排管蒸发器大多采用由 Φ19～22mm 的无缝钢管或紫铜管制成的蛇形肋片管，上面进液，下面回气，以便使冷剂带入的滑油顺利返回压缩机。冷却排管外被冷却的空气是自然对流，传热系数很小。

经供液电磁阀和热力膨胀阀供入氟利昂冷风机的冷剂，湿蒸气先进入垂直安装的分液器，然后均匀进入许多分液管，即并联的蛇形肋片铜管。管外风速为 2～3m/s，传热系数为 29～35W/(m^2 · ℃)。

② 冷风机传热系数是冷却排管的 4～6 倍，故其尺寸紧凑、节省管材，充冷剂量少，但安装方便：可采用便于自动控制的电热融霜，且能使库内的空气循环好，温、湿度和气体成分均匀；必要时还可停止制冷，利用融霜电加热器来加热空气（如要求储藏温度高于 0℃的集装箱环境气温低于 0℃时）。因此，船舶高温冷库几乎全部采用冷风机，新造船的低温库大多也采用冷风机。它的缺点是风机耗电使热负荷增大（占保温期间热负荷的 20%～30%），风速高使未包装的食物水分丧失快，因体积小而蓄冷能力也小。因此，某些低温冷库仍选择使用冷却排管。

(2) 间接冷却式的蒸发器多采用管壳式的液体冷却器，冷却的是传递热量的中间介质，即载冷剂（如淡水、乙二醇溶液和盐水等），中间介质先通过冷却排管或冷风机冷却空气，然后回液体冷却器放热，不断循环工作。氟利昂通常用卧式壳管式液体冷却器，冷剂从下部进入管内，从上部流出时有一定过热度；载冷剂在管外由隔板引导流动。

间接冷却方式要增添载冷剂和相应的循环管路及设备，会增加管理工作量；二次换热要求蒸发温度更低，会使制冷量和性能系数降低。它的主要好处是能使冷剂管路缩短，充冷剂量减少，漏泄机会也减少，在船上主要用于大型客轮或人员较多特种船舶的空调制冷装置。

8) 气液分离器

不采用回热循环的系统，为了防止未蒸发完的液态冷剂或滑油大量返回压缩机发生液击，通常在压缩机吸气管上设有气液分离器。气液分离器采用重力分离法，进口管开口向下，与开口向上的 U 形出口管错开。如果吸气中有未蒸发完的冷剂液体，或者有滑油返回吸气管，由于液体的密度较大，会落到分离器的底部。液态冷剂会因环境温度较高而蒸发，细微的雾状冷剂和过多的滑油可经 U 形管上的许多小孔被吸走。因为小孔的总面积不足吸气管通流面积的 10%，所以不会过多吸入液体。

此外，有的制冷装置还可能设有回热器或蒸发式过冷器等。

第七节 货油输送系统

油船运载的主要货物是液体油类，现有的和正在建造的油船大多是散装货油船。它需要具有装卸液体货油的能力，具有和其他船舶完全不同的货油装卸系统、货油舱扫舱系统、油船惰性气体系统、货油舱洗舱系统、货油舱透气系统、专用压载水系统、蒸发气收集系统、甲板泡沫灭火系统、甲板洒水系统、液位遥测系统和阀门遥控系统等。随装载的油种不同，系统会有较大的变化，本章主要介绍普通油船上具有通用性的系统原理。

一、货油装卸及货油舱扫舱系统

一般油船的装卸管路按布置位置可分为三部分，即货油舱内管系、油泵舱管系及甲板管系等。

1. 货油舱内管系

货油舱内管系布置分线形总管式和环形总管式两类，环形总管式又分单环式、双环式和多环式。

1) 线形总管式

原则上，每一货油泵设置一根总管。按装油配置要求（考虑不同油种的装载分布）从各总管引出支管至相应油舱。

图 6.22 为某油船的三线总管式舱内输油管系简图。图中 No. 1 总管服务于 1、3 货油舱（左、右），No. 2 总管服务于 2、5 货油舱（左、右），No. 3 总管服务于 4、6 货油舱（左、右）及污油水舱（左、右）。

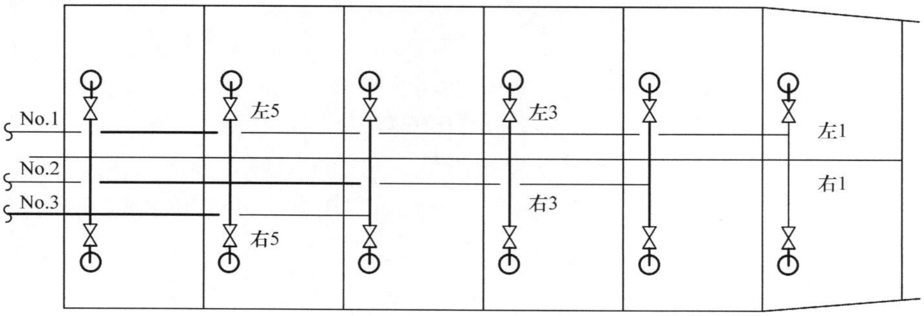

图 6.22　三线总管式舱内输油管系简图

线形总管式管系布置简单、操作方便、隔离可靠和混油可能性小，但装载油种的机动性不高，适用于运输油种固定、运量固定、航线固定的中小型油船。

2) 环形总管式

为提高机动性，可将两根线形总管相接，配以相应阀门，即成为单环式总管。对具有 3 台货油泵的船舶，可形成两个或多个环形总管。图 6.23 为某轮船的多个环形总管式舱内管系图。图中，No. 1 总管与 No. 2 总管、No. 1 总管与 No. 3 总管以及 No. 2 总管与 No. 3 总管都相互连通，且 4＃风暴舱和污油水舱都可由两根总管抽吸。环形总管式布置机动性好，但为避免混油需设置较多的隔离阀，操作管理较为复杂。

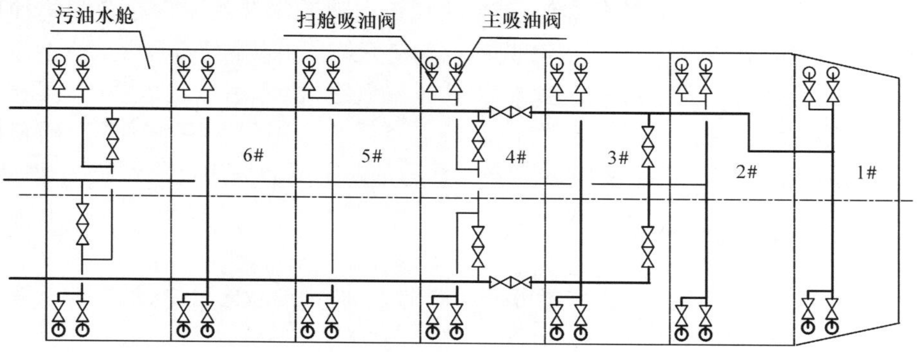

图 6.23　多环总管式舱内输油管简图

3）舱内管系设计及安装要求

舱内管系设计及安装要求如下：

（1）各总管在第一个油舱内必须设有膨胀接头或弯头，以补偿管子的热胀应力，如用膨胀接头，则应为伸缩型膨胀接头。

（2）应防止混油现象的发生。对装载两种或两种以上油品的油船，在环形总管的连接处、总管与吸口之间均须设置两道阀隔离。

（3）除不足600DWT(载重吨)的油船外，货油舱均设有双层底，为此吸油口可布置在油舱的底面以上或设置在凹入的吸油井内。吸油口应布置在船舶卸油状态时的最低点，距舱底应小于100mm。

（4）当货油舱设计为直接注油时，注入管应伸入舱内，其开口应使货油沿舱壁流下并尽可能接近舱底，以减少产生静电的可能性。

（5）当考虑通过吸入管装注货油时，则应设有旁通管，绕过货油泵，将吸入管与甲板输出管连通(旁通管上设截止阀)。

2. 油泵舱管系

油船一般都在机舱前部设置油泵舱，为货油舱服务的大部分设备均安装在泵舱内。主要有货油泵、专用压载泵、扫舱泵和洗舱加热器等，因而泵舱内的布置一般都十分紧张。但因为汽轮机的工作温度高达204℃左右，为了降低泵舱的温度和避免因电机产生火花而引起火灾，所以驱动货油泵、压载泵的透平或电机均设置在机舱内。在原动机的传动轴通过舱壁处，必须装有密封的填料函装置，用来保持传动轴通过舱壁处的密封性。

图6.24为泵舱内设有三台货油泵、货舱内总管采用环形总管式布置的管系简图。

泵舱内管系的设计应满足下列要求：

（1）各货油泵的吸入管接自舱内管系的各总管。各总管接入泵舱后，必须设置防火型隔离阀，即图中的防火型蝶阀1必须为防火型蝶阀。

（2）如果货油舱内的总管采用环形总管，则各货油泵之间不必连通。如果货油舱内的总管采用线形总管式，则各货油泵的吸入管应相互连通，以便任一台泵发生故障时由其他泵代替工作。对不同油种的吸油总管，该连通阀上应装设双道隔离阀。

（3）各货油泵的吸入端应装有气体分离阀(真空装置)2，以去除货油中的空气，防止油泵的损坏。对于原油船，还应装有滤器。但对于成品油轮等装载干净油种的油船，可以不设滤器。

（4）如果某一货油舱须作为油船的应急风暴压载水舱，则货油泵应能经海底阀吸入海水并压至该舱(在海水总管和货油总管之间应设两个阀，其中一个阀应能在关闭状态下予以锁住；或在货油泵专用的海水总管上设置双孔法兰，图中的件5为双孔法兰，平时处于常闭状态)，并能从该舱抽出污压载水，按防污染要求直接排往舷外、排至污油水舱或岸上接受设备。

（5）离心式货油泵的排出端应设排量调节阀4和止回阀3，用于调节货油泵的排量、压力和防止各货油泵出口因连通而发生混油。

（6）每台货油泵均由一根独立排出管引出泵舱与上甲板货油管系接通。

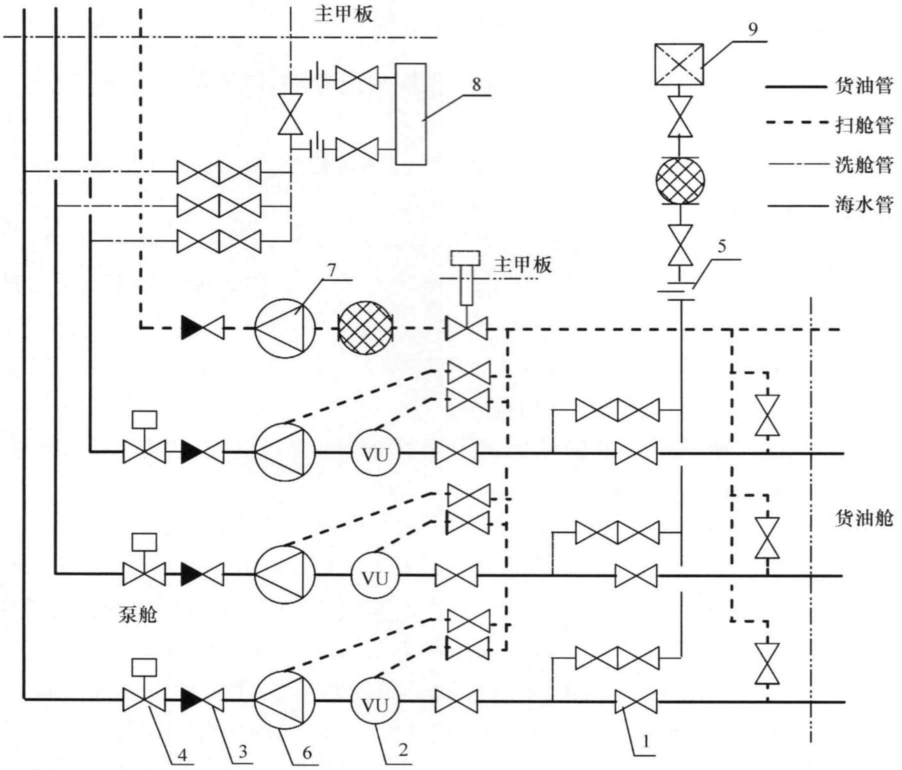

图 6.24　泵舱管系简图

1-防火型蝶阀;2-气体分离阀;3-止回阀;4-排量调节阀;5-双孔法兰;6-货油阀;7-扫舱阀;8-洗舱加热器;9-海水门

(7) 用货油泵进行原油洗舱的原油船,洗舱原油供给管可接在货油泵出口排量调节阀之后,以便调节洗舱油压。

(8) 其中一台货油泵可作为应急抽吸泵舱舱底水用,并设置相应的应急吸口及阀件,这些阀件的控制方式应满足船级社规范的要求。

3. 甲板管系

货油甲板管系接自货油泵的排出管,由纵向总管、横向总管及装卸油站等组成。图 6.25 为典型的油舱甲板管系图。

1) 纵向总管

纵向总管自货油泵排出管引出至船中部与横向总管相接。在纵向管路上每隔 15～30m 应设置一个膨胀接头。各管段的法兰连接处应用导体进行电气连接,并最终接地。要防止由摩擦或静电产生火花而发生火灾。

2) 横向总管

横向总管由纵向总管引向两舷的装卸油站。该系统共有 3 根货油总管(图 6.25 中的 No. 1、No. 2、No. 3),但为了装卸方便,引至装卸油站后,其中一根总管分成两路在装卸油站的前后各设一个注入/排出接口;每根横向总管上还设有与货油舱总管连通的支管

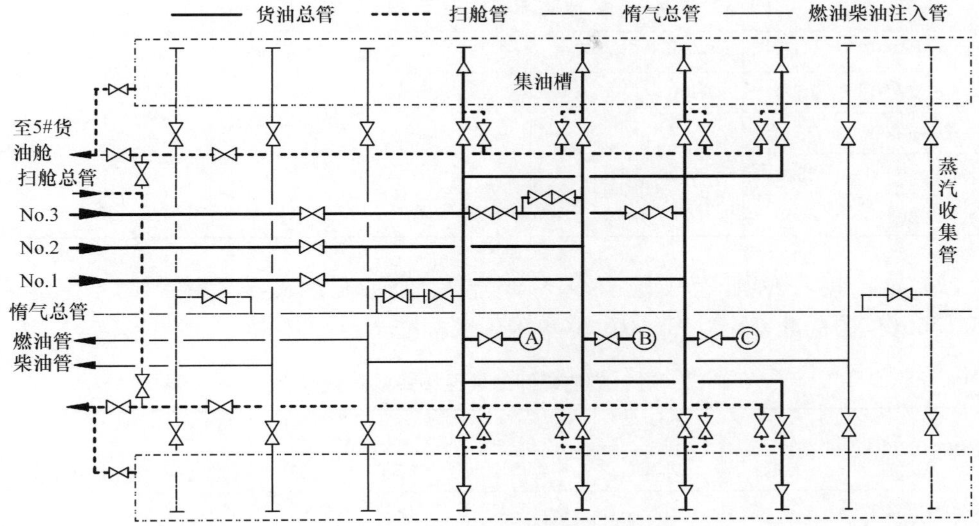

图 6.25　典型的油船甲板管系图

(图 6.25 中的 A、B、C 接口)，以便货油可直接通过货油舱内的货油总管将货油注入各货油舱；各横向总管之间相互连通，方便了货油的装卸。连通管上应装设双道隔离阀。

3) 装卸油站

装卸油站设于横向总管的两舷，用于货油的装卸、燃油和柴油的注入及蒸发气收集系统的接岸。总管末端下方设有集油槽。货油装卸管位于装卸油站的中间，两边为燃油(FO)和柴油(DO)的注入管，最外侧的是两根蒸发气接岸总管。

对于国际航行的油船，货油装卸站的设计应符合石油公司国际航运论坛(OCIMF)的要求，如图 6.26 所示。

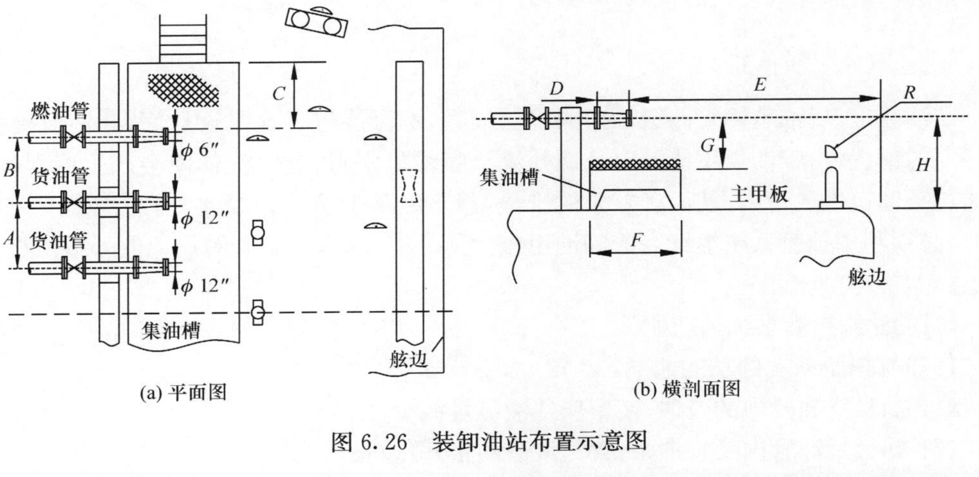

图 6.26　装卸油站布置示意图

(1) 装卸油管之间的间距 A 及燃油装注管和货油装注管之间的间距 B 应按表 6.4 设置。

表 6.4　装卸油站设计中关于间距的要求

<table>
<tr><th>载重吨/DWT</th><th>A/mm</th><th>B/mm</th><th>C/mm</th><th>D/mm</th><th>E/mm</th><th>F/mm</th><th>G/mm</th><th>H/mm</th></tr>
<tr><td>16000～25000</td><td>1500</td><td>1500</td><td rowspan="4">1200</td><td rowspan="4">500</td><td rowspan="4">4600</td><td rowspan="4">1800</td><td rowspan="4">900</td><td rowspan="4"><2100</td></tr>
<tr><td>25001～60000</td><td>2000</td><td rowspan="3">2000</td></tr>
<tr><td>60001～160000</td><td>2500</td></tr>
<tr><td>160000 以上</td><td>3000</td></tr>
</table>

(2) 异径接头的配置数量按表 6.5 选择。阀、短管及异径接头的法兰应符合 B. S. 1560(英国标准)或 ANSI B16. 5(美国国家标准学会)的标准。

表 6.5　货油装卸站异径接头的配置数量

<table>
<tr><th rowspan="2">载重吨/DWT</th><th colspan="3">固定安装</th><th colspan="4">备用</th></tr>
<tr><th>大端</th><th>小端</th><th>数量</th><th>大端</th><th>小端×数量</th><th>小端×数量</th><th>小端×数量</th></tr>
<tr><td>16000～25000</td><td rowspan="4">按货油总管</td><td>12″</td><td rowspan="4">8</td><td>12″</td><td rowspan="3">8″×4</td><td rowspan="3">10″×4</td><td></td></tr>
<tr><td>25001～60000</td><td>16″</td><td>16″</td><td>12″×4</td></tr>
<tr><td>60001～160000</td><td>16″</td><td>16″</td><td>12″×4</td></tr>
<tr><td>大于 160000</td><td>20″</td><td>20″</td><td>12″×4</td><td>16″×4</td><td></td></tr>
</table>

注:(1) 表中数量以 4 根货油装卸总管为基础。

(2) 因系英美标准,故表中尺寸以英制表示管子的公称通径。

(3) 对于集油槽,其尺寸除应符合图 6.26 要求外,还应符合下列要求:集油槽的容量,USCG(美国海岸警卫队)要求对于 12″以上的装卸油管,每根油管应具有 636L 的集油槽容量;集油槽应通过重力或气动泵将油泄放至污油水舱。

(4) 图 6.25 中 5#货油舱与三路货油总管连接的管路称为真空破坏总管,其用途是利用货舱内的惰性气体使舷侧装卸阀以外管路中的残油顺利泄放。

4. 货油舱扫舱系统

在油船上,货油装卸管路吸油口的口径较大,不可能过近地贴近舱底,卸油时油位低到一定的位置,由于油类不能及时从四处流至吸油口附近,这时流体就会产生旋涡,使空气通过吸油口进入管内,从而影响泵的排量,甚至吸不上货油。因此,当油位低于一定高度时,必须利用扫舱系统继续完成卸油工作。另外在洗舱时,舱内的积水也可用扫舱系统排出。

1) 货油舱扫舱系统的功能

货油舱扫舱系统的功能如下:

(1) 抽吸货油舱内的残油,使留舱残油尽可能少。

(2) 抽吸货油管内及货油泵(含气液分离柜)等设备内的残油。

2) 货油舱扫舱系统的形式

扫舱系统主要有自动扫舱系统和独立式扫舱系统两种。

(1) 自动扫舱系统。自动扫舱系统适用于采用离心泵作为货油泵的大中型油船。主要用于抽吸货油舱内的残油，使留舱残油达到最少。由于这种系统仍利用货油泵进行扫舱，所以一般仍需设置一台小排量扫舱泵，以抽空货油管和货油泵中的残余货油，如图 6.27 所示。

自动扫舱系统主要有真空式自动扫舱系统、喷射式自动扫舱系统和再循环自动扫舱系统三种形式，目前应用最多的是真空式自动扫舱系统。

真空式自动扫舱系统由气液分离柜 2、排量调节阀 3、气体抽出阀 5、真空装置 6(真空泵、真空柜等)和控制板 7 等组成。图 6.27 为真空式自动扫舱系统示意图。

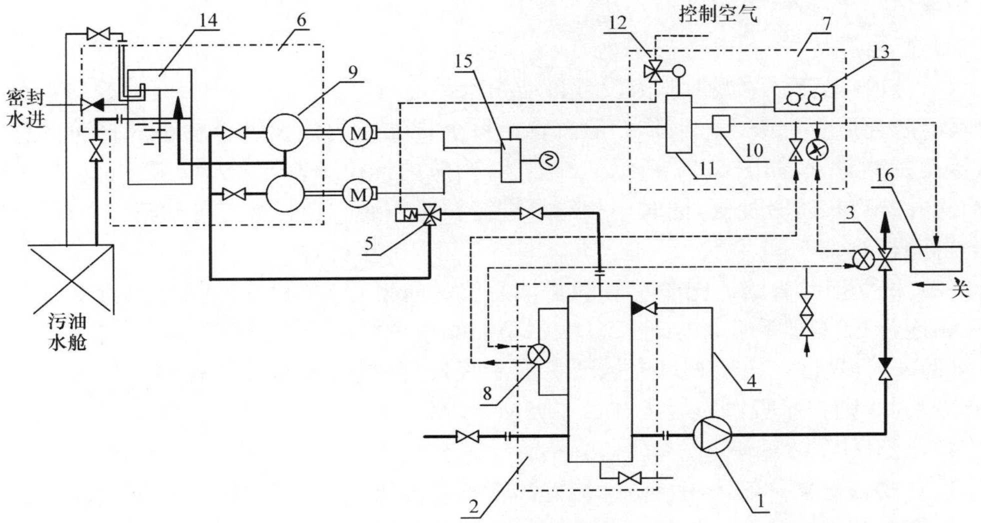

图 6.27　真空式自动扫舱系统示意图

1-货油泵；2-气液分离柜；3-排量调节阀；4-引水管；5-气体抽出阀；6-真空装置；7-控制板；8-液位传感器；9-真空泵；10-压力开关；11-电控箱；12-电磁阀；13-报警灯板；14-水封箱；15-起动器；16-定位器

真空式自动扫舱系统的工作原理如下：

① 当货油舱内的货油液位足够高时，本系统不工作，此时气液分离柜 2 中的液位在 70％以上。

② 当货油舱内的液位下降，吸入压力也下降并接近货油的蒸发压力时，部分货油将变成蒸气，同时积聚在气液分离柜的顶部，并导致分离柜内液位下降。当液位降到 50％以下时，分离柜上的液位传感器 8 的气动信号驱动装于货油控制板 7 上的压力开关，使真空泵 9 起动，同时打开气体抽出阀 5 并使排量调节阀 3 关小，进行节流。

③ 真空泵 9 抽出气体的同时分离柜中的液位升高，当液位恢复到 70％时，气体抽出阀关闭，并在 10s 后，真空泵停止，排量调节阀恢复到原有的开度。每当出现上述情况时，重复进行②、③的抽气过程。

④ 当货油舱内液位进一步下降时，吸入口周围会产生漩涡，当漩涡凹陷的底部低于吸入口的下表面时，气体开始被吸入。同样，这些气体积聚在分离柜的顶部，使分离柜内的液位降低，又重复②、③的抽气过程。但由于吸入的空气越来越多，排量调节阀的开度变得越来越小，或真空泵处于一直运转的状态。

⑤ 当液位再下降时，就会有大量的气体被吸入，气体吸入的量超过真空泵的抽出量，排量调节阀会完全关闭，如果气液分离器内的液位还会上升，排量调节阀会再开一点；但液位再次低于5%时，黄色的信号灯就会发亮，表示卸货工作已进入扫舱阶段。

⑥ 当真空泵连续操作时，分离柜内的液位也不上升，且排量调节阀长期保持完全关闭，长时间继续这种状态，意味着已抽不到剩余液体，约3min后，橘黄色灯会闪光，同时蜂鸣器发出声响，表示扫舱结束。

(2) 独立式扫舱系统。独立式扫舱系统仅利用扫舱泵进行扫舱，设置独立的扫舱总管，一般适用于中小油船。

3) 扫舱管路

(1) 扫舱支管。中型油船因设置自动扫舱系统，且为简化货油管系，一般均不设专用扫舱管路，而以货油吸入管兼作扫舱总管。每个货油舱内装设管径较小的扫舱支管和吸口，接至货油总管，如图6.27所示。卸油时，当舱内油位下降至接近主吸油口时，关闭主吸油阀并开启扫舱吸油阀，同时用扫舱泵进行扫舱卸油。当装置有自动扫舱系统时，货油泵会自动扫舱。

(2) 独立扫舱管路。扫舱总管和货油总管并行敷设，各货油舱都由扫舱支管和扫舱总管相连，扫舱总管和扫舱泵连接。大中型船舶很少使用独立扫舱管路。

(3) 扫舱吸口。扫舱吸口应低于货油主吸口，并尽可能接近货舱底。如果货油舱内设有吸油井，则扫舱吸口应尽量布置在吸油井内。

4) 扫舱泵

独立式扫舱泵一般采用自吸性能好的蒸汽往复泵或电动螺杆泵，货油泵兼扫舱泵时一般为离心泵或螺杆泵。扫舱泵的作用是抽除货油舱内的残油、货油总管内的油、Ⅰ级及Ⅱ级污油水舱内的污油、货油泵排出总管内的油、货油设备的泄放油、泵舱舱底水等。扫舱泵可将残油或污油排至上甲板货油总管排岸接管处、Ⅰ级污油水舱或经排油监控认定合格后排往舷外，货油泵作为扫舱泵并兼作海水洗舱泵时还将海水泵至洗舱加热器。

5. 其他

1) 管子支架

管子支架应包有1～1.5mm的铅皮垫片，或设有聚四氟乙烯垫片，防止管子因受热胀冷缩滑动而与支架相互摩擦产生火花引起火灾。

吸油口支管必须设置一个支架，并将支架焊接在船体结构上，再把支管固紧在支架上，以避免在装卸油时由于液体流动的冲击力而引起支管振动，造成吸口与舱底板摩擦而引起火灾。同时也可防止由于吸油造成的真空使吸口与舱底板之间的距离缩小，降低油泵的吸油效率。

2) 货油舱加热管

油船在卸油时，由于油类的黏度较大，油的流动性较差。为了提高油船的卸油速度，在卸油时可以将油类进行加热，以减小油的黏度，增大油的流动性，从而缩短卸油时间，用来对货油进行加热的管路称为货油加热管路。

货油舱加热管一般均采用盘管的形式，可以在车间内场组装成片状单元后到船上安装。为了既节约能源，又达到加热的效果，可以在吸油口四周设螺旋形盘管。

每个货油舱的加热管应各自为一组或分成几组，每组应有其独立的进气管和排气管，分别接至甲板上加热系统的蒸汽总管和凝水总管（也有用热油作为加热介质的），它们都有独立的控制阀或按舱群分布的分配器和集合器。为了有效地利用蒸汽热量使蒸汽全部凝结成水，每组凝水管都应设有一只阻汽器。阻汽器与盘管之间的管路上一般还应设置一个放水阀，当凝水观察柜中发现凝水中含有油分时，用来判断哪一舱的凝水中含有油分，即哪个管子损坏。另外，也可作为放凝水用。

二、货油舱透气系统

油轮的货油舱在装入货油时或者卸载后，油舱内的空气会被挤压而使货油舱内压力增加，或因油舱内的货油减少而使货舱内形成真空。在油船航行中，所有油舱都是封闭的，当外界温度发生变化时引起油舱内的气压升高或降低，都会使油舱壁受到压缩或膨胀而破坏。

货油舱透气系统的功能就是在货油装卸和驱除油气的过程中，使大量气体通过透气装置进出货油舱；在正常航行中，温度变化等能使少量油气、空气或惰性气体进出货油舱。因此，每个货油舱均应设置透气装置以限制油舱内的压力或真空度。

1. 货油舱透气系统的形式

货油舱透气系统有两种基本形式，即总管式和独立式。一般大型油船上每个货油舱均同时采用这两种透气系统。

1）总管式透气系统

图 6.28 所示的透气系统中，位于船中的即总管式透气系统。该系统在上甲板上敷设一根惰性气体总管并兼透气总管，总管通过支管与每一个货油舱相连。在透气总管上还设有一个压力真空释放阀，以确保该系统的安全。在船艏装有透气管上升管，其高度一般不小于 8.5m。上升管的顶部装有火星熄灭器。

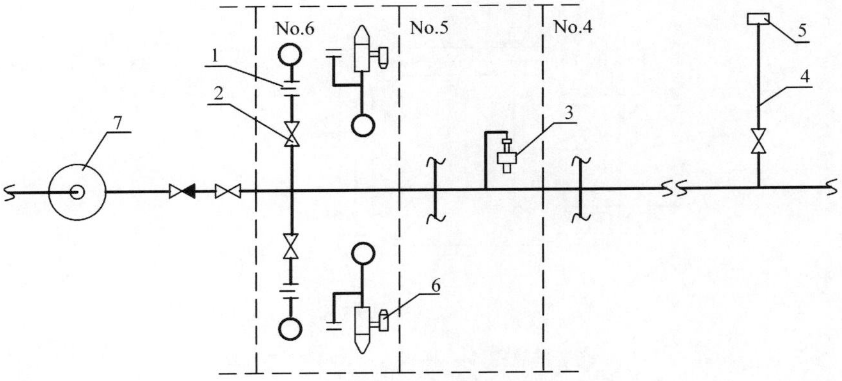

图 6.28　货油舱透气系统（兼甲板惰性气体总管）

1-双眼法兰；2-带锁蝶阀；3-压力真空释放阀；4-竖直透气管；5-火星熄灭器；6-高速透气阀；7-甲板水封装置

总管式透气系统的主要特点如下：

(1) 各舱的支管与总管的连接管上应装设带锁闭装置的截止阀以能进行隔断(图中是带锁蝶阀 2 和双眼法兰 1)。

(2) 货油舱另设呼吸装置(即独立式透气系统)。当支管被隔断时,舱内仍能维持呼吸功能。

(3) 对于同时载运几种油品的油船,可按油品种类设计几组透气总管,其结构与上述总管式透气系统相同。

(4) 总管的适当位置设一竖直透气管 4,以向上透气,出口处安装金属防火网(火星熄灭器 5)。

(5) 设有惰性气体系统的油船,透气总管与惰性气体总管合用。

(6) 压力真空释放阀 3 前后不可设阀,但可设旁通阀。有指示旁通阀已开启或压力真空阀已固定于开启的设施。

2) 独立式透气系统

每一油舱单独引出一根竖直透气管,透气管上方安装有透气装置(高速透气阀),如图 6.28 中的高速透气阀 6。高速透气阀由三部分组成,即高速排放阀 1、真空吸入阀 2 和驱气排气口 3,其外形如图 6.29 所示。

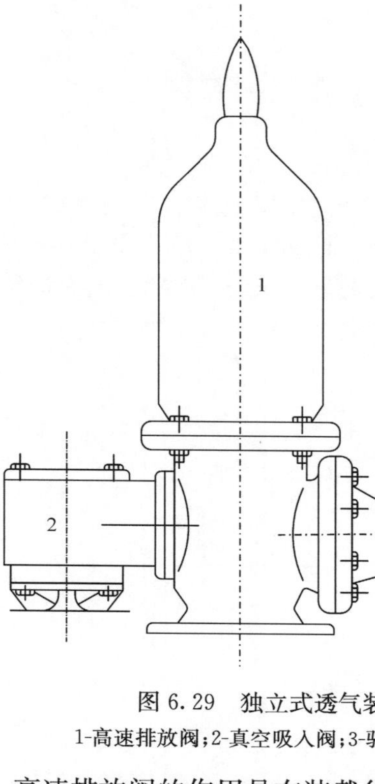

图 6.29 独立式透气装置

1-高速排放阀;2-真空吸入阀;3-驱气排气口

(1) 高速排放阀。高速排放阀的作用是在装载货油时,使舱内的大量油气或惰性气体排出。其基本要求是:排泄蒸发气混合物的节流速度不小于 30m/s;蒸发气混合物垂直向上排出;排出口在货油舱甲板 2m 以上处;油舱内压力不高于 0.021MPa。

(2) 真空吸入阀。当油船在卸载货油时，真空吸入阀将空气吸入舱内。当使用惰性气体补充时，真空阀应自动关闭。其基本要求是：油舱内真空度不低于 0.007MPa；吸入口在货油舱甲板以上 1.5m 处；阀最大流量为每舱装载率的 1.25 倍。

(3) 驱气排气口。驱气排气口主要用于正常航行过程中少量气体的排出。其基本要求是：驱气排出口应装有防火金属网；排出口流速至少为 2m/s；排出口在货油舱甲板 2m 以上。

2. 透气管进出口位置和高度的要求

由于油船甲板部分为危险区域，而从透气管中排出的气体都含有一定浓度的油气，所以透气管的位置和高度是有严格要求的，具体要求如下。

1) 透气出口位置和高度

透气出口位置和高度要求如下：

(1) 采用自由流通排气方式时，其出口应布置在货油舱甲板以上，且不小于 6m；或当其出口位于步桥范围以内 4m 时，则应位于前后步桥以上且不小于 6m。

(2) 采用高速排气方式时，排气出口应布置在货油舱甲板以上且不小于 2m 处。

(3) 无论哪种透气方式，透气出口均应离开含有火源的围蔽处所的最近进气口和开口以及可能构成着火危险的甲板机械和设备的水平距离均不小于 10m。

2) 透气管进口布置

透气管进口布置具体如下：

(1) 对装有惰性气体的油船，透气管进口尽可能远离惰性气体入口。

(2) 透气管进口应自货油舱的最高部位引出。

(3) 对于装有惰性气体的油船，推荐透气管进口尽量布置在油舱的中心附近。

三、油船惰性气体系统

油船装载的是易燃易爆的原油或成品油，当货油舱内的油气与空气混合，并达到一定的氧含量后，极易发生火灾和爆炸事故。因此，船级社规范对货油舱内的气体置换有明确的要求。对载重量为 20000t 及以上的载运闪点(闭杯试验)不超过 60℃的原油船或成品油船，以及所有使用原油洗舱的油船，均应设置惰性气体系统。

1. 惰性气体的功能

下面列出惰性气体的主要功能。

(1) 降低货油舱内大气的含量，使舱内大气达到不能支持燃烧的程度，而使空舱惰性化。

(2) 在航行中使货油舱内的大气氧含量(以体积计)不超过 8%，并保持正压状态，但需要排清货油舱的油气时除外。

(3) 除有必要排清货油舱的油气外，保证在正常作业中空气不进入货油舱。

(4) 驱除空货油舱内的碳氢气，使其后的除气过程中货油舱内不致形成可燃气体。

(5) 甲板总管还与压载管路连接，以供破舱保护用，但连接管路上必须设置双道阀门或其他锁闭装置。

2. 烟气式惰性气体系统

惰性气体系统的形式取决于惰性气体装置的形式。惰性气体系统有三种，即烟气式惰性气体系统、惰性气体发生装置系统和多功能惰性气体系统。

目前油轮上基本都使用烟气式惰性气体系统，其有供气量大、氧含量一般在4%以下、不需额外消耗燃料、成本低、经济性高的优点。

1）系统流程图

图6.30为典型的烟气式惰性气体系统图。其工作原理是柴油机排出的废气经废气锅炉后进入烟道，由风机5将其抽出，先通过烟气抽气阀2进入洗涤塔3进行冷却、脱硫和除尘；干净的烟气再经过除湿器去除烟气中的水分；烟气被风机打入货油舱，进入货油舱之前的管路中设有调节阀7、甲板水封装置8、单向阀16等。由于烟气从柴油机排出的废气中抽取，所以其中的氧气已基本上被燃烧掉，留下的主要是氮气，氮气是一种惰性气体。

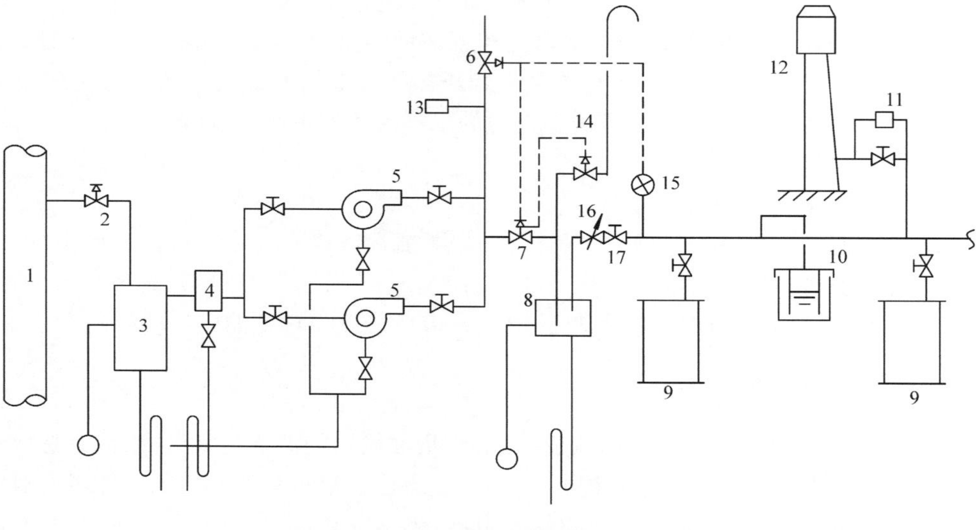

图6.30　典型的烟气式惰性气体系统图

1-锅炉烟道；2-烟气抽气阀；3-洗涤塔；4-除湿器；5-风机；6-压力控制排放阀；7-调节阀；8-甲板水封装置；9-货油阀；10-压力/真空安全装置；11-呼吸阀；12-透气桅；13-氧分析仪；14-放气阀；15-压力传感器；16-单向阀；17-主截止阀

2）主要设备的功能

(1) 烟气抽气阀。烟气抽气阀2装于锅炉烟道和洗涤塔之间，连接管上接入蒸汽或空气冲洗管，需要时对阀进行冲洗。另外，还接入空气密封管，当排气阀处于关闭状态时，由锅炉风机向抽气管供气，使抽气阀冷却和阻止烟气进入抽气管。

(2) 洗涤塔。洗涤塔3具有冷却、脱硫和除尘的功能。它使烟气的温度下降到接近海水温度，一般要求比海水高2～5℃；去除烟气中的硫氧化物(SO_2和SO_3)，一般要求脱硫率为90%～95%或更高；去除烟气中的烟尘等固体杂质，要求除尘率在90%以上。

(3) 除湿器。除湿器4用于去除洗涤塔排气中的水滴，要求除水滴率在90%左右。

除湿器的形式有过滤式、旋流式和挡板式等。

(4) 甲板水封装置。甲板水封装置 8 是安全装置，以防止货油舱内可燃性气体逆流。其原理是甲板水封内水柱的静压与货油舱油气的逆压相平衡，以阻止货油舱内可燃性气体逆流。

(5) 压力/真空安全装置。压力/真空安全装置 10 设于甲板惰性气体总管(也是货油舱透气总管)上，其作用和要求在前文已叙述。

(6) 风机。一般使用电动离心式风机，风机 5 的风量应保证最大卸油量时油舱内能维持一微小正压。风机总风量比货油泵的排量至少大 25%。一般应设置两台风机，每台风机的风量可以是总风量的 100%或 50%，所以有三种不同的配置方式。

(7) 压力传感器。压力传感器 15 的功能是控制进入货油舱内惰性气体的压力，它通过控制压力控制排放阀 6 和调节阀 7 的开闭来维持惰性气体的压力。当压力升高时，压力传感器送出电信号，使调节阀 7 关小，减少流量，从而使进入货油舱的惰性气体压力降低，同时使压力控制排放阀 6 打开，将多余的惰性气体从烟囱顶部排出。当压力降低时，开大调节阀，关闭或关小排放阀，使进入货油舱的惰性气体压力升高。

(8) 氧分析仪。氧分析仪 13 的作用是对送入货油舱的烟气中的氧含量进行分析，显示并记录进入货油舱烟气的氧含量，当氧含量超过 5%时仅会发出报警和记录。也可以通过氧分析仪控制调节阀 7 的开闭，当氧含量超标时，关闭总管上的调节阀，打开与惰性气体总管连通的放气阀，将不合格的惰性气体放到大气中。

(9) 放气阀。本系统中放气阀 14 的作用是当调节阀 7 关闭时，将调节阀 7 与甲板水封装置 8 之间管路中的惰性气体放入大气，因而它的开闭也是由调节阀控制的。

3. 惰性气体发生装置系统

惰性气体发生装置系统是利用专门的燃烧器燃烧柴油，产生燃气经洗涤塔冷却、脱硫、除尘和除湿，而后得到高质量的惰性气体。这种系统的优点是所产生的惰性气体氧含量低(1%～4%)、二氧化硫少、烟尘少。其缺点是需额外消耗燃油，经济性差，并要设置专门的燃烧室、燃油泵、燃油柜等设备，造价高。这种系统适用于没有大锅炉的成品油轮。

4. 多功能惰性气体系统

这种装置是惰性气体发生装置系统的改进形式，具有多种功能：

(1) 可用锅炉的烟气产生惰性气体。

(2) 当锅炉的排烟氧含量过高时，在燃烧室内进行再燃烧产生氧含量小于 5%的惰性气体。

(3) 作为惰性气体发生装置，直接燃烧柴油后，得到高质量的惰性气体。

5. 惰性气体管路的安装要求

惰性气体管路的安装要求具体如下：

(1) 在惰性气体管路的适当位置需安装泄放阀，防止管路中积聚货油和水。

(2) 惰性气体总管穿过最前面的安全处所的前壁内侧，应设 1 个自动控制的惰性气

体调节阀(图 6.30 调节阀 7),在出现下述情况之一时该阀应能自动关闭:

① 洗涤塔冷却水压力或流量降低到预定极限值。

② 洗涤塔内水位升高至预定极限值。

③ 惰性气体温度升高至预定极限值。

④ 惰性气体风机发生故障。

(3) 惰性气体甲板总管应设有通岸连接法兰,使惰性气体总管能与外部惰性气体供气管连接。

(4) 惰性气体总管设有通向每一货油舱的支管,支管应装有带锁闭装置的截止阀。

(5) 在惰性气体调节阀后的惰性气体总管上至少有两个止回装置,其中之一是甲板水封装置;另外需装设一个止回阀,安装于甲板水封装置之后。在止回阀之后还需装设一个截止阀,使甲板水封能与通往货油舱的惰性气体总管隔离。

(6) 每台风机的进出口均应装设截止阀。

(7) 在风机前的惰性气体管路上设新鲜空气进口盲法兰,可以用惰性气体风机来驱除货油舱内的气体。

(8) 惰性气体调节阀前需设一根惰性气体循环管,可以回至洗涤塔或排入大气。在循环管路上安装一个截止阀,此截止阀受惰性气体的氧含量以及甲板惰性气体总管的压力控制,并与惰性气体调节阀联锁控制。

(9) 在惰性气体调节阀和甲板水封装置之间的总管上,装设 1 个放气阀,当调节阀关闭时,这部分管子内的惰性气体排至大气。放气阀和调节阀联锁控制。

四、货油舱洗舱系统

在下述情况下,货油舱都要进行清洗:①货油舱在换装另一种货油之前,必须把积存的原有存油清除出去,以免新装入的货油受到混杂。②清除长期积存于货油舱内结构上的沉积杂物。③在进入货油舱内进行检查或修理前,需将积存在舱内的货油和沉积油类物质清除,同时还清除舱中的油气,以保证安全。④在进厂修理前应将全部油舱中的存油及沉积杂物清洗干净。因此,油船均设有洗舱系统。

洗舱系统可分为原油洗舱系统和水洗舱系统。对于 20000DWT 及以上的新造原油船,必须有货油舱原油清洗系统。该系统应有专门的固定管路,并应与消防管及其他任何与洗舱无关的系统分开;在成品油船和不足 20000DWT 的原油船上,可使用压力水(冷水或热水)对油舱内壁和舱底进行冲洗的水洗舱系统,一般采用手提式洗舱机。

洗舱系统的基本要求是能将货油舱内壁、舱底和内部结构上的附着物、沉积杂物等清洗到舱底。对用水清洗者,用扫舱系统抽吸,排至污油水舱。洗舱系统的布置应使舱内被清洗到的垂直壁面达到 85%以上,水平壁面应达到 90%以上,并能保证安全地进行洗舱作业。

1. 原油洗舱系统

图 6.31 为原油洗舱系统简图。原油洗舱系统可以利用货油泵作为洗舱泵,也可以设置专用的洗舱泵。由于货油泵或专用洗舱泵均与泵舱内的海水门相连,所以原油洗舱系

统也可兼作水洗舱系统。货油泵将货油从货油舱或污油水舱内抽吸至甲板洗舱总管，通过支管送到每一舱的固定洗舱机，喷入舱内达到清洗的目的。在洗舱支管上设有一个截止阀，阀前设有双孔法兰；在支管上还设在一个软管阀，必要时可以通过该阀送入洗舱水，阀前也装有双孔法兰，进入洗舱机前的法兰对中还应装在滤网。

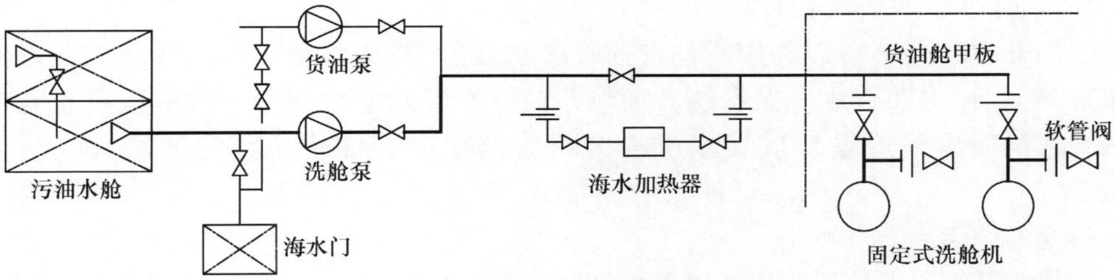

图 6.31　原油洗舱系统简图

1）主要设备

（1）洗舱泵。

对洗舱泵的要求如下：

① 当设置专用洗舱泵时，泵的容量应足够供给规定最多台数洗舱机同时操作所要的排量。当几台货油泵均可兼作洗舱泵时，其容量是足够的。

② 泵和管路的布置应使在任一台泵停用时原油洗舱系统仍能有效地操作。

③ 当载运几种不同的货油时，对载运原油的货油舱也应可以用原油洗舱。

④ 为使原油洗舱能有效地进行，在任何情况下均应满足原油洗舱机的最低供油压力。

⑤ 如果洗舱泵采用容积泵，则必须装有防止压力超过允许值的措施。所设的释压装置，应将泄出的油排至供油泵的吸入端。若采用离心泵，当设计压力不会超过管路的设计压力时，应在泵壳内安装一个温度传感器，在过热情况下停泵。

（2）洗舱机。

对洗舱机的要求如下：

① 原油洗舱机应固定安装。

② 洗舱机的台数和位置，根据货油舱的容积、结构、形状阴影图的计算或计算机模拟来确定（一般由洗舱机制造厂承担），并需船级社认可。

③ 洗舱机分为顶部洗舱机和底部洗舱机。顶部洗舱机的主体固定在甲板上，喷嘴伸入舱中，用以清洗货油舱底部及四壁；底部洗舱机一般装在离货油舱底 3～5m 的位置，用以清洗货油舱顶部及四壁。

2）管路设计及布置要求

管路设计及布置要求如下：

（1）原油洗舱的管路和阀件均需有足够的强度以承受压力。

（2）原油洗舱管系应为独立的管系，与消防管路及其他任何非洗舱系统分开。原油洗舱系统的任何部分不得进入机舱。

（3）所有压力表及其他仪表的接头，应在靠近管路处装设隔离阀。

(4) 管路直径应满足每一货油舱所需的洗舱机台数同时运转的要求。

(5) 管路在船上安装完毕后,应以 1.5 倍工作压力进行试验。

2. 水洗舱系统

1) 原油-水兼用的洗舱管路

由图 6.31 可知,可以利用货油泵抽吸海水,经设在原油洗舱出口管路上并联的洗舱水加热器,便可兼作水洗舱系统。加热器与原油洗舱管之间必须设有双截止阀或盲板法兰。同时管路应设计成在水洗前能将管路中的存油排干至污油水舱或其他货油舱。

2) 水洗舱系统

水洗舱系统一般使用手提式洗舱机,可以利用机舱中的消防泵或总用泵吸入海水并将海水输送到货油甲板的消防总管,通过消防总管上的消防接头和专用软管,给洗舱机供水。洗舱机的压力应为 0.6～0.8MPa。

使用手提式洗舱机时,货油舱甲板上的适当位置应开有安装洗舱机的通孔,平时用盖密封。当需要洗舱时,打开闷盖,安装手提式洗舱机,接好软管,即可进行洗舱操作。

由图 6.31 可知,也可通过软管阀将机舱来的海水供给固定式洗舱机,进行洗舱操作。这种情况下,可以不设手提式洗舱机。

五、货油舱液位、温度和船舶吃水遥测系统

随着船舶自动化程度和对安全航行要求的提高,目前油船上设置了各种形式的货油舱液位、温度和船舶吃水遥测系统。

1. 遥测系统的基本要求

遥测系统的基本要求如下:

(1) 对装有固定式惰性气体系统的油船,货油舱应装设认可型闭式测量装置。

(2) 除载运闪点大于 60℃(闭杯试验)货油的油船外,在设计中一般均选用闭式测量系统。

(3) 为配合装卸操作管理,实行集中监控,各货油舱的液位应在货油控制室集中显示。货油舱液位应能实现全程范围显示。

(4) 为配合全船装卸配载,还需将油船各压载水舱的液位及船舶吃水同时在货油控制室监控。

2. 遥测系统的形式

1) 雷达式液位遥测系统

雷达式液位遥测系统由安装于货油舱顶部的雷达发射器、发射器连接组件、中央处理单元、显示单元和可供选择的货油温度传感器、固定式现场读取单元、手提式读取单元、色带指示器等组成。图 6.32 为雷达发射器的示意图。

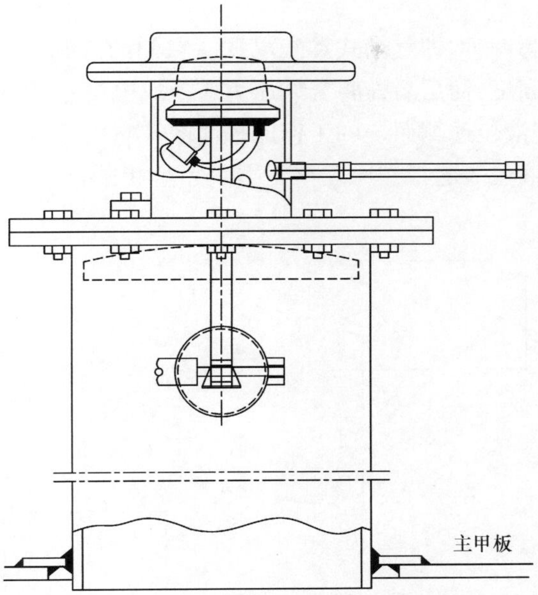

图 6.32　雷达发射器示意图

(1) 工作原理。雷达发射器的工作原理是由雷达发射器发出电波,电波到达液体表面后反射到发射器的接收器,根据电波来回所花费的时间,经过处理可以换算成液货舱内液位的高度。

该系统无任何部件与货油接触(油船用雷达发射器不伸入油舱),能在甲板上对其进行维修,测量精度高(±5mm),测量不受货油温度和密度的影响,且功能齐全。因此,雷达式液位遥测系统适用于载运各种货油的货油舱,特别是大中型油船。

(2) 功能。雷达式液位遥测系统的显示功能齐全,包括:货油舱液位高度;货油温度及温度极限报警;惰性气体压力及压力极限报警;船舶吃水;高低液位报警;高高、低低液位报警;货油质量、货油体积;单位换算等。

2) 压力传感器式液位遥测系统

采用压力传感器式液位遥测系统时,在每一货油舱内装 3 个压力传感器,分别装在下部、中部和顶部。无惰性气体系统的货油舱可省去顶部传感器。

压力传感器式液位遥测系统工作原理也很简单,通过压力传感器,将液体的静压力转换成电流强度,即可得出相应的液位高度。这种系统的优点是功能齐全、系统简单,但缺点是传感器安装在货油舱内,维修较为困难。

该系统除压力传感器外,还包括控制单元和工作站等。压力传感器内装有温度元件,故液位测量、温度测量和惰性气体压力测量可结合在一起。这种系统可显示货油舱液位高度、货油温度、惰性气体压力、船舶吃水、货油泵和货油管系压力及各参数的报警值等。

3) 吹泡式液位遥测系统

吹泡式液位遥测系统是一种较老的测量系统,由于其测量精度受货油密度及黏度(温度)的影响,所以精度较差,目前仅适用于水舱的液位测量,如压载水舱,包括油船的专用压载水舱的液位测量。

其基本形式可分为两种，即气动式和气电式。它们的区别在于前者直接由气体的压力转换成液舱的液位高度，而后者先将气体压力转换成电信号，再转换成液位的高度。

图 6.33 为吹泡式液位遥测系统的工作原理简图。它由液位表 1、L 型三通旋塞 2、管路及吹泡室 3 组成。液位表的工作原理与压力表完全相同，仅是表面上所显示的刻度不是压力而是液位。

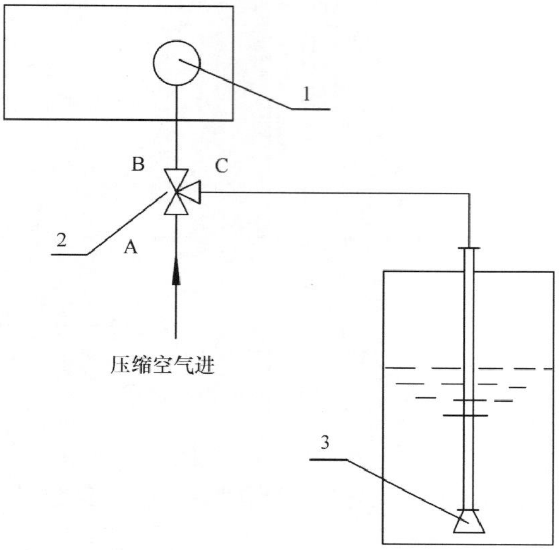

图 6.33　吹泡室液位遥控系统工作原理图

1-液位表；2-L 型三通旋塞；3-吹泡室

L 型三通旋塞的 A 端与压缩空气管路相连，B 端与液位表连接，C 端与吹泡管连接。在测量该液舱的高度时，先使三通旋塞的 A、C 相通，压缩空气通过旋塞进入液舱内的吹泡管，然后转动旋塞的手柄，使 B、C 相通。如果管内的气体压力大于液体的静压力，则部分气体从吹泡管底部逸出，直到气体的压力与液体的静压力相平衡。当液位表上的指针稳定下来时，所指示的液位即货油舱内的液位。

油船的专用压载水舱液位遥测系统主要采用吹泡式液位遥测系统和压力传感器式液位遥测系统。如果采用后者，一般每一专用压载水舱内仅需在舱底设一个压力传感器，且该传感器不需安装温度元件。

船舶吃水遥测系统也可采用压力传感器式吃水测量仪和吹泡式吃水测量仪。一般测量船舶四点吃水，即艏部、艉部、中部两舷侧。因此，应在该四处设置压力传感器或吹泡装置。吃水遥测系统应能测量并显示各点吃水值、平均吃水值、吃水差值、纵倾和横倾角度、对海水密度的修正及有关报警。

第八节　压载水处理系统

为应对全球环保基金组织判定的当前世界海洋面临的四大威胁之一“水生物通过压载水入侵到新的环境”，国际海事组织(IMO)于 2004 年 2 月 9 日至 13 日在英国伦敦召开的国际船舶压载水管理外交大会通过了《国际船舶压载水和沉积物控制与管理公约》(以下简称《压载水公约》)。《压载水公约》包括正文和《船舶压载水和沉积物控制与管理规则》两部分。为一致、有效地实施该公约，IMO 还制定了 14 个相关的导则 G1～G14。《压载水公约》为压载水的控制与管理提供了国际上具有法律约束力的规定。

《压载水公约》将压载水标准分为两个层次，即 D-1 标准和 D-2 标准。D-1 标准要求使用物理方法，如注入法，该方法已经被较为广泛地采用；而 D-2 标准则要求采取一定的技术手段，通过压载水处理设备对压载水中的有害水生物按照一定标准进行杀灭。《压载水公约》规定了不同建造年份和压载水舱容积的船舶对上述标准的适用日期。按照《压载水公约》的要求，2009 年建造的部分新船应满足 D-2 标准的要求，2016 年所有的船舶都应满足 D-2 标准的要求。《压载水公约》明确了强制实施的时间表，并对现有船舶安装压载水管理系统有追溯要求。

《压载水公约》的生效条件是占世界商船总吨位 35%的 30 个国家加入后的 12 个月后。截至 2016 年 9 月底，已有 52 个国家批准了该条约，占世界商船总吨位的 35.14%，未达到生效条件。目前，该公约还未完全生效。

压载水管理系统作为 IMO 组织强制要求安装的船舶关键配套设备，一方面说明 IMO 对海洋环境保护的要求日益严格，另一方面也可以说是发达国家对发展中国家设置的一项技术壁垒。一旦公约生效，没有自主知识产权的相关技术和产品必然要受到制约。研制满足 D-2 标准、紧凑型、高智能化并取得 IMO 认可的船舶压载水管理系统，是各国造船业必争的技术高地。

截至 2010 年年底，世界上从事压载水系统研究的有 17 个国家，共有 50 多套在研或销售的压载水管理系统，取得 IMO 的初步或最终批准。世界上在研或销售的压载水管理系统如表 6.6 所示。这些系统普遍使用两个基本过程处理压载水：固液分离和灭活过程。

(1) 固液分离过程。采用过滤、旋分和凝絮等物理手段将压载水中 50μm 以上和部分 10～50μm 的微生物分离出来。

(2) 灭活过程。从原理上分类有两种方法，即物理法和化学法。物理法是指运用紫外线、脱氧、凝絮、气体注入和超声波气穴等方法杀死微生物(灭活)；化学法则是通过电解、添加强氧化剂或杀生剂的方法进行灭活。

经过以上处理过程，实现排放的压载水满足《压载水公约》中 D-2 标准的要求。

一、技术分类

对世界上在研或销售的压载水管理系统，按物理法和化学法不同的灭活过程进行分类，汇总如表 6.7 所示。

表 6.6　压载水管理系统表

序号	制造商	国家	系统名称	技术类型	技术描述	IMO 批准情况	型式认可发证国家/时间
1	21st Century Shipbuilding Co. Ltd	韩国	Blue Ocean Guardian ARA BWMS	结合法	过滤＋等离子＋中压紫外线	最终批准	NA
2	AQUA Eng. Co. Ltd	韩国	AquaStar BWMS	结合法	Smart 管＋电解氯化＋中和	初步批准 NA	NA
3	Alfa Laval	瑞典	PureBallast	结合法	过滤＋高级氧化技术(羟基自由基)	最终批准	挪威/2008. 06. 27
4	Aquaworx ATC GmbH	德国	AquaTriComb	结合法	过滤＋超声波＋紫外线	初步批准	NA
5	ATG Willand	英国	NA	结合法	旋分＋紫外线	—	NA
6	ATLAS-DANMARK	丹麦	ABTS	结合法	过滤＋杀生剂(阳极＋阴极电解液)	—	NA
7	Auramarine Ltd.	芬兰	Crystal Ballast	物理法	紫外-C 辐射	—	NA
8	Brillyant Marine LLC	美国	NA	物理法	电脉冲	—	NA
9	Coldharbour Marine	英国	NA	物理法	脱氧	—	NA
10	COSCO	中国	Blue Ocean Shield	结合法	旋分＋过滤＋紫外线	最终批准	NA
11	DESMI Ocean Guard A/S	丹麦	DESMI Ocean Guard BWMS	结合法	过滤＋臭氧＋紫外线	—	NA
12	Ecochlor	美国/德国	Ecochlor	结合法	过滤＋杀生剂(二氧化氯)	最终批准	NA
13	EcologiQ	美国/加拿大	BallaClean	生物法	脱氧	—	NA
14	Electrichlor	美国	Model EL 1-3 B	化学法	杀生剂(电解产生次氯酸钠)	—	NA
15	Environmental Technologies Inc.	美国	BWDTS	结合法	臭氧＋声能	—	NA
16	Ferrate Treatment Technologies LLC	美国	Ferralor	结合法	杀生剂(高铁酸盐)	—	NA
17	Hamann Evonik Degussa	德国	SEDNA System	物理法	旋分＋过滤＋杀生剂(Peraclean Ocean)	最终批准	德国/2008. 06. 10
18	Hamworthy Greenship Ltd	英国/荷兰	Sedinox	结合法	旋分＋电解氯化	最终批准	NA
19	Hi Tech Marine	澳大利亚	SeaSafe-3	结合法	加热处理	—	NA

续表

序号	制造商	国家	系统名称	技术类型	技术描述	IMO 批准情况	型式认可发证国家/时间
20	Hitachi/Misubishi Heavy	日本	ClearBallast	结合法	絮凝+磁分离+过滤	最终批准	日本/2010.03.05
21	Hyde Marine	美国	Hyde Guardian	结合法	过滤+紫外线	N	英国/2009.04.29
22	Hyundai Heavy Industries Co. Ltd	韩国	EcoBallast	结合法	过滤+紫外线	初步批准	NA
23	Hyundai Heavy Industries Co. Ltd	韩国	HiBallast	结合法	过滤+电解氯化+中和剂	初步批准	NA
24	JFE Engineering Corp/ Toagosei Group	日本	JFE-BWMS	结合法	过滤+杀生剂(次氯酸钠)+中和剂(硫代硫酸钠)	最终批准	日本/2010.05.26
25	Kuraray Co. Ltd of Japan	日本	Kuraray BWMS	结合法	过滤+次氯酸钙+中和剂	初步批准	NA
26	Kwang San Co. Ltd	韩国	En-Ballast	结合法	过滤+电解氯化+中和剂(硫代硫酸钠)	初步批准	NA
27	MAHLE Industrie Filtration GmbH	德国	Ocean Protection System	结合法	过滤+紫外线	—	NA
28	MARENCO	美国	NA	结合法	过滤+紫外线	—	NA
29	Maritime Solutions Inc	美国	NA	结合法	过滤+紫外线	—	NA
30	Mexel Industries	法国	Mexel	化学法	杀生剂	—	NA
31	MH Systems	美国	BW treatment system	结合法	脱氧+碳酸化作用	—	NA
32	Mitsubishi Engineering	日本	SP-Hybrid System BWMS	结合法	过滤+机械处理+臭氧+中和	最终批准	NA
33	Mitsui Engineering and Shopbuilding	日本	FineBallast MF BWMS	结合法	过滤+微滤膜	N	NA
34	NEI	美国	Venturi Oxygen Stripping	结合法	脱氧+空洞作用	N	马绍尔/2008.09.02 利比里/2009.07.08 马耳他/2010.08.09

续表

序号	制造商	国家	系统名称	技术类型	技术描述	IMO 批准情况	型式认可发证国家/时间
35	NK Co. Ltd	韩国	NK-O3 BlueBallast	化学法	臭氧+中和(硫代硫酸盐)	最终批准	韩国/2009.11.24
36	Ntorreiro	西班牙	Ballastmar	结合法	过滤+电解氯化+中和(焦亚硫酸钠)	—	NA
37	Nutech O3 Inc	美国	SCX 2000. Mark III	化学法	臭氧	—	NA
38	OceanSaver	挪威	OceanSaver BWMS	结合法	过滤+气穴+氮饱和+电解	最终批准	挪威/2009.04.17
39	OptiMarin	挪威	OptiMarin Ballast System	结合法	过滤+紫外线	—	挪威/2009.11.12
40	Panasia Co. Ltd	韩国	GloEn-Patrol	结合法	过滤+紫外线	最终批准	NA
41	Pinnacle Ozone Solutions	美国	Aquatic enhancement system	结合法	过滤+臭氧+紫外线	—	NA
42	Qingdao Headway Tech Co. Ltd.	中国	OceanGuard BMWS	结合法	过滤+超声波+电解	最终批准	NA
43	Resource Ballast Technologies	南非	Unitor BWTS	结合法	气穴+臭氧+次氯酸钠+过滤	最终批准	NA
44	RWO Marine Water Technology	德国	CleanBallast	结合法	过滤+高级电解	最终批准	NA
45	Severn Trent DeNora	美国/德国	BalPure	化学法	电解氯化+中和剂(重亚硫酸盐)	最终批准	NA
46	Sement	英国/美国/德国	SiCure	结合法	过滤+电解氯化	初步批准	NA
47	Sunrui CFCC	中国	Sunrui BWMS	结合法	过滤+电解氯化+中和剂(硫代硫酸钠)	最终批准	NA
48	Techcross Inc.	韩国	Electro-Clean	化学法	电化学氧化+中和剂(硫代硫酸钠)	最终批准	韩国/2008.12.31
49	Techwin Eco Co.，Ltd.	韩国	Purimar BWMS	结合法	过滤+电解氯化+中和	初步批准	NA
50	Wartsila	芬兰		结合法	过滤+紫外线	—	NA

注:(1) 标注“N”的属于不使用活性物质的系统,无须经 IMO 批准,还有紫外方法也无须经 IMO 批准;标注“NA”表示文献中未提及。

(2) 德国 Hamann Evonik Degussa 的 SEDNA System 因为毒性问题从 2010 年 1 月 31 日开始暂停使用。

表 6.7　压载水管理系统灭活技术分类

主要技术描述		数量	初步批准	最终批准	型式认可	在研
物理法	过滤＋紫外线	12	2	2	2	4
	电脉冲	1	—	—	NA	—
	过滤＋气穴	1	—	—	NA	—
	过滤＋微滤膜	1	—	—	NA	—
	加热处理	1	—	—	NA	—
	脱氧＋空穴	1	—	—	NA	—
	脱氧	1	—	—	NA	—
	脱氧＋空穴	1	—	—	1	—
	脱氧＋碳酸化	1	—	—	NA	—
化学法	过滤＋电解氯化	10	5	3	NA	—
	过滤＋杀生剂	6	1	3	2	—
	臭氧	3	—	2	1	—
	过滤＋高级电解	1	—	1	NA	—
	电化学氧化	1	—	1	1	—
综合法	过滤＋超声波＋电解	1	—	1	NA	—
	过滤＋高级氧化	1	—	1	1	—
	过滤＋空穴＋紫外线	1	1	—	NA	—
	过滤＋臭氧＋紫外线	2	—	—	NA	—
	臭氧＋空穴	1	—	—	NA	—
	空穴＋臭氧＋杀生剂＋过滤	1	—	1	NA	—
	絮凝＋磁选＋过滤	1	—	1	1	—
	过滤＋空穴＋氮饱和＋电解	1	—	1	1	—

由表 6.7 可知：

采用物理法有 10 个国家(含跨国合作国家)的 20 个装置，2 个取得了 IMO 的初步批准，2 个获得了最终批准。

采用化学法有 11 个国家(含跨国合作国家)的 21 个装置，6 个取得了 IMO 的初步批准，10 个取得了最终批准。

二、厂商分类

世界上从事压载水系统研究的有 16 个国家(含跨国合作国家)，共有 50 多套在研或销售的压载水管理系统，如表 6.8 所示。

表 6.8　压载水管理系统厂商国别分类

序号	国家	厂商数量	初步批准	最终批准	型式认可
1	中国	3	1	2	1
2	韩国	9	5	4	NA
3	日本	5	1	3	NA
4	美国	11	—	—	NA
5	德国	4	1	2	NA
6	英国	2	—	—	NA
7	法国	1	—	—	NA
8	挪威	2	—	1	NA
9	瑞典	1	—	1	NA
10	丹麦	2	—	—	NA
11	芬兰	2	—	—	NA
12	澳大利亚	1	—	—	NA
13	西班牙	1	—	—	NA
14	南非	1	—	1	NA
15	美国/加拿大	1	—	—	NA
16	英国/荷兰	1	—	1	NA
17	美国/德国	2	—	2	NA
18	英国/美国/德国	1	1	—	NA

三、物理法处理系统

在采用物理法处理的系统中，其实现方案有过滤＋紫外线、脱氧和超声波三种。

1. 过滤＋紫外线处理系统

压载水通过过滤装置去除颗粒物等杂质，同时去除 50μm 以上及部分 10～50μm 的微生物，再通过紫外线装置杀灭小的微生物和细菌。过滤系统的运行和反冲洗不影响紫外线的处理过程，反冲洗液排放到采水海域中。

中国远洋海运集团有限公司研发的海盾 Blue Ocean Shield 系统压载水处理系统由过滤＋紫外线灭活装置组成，图 6.34 为系统布置和各部分组件。据报道，该系统已通过了中国船级社(CCS)的型式认可。

2. 脱氧方案

脱氧方案的原理是通过输入惰性气体或使用真空技术减少压载水舱内压载水上方的氧分压，窒息、灭活其中的微生物，需要较长时间。

3. 超声波方案

超声波临界的原理是利用频率高于 20kHz 的超声波进行纯物理的过滤、杀菌，主要

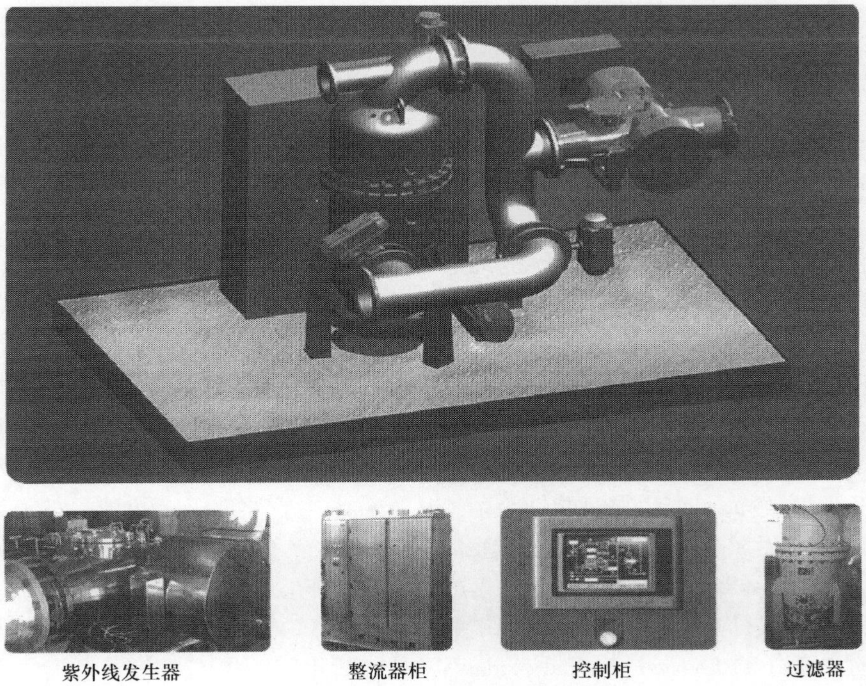

图 6.34　海盾 Blue Ocean Shield 系统

运用的是超声空化。

无锡蓝天电子股份有限公司的蓝天 BSKY BWMS 系统,采用旋分＋超声波＋紫外方案。旋液分离器专用于去除海水中的固相杂质,为整个系统提供初步的过滤。超声波净化器利用空化效应对海水进行初步灭活,为后续的紫外线杀菌提供较好的海水透明度。由于超声波净化器能确保紫外线的穿透性,紫外线杀菌器的效率得到提高。图 6.35 为蓝天 BSKY BWMS 系统的布置图。

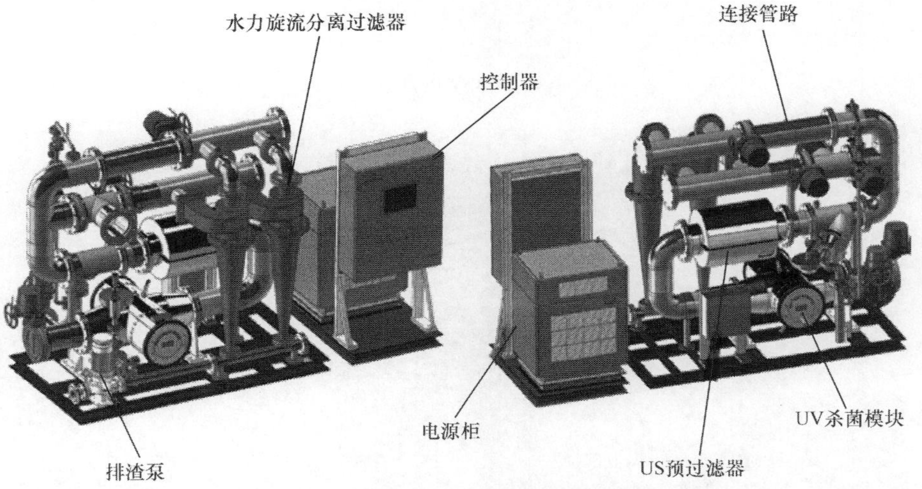

图 6.35　蓝天 BSKY BWMS 系统的布置图

该系统已取得船级社证书，并安装在数条营运船舶上。

四、化学法处理系统

在采用化学法处理的系统中，其实现方案有过滤＋电解氯化、添加杀生剂和臭氧三种。

1. 过滤＋电解氯化处理系统

电解氯化是利用海水中的氯化物，通过电解的手段产生具有杀菌灭活效果的氯离子并将其重新注入海水中。

青岛双瑞海洋环境工程股份有限公司(简称青岛双瑞)的 BalClorTM® BWMS 系统(图 6.36 和图 6.37)对压载水的处理过程分为过滤、电解海水产生次氯酸钠杀菌、中和三步。

第 1 步：过滤。装水时，利用过滤精度为 50μm 的自动反冲洗过滤器对所有压载水进行过滤，可以过滤掉尺寸大于 50μm 的大部分海生物及固体颗粒。

第 2 步：电解海水产生次氯酸钠杀菌。从压载水主管路取一个小流量的海水流过电解装置，电解产生高浓度的次氯酸钠溶液，该溶液经过除气后，回注入压载水主管路，同主管路压载水混合稀释至特定浓度。该浓度的次氯酸钠能够有效杀灭经过滤后的残余的浮游生物、病原体及其幼虫或孢子等，达到规定的杀菌效果(D-2 及其他标准)。压载水管路中活性物质的浓度由 TRO(total residual oxidant，总残余氧化剂)分析仪和控制系统自动控制。

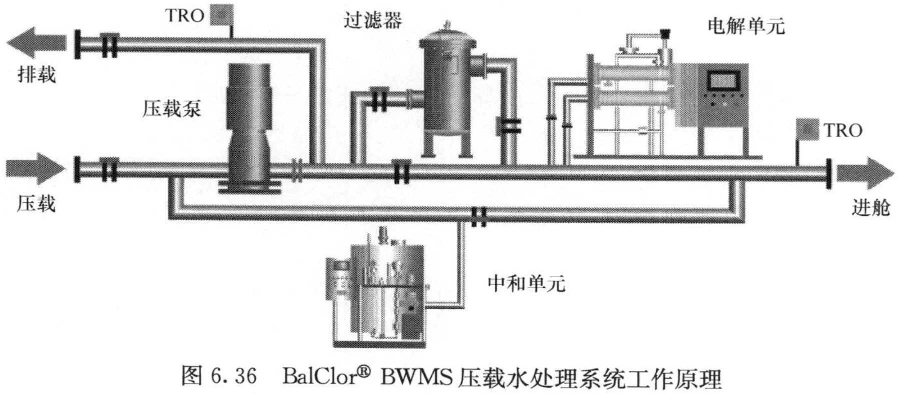

图 6.36　BalClor® BWMS 压载水处理系统工作原理

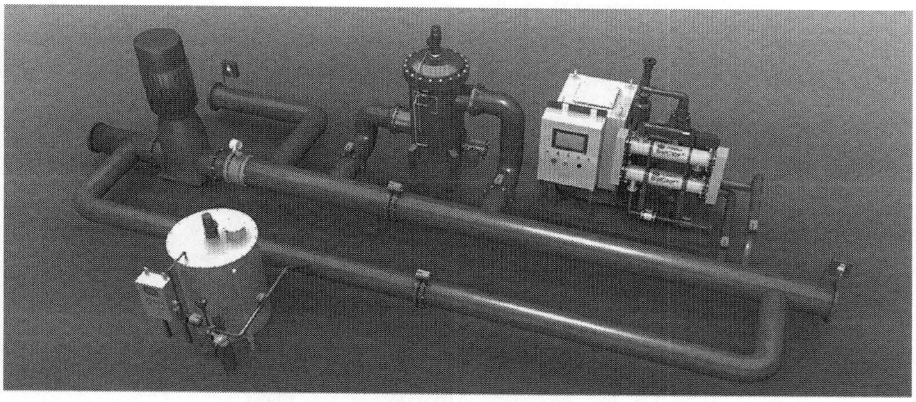

(a) 压载水管理系统全貌

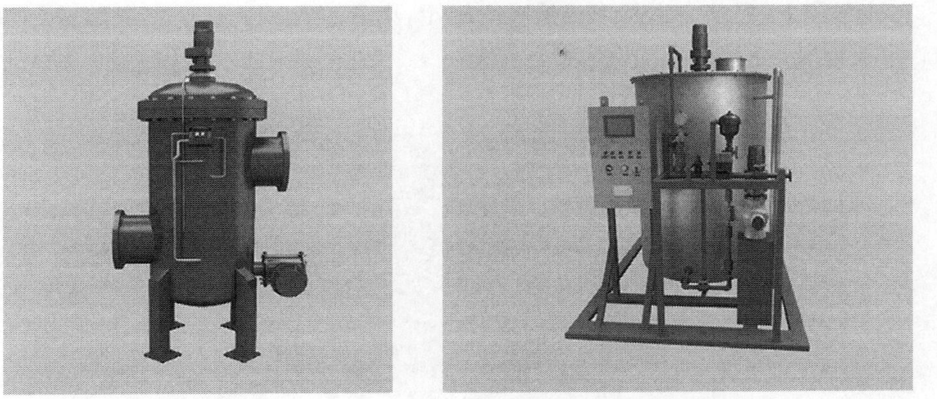

(b) 过滤单元　　(c) 中和单元

图 6.37　BalClor® BWMS 系统压载水管理系统

第 3 步：中和。排放压载水时，如果压载水中的余氯浓度小于 IMO 规定值，中和系统不起动，压载水直接排放到目的地海域；当余氯浓度大于 IMO 规定值时，中和系统自动起动，向排水管中注入中和剂，中和残余的氧化剂，中和剂的流量由控制系统根据 TRO 检测仪反馈的浓度信息自动控制。

青岛双瑞的 BalClor® BWMS 压载水管理系统已获得 IMO 的最终批准。

2. 添加杀生剂方案

添加杀生剂方案的原理与过滤＋电解氯化方案原理相同，这里不再赘述。

3. 臭氧方案

臭氧方案的原理如下：

臭氧是一种强氧化剂，对几乎所有的微生物具有明显的灭活效果。和氯化处理相比（添加氯化合物和电解海水）产生的副产品很少（但臭氧氧化含有溴离子的海水会产生溴酸根，而溴酸是致癌物）。将臭氧溶解于水是该方案的核心技术。

五、综合法处理系统

综合法处理系统采用两种及两种以上灭活方案。利用各个方案本身的优势及劣势，进行优化组合，以达到增效降耗的目的。

青岛海德威科技有限公司的海洋卫士®压载水处理系统（图 6.38）采用电催化高级氧化技术，利用高活性氧化物质去除细菌、病毒、藻类及休眠中的卵，从而达到处理压载水的效果。高级氧化技术中产生的羟基自由基（—OH）是活性最强的物质之一，也是氧化性最强的物质之一。它几乎能和所有生物大分子、有机物或无机物发生各种不同类型的化学反应，并有极快的反应速率和极强的负电荷亲电性。反应的最终产物为二氧化碳、水和微量无机盐，不存在有毒、有害的残留物，可实现零污染排放。羟基自由基参与的化学反应属于游离基反应，反应速率极快，和有机物质的反应速率大多在 109L/（mol · s）以上。

另外，在该系统中，羟基自由基形成的时间极短，小于 10s，从而保证了海洋卫士®系统的高效性和有效性。

图 6.38　青岛海德威科技有限公司海洋卫士®压载水处理系统

该系统采用全自动反冲洗过滤器，过滤精度为 50μm。该过滤器可以实现自动反冲洗与过滤同时进行，去除大于 50μm 的生物，防止大型生物或杂质进入压载水舱。

电子催化超声技术(electro-catalysis ultrasonic technology，EUT)单元是系统的核心部件，分为催化单元和超声单元两个部分。催化单元通过电解的方式产生羟基自由基等高活性氧化物质，是灭活的主要手段。

超声波可以在局部区域瞬时产生高压，在极短的时间内击碎细胞，从而达到协助杀菌灭活的效果。

该系统通过电解和超声波的配套使用，可以互为补充，以降低总体耗能。

第七章　机舱规划设计与设备布置

专门用来放置动力装置和机械设备的船舱称为机舱。机舱规划与设备布置，就是要在机舱中合理地解决主机、辅机及有关机械设备的相互位置关系。如何才能把机械设备在机舱中布置得合理，如何使机舱占用更小的容积，如何根据船舶设计的要求选定机舱的位置，如何布置机械设备使轮机人员便于管理、使用、保养和修理等，都是机舱规划要解决的问题。

第一节　机舱布置原则

一、机舱位置

决定机舱位置要考虑两个主要因素：

(1) 由船舶的总布置规划要求引起，与之相关需要协调的要求。

(2) 动力装置本身的要求。

对于一般民用运输船舶，机舱通常位于船的中部或尾部。近代以来的发展趋势是，除客船外，机舱在尾部的占绝大多数。但目前一些甲板运输船、海洋工程船等特种船舶的机舱由于布置的需要，通常位于首部。

机舱设立在中部，具有以下优缺点：

(1) 不同装载工况下较小的纵倾。

(2) 机械设备规划布置容易。

(3) 抗沉性好。

(4) 货舱容积减小。

(5) 轴系效率降低。

机舱设立在尾部，具有以下优缺点：

(1) 缩短传动轴系的长度、降低船舶的建造费用和简化轴系的维护检修工作。

(2) 增加货舱舱容。

(3) 运油船舶机舱布置在尾部更为有利。

(4) 会发生较大的纵倾，必须使用压载来处理。

二、机舱规划的方法与步骤

1. 机舱规划前的准备

在布置规划机舱内各机械设备之前，必须对该船的动力装置进行全面的了解，并掌握主机、辅机、各设备及容器的性能及它们在安装、管路连接、操纵、保养及维修等方面的要求。

与船体设计人员共同对机舱所需长度及机舱棚长度、宽度作初步估计，了解机舱位置处的船体线型及结构特点，并且要提出机舱位置处对船体的要求。

将机械设备总图或外形安装图按适当比例缩小成简单明了而又尺寸准确的三面视图，视图上尽可能地标明附属机械位置及其管路接头，以便布置时不断调整和校对。

2. 布置的方法和步骤

优先考虑体积较大的机械设备，如主机、发电机组和锅炉等，它们对整个机舱规划布置影响最大，必须反复考虑以取得最合适的方案。

要注意机舱容积的合理利用，在机舱设备较多时，可在机舱内加设平台。

为了缩短船台周期，减少造船过程的返工率，以提高其经济效益，可实行模型造船法，即先按一定比例制成有机玻璃模型，然后根据布置完成的船模中有关机电设备的结构尺寸、相互关系等绘制机舱布置图。

3. 设备布置的原则及要求

机舱布置图是船舶设计中最重要的基础性图纸之一，是许多其他图纸项目的依据。动力装置布置得好坏对船舶性能有决定性的影响。设备布置一般要符合以下原则要求：

(1) 应满足相关规范、公约、规则及入级符号的特定要求。

(2) 要求动力装置能可靠而持久地工作，提供足够的航行动力，保证航行安全，同时便于船员管理维修。

(3) 应根据不同尾型(双尾或单尾)的特点，采取综合利用、多层布置设备的方法，尽可能地充分利用机舱空间，缩小机舱长度，以增加船舶货舱容积。

(4) 各种机械设备相互间的位置应分布合理，按其功能不同(如船舶系统、冷却水、燃油、滑油和电站等)分区布置，以便于维护使用并节省管路。

(5) 主要通道、开口、舱柜和舱室的布置应考虑船体结构的完整性，设备基座简单合理以便施工建造。

(6) 应尽量保持左、右两舷重量平衡，且尽可能降低重心。

(7) 回旋运动的机械(如泵、风机等)，其驱动轴应沿船舶纵向布置，以防止船舶横摇时因回转效应造成设备轴承损坏。

(8) 船体结构图中的强肋骨、支柱、船体连带的舱柜(包括机舱双层底舱)的位置及双层底顶板、机舱各层甲板的高度、机舱开口、甲板围板、甲板纵骨、隔层等的尺寸必须和船体总布置图中一致。要充分检查有无布置上不合理的地方。

(9) 详细设计的机舱布置图应能表明机舱内主、辅机电设备布置的全貌，以作为送审图和轮机其他部分图纸生产设计的依据。

(10) 机械设备在使用过程中要进行操作、检测和维修等工作，以使其保持良好的技术状态，安全可靠地运行。因此，在机械设备的布置时，其周围必须留有足够的空间，以便于操作管理和维修。

(11) 在机械设备规划布置中要考虑到各种安全措施，尽可能做到有条不紊、整齐美观。

第二节　设备布置要点

一、主机的布置要点

主机的布置要点如下：

(1) 主机自由端(底层)应留有足够的空间以布置主机自身的管路及冷却海水泵、压载泵等泵组和海水总管、舱底压载等管系。

(2) 主机纵向定位时应保证主机油底壳出油口位于相邻两挡肋板之间；主机基座安装螺栓孔与船体基座实肋板尽量避免相碰。

(3) 主机纵向定位时应考虑机舱平台开口的位置，平台开口的前后端应尽可能位于强肋位，主机(包括路台)应完全位于开口当中。

(4) 主机布置位置应考虑主机吊装进舱的可行性，应协调其吊装开口尺寸以及起吊设备的能力。

(5) 在主机上方应设置主机拆卸吊车，其空间应保证有足以吊出活塞的高度；主机排气管的布置位置应充分考虑到不能妨碍主机拆卸吊车的行走范围。

(6) 主机备件中换装频率高、重量大的备件要用主机拆卸吊车起吊，主机备件放置处所一般布置在主机左舷首侧或者尾侧，使该吊车能直接起吊这类备件，同时要尽量加宽主机拆卸吊车首尾方向及左舷方向的行走空间。

(7) 主机两侧应留出开启曲轴箱道门的空间、必要的管路空间和维修空间，注意不要在此空间内配置梯子以及测深管头、阀等。

(8) 对于尾机舱型机舱，主机的安装位置一般靠近机舱尾部，如果考虑从船内抽出艉轴，主机输出端必须留出充分的空间。在最接近艉轴处，还要考虑艉轴运出船外修理所需的船体外板开口尺寸及位置。

(9) 当大型低速柴油机的垂向外力矩过大时，注意使柴油机重心尽量远离船体振动节点位置。

(10) 大型低速柴油机机座绕A字架的区段一般在尾部布置主机滑油循环舱，首侧布置备用润滑油舱或者空舱。主机滑油循环舱上方的主机尾侧(输出端)必须确保有约2个肋位长度，以便布置主机滑油泵及吸入阀、净油机吸入管、输油管、空气管及包括测深管在内的测深装置、人孔盖等。在备用润滑油舱(或者空舱)上方的主机首部也同样留出附加装置的空间。

二、轴系的布置要点

1. 螺旋桨轴抽出空间

尾机型机舱布置轴系应注意螺旋桨轴的抽出方案(包括抽出所需要的空间位置)。

当螺旋桨轴向船内拉出时，螺旋桨轴可用整锻法兰，从机舱后舱壁至主机(或齿轮箱)联轴节之间的距离通常为螺旋桨轴长度加450mm；另外，还应考虑艉轴的吊运方法和路线。

当螺旋桨轴向船外拉出时，螺旋桨轴应采用可拆式联轴节，同时还应考虑向船内拉轴来检查轴的前端轴承和艉轴管后轴承所需的位置。

2. 轴系的倾斜度

轴系的中心线（通常也是主机的中心线）一般应与基线平行，$\alpha=0°$。如需倾斜时，在运输船上应使 $\alpha \leqslant 2.5°$；在工作船上 $\alpha \leqslant 5°$；对于快艇，α 可达 12°～16°。当多轴系布置时轴系的水平方向倾斜角 $\beta \leqslant 3°$。

3. 轴系布置

应注意轴承间距和校中计算（特别是艉管前后的轴承负荷分配）；对于长轴系（l/d 较大时），应注意回旋振动的计算。

4. 中间轴承设置

中间轴承设置的要求如下：

(1) 艉管无前轴承者，中间轴承应尽量靠近艉管前密封布置。

(2) 中间轴承应设置在轴系上集中质量附近。

(3) 每根中间轴一般只设置一个中间轴承（极短的中间轴可不考虑设置）。

5. 中间轴承与减速齿轮箱的间距设置

在设有减速箱的轴系上，邻近减速箱的中间轴承对减速齿轮箱内大齿轮前后轴承反力差有很大影响，间距过小，则会产生大的轴承反力影响系数。建议中间轴承与减速齿轮箱的间距尽量大一些。

三、锅炉及废气锅炉的布置要点

水管锅炉的鼓筒纵向中心线应尽可能与艏艉方向平行；锅炉旁的通道最小距离应≥350mm；与燃油舱壁的距离应≥450mm；炉膛底部与双层底油舱的顶板距离应≥600mm；对于 40t/h 以上的锅炉鼓筒与后舱壁的距离应≥1200mm，以便能对保温层及对去掉保温层后的锅炉本体进行检查、清理及维修。表 7.1 为各船级社允许的锅炉安装尺寸。

表 7.1　各船级社允许的锅炉安装尺寸　（单位：mm）

空间		船级社			
		NK	ABS	LR	DNV
燃油舱	锅炉后面	610	—	—	500
	锅炉的其他面	457	—	—	500
	只有锅炉的圆筒形部分及水管锅炉的角部	230	—	—	—
	圆筒形锅炉的圆筒面	—	—	—	300

续表

空间		船级社			
		NK	ABS	LR	DNV
甲板或内底	圆筒形锅炉其他面 火管锅炉的底部	200	200	—	—
	水管锅炉底部	457	457	760	750
最近的甲板	锅炉顶部(垂直距离)	—	—	—	1300

(1) 应考虑留有废气锅炉(经济器)、换热器管子的清洗空间,在确定各种换热器的位置时,也要注意与其有关的液体的流向。

(2) 当在机器处所平台甲板之上设置燃油锅炉,且锅炉间无水密舱壁与机舱隔开时,应该设置高度至少为 400mm 的围板,以便将该区域的泄漏物排至舱底,在喷油器(燃烧器)区域下面应设置 200mm 深的集油盘。

(3) 锅炉附件(如燃烧器、安全阀等)周围要留出修理及操作的空间,锅炉液位计应布置在易于观察的地方。

(4) 在装有泡沫灭火装置的船上,锅炉间应设置≥750mm 的排水沟,在锅炉甲板的贯通孔上安装排水沟或安装盖子,使泡沫不致落入;同时还要注意管子的贯通部和盖之间的间隙应≥3mm。

(5) 废气锅炉最好布置在主机吊车行走横梁甲板上方的空间内,其布置要利于柴油机排气管的敷设,使气流均匀。废气锅炉的布置要留有各种附件、人孔和清扫孔等的操作空间。

四、发电机组布置要点

发电机组布置要点如下:

(1) 发电机组之间的通道应满足不同船级社的要求。一般大型船舶两台发电机组之间的通道应≥600mm,机组与舱壁的距离应≥800mm(600mm 为通道,200mm 为舱壁上安装设备管路),与支柱间的距离应≥200mm,发电机组应布置成使其转轴中心线与艏艉平行。

(2) 柴油发电机上方应设置起吊设备,以便能在船内对原动柴油机的活塞、气缸盖等进行日常拆卸、修理。

(3) 柴油机发电机的布置应留出有关上述起吊装置的拆卸、修理的所需空间,还要考虑凸轮轴的抽取空间。

五、泵的布置要点

泵的布置要点如下:

(1) 泵的安装位置和高度应充分考虑泵的自吸能力。在船舶允许的最大横倾或纵倾下,应使无自吸能力的泵保持正压头;有自吸能力的泵其吸口与工作液面的垂直距离尽可能小于 2000mm;对高温、高黏度液体输送泵(如锅炉循环泵、重燃油供给泵等),还应有更大的裕度。

(2) 卧式泵的布置宜使其回转轴线沿船的纵向方向布置。位于花钢板之下的立式泵应将电机露出花钢板,泵及管系的布置应避开人孔盖。

(3) 泵的安装位置还应考虑相关系统的管系原理,如互为备用的泵应并列布置。

(4) 舱底泵、压载水泵或消防兼杂用的泵类,泵的吸入与排出侧应留出必要的空间,以便装设吸入用滤器(或泥渣箱)、吸入和排出阀以及分配器等部件。

(5) 为便于操作,舱底水泵一般布置在舱底水分离器及泄油柜附近。海水泵布置应考虑船的最低吃水(空船吃水),应尽量降低泵的安装高度,以免吸入空气。

六、风机和通风管口的布置要点

风机和通风管口的布置要点如下:

(1) 机舱通风应保证在各种气候下机舱内的主、辅机和锅炉全负荷运转时有充分新鲜的空气,以确保机器的正常运行以及该处人员的安全和舒适。

(2) 风机间的大小应能够便于检修风机,进气百叶窗应保证有足够的进气面积并面向开敞的空间。

(3) 机泵舱内外进排风口的布置应考虑空气的流向,避免气流短路。油船、液化船的泵舱排风口位置的高度和距离应按船规的有关要求布置。在主机的增压器部位,尽可能地布置较大的出风口,向主机直接供给新鲜空气。

七、其他辅助设备的布置要点

其他辅助设备的布置要点如下:

(1) 对液体流动性差的有关设备,应注意其位置要满足管道布置要求。例如,净油机的油渣排出管、污水处理装置的粪便水进入管应尽量短,其水平倾斜度(或垂直倾斜度)应考虑设备的要求。

(2) 海水门的布置需使主海水冷却泵有不少于两个舷外水吸口,并应布置在机舱的首部。内河船应位于压载水线以下 300～500mm,海船应在船舶横倾 15°与船舷交点位置以下。另外还应注意,船舶具有冰区加强符号时,海水箱的位置和容积的大小需要满足规范的相关规定。

八、维修空间和起重设备的布置要点

维修空间和起重设备的布置要点如下:

(1) 所有机械设备都要考虑维修拆装空间和场地,如主、辅机的吊缸高度,各种换热器管子的拆装距离、更换空间等。

(2) 大型零部件运输。对于大型零部件,应备有起吊设备,设置机舱吊口(其大小以发电机或发电机转子以及其他较大设备的进出为宜),并考虑从机舱吊口至零部件停放地点的直通位置,且该停放地点应与机舱内起吊设备的范围衔接。

(3) 对不经常拆装的机械设备,上方可设置小吊梁或眼板以便需要时作起重用。

九、舱柜的布置要点

舱柜的布置要点如下。

(1) 下列相邻舱柜之间应设置隔离空舱：

① 滑油舱柜与燃油舱柜。

② 滑油舱柜与淡水舱柜。

③ 燃油舱柜与动力锅炉水舱柜。

④ 燃油舱柜与淡水舱柜。

(2) 对于油船机舱或其他机器处所，可利用货油泵舱或燃油舱与货油舱(或污油水舱)隔开，否则其间应设隔离空舱。

(3) 未做在结构上的箱柜周围应留有≥300mm的空间用来油漆和清洗表面，与船体结构相邻的柜壁应留有350～400mm的安装或焊接空间。

(4) 箱柜顶面与甲板距离应确保滑轮吊装时的尺寸空间，底座应尽量布置在船体结构的强构件处。

(5) 燃、滑油舱柜尽可能成为船体结构的一部分，至少它们的垂直侧面之一应连续于机舱限界面。位于机舱平台上的燃、滑油舱一般顶部留出800mm、底部留出600mm的空间。

(6) 燃、滑油舱柜不应布置在高温表面(如排气管、锅炉等)上方。柴油柜和燃料油柜不宜相邻布置，以免温差过大产生不利影响。

(7) 双层底内各油、水舱柜的布置位置应根据机舱船体结构图，核实人孔的位置、空气管和测量管的布置，以及与船体结构及对应的踏步、直梯之间的关系。

十、集控室、机修间、物料间的布置要点

集控室、机修间、物料间的布置要点如下：

(1) 机舱集控室(监视室)应尽可能设在机舱内振动和噪声较小的地方，并有两个尽可能远离的出入口通道(其中之一应接近机舱的脱险通道)。集控室的位置还应考虑电缆通道的走向。单机船舶的机舱集控室(监视室)一般配置在离主机最近的平台甲板左舷侧处；双机型船舶的机舱集控室(监视室)大多配置在两台主机中间。

(2) 机舱集控室(监视室)布置时应注意包有绝缘舱壁的绝缘层和装饰板的厚度，并在布置图上将绝缘表示出来。集控台和配电板的布置应考虑与舱壁(包扎完绝缘和装饰板)之间的距离。凡是带有门的设备布置时应留有门的打开空间。

(3) 集控室尽可能与机修间布置在同层。轮机和电气的物料间以及机修间尽可能设在主机的上层平台甲板附近、位于主机的操纵侧；机修间及物料间应在同一层甲板上相邻布置，以便于在两室之间搬运零件以及机械设备的维修工作。

(4) 机修间、物料间内要设置存放零部件的搁架，搁架布置应尽量避开沿舱壁的电缆，若避不开，则电缆外侧需加适当的保护罩，以免搁架上的物品损伤电缆。

(5) 机修间内应配备能起吊重型大件的起吊梁，该起重梁应能到达主机拆卸用吊车

的动作范围。机修间的门要考虑搬入其内部件的尺寸，再决定门的高度和宽度，并且应在门的上部设起重梁的穿通口（大型船舶的机修间内一般设置主机排气阀研磨机及拆卸台，这种情况下多考虑单独配置起吊梁）。

（6）机修间内车床应位于机修间吊梁的正下方，其他设备应避开吊机走道。主机/发电机油头试验台应注意集中布置，车床、钻床和砂轮机等布置应考虑留有操作和维修空间。钻床和砂轮机等设备重心较高，为防止振动要考虑基座加强。

（7）机修间内若设有电焊、气焊设备及其附件、电焊工作台，这些设备宜集中布置；气焊设备尽可能布置在氧气-乙炔间内（如设有氧气-乙炔间）。机修间要保证良好的通风。

十一、出入口、梯道和花钢板的布置要点

出入口、梯道和花钢板的布置要点如下：

（1）出入口及梯道。机舱应各有两个通向开敞甲板的出入口，出入口的布置应尽可能互相远离，并出入方便；小型船舶梯道可仅设一个。应有一个通向机舱底层并带有扶手的金属通道。梯道与花钢板的倾角应$\leqslant 60°$，扶梯净高应$\leqslant 4000$mm。当船的型深>15000mm 时，应考虑设机舱电梯，但机舱电梯不得视为逃生通道。

（2）机舱底层应设花钢板。花钢板的设置高度，应考虑主机检查人孔的位置，以及各种管道安装和检查。在中、小型船中，一般为 800mm，大型船为 1200～1600mm。大型船舶应保证机舱花钢板与主机下走台底部之间的净高不小于 2m（也可根据机舱布置图确定高度）。机舱底层花钢板必要时可局部升高或降低。若花钢板不在同一平面，则应考虑在适当部位增设扶手、栏杆。为方便观察舱底的设备和阀件，可在主机周围和主通道外的局部地区用格栅取代花钢板。

（3）布置机舱各层梯子时，要考虑某些可能妨碍梯子布置的构件（如低速柴油机的侧向支撑、辅锅炉的上部支撑、烟囱顶部的出口盖、管系、通风及电缆托架等）。机舱斜梯的高度以 4m 为限，高于 4m 的梯子应考虑在中间增设平台，且平台上方净高不小于 2m；直梯的宽度为 400mm，对于 L 大于 2500mm 的直梯中间应增加支撑。直梯的安装方向与通道口的门打开方向等协调一致。

十二、机舱棚开口、平台及花钢板的高度

对于机舱棚开口、平台及花钢板高度，具体要求如下：

（1）双层底高度应考虑下设油舱的清理和必要的蒸汽加热管的敷设工艺。当在双层底内设有主机滑油循环舱并用隔离空舱与外底板隔开时，还应考虑其焊接施工工艺要求。

（2）机舱平台高度一般与货舱相应甲板高度相同，尽量考虑与主机路台高度一致，并考虑主机横向支撑的高度，但应满足其间最大的机械设备（如发电机、锅炉和换热器等）的拆检高度，平台甲板到强构件之间的最小高度为 2000mm，甲板之间的最大高度为 5000mm，若考虑拆检需要，还可提高到 6000mm。

(3) 机舱棚处的最小开口一般应能容纳主机最大的外形尺寸(包括主机路台)加300mm,另加各种辅助设备、斜梯及管系的尺寸,平台开口的前后端应尽可能位于强肋骨处。

(4) 封闭型机舱的机舱棚开口尺寸,主要由排气管、废热锅炉、通风管及梯道等决定。

(5) 在起吊方便的情况下可考虑在机舱棚壁上布置主机大备件的位置,对于小型船舶,还需要考虑日用油柜、淡水膨胀箱的位置。

(6) 烟囱各层平台舱口空余之处,应铺设格栅,高度与平台相同;主通道、救生通道不允许铺设格栅,一律为花钢板;除上述情况外,凡轮机管理人员经常巡回到达之处,如没有通道则应设置走台;应急通道的梯子应采用钢质的方钢直梯,应急通道各层平台应设固定栏杆和活动的安全链条。

十三、防护设施、消防设备的布置要点

防护设施、消防设备的布置要点如下:

(1) 有外露运动部件的机械以及对工作人员发生危险处所应设护罩或栏杆。

(2) 对噪声等级过大的机械设备应加以隔离,也可以设置隔音的集控室以减少噪声的影响。

(3) 对布置在平台的辅柴油机或5缸以下的中高速柴油机应考虑减振措施,如安装减振器减振等。

(4) 各种固定式灭火系统的设备或集中控制阀箱及其动力源应能易于接近,操作简便,其有关装置应布置在当被保护处所失火时不致被切断的地方。

(5) 柴油发电机组和锅炉附近应设的灭火装置应符合船级社的要求。

(6) 电气设备的灭火应注意使用干粉灭火器。

第三节　机舱布置实例

一、26000DWT成品油船机舱的布置设计

26000DWT成品油船机舱及货油泵舱的布置如图7.1～图7.7所示。

二、400总吨海监船机舱的布置设计

400总吨海监船机舱的布置如图7.8～图7.12所示。

三、6000T举力浮船坞泵舱的布置设计

6000T举力浮船坞泵舱的布置如图7.13～图7.18所示。

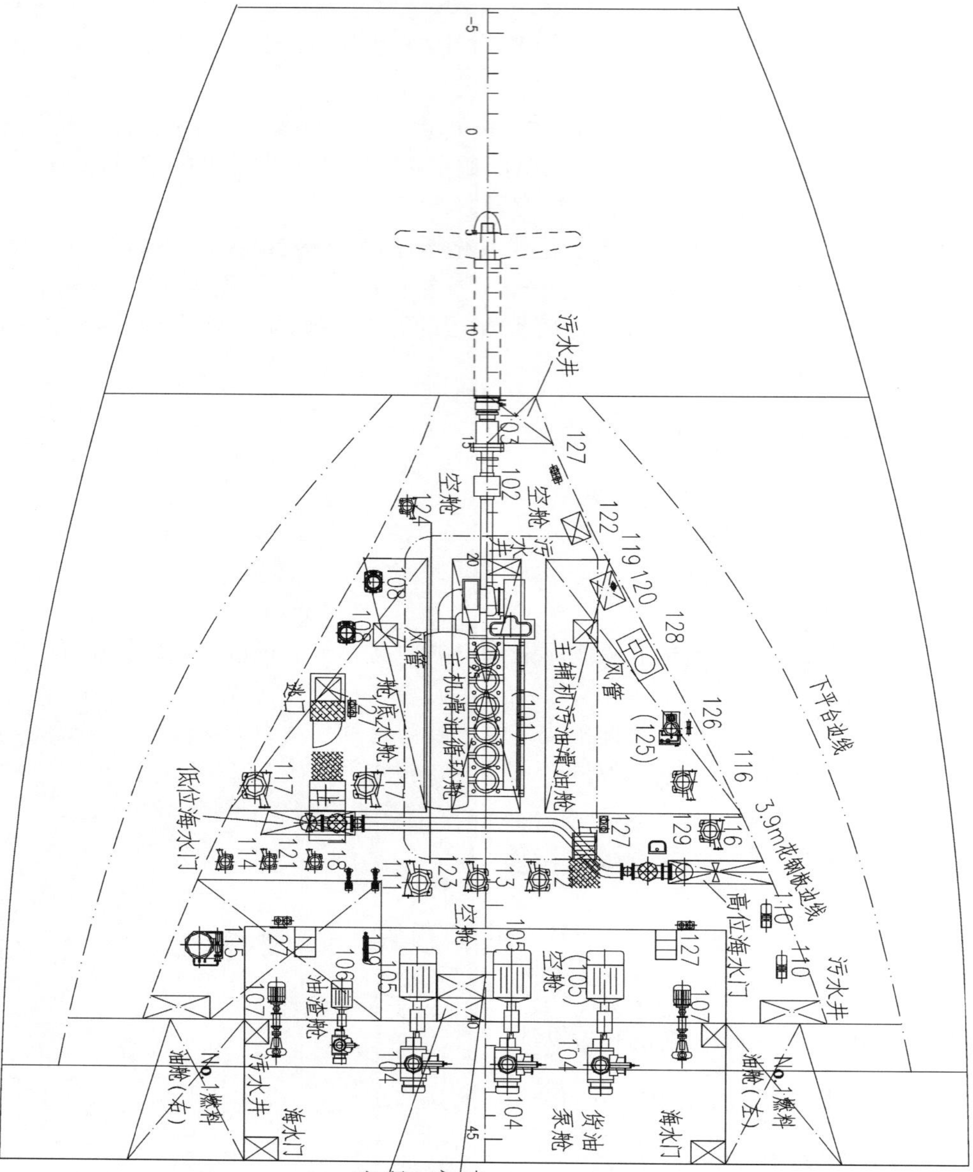

图 7.1　26000DWT 成品油船机舱及货油泵舱布置图(舱底)

101-主机；102-中间轴承；103-轴系接地装置；104-货油泵；105-货油泵电机；106-扫舱泵；107-专用压载泵；108-主机滑油泵；109-油渣泵；110-燃油输送泵；111-惰气水封泵；112-消防总用泵；113-舱底总用泵；114-舱底水泵；115-舱底水油污水处理装置；116-辅机海水冷却泵；117-主机冷却海水泵；118-中央空调机组冷却水泵；119-空冷器化学清洗柜；120-空冷器清洗循环泵；121-蒸汽凝水冷却泵；122-扫气箱泄放柜；123-惰气冷却泵；124-海水淡化装置冷却泵；125-滑油分油机；126-滑油分油机加热器；127-CO_2 灭火器和泡沫灭火器；128-活塞杆填料函泄油处理单元；129-洗手池

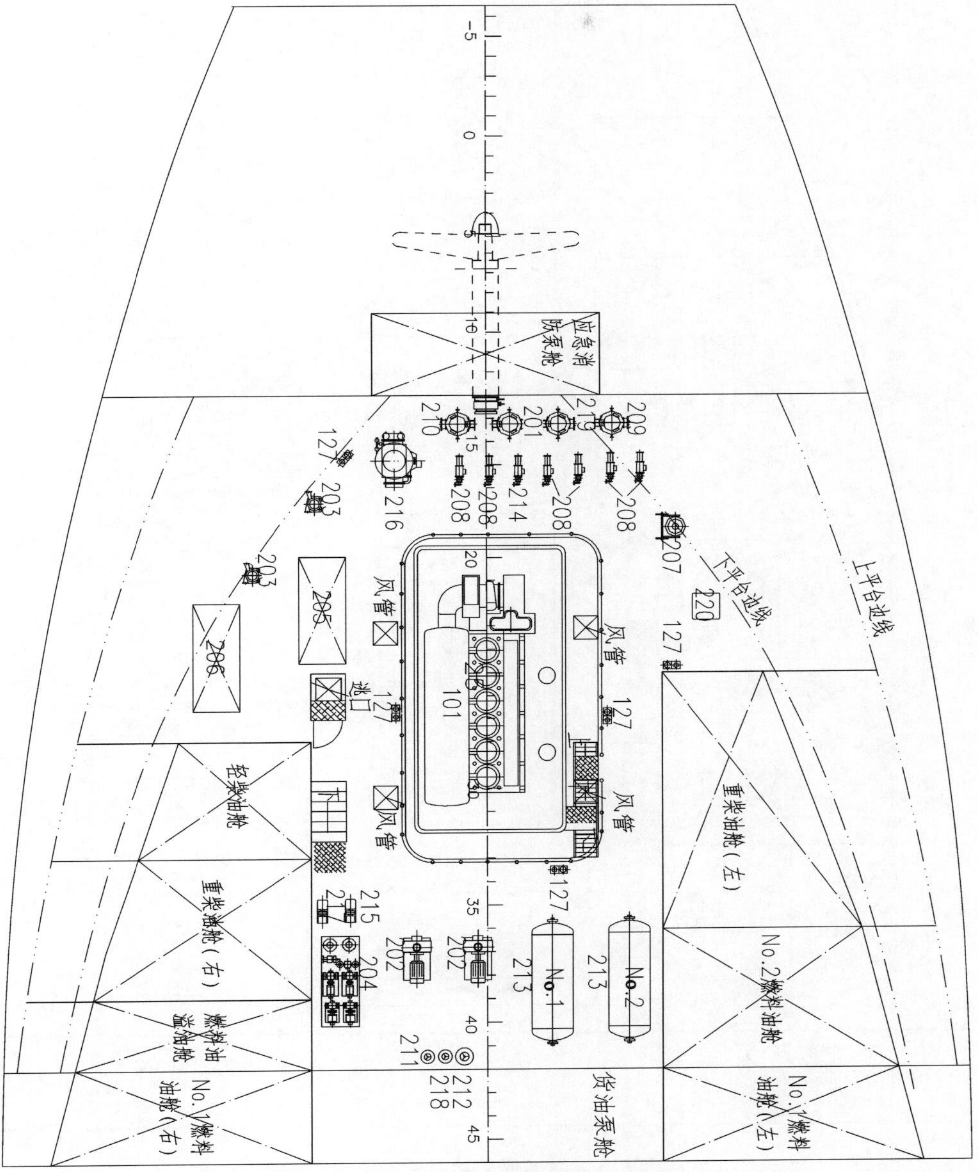

图 7.2 26000DWT 成品油船机舱及货油泵舱布置图(下平台)

201-电、热水压力柜;202-主空压机;203-主机冷却淡水泵;204-主机燃油供应单元;205-主机滑油冷却器;206-主机淡水冷却器;207-泡沫灭火器;208-日用淡水、饮水、海水设备用泵;209-海水压力柜;210-淡水压力柜;211-控制空气瓶;212-杂用空气柜;213-主起动空气瓶;214-热水循环泵;215-轻柴油输送泵;216-海水淡化装置;217-重柴油输送泵;218-汽笛空气瓶;219-饮水压力柜;220-洗池

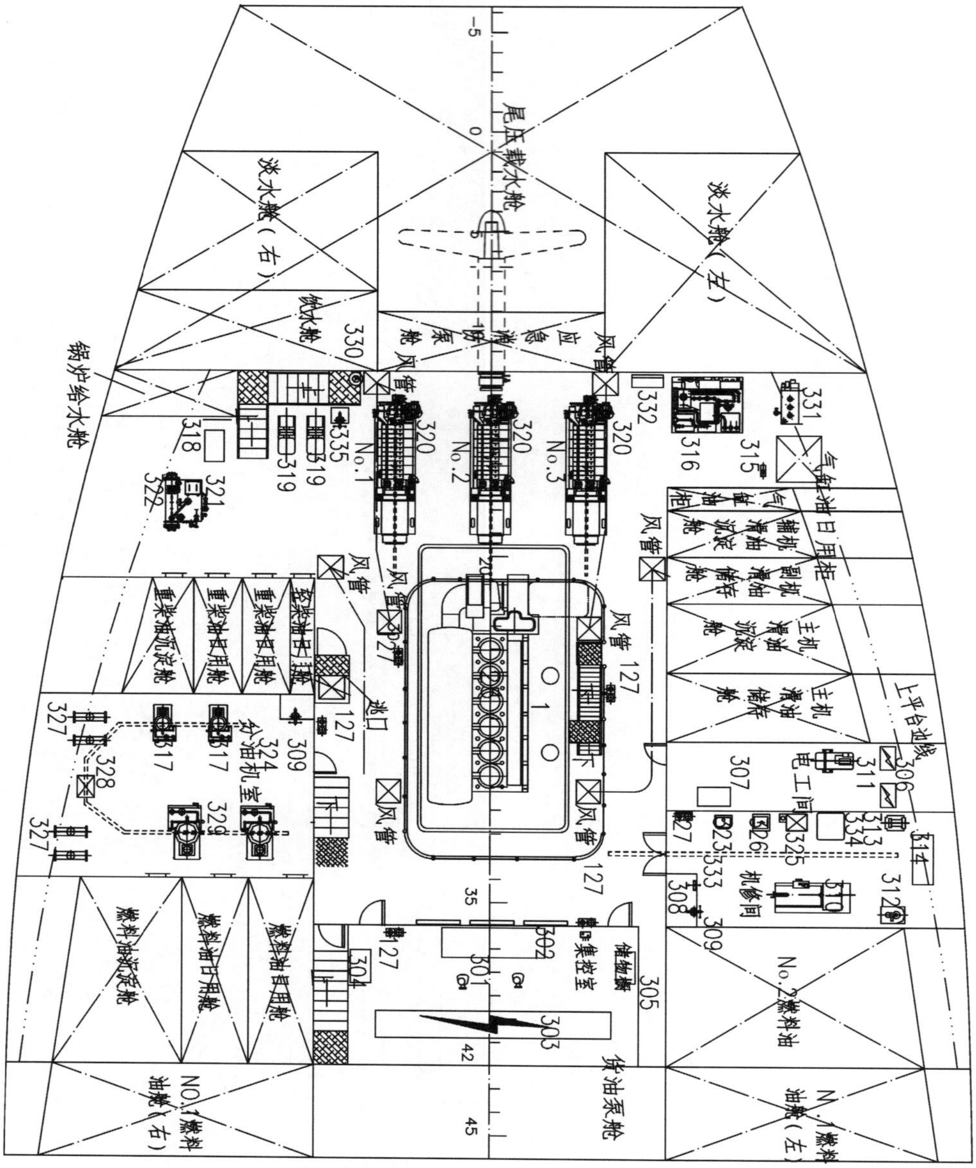

图 7.3　26000DWT 成品油船机舱及货油泵舱布置图(上平台)

301-扶手椅；302-主机监视台；303-主配电板；304-柜式；305-饮水机；306-变压器；307-电工台；308-钳工台；309-台钳 6″；310-普通车床；311-直流电焊机；312-台式钻床；313-砂轮机；314-工具柜；315-气缸油柜输送泵；316-生活污水处理装置；317-轻柴油、重柴油分油机；318-燃油锅炉供油泵单元；319-燃油锅炉给水泵；320-柴油发电机组；321-热井；322-大气冷凝器；323-洗手盆；324-钳工台；325-喷油嘴检验器(主机)；326-喷油嘴校验器(辅机)；327-燃油分油机加热器；328-分油机间洗池；329-燃料油分油机；330-辅机起动空气瓶；331-固定式局部水雾灭火装置；332-柴油发电机组报警控制屏；333-管钳；334-洗池；335-小型工作台钳

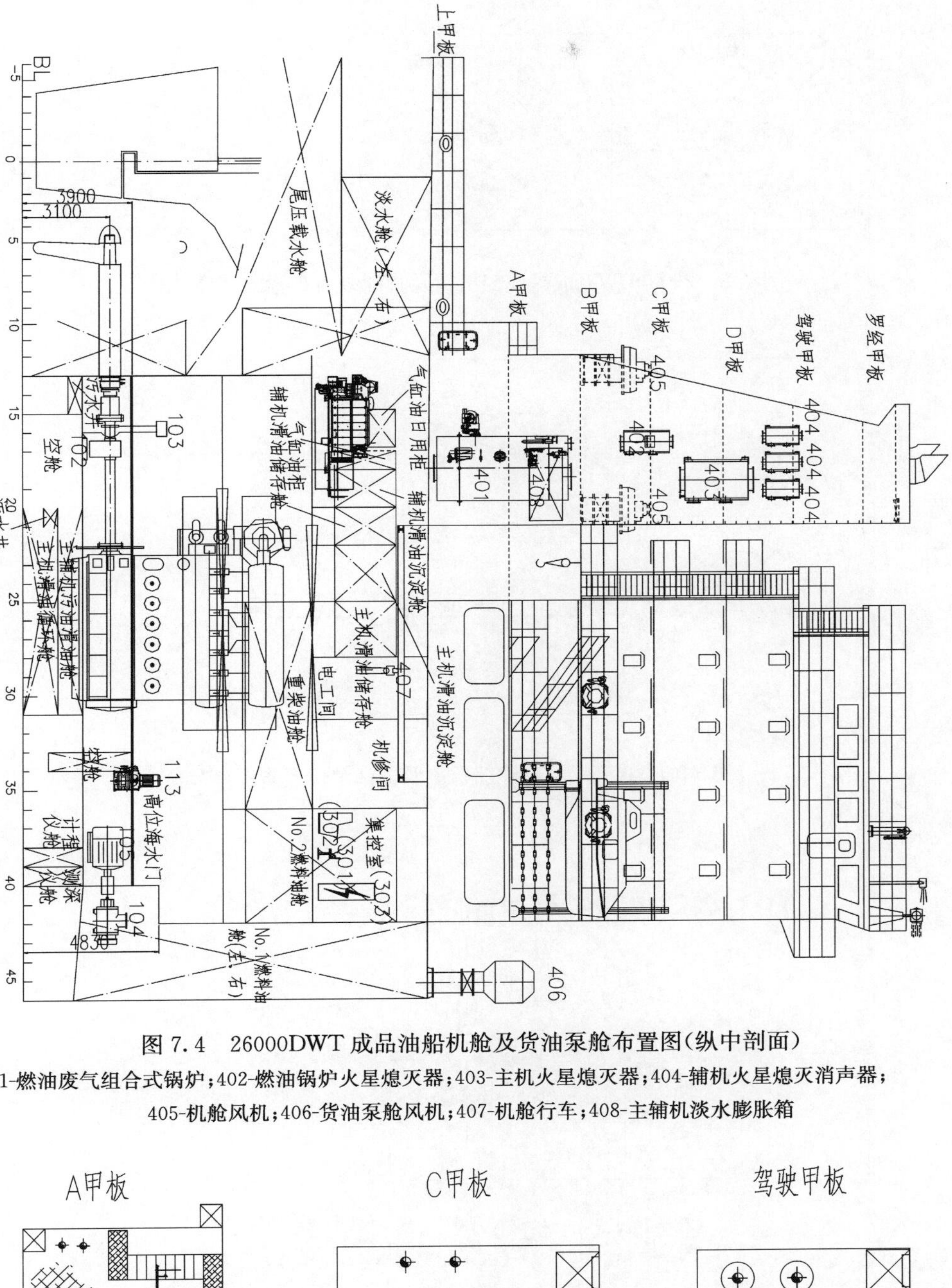

图 7.4　26000DWT 成品油船机舱及货油泵舱布置图(纵中剖面)

401-燃油废气组合式锅炉；402-燃油锅炉火星熄灭器；403-主机火星熄灭器；404-辅机火星熄灭消声器；405-机舱风机；406-货油泵舱风机；407-机舱行车；408-主辅机淡水膨胀箱

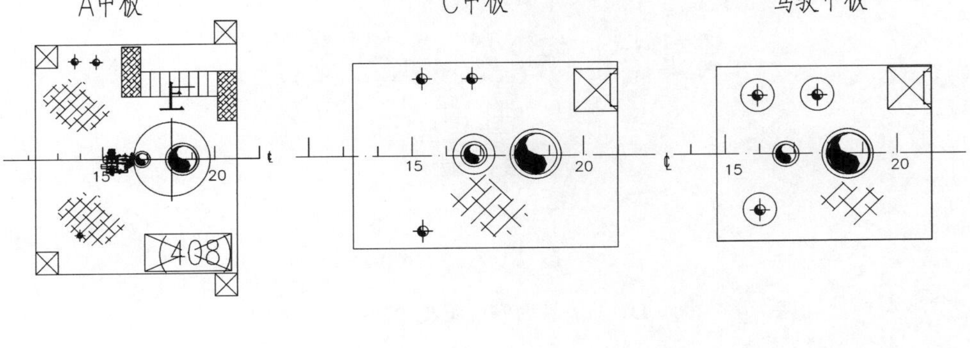

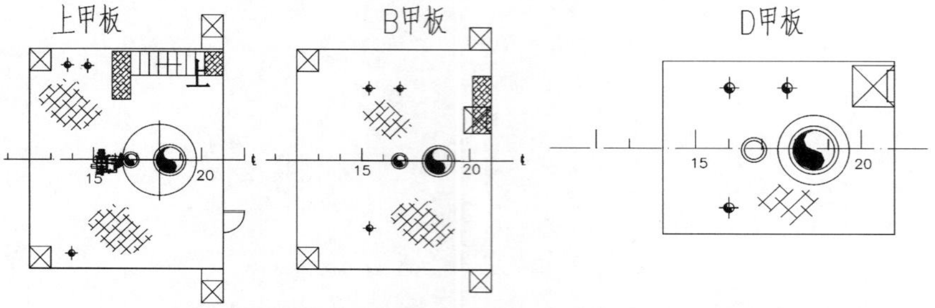

图 7.5　26000DWT 成品油船机舱及货油泵舱布置图(机舱棚)

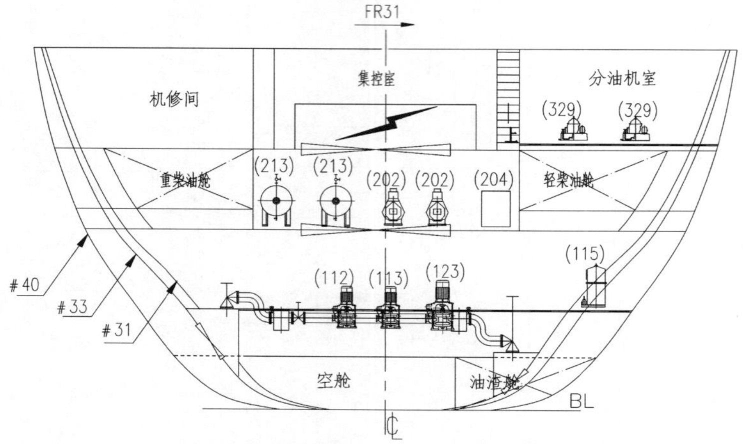

图 7.6　26000DWT 成品油船机舱及货油泵舱布置图(FR31)

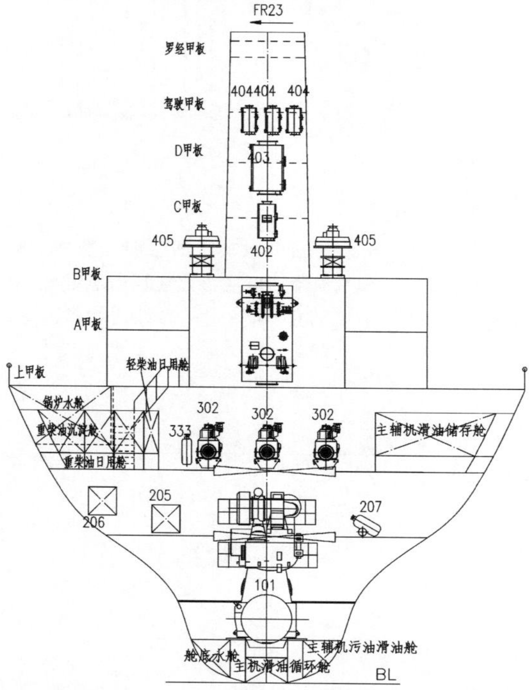

图 7.7　26000DWT 成品油船机舱及货油泵舱布置图(FR23)

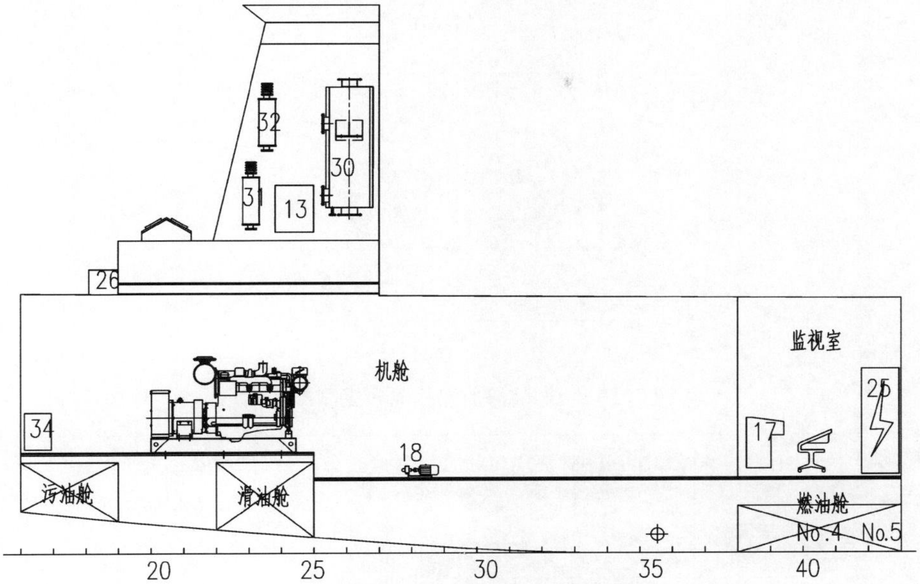

图 7.8　400 吨海监船机舱布置图(纵中剖面)

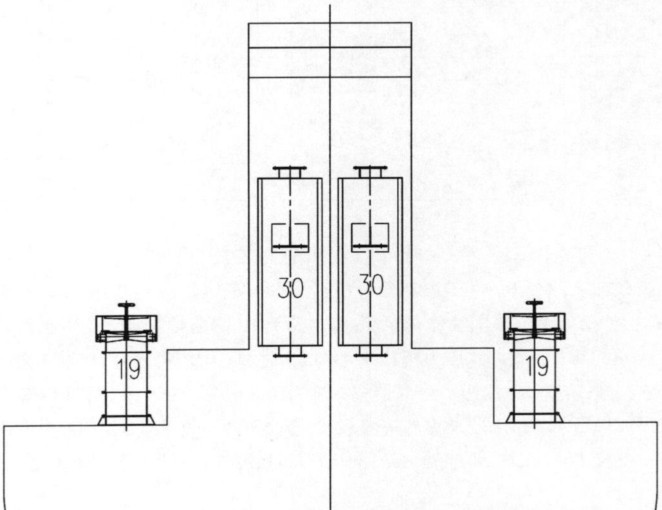

图 7.9　400 吨海监船机舱布置图(FR24)

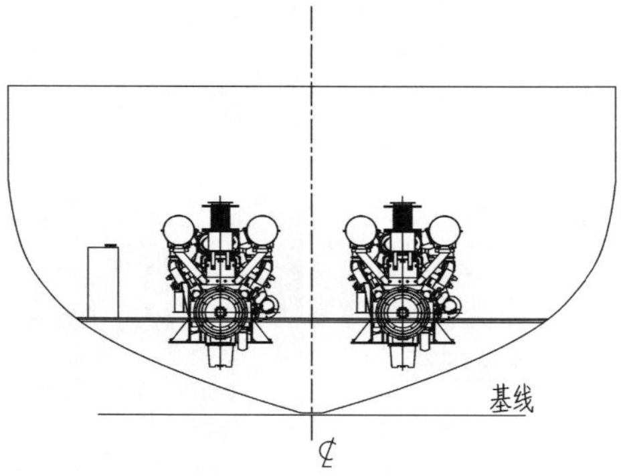

图 7.10　400 吨海监船机舱布置图(FR31)

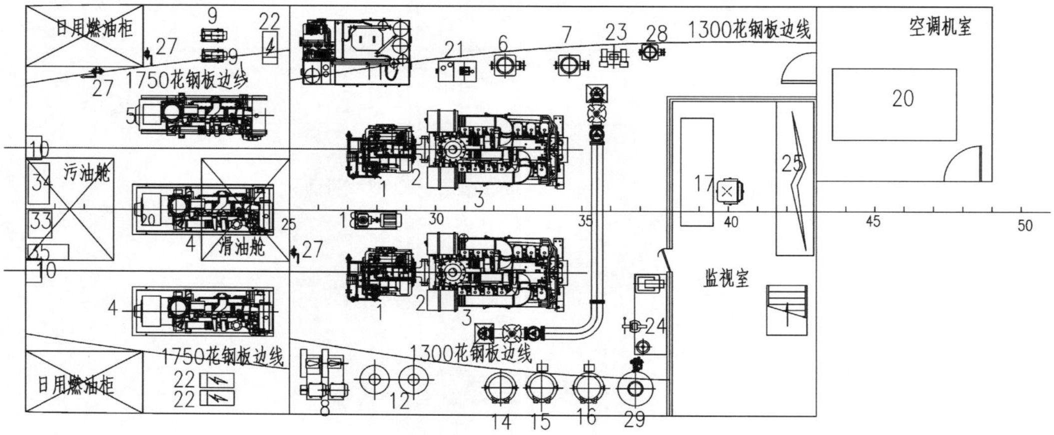

图 7.11　400 吨海监船机舱布置图(舱室平面)

1-齿轮箱 2：1；2-高弹联轴节；3-主机；4-150kW 发电机组；5-90kW 锚泊发电机组；6-总用泵(11kW)；7-舱底泵(11kW)；8-空气压缩机组(5.5kW)；9-燃油输送泵组(1.5kW)；10-隔舱填料函；11-生活污水处理装置；12-空气瓶；13-淡水膨胀箱；14-电热水柜；15-海水压力柜；16-淡水压力柜；17-机舱集控台；18-齿轮箱备用滑油泵；19-机舱轴流式风机；20-组装式空调装置；21-油污水分离器；22-辅机起动电瓶组；23-砂轮机；24-钳工工作台；25-主配电盘；26-船用应急消防泵；27-手摇泵；28-空调冷却海水泵；29-热水锅炉；30-主机消声器；31-辅机消声器；32-锚泊发电机消声器；33-液压动力站；34-动力站控制箱；35-下滑装置起动器

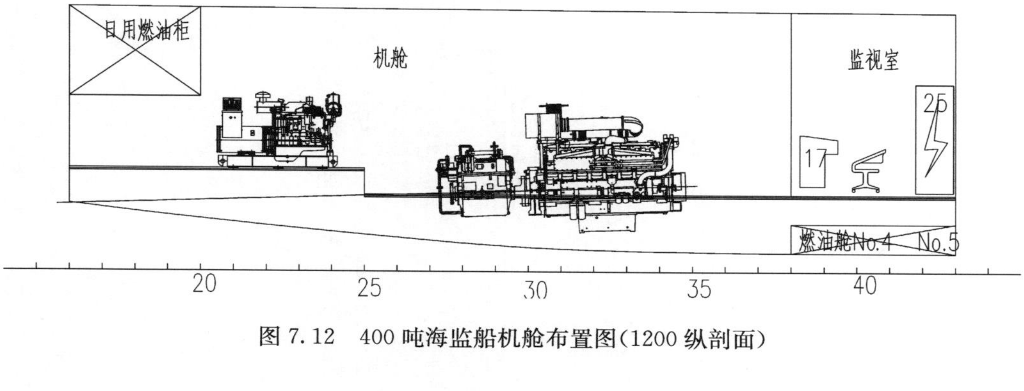

图 7.12　400 吨海监船机舱布置图(1200 纵剖面)

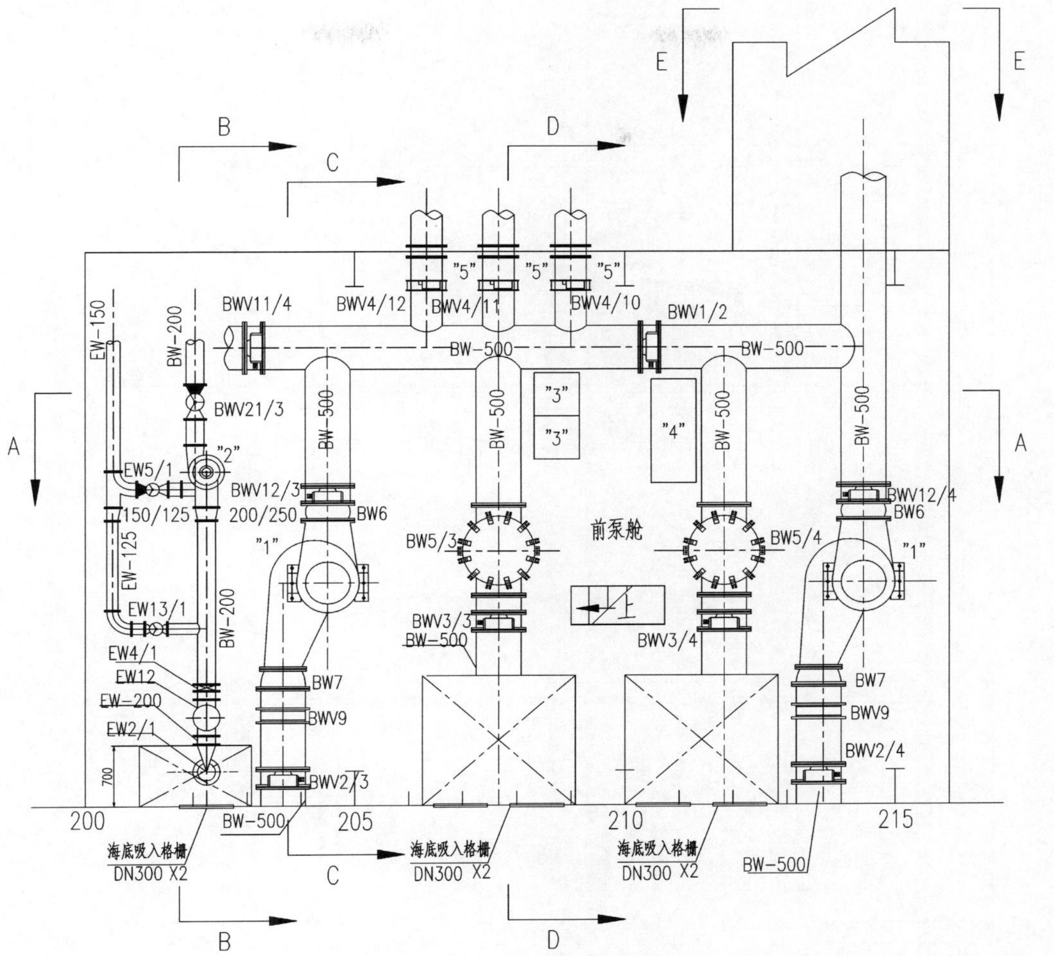

图 7.13　6000T 举力浮船坞前泵舱设备及管系布置图(坞底)

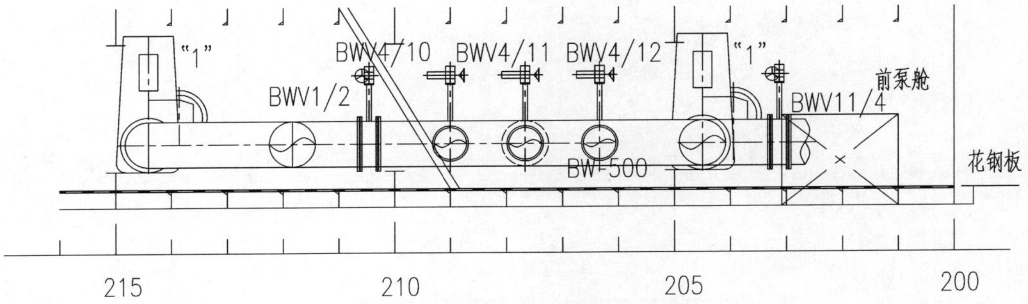

图 7.14　6000T 举力浮船坞前泵舱设备及管系布置图(A—A)

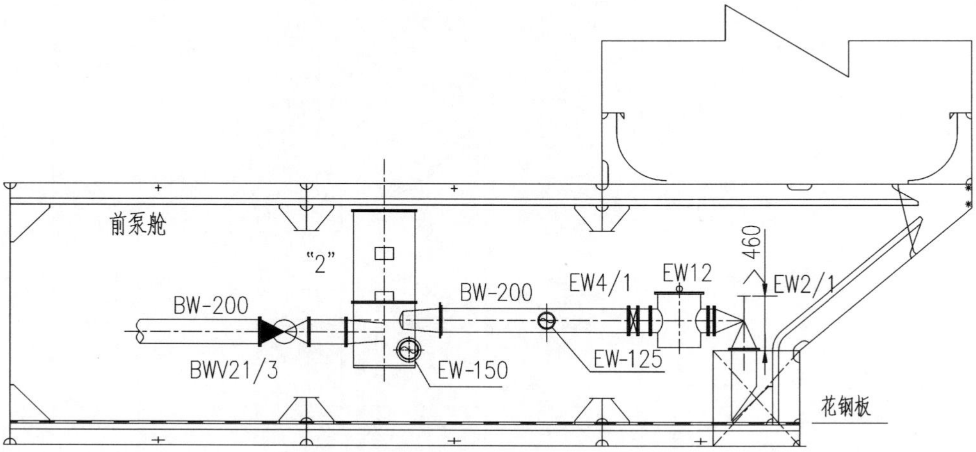

图 7.15 6000T 举力浮船坞前泵舱设备及管系布置图(B—B)

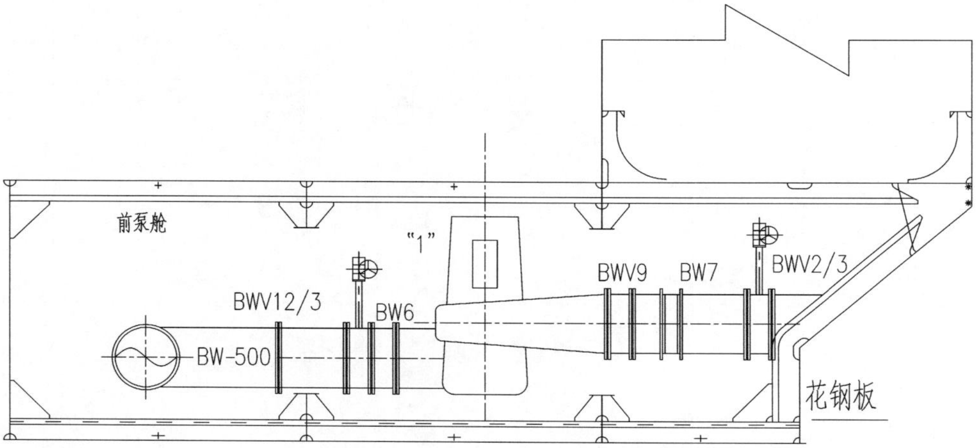

图 7.16 6000T 举力浮船坞前泵舱设备及管系布置图(C—C)

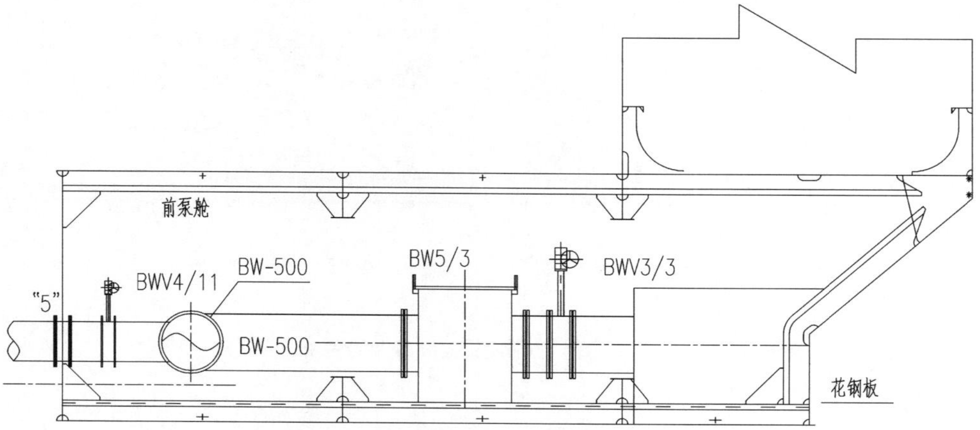

图 7.17 6000T 举力浮船坞前泵舱设备及管系布置图(D—D)

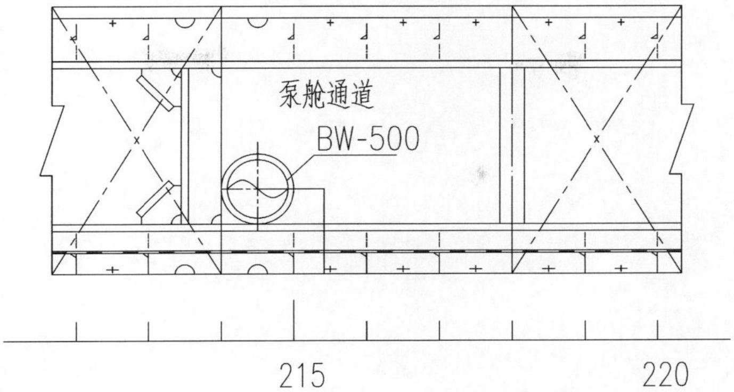

图 7.18　6000T 举力浮船坞前泵舱设备及管系布置图(E—E)

图 7.13～图 7.18 的注释内容如下：

1-主排水泵；2-消防总用泵；3-泵控制箱；4-电磁阀控制箱；5-通舱管件；BWV1/1-尾泵舱连通阀，中心型对夹式蝶阀；BWV1/2-首泵舱连通阀，中心型对夹式蝶阀；BWV2/1-No. 1 压载泵排出，双偏心法兰式蝶阀；BWV2/2-No. 2 压载泵排出，双偏心法兰式蝶阀；BWV2/3-No. 3 压载泵排出，双偏心法兰式蝶阀；BWV2/4-No. 4 压载泵排出，双偏心法兰式蝶阀；BWV3/1-首泵舱 No. 1 泵重力进水，双偏心法兰式蝶阀；BWV3/2-首泵舱 No. 2 泵重力进水，双偏心法兰式蝶阀；BWV3/3-尾泵舱 No. 3 泵重力进水，双偏心法兰式蝶阀；BWV3/4-尾泵舱 No. 4 泵重力进水，双偏心法兰式蝶阀；BWV4/1-No. 6 压载水舱(S)，中心型对夹式蝶阀；BWV4/2-No. 5 压载水舱(P)，中心型对夹式蝶阀；BWV4/3-No. 5 压载水舱(P)，中心型对夹式蝶阀；BWV4/4-No. 5 压载水舱(S)，中心型对夹式蝶阀；BWV4/5-No. 4 压载水舱(P)，中心型对夹式蝶阀；BWV4/6-No. 4 压载水舱(S)，中心型对夹式蝶阀；BWV4/7-No. 1 压载水舱(S)，中心型对夹式蝶阀；BWV4/8-No. 1 压载水舱(P)，中心型对夹式蝶阀；BWV4/9-No. 2 压载水舱(P)，中心型对夹式蝶阀；BWV4/10-No. 2 压载水舱(S)，中心型对夹式蝶阀；BWV4/11-No. 3 压载水舱(P)，中心型对夹式蝶阀；BWV4/12-No. 3 压载水舱(S)，中心型对夹式蝶阀；BWV5/1-No. 1 首泵舱重力进水，粗水滤器；BWV5/2-No. 2 首泵舱重力进水，粗水滤器；BWV5/3-No. 3 首泵舱重力进水，粗水滤器；BWV5/4-No. 4 首泵舱重力进水，粗水滤器；BWV6-耐海水腐蚀，法兰按泵配，橡胶绕性接头；BWV7-耐海水腐蚀，法兰按泵配，橡胶绕性接头；BWV8-耐海水腐蚀，橡胶绕性接头；BWV9-对夹式蝶形止回阀；BWF10-吸入口；BWV11/1-No. 1 泵污水井排水，中心型对夹式蝶阀；BWV11/2-No. 2 泵污水井排水，中心型对夹式蝶阀；BWV11/3-No. 3 泵污水井排水，中心型对夹式蝶阀；BWV11/4-No. 4 泵污水井排水，中心型对夹式蝶阀；BWV12/1-No. 1 泵排出，截止阀；BWV12/2-No. 2 泵排出，截止阀；BWV12/3-No. 3 泵排出，截止阀；BWV12/4-No. 4 泵排出，截止阀。

第八章　轮机系统设计实例

第一节　油船轮机系统设计

一、总述

1. 概述

本船为26000吨级载重量的成品油船。

本船航行于我国近海区域，按中国海事局《国内航行海船法定检验技术规则(2004)》规定的近海航区要求进行设计。

本船适于运载闪点不超过60℃的汽油和轻柴油，可允许同时装卸两种不同品种的油类，设计时所考虑货油密度为0.73t/m^3 和0.82t/m^3。

本船为钢质、单机、单桨、单甲板、尾机型，具有球首、球尾线型。

本船由一台低速柴油机直接驱动一个四叶MAU型定距桨来推进，设置一台由液压舵机驱动的悬挂式半平衡舵。

货油舱区域为双底双壳结构，机舱为双底结构并置于货油舱和泵舱之后，船体结构按CCS ICE CLASS B级冰区加强。

本船设有艏楼、艉楼及甲板室，机舱、起居处所和驾驶室均布置在尾部。

全船由10道横舱壁(水密或油密)、1道纵舱壁(水密或油密)分隔成6对货油舱中，以及1对污油水舱、机舱、泵舱、艏尖舱、艉尖舱等；货油舱及污油水舱均为左右舱，货油舱两侧边舱和双层底区域为专用压载水舱。

艏尖舱用作专用压载水舱。

艉尖舱上部中间为舵机舱，两侧为淡水舱，中部为压载水舱，下部为冷却水舱。应急消防泵舱设置在舵机舱前面、艉尖舱壁的后面。

机舱区域设置双层底，内底板水平伸向两舷。在机舱前端平台上左右设置燃料油舱及重柴油舱。泵舱左右布置有燃料油深舱，燃料油舱不与船壳板直接相连，以减小船舶发生意外破损时油类泄漏的可能性。机舱与货油舱区以泵舱和燃料油深舱隔离。

在机舱内设有应急逃口，可分别从底舱、下平台、上平台通至上甲板露天部位。

本船及其必要的材料、工艺、装备(如机器、设备和管系等)均应得到船主和船级社的认可，并按照船级社和有关规范、规则、国标、部标的要求及经船主确认的图纸的要求建造。同时也遵照本规格书和经船主认可的承造厂的习惯做法。

图8.1为26000DWT成品油船的总布置图。

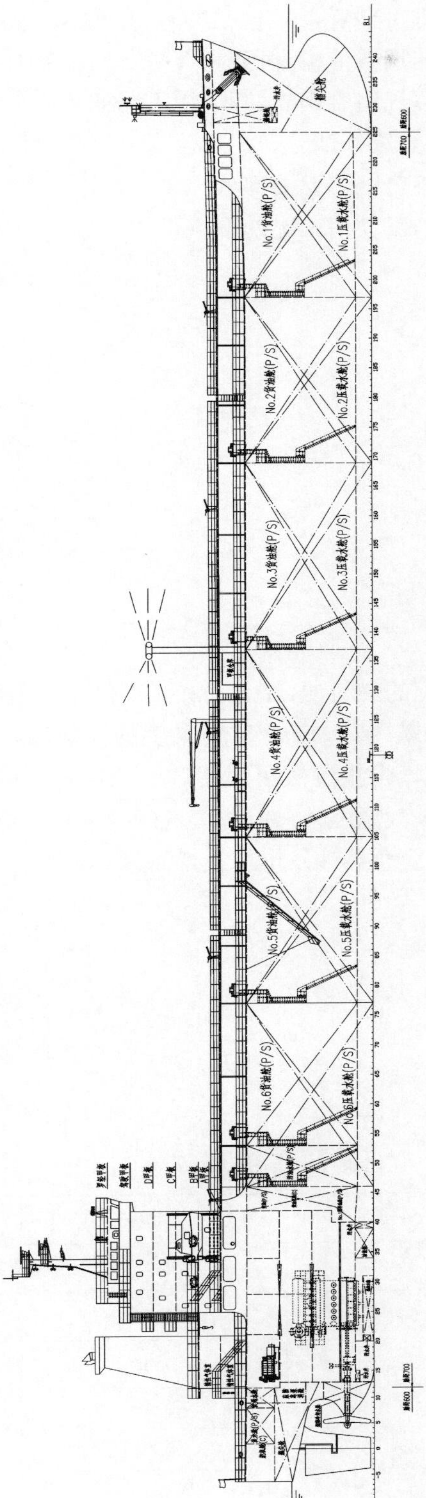

图 8.1　26000DWT 成品油船总布置图

本船为单桨柴油机推进，主推进装置是一台二冲程、单作用、中冷、直流扫气、废气涡轮增压，直接换向十字头式低速船用柴油机，机型为 YMD-MAN B&W 6S42MC。

蒸汽发生装置为一台燃油/废气组合锅炉，其使用工况如下：

正常航行，燃油/废气组合锅炉废气部分。

进、出港及停港，燃油/废气组合锅炉燃油部分。

主电站为三台柴油发电机组，其使用工况如下：

正常航行：1 台。

进出港：2 台。

卸油：3 台。

停港：1 台。

另设一台应急柴油发电机组。

燃油系统的设计参数如下：

燃料油黏度≤180cst/50℃。

重柴油黏度≤20.5cst/50℃。

轻柴油黏度≤8.0cst/20℃。

燃油具体使用情况如下：

主机可燃用 180cst/50℃黏度的燃料油，在起动和长期停车前可使用重柴油或轻柴油（视天气温度）。柴油发电机组可燃用 20.5cst/50℃黏度的重柴油，在起动及长期停车前可使用轻柴油（视天气温度）。惰气发生装置可燃用 20.5cst/50℃黏度的重柴油，在起动及长期停车前可使用轻柴油（视天气温度）。燃油/废气组合锅炉可燃用重柴油，点火及停炉前使用轻柴油（视天气温度）。应急柴油发电机组燃用轻柴油。

推进装置设计条件如下：

海水温度：32℃。

环境温度：45℃。

大气压力：0.1MPa。

相对湿度：60%。

表 8.1 为本船的油、水参数。

表 8.1 油、水参数

种类	密度/(t/m³)	比热/[kcal/(kg·℃)]	黏度
燃料油	1.01	0.45	180cst/50℃
重柴油	0.90	0.45	20.5cst/50℃
轻柴油	0.84	0.45	3.0～8.0cst/20℃
滑油	0.90	0.45	
海水	1.025	0.94	
淡水	1.00	1.00	

主机背压：满足主机厂要求。

货油泵的额定排量按输送海水设计，泵的输出功率按输送成品油的排量和压头设计。

主、辅机烟气排放应满足 IMO 对 NO_x 排放标准的要求。

在本船站机自动化方面，主推进装置应满足 CCS 关于驾驶室、机舱集控室遥控的设计要求：机旁直接有效的人工操作，机舱集控室有人值班，对机电设备进行监控。

2. 机械设备和舱柜

1）主机

主机参数如表 8.2 所示。

表 8.2　主机参数

项目	规格
型式	立式，二冲程，单作用，十字头， 中冷、直流扫气、增压低速船用柴油机
	机械喷射
功率(MCR)/kW	6480
转速/(r/min)	136
CSR(85% MCR)/kW	5508
转速/(r/min)	128.8
燃油耗率(MCR)* /[g/(kW · h)]	177(1+5%)
滑油耗率/[g/(kW · h)]	0.14
气缸油耗率/[g/(kW · h)]	1.1
增压器	VTR454D-32
调速器	液压调速器

注：(1) 燃油耗率为 MCR 时(ISO 环境条件，燃油 LCV=42700kJ/kg)，满足 IMO 对 NO_x 排放标准的要求。
(2) 增压器由主机厂确认。

主机背压：满足主机厂要求。

货油泵的额定排量按输送海水设计，泵的输出功率按输送成品油的排量和压头设计。

主、辅机烟气排放应满足 IMO 对 NO_x 排放标准的要求。

2）轴系和螺旋桨

轴系由中间轴和螺旋桨轴（各一根）通过紧配螺栓连接组成，材质为优质碳素钢，中间轴设一中间轴承，艉轴轴承为改性高分子材料、强制水润滑轴承。艉管前端设有 SM 型水润滑艉轴密封装置，后端带防渔网装置。

螺旋桨的型式为固定螺距螺旋桨，整体铸成。材料为镍铝青铜。数量为一个。

3）惰气发生装置

惰气发生装置的参数如表 8.3 所示。

表 8.3　惰气发生装置的参数

项目	技术规格
型式	DVB4A-PCD2250
产气量	2250m³/h
耗油量	210kg/h
电功率	45kW/380V/50Hz

4）燃油/废气组合锅炉

锅炉的参数如表 8.4 所示。

表 8.4　锅炉的参数

项目	技术规格
型式	燃油/废气组合型
压力	0.7MPa
蒸汽品质	饱和蒸汽
蒸发量	燃油部分为 1500kg/h 废气部分约为 700kg/h（主机功率在 80%MCR 的负荷，ISO 环境条件）
给水温度	60℃
备注	废气部分蒸发量由锅炉厂计算确定

5）主电站

主电站的参数如表 8.5 所示。

表 8.5　主电站参数

项目	数量	类型	性能	附注
柴油机	3	柴油机为直列、水冷、直接喷射式废气涡轮增压中冷四冲程筒形活塞式船用柴油机	约 540kW 1000r/min	柴油机功率以发电机功率来考核
发电机	3	发电机为防滴式无刷型 AC400V 50Hz	约 450kW 1500r/min	

6）应急电站

应急电站的参数如表 8.6 所示。

表 8.6　应急电站的参数

项目	数量	类型	性能	附注
柴油发电机组	1	柴油机为四冲程、单作用筒形活塞增压、风冷型船用柴油机	约 90kW 1500r/min	柴油机功率以发电机功率来考核
		发电机为防滴式无刷型 AC400V 50Hz		

7）水泵

水泵的参数如表 8.7 所示。

表 8.7　水泵的参数

项目	数量	型式	规格/(m^3×MPa)	规格/(kW×r/min)
主机空冷器清洁循环泵	1	电动卧式离心泵	1×0.35	0.75×2900
主机海水冷却泵	2	电动立式离心泵	250×0.50	55×2900
主机淡水冷却泵	2	电动立式离心泵	60×0.42	11×2950
辅机海水冷却泵	2	电动立式离心泵	160×0.32	22×2900
应急消防泵(带自吸装置)	1	电动立式离心泵	60×0.80	30×2950
消防总用泵(带自吸装置)	1	电动立式离心泵	140×0.86	55×2900
舱底总用泵(带自吸装置)	1	电动立式离心泵	140×0.86	55×2900
专用压载泵(带自吸装置)	2	电动卧式离心泵	480×0.30	55×1450
舱底水泵(带自吸装置)	1	电动立式离心泵	100×0.30	15×2950
日用海水水泵	2	电动卧式离心泵	3×0.4	4×2950
日用淡水泵	2	电动卧式离心泵	3×0.4	4×2950
饮水泵	2	电动卧式离心泵	3×0.4	4×2950
热水循环泵	1	电动卧式离心泵	3×0.4	4×2950
空调海水冷却泵	1	电动立式离心泵	50×0.35	7.5×2950
蒸汽凝水冷却泵	1	电动立式离心泵	50×0.35	7.5×2950
惰气海水冷却泵	1	电动立式离心泵	200×0.32	22×1450
惰气水封泵	2	电动卧式离心泵	4×0.21	1.1×2950
锚链舱喷射泵	1	—	5×0.30	—
专用压载喷射泵	1	—	100×0.30	—

设备自带或随机供应的水泵未列入表 8.7 中，上述电机的功率和转速仅供参考。水泵的最终规格应按设备要求确定。

8）油泵

油泵的参数如表 8.8 所示。

表 8.8　油泵的参数

项目	数量	型式	规格/(m^3×MPa)	规格/(kW×r/min)
燃料油输送泵	2	电动卧式齿轮泵	10×0.33	4.0×1450
重柴油、轻柴油输送泵	2	电动卧式齿轮泵	10×0.33	4.0×1450
油渣泵	1	电动卧式单螺杆泵	7×0.6	4.16×360
主机气缸油输送泵	1	电动卧式齿轮泵	3.3×0.33	1.5×1450
主机滑油泵	2	电动立式双螺杆泵	155×0.60	55×1480
扫舱泵	1	电动卧式双螺杆泵	120×1.0	75×1450
货油泵	3	电动卧式双螺杆泵	900×1.0	346×1450

设备自带或随机供应的油泵未列入表 8.8，上述电机的功率和转速仅供参考。油泵的最终规格应按设备要求确定。

9）空压机、空气瓶及风机

空压机、空气瓶及风机的参数如表 8.9 和表 8.10 所示。

表 8.9　空压机和空气瓶的参数

项目	数量	型式	简要规格		附注
			m^3/h×MPa	kW×r/min	
主空压机	2	电动立式二级	99×3.0	20×750	水冷、直接传动
主空气瓶	2	卧式圆筒形	3×3.0	—	—
辅机起动空气瓶	1	立式圆筒形	0.16×1.0	—	—
应急起动空气瓶	1	立式圆筒形	0.10×1.0	—	—
汽笛空气瓶	1	立式圆筒形	0.10×1.0	—	—
控制空气瓶	1	立式圆筒形	0.10×1.0	—	—
杂用空气瓶	1	立式圆筒形	0.5×1.0	—	—
速关阀空气瓶	1	立式圆筒形	0.04×1.0	—	由速闭阀控制箱带

表 8.10　风机的参数

名称	型式	风量×全压/(m^3/h×Pa)	电机/(kW×r/min)	电制	数量
机舱送风机（2 台可反转）	船用轴流	36000×620	11×1460	AC:380V、50Hz	4
货油泵舱抽风机	船用轴流、无火花	15000×520	4×1460	AC:380V、50Hz	1
舵机舱抽风机	船用轴流	4000×450	1.5×2920	AC:380V、50Hz	1
机修间送风机	船用轴流	3500×440	1.1×2920	AC:380V、50Hz	1
分油机室抽风机	船用轴流、无火花	6500×710	3×2920	AC:380V、50Hz	1
应急消防泵舱抽风机	船用轴流	1200×290	0.75×2920	AC:380V、50Hz	1
手提式轴流式风机（带 20m 电缆）	船用轴流	1250	0.18×3000	DC24V 或 36V	1
浴厕抽风机	离心式风机	1200×800	0.55×2920	AC:380V、50Hz	2
空调机室抽风机	离心式风机	1500×450	0.75×2920	AC:380V、50Hz	1
厨房抽风机	离心式风机	3500×500	0.75×1460	AC:380V、50Hz	1
油漆库抽风机	防爆离心式风机	400×550	0.75×2920	AC:380V、50Hz	1
粮食库抽风机	管道风机	300×300	0.3	AC:220V、50Hz	1
会议室抽风机	管道风机	400×300	0.4	AC:220V、50Hz	1
洗衣室/被服库/烘衣室、吸烟室抽风机	管道风机	600×300	0.6	AC:220V、50Hz	2
泡沫间、二氧化碳室、应急发电机室、病房抽风机	管道风机	700×300	0.7	AC:220V、50Hz	4
厨房送风机	船用轴流	1700×215	0.75×2920	AC:380V、50Hz	1
惰气室送风机	船用轴流	4000×560	1.5×2920	AC:380V、50Hz	1

10）分油机

分油机的参数如表 8.11 所示。

表 8.11　分油机的参数

序号	项目	数量	型式	简要规格
1	燃料油分油机	2	自动排渣	3000L/h(180cst/50℃)
2	重柴油分油机	1	自动排渣	1800～2000L/h
3	滑油分油机	1	自动排渣	1800～2000L/h
4	轻柴油分油机	1	自动排渣	1800～2000L/h

11）其他

其他设备的参数如表 8.12 所示。

表 8.12　其他设备的参数

序号	项目	数量	型式	简要规格	备注
1	主机供油单元	1 套	—	主要设备：主机燃油供油泵、主机燃油循环泵、回油筒、黏度计、加热器、自动反冲滤器、旁通滤器、流量计等	
2	主机空冷器化学清洗系统组合单元	1 套	KQD25	$1m^3/h\times0.3MPa$	—
3	主机活塞杆填料函泄油处理系统组合单元	1 套	CTXD0.2B	$0.2m^3/h\times0.2MPa$	—
4	海水淡化装置	1	低压真空式	12～15t/24h	—
5	蒸馏水泵	1	电动卧式离心泵	—	海水淡化装置附带
6	工作水泵	1	电动卧式离心泵	—	海水淡化装置附带
7	舱底水油水分离器(附泵)	1	—	3t/h	—
8	生活污水处理装置	1	生化法	30 人	—
9	车床	1	—	中心距 750mm	—
10	台式钻床	1	—	最大钻孔直径：ϕ12mm	—
11	砂轮	1	电动双轮式	$2\times\phi200mm$	—
12	电焊机	1	交流电弧焊	10kW	便携式
13	主机起吊设备	1	—	2.5t	—
14	机舱集控室柜式空调器	1	—	17.44kW	—
15	餐厅柜式空调器	1	—	23.25kW	—
16	主机火星熄灭器	1	—	DN800	—
17	辅机消声器(附火星熄灭器)	3	—	DN250	柴油发电机组附带
18	锅炉火星熄灭器	1	—	DN350	—
19	船用集中空调机组	1	—	210kW	—

续表

序号	项目	数量	型式	简要规格	备注
20	海水系统防腐防污装置	1	—	4 路	—
21	饮水消毒器(附矿化装置)	1	—	1m³/h	—
22	厨房柜式空调器	1	—	23.25kW	—

12）热交换器

热交换器的参数如表 8.13 所示。

表 8.13　热交换器的参数

序号	项目	数量	型式	简要规格	备注
1	主机缸套淡水冷却器	1	板式	1950kW	—
2	辅机淡水冷却器	3	制造厂标准	按辅机要求配	辅机附带
3	主机滑油冷却器	1	板式	870kW	—
4	辅机滑油冷却器	3	制造厂标准	按辅机要求配	辅机附带
5	大气冷凝器	1	卧式管壳型	—	热井模块带
6	滑油分油机加热器	1	—	—	分油机附带
7	燃料油、重柴分油机加热器	3	—	—	分油机附带
8	轻柴油分油机加热器	1	—	—	分油机附带
9	主机燃油雾化加热器	2	管壳式	主机供油单元配套	加热蒸汽压力 0.7MPa

注：上述各设备的参数应满足主机、辅机运行要求，并按热平衡计算确定。

13）油轮专用设备

油轮专用设备的参数如表 8.14 所示。

表 8.14　油轮专用设备的参数

序号	项目	数量	型式	简要规格	备注
1	货油泵	3	卧式电动螺杆泵	900m³/h×1.0MPa（以海水介质为基准）	货油泵制造厂配套
2	扫舱泵	1	卧式电动螺杆泵	120m³/h×1.0MPa	—
3	专用压载泵	2	卧式电动离心泵	480m³/h×0.30MPa	带自吸装置
4	专用压载扫舱喷射泵	1	水喷射式	100m³/h×0.30MPa	—
5	手提式洗舱机	2	—	—	—
6	惰性气体发生装置	1	—	2250m³/h	
7	惰气海水冷却水泵	1	卧式电动离心泵	200m³/h×0.32MPa	按设备厂要求定
8	惰气水封水泵	2	卧式旋涡泵	4m³/h×0.21MPa	—
9	高高位报警装置	14	—	—	—
10	油舱压力检测报警装置	14	—	—	—
11	甲板阀	14	—	—	—

续表

序号	项目	数量	型式	简要规格	备注
12	污油水排放自动监控装置	1套	—	—	—
13	油水界面探测器	2	移动式	—	—
14	移动式送风机	2	水力透平式	$15000m^3/h$ 工作水压 0.7MPa	—
15	可燃气体测爆仪	2	手提式	—	—
16	氧含量探测仪	2	手提式	—	—
17	油舱压力式高速排放阀	14	—	$1000m^3/h$	—
18	有毒气体探测仪	2	手提式	—	—
19	液动阀遥控系统	1	—	—	—
20	动力泵站、控制台	各1	—	—	—
21	可移动式应急手摇泵	1	—	—	—

14）箱柜

箱柜的参数如表 8.15 所示。

表 8.15　箱柜的参数

项目	数量	容积/m^3	温度/报警	液位指示/报警	加热	液位控制
No.1燃料油舱	2	共390	TI	LL	SH	手动
No.2燃料油舱	1	160	TI	LI. LL	SH	手动
重柴油舱	2	共180	TI	LI. LL	SH	手动
轻柴油舱	1	30	—	LI. LL	—	—
油渣舱	1	50	TI	SOL. HL	SH. SB	手动
主辅机污滑油舱	1	35	TI	SOL. HL	SH	手动
燃料油溢油舱	1	30	TI	LI. HL	SH	手动
主机滑油循环舱	1	16	TI	SOL. HL. LL	吸口设加热管	手动
舱底水舱	1	35	—	SOL. HL	—	—
燃料油沉淀舱	1	50	TI	LI. LL	SH	手动
日用燃料油舱	2	2×30	TI	LI. LL	SH	手动
重柴油沉淀舱	1	16	TI	LI. LL	SH	手动
日用重柴油舱	2	2×12	TI	LI. LL	SH	手动
日用轻柴油舱	1	6	—	LI. LL	—	—
主机滑油储存舱	1	22	—	LI	—	手动
主机滑油沉淀舱	1	18	TI	LI	SH	手动
辅机滑油储存舱	1	12	—	LI	—	手动
辅机滑油沉淀舱	1	10	TI	LI	SH	手动
气缸油柜	1	6	—	LI	—	—

续表

项目	数量	容积/m³	温度/报警	液位指示/报警	加热	液位控制
气缸油日用柜	1	0.8	—	LI. LL. HL	—	—
应急发电机组日用油柜	1	0.8	—	LI. LL	—	—
惰气发生装置日用油柜	1	1	TI	LI. LL	SH	手动
锅炉给水舱	1	10	—	LI. LL	—	—
主、辅机膨胀水柜	1	1	—	LI. LL	—	自动
热水柜	1	0.3	—	—	—	自动
海水压力柜	1	0.5	—	—	—	自动
淡水压力柜	1	0.5	—	—	—	自动
饮水压力柜	1	0.3	—	—	—	自动

注:(1) 液位测量:燃料油储存舱、冷却水舱、淡水舱、饮水舱、尾压载水舱、主辅机污滑油舱和污水舱和油渣舱等设测深管。对于日用和沉淀舱柜设置液位计。较小的油柜仅设置液位计。

(2) 温度测量:所有加热舱柜(包括燃料油舱、滑油沉淀舱、主辅机污滑油舱、油渣舱和重柴油舱等)均设置就地温度表(为便于更换和防止泄漏,应选择套管和柜体焊接为一体),TI 代表温度计。

(3) 液位:HL 代表高液位报警;LL 代表低液位报警;SOL 代表测深管(双层底舱应设自闭式测深管);LI 代表液位计(燃油舱柜液位计采用磁性翻板式,滑油舱柜采用平板式,应急发电机油柜、锅炉点火油柜和惰气发生器油柜采用平板式液位计,水箱采用玻璃液位计)。

(4) 加热:SH 代表蒸汽加热;SB 代表蒸汽吹洗。

二、主机

1. 概述

主机为二冲程、单作用、直流扫气、涡轮增压、直接换向的船用低速柴油机,即 YMD-MAN B&W 6S42MC 柴油机。

主机既可在驾驶室又可在机舱集控室进行遥控,应急时也可在机旁机械操纵。

主机烟气应满足 IMO 对 NO_x 排放标准的要求。

2. 主要附属设备

主要附属设备以供货技术协议书为准。

1) 柴油机上的主要附件

柴油机上的主要附件具体如下。

(1) 增压器(包括增压器清洗装置和附件):1 台。

(2) 辅助鼓风机(包括电机和开关箱):2 套。

(3) 空气冷却器(包括水清洗装置):1 套。

(4) 空冷器的气水分离器:1 套。

(5) 排气管(包括气缸排气出口和增压器进口之间的膨胀接头)。

(6) 转车机(包括电机和控制箱及遥控按钮盒,带电缆长度为 15m):1 套。

(7) 飞轮(不包括罩壳):1 个。

(8) 推力轴承:1 台。
(9) 凸轮轴上减振器:1 套。
(10) 纵向振动减振器:1 套。
(11) 调频飞轮:1 套。
(12) 机旁操纵台:1 套。
(13) 气缸注油器(包括视流器和断油报警传感器)。
(14) 每缸示功考克:1 套。
(15) 调速器:1 套(液压式)。
(16) 主起动阀、主机操纵换向装置及转速表等。
(17) VIT 装置。
(18) 曲轴箱油雾探测器。
(19) 扫气箱 CO_2 灭火装置。
(20) 扭振减振器(根据扭振计算确定)。
2) 柴油机的控制装置及仪表
装在机体上或散装的所有部件按制造厂标准,并符合船级社要求。

3. 结构和材料

按主机制造厂标准。

4. 主机安装

采用树脂环氧垫块。

5. 主机支承

采用机械支承。

三、轴系和螺旋桨

1. 概述

轴系和螺旋桨符合本节"一、总述"中的"2. 机械设备和舱柜"所述的主要规格和下列要求:
(1) 轴系按主机在非常用转速范围内划转速禁区进行设计。
(2) 轴系接地于船体。
(3) 轴系的暴露面如轴、法兰和螺栓、螺帽等涂以透明的防蚀漆。
(4) 轴系法兰之间连接采用紧配螺栓。

2. 推力轴和推力轴承

推力轴和推力轴承装于主机内。

3. 中间轴

中间轴由锻钢制成，其两端有整锻连接法兰。除了连接面外，整轴精车。在轴承和轴接地电刷处，具有高光洁度，并在轴承处轴径增加。

4. 中间轴承

装有一个滑动式中间轴承。轴承本体是铸铁结构，并带有可卸锡基白合金衬轴瓦，轴承采用环润滑和海水冷却。

5. 螺旋桨轴

螺旋桨轴由锻钢制成，螺旋桨轴的前端为液压可拆连接法兰。

整个轴精车，并在轴承处安装具有高光洁度的轴套，轴套厚度由计算确定，前轴承轴套的外径应比后轴承轴套的外径小 10mm。

轴的尾部有 1/20 锥度与螺旋桨壳相配。与螺旋桨壳连接采用液压无键槽式，艉轴向船外抽出。

6. 艉管

艉管为铸钢座和钢管焊接在一起后，再与铸钢尾柱焊接成一体。

艉管轴承配置改性高分子材料水润滑轴承，艉管前端设有 SM 型水润滑密封装置，轴承长度符合船级社要求。

艉管用主机海水泵供水润滑，两台主机海水泵互为备用泵。

在艉管后部罩壳和螺旋桨之间，设有一防渔网装置。

7. 螺旋桨

螺旋桨技术参数详见技术规格书。

为使螺旋桨在桨轴上容易装上和卸下，在桨壳内表面设有专门的油槽。

桨的推进面和背面磨光，并设有导流帽。

桨壳和导流帽之间空隙中充注牛油，并由黄铜螺塞封死。

8. 轴系接地装置

在中间轴上设有带就地指示器的轴系接地装置，使带电轴系接地至船体。

9. 材料

1）轴系

中间轴：优质碳素钢。

螺旋桨轴：优质碳素钢。

连接螺栓：优质碳素钢。

2）艉管

艉管：铸钢座和钢管焊接在一起。

轴瓦：改性高分子材料。

3）中间轴承

壳体：铸铁。

轴承材料：铸钢或低碳钢浇注白合金。

垫块：钢。

4）螺旋桨

螺旋桨：镍铝青铜。

防渔网装置：按船主要求。

四、蒸汽发生装置

1. 概述

蒸汽发生装置为一台燃油/废气组合锅炉。在海上正常航行期间使用废气锅炉供汽，供给燃油、滑油加热和生活杂用所需的蒸汽。在冬季航行期间，需供应取暖空调时，若废气锅炉供汽不足，则由燃油/废气组合锅炉的燃油部分自动点火起炉补充（0.7MPa）。燃油锅炉燃用重柴油。

2. 燃油/废气组合锅炉

1）主要技术参数

蒸发量要求如下。

燃油部分：1500kg/h。

废气部分：约 700kg/h，废气部分蒸发量由锅炉厂计算确定。

工作压力：0.7MPa。

蒸汽品质：饱和蒸汽。

给水温度：60℃。

2）结构和材料

按锅炉制造厂标准，但应考虑主机排气干烧情况（最大温度 400℃，短时）。

3）附件

随锅炉供应附件（以供货技术协议为准）如下。

(1) 水位调节的控制装置：一套。

(2) 给水泵组：一套。

(3) 全自动燃烧器：一台。

(4) 控制板：一台。

(5) 鼓风机：一台。

(6) 燃油输送泵组：一套。

(7) 吸入滤器：一台。

(8) 燃油低压控制装置:一套。

(9) 安全阀:一只。

(10) 多余蒸汽卸荷阀:一套。

(11) 吹灰器:一套。

(12) 泄放阀:一只。

五、电站

1. 基本要求

电站的基本要求如下:

(1) 主电站由三台柴油发电机组组成,每台额定容量为450kW,交流400V、50Hz,转速为1500r/min。

(2) 要求主发电机组既在机舱集控室起动,也可在机旁起动。

(3) 应急电站为一台应急柴油发电机组,额定容量为90kW。

(4) 柴油发电机组的烟气排放标准应满足IMO对NO_x要求。

2. 主发电机组柴油机

1) 概述

(1) 柴油机为直列式,水冷,直接喷射式废气涡轮增压,中冷四冲程筒形活塞式船用高速柴油机。

(2) 柴油机与发电机用弹性联轴节连接,并安装于公共底座上。

(3) 机体与气缸盖用淡水冷却。

(4) 活塞用机油冷却。

2) 附件

随机供应附件(以供货技术协议书为准)如下。

(1) 燃油供给泵:1台。

(2) 润滑油泵(由柴油机驱动):1台。

(3) 电动滑油预供泵:1台。

(4) 滑油冷却器:1台。

(5) 淡水冷却器:1台。

(6) 滑油滤清器:1台。

(7) 三通滑油温度控制器:1套。

(8) 起动空气分配器或起动电机:1套。

(9) 超速停车装置:1套。

(10) 带有空气滤清器的增压器及清洗装置:1台。

(11) 消声器(附火星熄灭器):1台。

(12) 预热装置:1套。

(13) 转速表:1套。

(14) 燃油滤器:1套。

(15) 调速器:1套。

(16) 温度表:淡水(冷却器前)1个;淡水(冷却器后)1个;滑油(冷却器前)1个;滑油(冷却器后)1个;淡水(进口) 1个;淡水(气缸后)6个;空气(空冷器前)1个;空气(空冷器后)1个;排气(气缸后)6个;排气(增压器前后)1个。

(17) 警报控制器:滑油进机压力(低压);气缸出水温度(高温)。

(18) 停车控制器。超速停车;滑油进机压力(低压)。

(19) 增压器涡轮和压气端需配置清洗装置。

(20) 燃油滤器、盘车装置。

(21) 淡水冷却泵:1台。

3) 结构和材料

结构和材料依照按制造厂标准选取。

3. 应急柴油发电机组

1) 概述

柴油机为四冲程、直接喷射增压、风冷船用柴油机;具有两种起动能源。柴油机与发电机直接连接,并安装在共同底座上。整个机组通过减振器安装于基座上。发电机组在主电网失电后能自动起动,并向电网供电,主电网恢复供电后能自动停机。柴油机机体及气缸盖用淡水冷却。淡水由散热器风冷冷却。柴油机自由端装有风扇向散热器吹风。柴油机的机带燃油系统根据需要配置燃油电加热器。应急发电机室采用电取暖。

2) 附件

随机供应附件(以供货技术协议为准)主要包括燃油泵、机油泵、机油冷却器、冷却淡水泵、冷却水箱、滤器、自动起动装置、滑油预供泵、消声器(附火星熄灭器)、仪表及报警装置等。

3) 结构和材料

结构和材料按制造厂标准选取。

六、泵

1. 概述

泵设备的特性应符合本节“一、总述”的“2. 机械设备和舱柜”中所述的主要规格,下列详细进行说明。

(1) 每台泵必须具有运行所要求的足够吸高。

(2) 对于电动泵,泵与电机一起供货,泵与电机之间可以按照工厂标准采用弹性连接。卧式泵与其驱动的电机可采用经铸铁或者型钢制成的共同底座。

(3) 驱动泵的每台电机要配有足够功率,保证在任何排出和吸入状况下均不过载。

(4) 所有泵均为机械密封(除单螺杆泵)。
(5) 应满足船主对某些设备材质等方面的特殊要求。

2. 电动离心泵

离心泵尽可能具有从额定流量到零流量、压力为升高特性并无超载功率的特性;排量≥100m^3/h的离心泵,泵壳应能在水平或垂直轴心面剖分,以便取出转子而不影响管接头和泵的定位。

要求有自吸能力的离心泵,其自吸装置为自带式。

凡主要的离心泵,泵壳应为可拆对开式,且周围留有一定空间,便于检修。

1) 泵的材料

泵的材料以制造厂标准为准,如表 8.16 所示。

表 8.16　泵的材料

用途	海水	淡水	饮水	给水
壳体	青铜	铸铁	不锈钢	铸铁
叶轮	不锈钢	磷青铜	不锈钢	不锈钢
密封环	青铜	按制造厂标准	—	按制造厂标准
轴	不锈钢	不锈钢	不锈钢	不锈钢
轴套	不锈钢	不锈钢	不锈钢	不锈钢

2) 配件和附件

配件和附件按供货技术协议书为准,包括压力表考克或阀(每个压力表 1 个)、公共底座(卧式泵用)1 个。

3) 回转泵

回转泵的额定能量和电机的输出功率按 50kPa 吸高和表 8.17 所示黏度进行设计。

表 8.17　回转泵参数

序号	项目	能量/(mm^2/s)	电机功率/(mm^2/s)
1	主机燃油供给泵	25.8	260
2	主机燃油循环泵	25.8	260
3	气缸油输送泵	25.8	260
4	燃料油输送泵	25.8	1040
5	重柴油输送泵	25.8	1040
6	主滑油泵	75	400
7	轻柴油输送泵	25.8	1040
8	油渣输送泵	25.8	1040
9	蛇形泵	25.8	1040

(1) 螺杆泵的材料。螺杆泵的材料以制造厂标准为准。
① 泵体:铸铁。

② 转子套(如安装):碳钢。

③ 主动转子:不锈钢。

④ 空转转子:不锈钢。

(2) 齿轮泵的材料。齿轮泵的材料以制造厂标准为准。

① 泵体:铸铁。

② 齿轮:碳钢。

③ 轴:碳钢。

(3) 蛇形(或单螺杆)泵的材料。蛇形(或单螺杆)泵的材料以制造厂标准为准。

① 泵体:铸铁。

② 轴承箱:铸铁。

③ 定子:合成橡胶。

④ 连接杆:不锈钢。

⑤ 驱动轴:不锈钢。

(4) 配件和附件。配件和附件包括:安全阀,带有吸入和排出压力表的压力表板,压力表阀或考克、每个压力表,空气表阀或考克,泄放旋塞(如安装),公共底座(卧式泵用)。配件和附件以供货技术协议书为准。

4) 其他

装于发电柴油机、油分离机、制淡装置等设备,以及饮水泵和摆线齿轮泵的材料,结构和设计按制造厂的标准。

七、空压机和通风机

1. 概述

空压机和通风机的详细项目按本节“一、总述”中“2. 机械设备和舱柜”的要求。

2. 主空压机

空压机是电动驱动,水冷双级活塞式压缩机,并装在公共底座上,它具有自身的润滑油系统。

1) 材料

材料以制造厂标准为准,具体如下。

(1) 气缸:铸铁。

(2) 气缸盖:铸铁。

(3) 活塞:铸铁或铝合金。

(4) 连杆:锻钢。

(5) 曲轴:锻钢。

(6) 曲柄箱:铸铁。

2) 配件和附件

配件和附件以制造厂标准为准,包括:空气冷却器(每级后面 1 个),带有每级后面压力表的仪表板 1 套，安全阀 1 个，泄水阀 1 套，卸压器 1 个，吸入空气滤器 1 个，除水器 1 个，滑油泵 1 个，滑油注油器 1 个，油位指示器或测深杆 1 个，压力表阀或考克(每个压力表 1 个)。

自动起停设备包括空气压力开关电磁卸荷阀及止回阀。

3. 主空气瓶

主空气瓶的要求如下：

(1) 主空气瓶是焊接而成的。

(2) 空气瓶的容量能保证主机冷机至少连续起动 12 次而不必充气。

(3) 配件和附件以制造厂标准为准，包括：安全阀 1 个；进气阀 1 个；截止阀 3 个；泄水阀 1 个；人孔盖 1 个；压力表 1 个。

(4) 空气瓶的里面，在喷砂以后涂环氧树脂漆(与压载水舱油漆相同)。

4. 其他辅空气瓶

辅机起动空气瓶、应急起动空气瓶、汽笛空气瓶、杂用空气瓶、速关阀空气瓶和控制空气瓶均为焊接结构。

附件以制造厂标准为准，包括安全阀 1 个、进气阀 1 个、截止阀 1 个、泄水阀 1 个、压力表 1 个。

5. 控制空气干燥器

控制空气干燥器用来除去控制空气系统中的水分。

1) 材料

材料以制造厂标准为准。

2) 附件和配件

附件和配件按制造厂标准供货。

6. 通风机

机舱通风机设在艇甲板，为轴流式风机，电机一起装在风机壳体里面。

材料以制造厂标准为准。

(1) 壳体(二半合一)：钢板。

(2) 叶轮：铝合金。

(3) 罩：钢板。

八、分油机

1. 燃料油分油机

设置两台燃料油分油机、一台重柴油分油机和一台轻柴油分油机。所设置的燃油分油机每台能量都足够处理主、辅机在最大合同持续功率下的燃油量，并应留有一定余量。

1）材料

材料以制造厂标准为准。

（1）回转筒体：不锈钢。

（2）回转圆盘：不锈钢。

（3）机体：铸铁。

（4）分离碟片：不锈钢。

2）配件和附件

（1）附件以制造厂标准为准，包括燃油加热器（蒸汽加热）、制动器、调节板、进油视流器、进油温度计、工作水电磁阀、回转筒清洁台和抽吸泵。

（2）配件供应以订货协议为准。

（3）清洗设备布置在分油机组附近，包括吊车、轨道、不锈钢洗池（壁厚不小于6mm）、清洁台及冷热水源。

2. 滑油分油机

1）材料

材料以制造厂标准为准。

（1）回转筒体：不锈钢。

（2）回转圆盘：不锈钢。

（3）机体：铸铁。

（4）分离碟片：不锈钢。

2）配件和附件

（1）附件以制造厂标准为准，包括滑油加热器（蒸汽加热）、制动器、调节板、进油视流器、水漏斗、污油泵和净油泵。

（2）配件供应以订货协议为准。

九、制淡装置

1. 概述

设置一台低压蒸发式制淡装置（12～15t/24h），即利用主机的冷却淡水来加热的制淡装置。在主机缸套水出口温度约为80℃、冷却海水温度为32℃时，正常排量所产生的淡水盐度不超过10ppm。

2. 结构

制淡装置由下列部件组成：

热交换室的分离器和蒸馏冷凝器板式成套。另外，还带有喷射器喷射泵，淡水泵、盐度计、自动报警器、电磁阀、流量计以及为该机组工作所必需的仪表。

蒸馏循环即从主机缸套冷却系统来的淡水进入热交换器。从喷射泵管路分支来的海水进入交换器，通过管子的内部被来自主机冷却系统的淡水加热。被加热的海水进入蒸发室，在由水喷射器所产生的真空中汽化。在沸腾室里产生的蒸汽先通过分离器，在分离器带入的水滴被分离开来，然后进入冷凝器，冷凝后的蒸馏水由淡水泵抽吸泵入淡水舱或锅炉水舱。

3. 材料

主要部件材料按制造厂标准选取。

十、生活污水处理装置

1. 概述

本船设有生活污水处理装置一台，其处理能力为可供 30 人使用。

2. 原理

本装置采用生化法处理生活污水，利用污水中的好氧菌，吸附污水中的有机物及空气中的氧，进行生物氧化，一部分生成二氧化碳和水，另一部分成为活性污泥继续生物降解污水中的污染物。使用该方法，能有效地去除污水中溶解的和不溶解的有机物，因而污泥量少。

从厕所等处来的污水进入装置曝气室，由压缩机提供的空气，通过扩散元件均匀地散布在污水中，活性污泥吸收空气中的氧气，进行有机物的消解，产生絮状物；随后污水经过滤网一起进入沉淀室沉淀，澄清清水经过加氯进入消毒室杀菌，当液位达到高液位时，自动起动排放泵，将污水排放至舷外，当低液位时，排放泵自动停止。沉淀的污泥和浮渣通过污泥排放泵排入公海或陆上接收站。

3. 主要附件

主要附件以制造厂标准为准，包括压缩机（两台）、排放泵、控制箱和液位开关。主要部件材料按制造厂标准选取。

十一、舱底水处理装置

1. 概述

本船设有舱底水处理装置一台，处理能力为 $3m^3/h$，排放标准小于 15ppm。
工作原理按制造厂标准。

2. 配件和附件

配件和附件以制造厂标准为准，包括油水分离器专用泵、电气控制箱、三通电磁阀和油分浓度报警装置。

十二、热交换器

1. 概述

热交换器的特性应符合本节"一、总述"的"2. 机械设备和舱柜"中所述的主要规格和详细说明。

壳管式热交换器，其每个热交换器的管束扩口到管板上，如特殊需要，壳体应允许设管壳和管束不同膨胀的措施。

热交换器的材料如下。

外壳：钢板。

水封头：铜。

管板：黄铜 HSn62-1。

管子进口：铝黄铜管。

每个热交换器按使用需要装有安全阀、空气阀、泄放阀、压力表和温度计。为了清洗，另设置苏打阀和熏煮蒸汽阀，以及螺塞或盲板法兰。

2. 主机滑油冷却器和淡水冷却器

设主机滑油冷却器（板式）一台，淡水冷却器（板式）一台，当主机以 MCR 功率运转时设有足够的余量。

主机滑油冷却器的滑油出口处为 45℃。

主机淡水冷却器的淡水进口处为 85℃，每一冷却器均设有手动、自动控制温度调节阀。

3. 大气冷凝器

大气冷凝器具有足够能力冷凝废气锅炉来的多余蒸汽，也可容纳全船各种加热后的凝水和加热器的疏水冷却至 60℃左右。其海水进口温度设计为 32℃，大气冷凝器清洁系数为 80％，冷凝器清洁系数为 85％。上述冷凝器为卧式直管型。

4. 加热器

加热器的设计条件应满足表 8.18 所示的要求。

表 8.18　加热器

名称	温度/℃		加热蒸汽压力/MPa
	进口	出口	
燃油分离加热器	50	103	0.7
滑油分离加热器	40	90	0.7

加热器型式均为壳管式，材料按制造厂标准。其外壳需包扎绝缘材料并外包白铁皮。配件和附件包括（按制造厂标准及规范要求）温度计、空气旋塞、泄放旋塞和安全阀。加热

器均配有自动温度调节阀。

5. 热水柜

热水柜为U形管壳式，加热蒸汽在管内流动，并另设一组电加热元件和自动温度控制阀和温度继电器。当温度控制阀进口处的蒸汽压力为0.3～0.4MPa时，热水柜可以将规定的水量从10℃加热到65℃。

热水柜的材料如下。

(1) 壳体：不锈钢。

(2) 管子：不锈钢管。

(3) 盖板：不锈钢。

附件包括(以供货技术协议为准)温度计、压力表、泄放阀、安全阀、自动温度调节阀和温度继电器。

十三、主要动力管系

1. 冷却系统

1) 概述

主、辅机均用闭式冷却。淡水在淡水冷却器中用海水冷却。

系统由两台主机海水泵(排量为250m^3/h，压头为50mH_2O，可相互备用)、两台主机淡水泵(排量为60m^3/h，压头为42mH_2O，可相互备用)、淡水冷却器、两台辅机海水泵(160m^3/h×32m，可相互备用)和1m^3淡水膨胀箱及管路组成。

2) 海水冷却管系

主机冷却用的海水由主机海水泵从海水总管吸水后泵出，经中冷器、滑油冷却器和淡水冷却器后排至舷外。

辅机冷却海水由辅机海水冷却泵从海水总管吸水后泵出，分为三路，一路冷却三台辅机和两台空压机后排至舷外；一路冷却三台柜式空调器后排至舷外，另一路冷却中间轴承后排至舷外。

3) 淡水冷却管系

主机淡水经淡水冷却器冷却后由淡水泵供应。当主机冷却水从出水总管排出后，即进入淡水冷却器冷却后再进机，循环使用。在淡水冷却器进出口之间装有温控阀用来调节淡水温度。三台辅机淡水经各自的淡水冷却器后由机带淡水泵泵入，冷却辅机后从出水总管分别进入各自淡水冷却器后再进机，循环使用，在淡水冷却器进出口之间也分别装有温控阀用来调节淡水温度。主、辅机共用1m^3淡水膨胀水箱，该箱有管路与主辅机淡水泵入口相连接，系统消耗的淡水由机舱淡水压力柜对膨胀水箱加以补充，淡水透气向上进入膨胀水箱。在系统最低处设有放泄阀，泄至舱底。

4) 其他设备海水冷却系统

设有一台惰性气体装置冷却水泵，用于冷却惰性气体洗涤塔内的惰气。消防总用泵可兼作备用泵。

设两台甲板水封泵，用于冷却甲板水封器，两台甲板水封泵互为备用。设一台蒸汽凝水冷却泵，冷却大气冷凝器，空调冷却海水泵为大气冷凝器冷却备用泵。

2. 滑油系统

滑油系统包括滑油的注入、输送、清理净化及供应等部分。

主机滑油系统由滑油泵（两台）、机油滤器和机油冷却器等组成。主机设有滑油循环舱。辅机采用湿式油底壳润滑方式，机带滑油泵。

1）滑油的注入、输送

滑油由尾甲板室（左、右）滑油注入口注入滑油储存舱，并依靠重力输送到各使用滑油的舱柜。

2）滑油供油系统

滑油供油系统按主机厂标准系统配置。主机轴承润滑和活塞冷却为压力润滑系统。主滑油系统包括两台主滑油泵、一台滑油冷却器，以及双层底内的主机滑油循环柜等。

主机滑油泵自主机滑油循环柜吸入滑油。经过滑油冷却器及滑油滤器，送入主机滑油供油管系，并分别至主机各润滑处，滑油在主机润滑，活塞冷却后直接从曲轴箱流至循环柜。滑油冷却器滑油出口管路设有温度调节阀，借此自动控制滑油温度。系统还设置滑油低压、滑油高温报警及遥测温度、压力表于机舱集控室内。主机气缸油注油器借气缸油计量柜重力供油，气缸油计量柜由气缸油输送泵经滤器进行补充。主机透平增压器为自润滑式。柴油发电机借各自所附带的滑油泵、滑油冷却器、滤油器和油底壳（兼作滑油循环柜）、泵组成的滑油系统进行压力润滑（按制造厂要求配置）。

3）滑油净油系统

滑油净油离心分油机用于主机滑油系统连续净油或间歇净油，经分离后的油渣、水及其他杂质借重力排至油渣柜。

当在航行中连续净油时，主机滑油循环柜中的部分滑油被分油机吸入泵吸取，经分油加热器进行分离，分离后的净油将回到滑油循环柜。

间歇式净油时，主机滑油循环柜中的滑油由分油机吸油泵吸入，经分油加热器后进行分离，净油引至滑油沉淀柜再进行反复循环分离，分净后滑油排至主机循环油柜。主机污滑油由油渣泵排至滑油污油柜或排岸。

4）滑油泄放系统

滑油储存舱和沉淀舱底部均安装自闭式泄放阀，分别用于定期排水和排至污滑油舱，在泵、分油机和柜的底部均置有油盘（除处于花钢板以下）并引至污滑油舱。

3. 燃油系统

1）概述

主机燃用黏度最大为 180cst/50℃的燃料油，在停车前使用重柴油或轻柴油（视天气温度）。

柴油发电机组（辅机）燃用黏度最大为 20.5cst/50℃的重柴油，在停车前可使用轻柴油（视天气温度）。

燃油/废气组合锅炉燃用重柴油，点火时可使用轻柴油(视天气温度)。凡燃油舱、柜(双层底油舱除外)的出口阀均为直接装在舱柜上的气动快关阀，可在机舱外紧急关闭。

燃料油、重柴油、污油和油渣等管路均设蒸汽伴行管。

2) 燃油驳运系统

本系统设有燃料油输送泵两台、重柴油输送泵一台和轻柴油输送泵一台，重柴油输送泵和轻柴油输送泵互为备用。

主要舱(柜)有燃料油深舱、燃料油沉淀柜和燃料油日用柜，重柴油舱、重柴油沉淀柜和重柴油日用柜，轻柴油舱和轻柴油日用柜，惰气发生装置日用油柜和应急发电机日用油柜等。

燃料油输送泵、重柴油输送泵分别将燃料油、重柴油驳运至各沉淀油柜。各燃料油沉淀油柜溢流至燃料油溢流舱，重柴油沉淀油柜溢流至重柴油舱，轻柴油日用舱溢流至轻柴油舱。

3) 燃油净油系统

本系统由燃料油分油机两台、重柴油分油机一台、轻柴油分油机和分油加热器等组成。正常航行时以一台燃料油分油机用于单级连续分离，另一台燃料油分油机作为备用，在必要时两台分油机可并联连续分离使用。

燃料油自燃料油沉淀舱吸出经分油机分离净化后进入燃料油日用柜。各日用油舱的溢流引回至沉淀舱，以保证日用油舱具有固定的油位。重柴油分油机由重柴油沉淀舱吸出，分离后进入重柴油日用舱。轻柴油分油机由轻柴油日用舱吸出，分离后进入轻柴油日用舱。

每台分油机设有独立式输送泵和分油加热器各一台，加热温度由自动温度调节阀进行控制。凡分油机分离出来的水和渣借重力排至油渣柜，再用油渣泵排至岸上。

4) 燃油供给系统

主机供油单元包括主机燃油供给泵两台、主机燃油循环泵两台、主机燃油雾化加热器两个、主机燃油黏度控制器一套、反冲式燃油滤器(附手动滤器)一套和流量计一套等。

主机燃油系统采用闭式系统，即主机燃料油日用舱的燃油经粗滤器进入主机燃油供油单元进口。供油流程为燃料油经燃油供给泵、流量计、回油筒、燃油循环泵、主机燃油雾化加热器和反冲式自清洗滤器之后通过燃油黏度控制器进入主机高压油泵，输入各喷油头，其回油经溢流阀回至回油筒或燃料油日用舱。主机燃油的加热温度由黏度控制器控制。

主机在长期停车前可使用重柴油或轻柴油。主机在需要换油时可就地手动转换。

燃油废气组合锅炉燃用重柴油，具有独立的锅炉燃油输送泵，吸自重柴油日用舱，进入锅炉燃烧装置，多余回油回至重柴油沉淀柜。锅炉点火时，使用轻柴油或重柴油，由独立的点火油泵吸自轻柴油日用舱或重柴油日用舱。

5) 燃油泄放系统

各燃油储存舱底部均安装自闭式泄放阀定期排水至油渣舱，在泵底部均置有油盘(除处于花钢板以下)并引至油渣舱。

4. 压缩空气系统

1) 概述

本系统设有：主空压机两台，主空气瓶两个，空气干燥器一台，辅机起动空气瓶一个，应急起动空气瓶一个，汽笛空气瓶一个，速关阀空气瓶一个，控制空气瓶一个，杂用空气瓶一个及减压阀、滤器等。

2) 压缩空气系统

初次起动时，先接通应急电源一台，主空压机向辅机起动空气瓶充气，然后起动主柴油发电机组，待发电机组供电后再由主空压机向主空气瓶充气，最后起动主机运转。

航行时由主空压机向主空气瓶补气。

除两个主空气瓶中的No.1主空气瓶专供主机起动或换向用外，No.2主空气瓶也可用于主机起动或换向。

No.1和No.2主空气瓶连接后经两组减压阀接至辅机起动空气瓶、应急起动空气、控制空气瓶、速关阀空气瓶、杂用空气瓶和汽笛空气瓶。

经减压至0.4MPa的压缩空气，供如下处所和用途：

(1) 海水门吹洗。

(2) 淡水、饮水压力柜。

(3) 机舱、舵机舱、应急发电机室和空调机室杂用。

(4) 泵舱CO_2施放报警。

经减压至1.0MPa的压缩空气至杂用空气瓶，供如下处所使用：

(1) 至燃油锅炉燃烧器(蒸汽雾化式)。

(2) CO_2站室。

(3) 至主机清洗和泄放管路。

(4) 甲板杂用(也需经过空气干燥器)。

(5) 汽笛、雾笛。

(6) 主机油头试验台。

(7) 真空装置。

3) 控制空气系统

控制空气由主空气瓶的空气经空气减压阀组减压至1.0MPa，接至控制空气瓶。瓶内压缩空气经干燥器后，分别至如下处所：

(1) 主机操纵空气。

(2) 各气动薄膜控制阀。

(3) 主机燃油黏度控制装置。

(4) 惰性气体装置。

(5) 排油监控装置。

(6) 舱底水分离器油分浓度计。

(7) 主机油雾浓度探测器。

(8) 燃滑油分油机。

(9) 气动风闸关闭。

5. 蒸汽、排气、凝水和给水系统

1) 蒸汽系统

蒸汽系统中的蒸汽工作压力分为0.7MPa和0.3MPa。

日常停泊和航行时蒸汽由燃油/废气组合锅炉(蒸汽工作压力0.7MPa)提供。

0.7MPa蒸汽系统供以下处所使用:燃料油深舱、燃料油沉淀舱、燃料油日用舱、燃料油溢流舱、重柴油沉淀舱、重柴油日用舱等的加热;主机滑油沉淀舱、主机滑油循环舱、污滑油舱等的加热;主机燃油雾化加热器、燃油分油机加热器、柴油和滑油分油机加热器;主机燃油回油筒、废气锅炉吹灰器、油渣舱、双层底污油水舱等的蒸汽吹洗;燃油锅炉蒸汽雾化;惰性气体甲板水封加热及水管伴行加热。

0.3MPa蒸汽系统供以下场所用途:热水压力柜;舱室空调设备;散热器;海水门冲洗;舱底水油水分油器;全船蒸汽杂用;燃油管路(燃料油管和重柴油管)的蒸汽伴行管(包括污油管和油渣管等);蒸汽减压阀组设有旁通管路和截止阀。

2) 排气系统

废气锅炉的多余蒸汽释放借多余蒸汽排放阀排至大气冷凝器。

3) 凝水系统

用于热水柜及舱室空调设备的凝水,经阻汽器引至大气冷凝器后至热井。而用于燃滑油舱和燃滑加热器的凝水可能含有油,需经凝水观察柜,借重力引至热井,由热井溢流至舱底。

蒸汽阻汽器组设有旁通管路和截止阀。

4) 给水系统

燃油废气组合锅炉给水泵分别吸自热井,经给水管路分别送至燃油废气组合锅炉。热井补给水由锅炉水舱补给并与淡水压力柜连通。

在锅炉给水系统中设有给水加药装置。

6. 主、辅机和锅炉排气管系

凡主机、辅机、锅炉和应急发电机组排气管路上应设置排气管支架,防止排气管振动。

主机、辅机、燃油废气组合锅炉和应急发电机的排气管应设置火星熄灭器。

十四、机械装置的控制和仪表

1. 概述

(1) 本船主机、辅机和锅炉设有安全系统、控制系统和监视系统。

(2) 主机既可以在机舱集中控制室操纵,也可在驾驶室进行遥控,应急时还可以在机旁直接操纵。

(3) 电站要求详见电气技术规格书。

(4) 主机、辅机、锅炉、各类机械设备和舱柜的报警、液位测量项目以及各类指示仪表，除符合制造厂标准外，还应符合规格书要求。

(5) 机舱设火灾自动报警系统。

(6) 机舱设微机监控系统。

2. 控制室

1) 结构

集控室位于机舱上平台前部，具有隔音、绝热的结构，并配备良好的通风、空调以及照明设施。集控室正方装有尺寸合适的双层中空玻璃窗(夹胶玻璃)，两侧均有供出入的自行关闭的隔音门(带玻璃)。集控室内的噪声应满足国家劳动保护有关规定。

2) 机舱集控台设备

为了监视和控制机舱内各种机械设备的运行，集控室里配置以下设备：集中控制台(包括主机遥控、主机、辅机和锅炉等重要设备的控制、显示、报警和仪表等)、机舱微机监控系统(由系统监控仪、报警仪和系统显示仪组成，对模拟量、开关量进行监测和报警，并记录通道名称，采用液晶显示、键盘控制技术，完成各个通道数据的显示和打印)、主配电板、组合起动屏、单元式空调器、供电单元、饮水机、图纸柜、写字板(白色)、警告板和椅子等。

3. 自动化和遥控概况

1) 主机

(1) 主机车钟系统(满足船级社要求，按制造厂标准)。

① 主车钟。车钟由以下各部件组成：

一台发信器，单杆式，带蜂鸣器，并标有正车(各速度挡)-停车-倒车(各速度挡)的标刻，装于驾驶室。

一台受令器并带回令器，位于集控室。

一台不带回令器的车钟指示器，位于机旁应急操纵台。

一个车钟电源用于失电报警，位于驾驶室。

② 应急车钟。本船设置应急车钟一套。

③ 车钟记录器。车钟记录器放置在驾驶室主机遥控台上，记录车钟发令的时间、主机转速、正车或倒车。

(2) 主机遥控装置(遥控操纵原理最终由主机制造厂的要求和调速器的性质决定)。

① 在集控室和驾驶室遥控操纵主机使用电控式系统，机旁用气控式系统。

② 机旁应急操纵台操纵时是机械式控制，在机旁可以将驾驶室、集控室遥控直接转为机旁操纵。

③ 在集控室可以将驾驶室遥控转换为集控室控制。

④ 驾驶室遥控借助车钟单手柄实现主机换向、变速和停车等功能。车钟手柄操作时，系统设有保护程序对主机进行保护(可越限)。集控室遥控按制造厂标准实现主机起动换向、变速和停车等功能。

⑤ 为了应急使用，备有“取消自动停车和自动降速”开关，对部分自动停车和自动降

速功能实现越控。

⑥ 驾驶室和集控室提供手动应急停车开关。应急操纵台上应急手动停车装置无论遥控系统是否工作，均可实现停车。

(3) 安全保护装置(具体按制造厂标准和船级社要求)。

① 自动停车。在下列情况下，主机将自动停车并报警：推力块轴承温度过高；主轴承滑油/和推力轴承滑油进口压力过低；主轴承滑油出口温度过高；凸轮轴滑油进机压力过低(根据主机的系统设计)；主机超速。

② 动减速。遇下列故障时主机将自动减速并报警：No. 1～No. 6 缸排气温度高；扫气箱温度高；主轴承滑油和推力轴承滑油进口压力低；十字头轴承滑油进口压力低(根据主机的系统设计)；推力块轴承温度高；主机曲柄箱油雾浓度高；活塞冷却油进口压力过低；No. 1～No. 6 缸活塞冷却油出口温度高；No. 1～No. 6 缸活塞冷却油出口流量低；气缸滑油进口流量断流(每个注油器出油量)；No. 1～No. 6 缸缸套冷却淡水出口温度高；缸套冷却淡水进口压力低。

③ 起动联锁装置。当盘车机构脱开时，驾驶室车钟手柄或集控室的操纵手柄能起动主机，反之盘车机构啮合时均不能起动主机。起动次数仅限三次，当第三次起动失败后，起动顺序失效，并报警。

④ 自动越过转速禁区。如果轴系存在转速禁区，则主机连续运行时能自动避开临界转速禁区范围，即使主车钟手柄位于临界转速范围内，也会发出信号给调速器，使主机在临界转速范围外运转。

(4) 转速自动调节。由于装有调速器，主机能在整个转速范围内得到精密的调速。

2) 发电装置

(1) 柴油发电机。每台柴油发电机既可由机舱集控室遥控起动和停车，也可在机旁直接操纵。

自动停车(按制造厂标准和满足船级社要求)，遇下列情况时柴油机自动停车并报警：滑油进机压力极低；转速超速；冷却淡水温度过高。

下列温度由温度调节阀控制：冷却淡水进机温度；滑油进机温度。

自动转速控制：柴油机由调速器恒速调节，转速波动范围符合船级社的规定。

(2) 应急发电机组。应急发电机柴油机安全装置应对滑油压力低、起动动力源故障等故障报警并带有超速停车保护装置。当主配电板失电时，应急发电机组应在 45s 内自动起动，并向主配电板供电；当主配电板复电后，应急发电机组自动停车或机旁手动停车。

3) 蒸汽发生装置

(1) 燃油废气组合锅炉。燃油废气组合锅炉的燃烧和给水装置均为全自动。在燃烧器发生熄火、点火失败、鼓风机停车、炉膛空气失压、低水位、蒸汽压力高及失电等情况时，将自动停炉并报警。燃油低压时，备用泵投入运行并报警。燃油锅炉燃烧装置为蒸汽雾化式。其他报警根据规范和设备制造厂要求而定。

(2) 蒸汽、凝水和给水系统。从组合锅炉废气部分产生的多余蒸汽，经卸荷阀自动排至大气冷凝器。热井通过一个浮子式液位控制阀，可由锅炉水舱自动补充水，也可由淡水压力柜补充淡水。燃油废气组合锅炉通过高位停泵和低位起动泵使锅炉水位保持在一定范围。锅炉的水位表应设有水位表冲洗阀。

4）制淡装置

制淡装置的起动、停止和调整均由人工机旁操作，在机旁起动运转后，在造水盐度超过设定值时，通过电磁阀动作，凝水将自动返回蒸发器并且发出警报。

5）舱底水系统

机泵舱内低位污水井设有高位报警。报警水位应保证舱底水不漫上双层底舱顶板。

真空式舱底水油水分离器备有电接点真空表，无论吸空时真空度过低或吸入滤器堵塞真空度过高，均能够自动停止舱底水油水分离器专用泵工作。

机舱舱底水油水分离器设有油分浓度检测器，当处理后的排水含油浓度超过标准时，一方面发出报警，另一方面停止向舷外排放并返回舱底水舱。舱底水油水分离器不可自动起动，仅设自动停止功能。

6）冷却水系统

海水冷却泵和备用泵在机舱集控室可遥控起动和切换报警。在主机淡水冷却系统和海水冷却系统设三通温度调节阀。主机淡水膨胀水箱均设自动补水装置，具有低位报警功能。

7）滑油系统

（1）主机滑油系统。主滑油泵在机舱集控室集控台上设有切换报警，同时具有备用泵自动切换和在主配电板上遥控起动功能。主机滑油系统设三通温度调节阀。

（2）滑油净油系统。滑油分油机为自动排渣系统，出口带水分传感器。当出现下列故障时，将会发出声光报警并切断进油旁通至相应油舱柜或泵吸：净油流量低；排油压力高；进油温度高或低。

滑油分油机的起动和停车将在机旁手动操作。分油机的滑油加热设温度调节阀，该阀装设在每个滑油加热器的蒸汽进口管路上。滑油分油机测量报警信号输入机舱集控室的报警系统。

8）燃油系统

（1）日用燃油系统。主机燃油供给泵、主机燃油循环泵在供油单元的控制板上均设有故障报警装置，同时具有备用泵自动切换功能。主机供油单元的泵可在集控室集控台上遥控起停，主机的燃油进口黏度由各自黏度控制器控制，燃油加热器蒸汽进口管路上分别设温度调节阀，控制燃油 180cst/50℃的加热温度为 125℃。主机燃油供油单元测量报警信号输入机舱集控室的报警系统。

至主机和每台辅机的进油管和回油管上均应设截止阀，以便检修。

（2）燃油驳运和储藏系统。燃料油日用舱通过溢流保持一定的液位，溢流至燃料油沉淀舱，并设有高、低位报警装置。重柴油日用柜，可溢流至重柴油沉淀柜，并设高、低位报警装置。重柴油沉淀柜设有溢流管，溢至重柴油舱。轻柴油日用柜可溢流至轻柴油舱。燃料油和重柴油日用舱、燃料油和重柴油沉淀舱均设直接式温度调节阀。

（3）燃油净油系统。燃料油和重柴油分油机为自动型排渣系统，出口带水分传感器。控制和报警按制造厂标准。通常当出现故障时将会发出报警并切断进油，旁通至相应油柜和油泵进口。轻柴油分油机的起动和停车将在机旁手动操作。燃料油分油机加热器设有温度调节阀，180cst/50℃的燃料油加热温度为98℃。

9）压缩空气系统

（1）主机压缩空气系统。主空压机根据主空气瓶内的压力自动起动向瓶内充气，达到额定压力后自动停车。在机舱集控室操纵台上可控制主空压机起动和停止，并设有故障报警输入机舱集控室报警系统。主空压机通过装设在空气管路上的压力开关，如表8.19所示。

表8.19　主空压机设定　（单位：MPa）

空压机	起动	停车
1#空压机	2.5	3
2#空压机	2.2	3

主空压机的自动系统还包括顺序泄水、电磁阀卸荷、自动停车和报警（按规范要求）等功能。

（2）全船杂用空气系统。全船杂用空气由主空气瓶通过减压阀减压后供给，主空气瓶的空气由主空压机自动补给。

10）供水系统

装设在日用淡水（海水）压力柜上的压力继电器控制各自水泵自动向柜内补水，备用泵手动转换。压力柜的压力工作范围为0.35～0.4MPa。

十五、其他

1. 机舱通风

（1）机舱采用机械式通风系统，每台风机通过风管把新鲜空气输入机舱，每台风机的进口装有防鼠网和风闸。机舱风管采用结构风管。

（2）机舱内设有四台风机（两台可逆转），风机总风量应大于机舱内所有设备所需燃烧空气和散热通风量之和。根据ISO标准计算分油机室以及惰性气体室各设一台抽风机。

（3）通风口和风管由4mm钢板制成。

2. 机泵舱花钢板、扶梯和格栅

（1）机舱底层和工作平台用5mm花钢板制成，由角钢支架支承花钢板组成。为检修方便在花钢板底下或人孔处按需要设置可拆部分，围井区域采用格栅。

（2）泵舱将设置足够数量和合适的钢格栅或铺板。

（3）扶梯按需应方便地通向各层格栅，主扶梯有钢踏步，直梯有方钢踏步。有泵舱底至主甲板的垂直空间，用于应急救生。

（4）所有主扶梯的斜度≤60°，主扶梯的宽度为600mm，辅扶梯的宽度为500mm，直梯宽度为400mm。

（5）在主扶梯的下面将装设薄钢板护罩。

(6) 在格栅、扶梯和平台为工作人员的安全和方便考虑装设扶手，用标准口径钢管做成，必要处为拆检机器方便可做成可拆的，机泵舱平台处装设双栏杆扶手。

3. 机修间

机修间设在机舱上平台左侧，包括车床、台钻、砂轮机、钳工工作台(包括台钳、管钳)、吊车、轨道、主辅机喷油器试压泵、工具柜、工具板、洗手盆和电焊机等设备。

4. 机舱起吊和拆卸装置

1) 概述

(1) 主机行车起吊负荷详见本节“一、总述”中的“2. 机械设备和舱柜”部分。

(2) 机泵舱内所有设备上方设置吊环，其负荷按各设备重量配置。

(3) 对大型主、辅机备件和设备，应方便搬运和吊出机舱。

2) 机舱主机行车

主机行车为带吊钩的双轨式行车，行车纵、横导轨上装有齿条。横向和纵向运行均为电动，垂直起吊为双速运行。主机行车应考虑一次将活塞和活塞杆一起吊出。

起吊和运行的电机装有限位开关，按钮开关盒电缆应能放到底层。

3) 起吊装置

(1) 每一台柴油发电机组，设置带滑车的起吊梁和手拉葫芦以便于检修柴油机、发电机或把部件吊出机舱。

(2) 机舱机修间和备件间内设置带滑车的起吊梁和手拉葫芦，并与主机行车相衔接。

(3) 分油机上方装有带滑车的起吊梁和手拉葫芦并移伸至洗池台，以便检修分油机。

(4) 在机舱底层尾部处设有手拉滑车的起吊梁和手拉葫芦以便装拆、搬运螺旋桨轴。

(5) 增压器上方设有带滑车的起吊梁和手拉葫芦，以便于检修增压器(如果机舱吊能满足可免设)。

5. 铭牌

机泵舱内所有设备、舱柜及阀门等铭牌为中文，材料为铜质或不锈钢，铭牌直径＜40mm 的为中文。

十六、绝热和油漆

1. 概述

(1) 所有蒸汽、燃料油和凝水管子，表面温度超过 60℃以上均须包扎绝热物，绝热材料采用硅酸铝软毯，外包玻璃丝布排气管用成型玻璃棉。

(2) 在装设可动或可拆的法兰、阀、接头、盖等处，有必要使用矿棉并用钢丝固紧。

(3) 绝缘材料须满足规范和法规要求。

2. 舱柜和设备绝热

(1) 主、辅机燃料油及重柴油沉淀柜、日用油柜和燃料油深舱等四周用矿棉绝热，其厚度为使外表温度在冬天不超过 60℃，绝热层外再用 0.5mm 的镀锌白铁皮包覆。

(2) 排气消声器采用硅酸铝软毯，并用镀锌白铁皮覆盖。

(3) 燃油废气组合锅炉、惰气发生装置按制造厂的惯例包扎绝热。

(4) 所有加热器和热水柜按制造厂标准进行绝热。

3. 管路绝热

对接法兰和配件的管路包扎绝热，应使螺栓可拆，允许管子吊架伸缩。包扎的绝热材料和最小厚度如表 8.20 所示。

表 8.20　管路包扎绝热材料

系统	管径	绝热材料	厚度
蒸汽	＜25mm	硅酸铝软毯	20mm
	＞32mm		30mm
	＞50mm		40mm
	＞100mm		50mm
燃油	＜50mm		20mm
	＞50mm		30mm
热水	所有		20mm
排气			
对于主机	—	成型矿棉	70mm
对于辅机	—	成型矿棉	50mm
惰气发生装置	—	成型矿棉	70mm
燃油废气锅炉	—	成型矿棉	50mm

注：甲板蒸汽管应采用无缝钢管(喷锌涂漆不包扎绝缘)。

在易于引起船员伤害的地方，如各种安全阀的泄气管、辅锅炉的吹泄(排污)管、排气管等均应包扎类似绝热材料。

在烟囱里的排气管，从底部起 2.5m 高范围内均包扎绝热物。

从燃料油舱至燃料油输送泵的燃料油管路，包括伴行的蒸汽管，均需包扎绝热物。

4. 油漆

在机舱里的机器和管路上涂油漆，按照船主的颜色标准进行，但机器的工作表面、轴承工作表面、在机舱里的上扶手不涂油漆。最后一道完工油漆，在船交货前完成。

十七、船舶管系

1. 舱底水系统

机舱舱底水系统由舱底总用泵、舱底泵、消防总用泵以及舱底水油水分离器等设备组成，详细参数参阅本节“一、总述”中的“2. 机械设备和舱柜”部分。

机舱内设置足够数量的污水井，每个污水井都具有一个泥箱和截止止回阀的吸入管，经舱底水总管与舱底水总用泵、舱底泵和消防总用泵等相连，并排至舷外或舱底水舱。同时左舷和尾部污水井各设一直接吸口，经舱底水总用泵、消防总用泵排至舷外。

舱底水舱中的舱底水由舱底水油水分离器吸入泵直接吸入并进行分离，经分离后将清洁水排至舷外，分离出来的油排至油渣舱，舱底水舱也可经舱底泵泵至上甲板两侧排至岸上。在岸接头处备有舱底泵的应急停泵设施。

一台主海水冷却泵进口处设有一个截止止回阀接舱底水应急吸口。泵舱舱底水设置独立的舱底水系统和高位报警装置。舱底水由扫舱泵排至污油水舱或经监控排放至舷外。

锚链舱舱底水设置独立的舱底水系统，由舱底水喷射器排出。舵机舱及应急消防泵室的舱底水从污水井通过自闭式截止阀排至机舱污水井。应急消防泵室的舱底水污水井设高位报警装置。

2. 空气管和溢流管系统

除货油舱、污油水舱及机舱内较小舱柜外，其他舱均设空气管。空气管均装有空气管头，燃油舱、饮水舱的空气管头均装有铜丝网，压载水舱、隔离空舱和淡水舱的空气管头带不锈钢丝网。空气管头在露天甲板上，高度和管子壁厚按船级社要求设定。在各油舱空气管和溢流管下面四周装有固定式围井。

3. 测深管系

除机舱内小箱柜外，包括机舱、隔离空舱、锚链舱等的污水井，燃油舱和专用压载水舱，按船级社要求设置测深管。一般测深管的管径为40mm，燃料油舱为65mm管径。

测深管端装于露天甲板上易于到达的地方（除机舱内双层底以外），所有测深管均装有青铜管头和盖及识别标记。机舱内双层底舱的测深管头凸出机舱花钢板，在上端装有自闭式测深管头，并装有检查阀。凡柴油舱除设有自闭式测深管外，根据法规要求还应设有液位计。测深管尽可能直，不可能做到时则应仅稍有弯曲，测深管连接为套筒连接。在测深管底为了保护壳板均装有护板。各货油舱和污油水舱除专有液位遥测装置外，还设有专用甲板阀，通过油/水界面仪测量液位和取样。

4. 注入管系

1）燃料油注入管系

燃料油注入管站设于尾甲板室（左、右舷），分别至各油舱。注入管站应设有固定式围井，其容积应满足法规要求。

2）柴油、滑油、气缸油注入管系

柴油、滑油、气缸油注入管站布置在艉甲板室（左、右舷），左右舷设一连通管经截止阀至各柜。注入管站应设有固定式围井，其容积应满足法规要求。

3）淡水注入管系

淡水注入管布置在尾楼甲板（左、右舷），左右舷设一连通管经截止阀至各舱。

5. 疏排水管系

1）露天甲板排水

（1）在甲板舱室顶和露天甲板装有适量的带格栅排水口。

（2）各露天甲板的排水口通往下一层露天甲板，直至最低一层露天甲板，经排水口在载重水线附近排至舷外，主甲板的排水口应设有防污染的塞子。

2）内甲板疏排水

除厕所、病室内走道的疏排水以外，其他各种设施的疏排水管将汇至总管经防浪阀排至舷外。从厕所来的粪便管汇集至总管并接至粪便处理装置，经处理和消毒后经止回阀排至舷外，并设有旁通阀可直接排至舷外，同时在上甲板上设有污水接岸的国际通用接头。病室的粪便管和病室排水管通至粪便污水处理装置。粪便管和疏排水管具有足够倾斜度，避免小弯头，需要处设有透气管，同时设置适量疏通口。在居住处所和各层甲板上的舱壁和里子板之间，设有疏水、凝水挡板，在疏水沟里设置适量的疏水口。

6. 日用供水和热水系统

1）概述

（1）在船的尾部设有淡水舱和饮水舱，造水机淡水进淡水舱。淡水和饮水为压力式供水系统，热水为环式系统。

（2）日用供水系统的各泵和压力柜均安装在机舱内，有关各泵和压力柜的型式、能量参阅本节“一、总述”中的“2. 机械设备和舱柜”部分。日用供水系统按洗涤水和冲洗水分列，为左右舷分层布置，各层甲板管子将设隔离阀，当其中一段需修理时，其余分段仍可供水。

（3）日用淡水系统由日用淡水泵两台（一台备用）和一个淡水压力柜组成。日用淡水供至分油机和分油机洗池以及所有洗脸盆、莲蓬头、浴缸、洗衣机、配膳间、厨房以及病室和驾驶室窗冲洗。

（4）饮水系统由一台饮水泵（日用淡水泵为备用泵）、一个饮水压力柜、饮水消毒器和矿化装置等组成。饮水分别供至厨房、配膳间、沸水器和饮水器。

2）热水系统

（1）热水系统由一台热水循环泵和一个热水柜组成，热水柜为蒸汽/电加热。

（2）热水分别供至分油机、分油机洗池以及所有洗面盆、莲蓬头、浴缸、洗衣机、洗衣池、配膳间、厨房和驾驶室窗的冲洗。

（3）热水循环泵安装在环形系统回路上，并泵回到热水柜进行循环加热。热水循环泵进出口并装有旁通管，可利用热虹吸原理进行热水自然循环。

3）海水系统

海水系统由两台日用海水泵（一台备用）和一个海水压力柜组成，供全船浴厕、甲板等冲洗用。

7. 消防系统

1）概述

消防系统包括水消防系统、CO_2 灭火系统和甲板泡沫灭火系统。

（1）水消防系统：消防总用泵和舱底总用泵均安装在机舱底层，应急消防泵安装在应急消防泵室。

（2）CO_2 灭火系统：68L CO_2 瓶安装在上甲板 CO_2 室内，油漆间设置独立的 CO_2 瓶。主机扫气箱的 CO_2 灭火控制箱设于主机附近。

（3）甲板泡沫灭火系统：其泡沫设备安装在上甲板泡沫站内。

消防控制站位于机舱外上层甲板，在机泵舱失火时如下进行遥控操纵：

（1）关闭机舱或泵舱通风机。

（2）关闭燃油废气组合锅炉燃油总管的快关阀。

（3）关闭各种燃油泵。

（4）关闭分油机。

（5）关闭设在下列舱柜上的快关阀：燃料油深舱、燃料油沉淀柜和燃料油日用柜，重柴油舱、重柴油日用柜和重柴油沉淀柜、轻柴油舱和轻柴油日用柜、主机滑油储存柜，主机滑油沉淀柜，气缸油储存柜和日用柜等。

2）水消防系统

（1）水消防系统由消防总用泵、舱底总用泵和应急消防泵组成，泵的型式、能量参阅本节“一、总述”中的“2. 机械设备和舱柜”部分。

（2）消防总管由舱底总用泵、消防总用泵供水，并与应急消防泵接通。消防总管由上甲板一侧布置，其支管分别引至机舱和上层居住舱室。

（3）机舱和舱室的消火栓口径为 50mm，消防水同时作为甲板泡沫灭火系统的工作水和消防水，兼供甲板清洗及锚和锚链冲洗用。

（4）甲板部分备有下列消防装备：①帆布水龙带连同接头和箱子。②上甲板：消火栓为 ϕ65mm 的水龙带和箱子，每套包括 ϕ65mm×20m 长水龙带和喷嘴一只，并配置国际通岸接头。③舱室：适量 ϕ50mm 水龙带和箱子，每套包括 ϕ50mm×20m 长水龙带和喷嘴一只。

3）CO_2 灭火系统

机舱和泵舱装有 CO_2 灭火系统。CO_2 灭火系统的容量满足船级社要求。CO_2 灭火系统包括 68L CO_2 瓶，带信号的快开阀、喷头和一些必需设施，包括 CO_2 瓶称重装置。机舱施放报警有电笛警报和闪光灯。泵舱施放报警为汽笛。

机泵舱内设置适当数量的手提式泡沫灭火机（10L），以及两台 45L 和一台 135L 泡沫灭火器，分别布置在燃油废气组合锅炉附近和机舱底层，同时配置适当数量的手提式 CO_2 灭火机（9L）。

4）机舱压力水喷雾系统

根据法规和规范要求，在下列设备顶设一独立的压力水喷雾系统：

（1）主机及柴油发电机组。

(2) 燃油废气组合锅炉。

(3) 分油机室。

5) 甲板泡沫灭火系统

为满足法规以及船级社的要求,货油舱区采用泡沫灭火系统。泡沫灭火系统设有泡沫液柜、泡沫比例混合器、泡沫炮(按规范计算要求)、泡沫枪(四支)和必要的附件。

泡沫灭火系统所需的海水由机舱消防总用泵和舱底总用泵提供,泡沫灭火系统管路上设有适量的手提式泡沫枪软管接头。

8. 蒸汽和排气管系

1) 概述

设有全船生活和舱柜加热的蒸汽和凝水管系。有关蒸汽锅炉和蒸汽分配参阅本节“一、总述”中“5. 蒸汽排气凝水和给水系统”的“蒸汽系统”部分。

2) 舱柜蒸汽加热管系

燃油舱、柜装有固定加热管,加热管材料为无缝钢管。机舱内燃油管路设有蒸汽伴行管。蒸汽经由机舱内的蒸汽分配器至各舱柜。由燃油舱柜加热管来的凝水,一般经凝水观察柜流回热井,但也可旁通,进入大气冷凝器后回流至机舱热井。双层底内的油舱装有适量无缝钢管加热盘管。

3) 生活杂用蒸汽管系

生活杂用蒸汽管系供厨房蒸饭间、热水柜、烘衣间、蒸汽散热器和空调装置,凝水经疏水器后回流至热井。

9. 杂用压缩空气系统

供甲板上使用的杂用压缩空气由机舱杂用空气瓶通至上甲板,供货油舱软管吊车等使用,并由首至尾装有适量的软管接头,包括尾楼甲板、起居甲板、舵机舱、空调机室和液压泵室。

10. 汽笛

雷达桅上设一只汽笛,由机舱内的汽笛空气瓶供气使用。

十八、油船专用系统

1. 货油输油和扫舱系统

输油和扫舱系统的设备参数按本节“一、总述”中的“2. 机械设备和舱柜”部分。货油舱、污油水舱按总布置图布置。货油输油和扫舱系统满足同时装卸两种货油,两种货油管系通过双道阀隔离完全防止货油间的污染。每一货油注入管装载速率为 1000m^3/h,总的最大装载速率为 2000m^3/h,总的最大卸货速率为 1800m^3/h(两套总管)。货油舱和污油水舱内所使用的阀均为手动操纵阀。输油和扫舱管路包括甲板上的货油管路均设置适量滑动式膨胀接头。

输油和扫舱系统设有三台货油泵(一台为备用泵)安装在泵舱内,电机设在机舱。另外设一台电动螺杆式扫舱泵,电机设在机舱,扫舱泵安装在泵舱。其传动轴均分别通过机泵舱隔壁处的气密隔爆填料函,以保证机舱与泵舱之间不通气。

输油和扫舱系统为总管式,设有两根输油管,分别与货油舱支管连通。输油总管分别进入货油泵进口,泵舱内三泵之间各设一双道蝶阀,同时货油舱内两根输油总管之间设双道阀予以连通成环形布置。

吸入总管的管径为 DN450,每一货油舱设吸入支管,管径为 DN350。不设扫舱管,设扫舱吸口,管径为 DN150。输油排出总管的管径为 D400,自泵舱引至上甲板,输油管到上甲板的距离为 2000mm,其装卸油管及岸接头分别设于船中部,左右舷两侧各两根,上甲板中部设有两个货油装卸站(左右舷各一个),并按照石油公司国际海事论坛(OCIMF,1991 年版)有关规定。

货油装卸站油管按国际标准设置异径接头,其规格和数量如表 8.21 所示。

表 8.21　异径接头规格

序号	标准 ANSI×ANSI	数量	序号	标准 ANSI×ANSI	数量
1	400×400 (16″×16″)	4	3	400×250 (16″×10″)	2
2	400×300 (16″×12″)	2	4	400×200 (16″×8″)	2

每一货油舱设一集油井。集油井内设扫舱吸口一个,均靠单侧布置。每根排出总管接有一根甲板注入管,直接通至货油舱内输油总管,分别注入各货油舱。每一货油装卸油管通岸接头上,设有带阀的压力表,同时设有货油抽样阀。卸油作业结束后,排出总管、吸入总管和货油泵内的剩油,用扫舱泵吸出并通过小直径管路排至输岸总管。

2. 惰性气体防爆系统和货油舱透气系统

本船设一台惰性气体发生装置(带燃烧器),惰气的最大容量按船级社要求为 2250m³/h,系统主要设置燃烧器、洗涤塔、甲板水封、压力/真空断路器、惰性气体鼓风机、惰性气体主阀、风机排出阀、固定式氧量分析仪等。主控制台、机旁、机舱集控室和驾驶室内设监视板。机舱内设有惰性气体发生装置冷却水泵一台(总用泵作为备用泵),甲板水封水泵两台(其中一台作为备用),分别供海水至惰气发生装置及甲板水封使用。

当卸货时由两台惰气鼓风机(两台各 50%,一台备用)供气给惰性气体发生装置,在惰性气体发生装置内燃烧产生的烟气经洗涤塔冷却降温,去除杂质和硫分并除湿后,温度在 65℃以下的干净惰性气体通过水封装置后进入甲板上总管,再经支管分别进入各货油舱;同时根据法规要求,装有适宜的接管与输油总管连通,以便能将惰性气体送入舱内。鼓风机也可吸入新鲜空气至货油注入管,经货油总管进行货油舱驱气。惰气系统装有适宜的接管与专用压载管连通,以便能将惰性气体送入舱内。鼓风机也可吸入新鲜空气经压载管进行压载水舱通风和除气。

甲板水封是为防止惰气倒流而设,安装在上甲板上,在上甲板上通至甲板水封的水管伴有加热管并包有绝热层，以防止其结冰。

主控制板设在货油控制室，所有气动阀均可在此遥控，冷却水泵、鼓风机也均可在此遥控。控制台为模拟板式，设有各阀的开关、指示灯和报警装置等。

在驾驶室、机舱集控室、货油控制室以及机组附近，设有监视板并有声光报警装置。

每一货油舱和污油水舱首部各引一根透气管接独立的高速透气阀，高速透气阀由压力/真空阀和压力释放盖组成。高速透气阀开启后能稳定、无震颤地工作，满足 IMO MSC/CIRC. 1009 的要求，并获得船级社型式认可。透气管的布置能保证船舶在任何浮态下管内的凝液都能自流回舱内。另外，每舱还设有独立的高压真空报警装置。高速排放阀的压力和真空设定值为 1400/－350mmH_2O。

每货油舱配置的压力/真空阀规格容量应满足最大装卸率要求，并通过设备厂进行最大装载的透气管路阻力计算后确认。

3. 专用压载水系统

专用压载水系统设有 480m^3/h×0. 3MPa 电动卧式离心泵两台。泵安放在货泵舱内，泵的电机安置在机舱内，其传动轴通过机舱和泵舱隔舱壁处设有气密隔爆填料函。另设有 100m^3/h 压载水喷射泵一台，用于抽尽压载水，由机舱消防总用泵或舱底总用泵供给工作水。

每一专用压载水舱各设有一个吸口，每一吸口由支管与总管相连，在每一支管上设有在甲板上操纵的压载水舱控制阀，专用压载水舱的左、右两总管汇总后进入两台专用压载泵进口，并排至舷外或相应压载水舱内。

泵舱内的左、右舷海水门上均设有压载水吸入通海阀。两个专用压载泵经海水总管(海水流器)可从左舷海水门吸入海水，通过压载水总管、控制阀门注入每一专用压载水舱及艏尖舱。

当遇上风暴海况时，为安全航行，可按船长决断，借助货油泵通过右舷海水门及海水总管，将海水注入指定的货油舱内，以进行风暴压载。

货油舱内的压载水排放也可由货油泵或扫舱泵进行。在到达目的港口前，如果舱内装有大量压载水，则可由货油泵通过甲板卸油管排入海中，当排出水中有油或排至舱内油水界面处时，可由扫舱泵排至排油监控系统进行监控排放。

4. 洗舱系统

洗舱系统选用开式海水洗舱，由甲板消防总管供给洗舱水，并配备移动式洗舱机两台，洗舱泵由消防总用泵或舱底总用泵兼用。各油舱内用过的洗舱水通过扫舱泵将其驳至第一级污油水舱，经过沉淀后的洗舱水通过连通管流入第二级污油水舱。每一货油舱设有两个洗舱口。污油水舱各设一个洗舱口，每次只能同时由两台双喷嘴型洗舱机清洗一个货油舱或两个污油水舱。

5. 排油监控系统

排油监控系统的设置符合法规和船级社规范的要求，主要设备有取样泵、试样处理装置、试样检测装置、计算机控制装置以及流量检测装置等。

通过排油监控系统使污油水舱排放污水满足法规要求，并在计算机装置上显示和记录每海里油排放量、排油总量、含油浓度和污水排放量等，若排放污水超过规定值就发出报警，返回污油水舱。

系统中大部分设备安设在机舱和泵舱之间的隔壁上，电气部分安设在机舱侧，气液部分安设在泵舱侧，计算机控制装置及其显示、记录和操作部分则安设在货油控制室内。另外，根据法规的要求，船上备有移动式油水界面探测器，用以探测污油水舱内的油水分界面。

排油监控要严格按照有关当局批准的排油监控操作手册进行工作。

6. 货油、压载水控制系统

1）概述

货油管系和扫舱管系的布置按本节“十八、油船专用系统”中“1. 货油输油和扫舱系统”的说明。压载水管系和污水管系的布置按本节“十八、油船专用系统”中“3. 专用压载水系统”、“4. 洗舱系统”的说明。货油舱需设空闭取样、量舱装置。

2）货油控制室

货油控制室要有良好的通风和空调。控制室设有固定式玻璃窗，可观察甲板装卸货油。控制室应有天花板、围壁和地板。为了监视货油装卸，在控制室里配备必要的设备和仪表，包括：货油、压载水装卸控制台；惰气控制板；排油监控控制板；单位式空调器一台；有扶手的靠背椅子一把；长沙发一组。

3）液压控制站

液压控制站包括液压泵两台（一台备用），液压储油柜一个，蓄压器两台，电磁阀箱一台和必要的阀、滤器、仪表及手提式启阀油泵等。液压油管路的设计压力为 10.5MPa，在装卸货油时液压油泵是连续工作的。当蓄压器压力低于 9.5MPa 时，发出低压报警，同时关闭电磁阀使液压上升至 10.5MPa，即自动停止。若由于操纵频繁，一台液压泵连续运转，其油压不能升至 10.5MPa，甚至油压继续往下降直至 9.0MPa，则另一台液压泵也自动投入运转，使蓄压器压力上升至 10.5MPa，此时两台液压泵同时停车（系统的设计压力按制造厂标准）。

当液压储油柜油位过低时，液压泵将自动停止运转，同时发出报警。液压泵站的工作能力为每分钟能使最大口径的三个遥控阀同时开闭。

4）货油舱阀门遥控系统

货油舱阀门遥控系统采用电-液式，液压管为多芯管（舱内的多心管不设护套，裸管采用焊接套管连接）。

货油舱舱内的阀门全部采用液压遥控蝶阀（双偏心型），每个阀都带有阀位指示，根据卸货情况和阀的使用情况有下列两种。

（1）调节式：即阀位开度可任意调节，主要用于各货油舱的主吸入支管，在货油控制室进行遥控操纵。

（2）二位式：即（开-闭）指示液压遥控蝶阀，主要用于各扫舱管系的吸入支管。二位式的遥控蝶阀，其阀位只有开和闭两种状态，其他均与开度指示液位遥控蝶阀相同。

7. 液位测量系统

专用压载水舱、艏尖舱、艉尖舱、燃料油舱、轻/重柴油舱、淡水舱、饮水舱和锅炉水舱均设有手动测深装置。每一个货油舱和污油舱设置压力式液位遥测装置(每舱一个，计14个)以测量货油舱液位。首部和机舱尾部、左右舷各设一吃水传感器，自动测量吃水。液位遥测系统除传感器外均安设在货油控制室内。

8. 高高位报警

每一个货油舱和污油水舱均设置独立高高位(98%)报警。

9. 装载计算机

本船设装载计算机一部，为 off-line 型(非在线型)，符合船级社规定的有关要求，具有以下主要功能：计算载重量、浮态和重量分布等；计算完整稳性；计算船舶强度(弯矩和剪力)；显示许用弯矩和许用剪力；在坞内和空船下水工况的计算；数据输出、储存和打印等。

十九、管系附件概述

1. 概述

(1) 设计中注意管子尽量直而弯头少，除淡水管不得通过油舱、油管不得通过淡水舱外，其他管子若要通过燃油舱，则管壁应加厚，且不得有可拆的接头。

尽可能避免管路呈袋形凹弯，如果有，必要时在此处配座板，安装阀和螺塞或采取其他泄放方式。通过隔离舱、空舱的管路上下装放泄螺塞，频繁泄放的管路配有阀和旋塞。

(2) 钢管弯管半径不小于 2.5 倍管子名义直径($2.5D$)，但用弯接头除外。若管系布置困难，也可以采用 2 倍弯管半径，管子弯头处可以用定型弯接头，铜管弯头不小于 2 倍管子外径($2D$)；若用定型弯头，弯头半径可为 $1D$～$5.5D$。

(3) 各管系设计成能承受由热膨胀和船体结构变形而产生的所有应力，除非另有说明，一般靠弯管补偿，必要时排气管可采用波纹膨胀接头。管路配有适合的支撑以防剧烈的振动，非金属管子不要直接与钢结构接触。

(4) 油管尽量远离热面，管子不要直接布置在配电板前后和上方，若无法避开，应采取相应保护措施。电缆上方不应设有管子法兰接头。

(5) 若管子穿过油和水密舱壁和甲板，可采用焊接贯通配件来保证连接处密封性，贯通配件焊于舱壁上。凡穿过绝热隔舱壁的接头须有足够的长度，以致法兰连接时不损坏绝热层。凡穿过由船体构成的舱(柜)壁的管子，如测深管、吸入管和透气管，可使用直接焊接的形式。

(6) 镀锌钢管在加工和法兰焊上后镀锌（但对具有螺纹头的除外，管螺纹接头装配后涂漆)，若焊接时损坏镀锌层，则需在其表面用涂锌两层修补。

(7) 上甲板管系敷设高度

上甲板管系(除货油管系外)敷设高度为尽量不小于300mm。各类水管系的最低处设置泄水阀。货油总管的位置高度,按照石油公司国际海事论坛(OCIMF)有关要求而定。

(8) 管架

管子一般用U形管夹固定在管子搁架上,其间不设置垫片,但在货油区的燃油管、滑油管、蒸汽管、货油管和洗舱管等处应设置垫块和垫片,不锈钢管应设绝缘垫块和垫片,外涂塑管应设软质的垫块和垫片。

(9) 垫片

管子与管子连接(法兰或螺纹)的垫片:生活管系用无毒垫片,蒸汽、排气管系用金属石墨垫片,货油管系用氟橡胶或缠绕垫片,除此之外均按系统要求配置。

2. 阀门

船上所装的管子、阀、旋塞、接头和螺纹等,若无另行说明均符合ISO标准。

所有减压阀在减压侧装有安全阀和压力表。

压力、温度和液位自动调节阀都设有手动开启装置或旁通管路。

3. 管子酸洗和冲洗(投油)

1) 管子酸洗

凡燃油、滑油和液压油管系,均需酸洗,且应在船上安装前完成酸洗,并管内涂油,两端封死。

2) 管子冲洗(投油)

表8.22所示的系统在船上安装后,用对应的介质冲洗(投油)。

表8.22　管子冲洗

系统	介质
主机、辅机管系	冲洗油或系统油
液压管系	冲洗油或系统油
主机、辅机和锅炉燃油管系	柴油
起动和控制空气系统	压缩空气

4. 海水门

吸入海水门为焊接钢结构,其上设有海水排出直角通海阀或闸阀。吸入海水门设有防海生物装置电极及防蚀锌块,海水门格栅由不锈钢扁钢焊制成。海水门都设有透气管,每个吸入海水门都装有蒸汽和压缩空气吹除阀。在每个海水门底部船壳板上开有泄水孔。

5. 滤器

机舱里的各机械设备按照表8.23所示配置滤器。

表 8.23　滤器配置

系统	名称	位置	单联或双联	滤网型式	网孔数或滤孔直径
海水	海水滤器	进口	单联	不锈钢滤孔板	滤孔 8mm
舱底水	舱底水滤器	吸入	单联	滤器	滤孔 10mm
滑油	主机滑油泵滤器	出口	双联	滤网	35～50μm
燃油	燃料油输送泵滤器	进口	单联	滤网	32 目
	重柴油、轻柴油输送泵滤器	进口	单联	滤网	32 目

注：柴油发电机组、分油机及减压阀等滤器采用制造厂标准。

6. 管子材料、壁厚和阀门材料

管路材料如表 8.24 所示。

表 8.24　管路材料

系统名称	管子		阀门材料	备注
	材料	壁厚		
压缩空气： 15mm 以上 10mm 以下	无缝钢管 铜管	B 级	铸钢或锻钢 锻钢	—
海水冷却系统： 20mm 25mm 50mm 50mm 以上 海水总管 直接与船舷侧排出阀	无缝钢管 无缝钢管 无缝钢管 钢管 钢管	E 级 C 级 C 级 D 级 D 级	铸铁 铸铁 铸铁 铸铁 青铜，铸铁 铸钢	热浸锌 热浸锌 热浸锌 热浸锌 热浸锌
淡水冷却系统： 200mm 以上 20mm 以上 15mm 以下	ERW 无缝钢管 铜管	B 级	铸铁 铸铁 锻钢或青铜	淡水管系统 经磷化处理
燃油系统： 20mm 以上 15mm 以下 溢流管 与各油柜连接的阀	无缝钢管 铜管 无缝钢管	A 级	钢 锻钢或青铜 铸钢	燃油管系须酸洗
滑油系统： 20mm 以上 15mm 以下	无缝钢管 铜管	A 级	铸钢 锻钢或青铜	滑油管系须酸洗

续表

系统名称	管子		阀门材料	备注
	材料	壁厚		
舱底压载和消防系统：				
20mm	无缝钢管	C级	铸铁	热浸锌
25mm	无缝钢管	C级	铸铁	热浸锌
32～50mm	无缝钢管	C级	铸铁	热浸锌
50mm以上	无缝钢管	D级	铸铁	热浸锌
200mm以上	ERW		铸铁	热浸锌
直接与船舷吸入或排出阀			铸钢	
蒸汽系统：				
0.7MPa以下	无缝钢管	C级	铸钢	—
1.5MPa以下	铜管		锻钢或青铜	
给水、凝水系统：				
20mm以上	无缝钢管	C级	铸钢	—
15mm以下	铜管		锻钢或青铜	
主机、辅机排气管，燃油锅炉、废气锅炉：	钢板电焊	6～8mm	—	绝热层外包白铁皮
350mm以上	钢板电焊	5mm		绝热层外包白铁皮
350mm以下				
货油舱内、货油泵舱内输油管 200mm以上	无缝钢管 ERW	C级	球墨铸铁	外涂漆，与舱内相同
上甲板货油输油管 200mm以上	钢管 ERW	C级	球墨铸铁	外涂漆，与甲板面相同
货油舱透气管 200mm以上	无缝钢管 ERW	C级	铸铁	涂二层沥青环氧
专用压载水舱内的压载水管	钢管	D级	铸钢	热浸锌，外涂舱内相同漆
其他压载水管	钢管	D级	铸铁	热浸锌
舱底水管	钢管	C级	铸铁	热浸锌
燃油注入管	无缝钢管	C级	铸钢	外涂漆
惰性气体管	钢管	C级	铸钢	内涂二层沥青环氧
洗涤塔泄放管	钢管	C级		内涂二层沥青环氧
消防管	无缝钢管	C级	铸铁	热浸锌，外涂漆
泡沫灭火管	无缝钢管	C级	铸铁	热浸锌，外涂漆
露天甲板疏排水管(一般)	钢管	C级	—	热浸锌，外涂漆
(舷外排出)	钢管	D级	—	热浸锌，外涂漆
粪便和内甲板疏水(总管)	无缝钢管	D级	铸铁	热浸锌，外涂漆
(舱内)	无缝钢管	D级	铸铁	热浸锌，外涂漆
(舷外排出)	无缝钢管	D级	铸钢	热浸锌，外涂漆

续表

系统名称	管子		阀门材料	备注
	材料	壁厚		
露天甲板空气管	镀锌钢管	C级	—	管壁厚度需满足船级社要求
其他部位空气管	镀锌无缝钢管	B级	—	管壁厚度需满足船级社要求
测深管(水舱)40mm	镀锌无缝钢管	B级	—	
(水舱)50mm	镀锌无缝钢管	B级	—	
(油舱)40mm	无缝钢管	B级	—	
(油舱)50mm以上	无缝钢管	B级	—	
注入管(油)	无缝钢管	B级	—	
注入管(水)	镀锌钢管	B级	—	
燃油舱加热管	无缝钢管	D级	铸钢	
生活用蒸汽管	无缝钢管	C级	铸钢	—
压缩空气管	无缝钢管	B级	铸钢	—
机舱内淡水管	无缝钢管	B级	铸铁	热浸锌
机舱内饮水管	不锈钢管	—	青铜	—
机舱内热水管	无缝钢管	B级	青铜	热浸锌
上层建筑内日用供水管	不锈钢管或环保型塑管	—	青铜	—
液压管	无缝钢管	—	—	Ⅰ级管
遥控阀之液压油多芯管	不锈钢管	—	—	—

注:(1) 所有货油舱内的管子均需作特涂处理,货油管内部应特涂(纯环氧漆)。
(2) 如果管子表面处理有困难,则另行与船主协商解决。
(3) ERW为进口电焊钢管。

7. 钢管管子规格

钢管管子规格如表8.25所示。

表8.25　钢管管子规格

名义直径/mm	外径/mm	壁厚/mm				
		A级	B级	C级	D级	E级
10	17	2	2	2.5	2.8	3.0
15	22	2.5	2.5	3	3	3.5
20	27	2.5	2.5	3	3.5	4
25	34	3	3	3.5	4	4.5
32	42	3.5	4	5	5	6
40	48	3.5	4	5	5.5	7

续表

名义直径/mm	外径/mm	壁厚/mm				
		A级	B级	C级	D级	E级
50	60	4	4	5	6	9
65	76	4.5	5	6	7	8
80	89	4.5	5.5	7	8	11
100	114	4.5	6	7	9	14
125	140	4.5	7	8	10	16
150	168	5	7	9	11	18
200	219	6.5	8	10	12	—
250	273	7	9	12	14	—
300	323.9	8	10	14	16	—
350	355.6	9	11	14	16	—
400	406.4	9	12	16	18	—
450	457.2	—	—	—	—	—
500	508	—	—	—	—	—

8. 铜管管子规格

铜管管子规格如表 8.26 所示。

表 8.26　铜管管子规格

外径/mm	壁厚/mm	
	标准	加厚
9	1	1.5
14	1.5	2
22	1.5	2
24	1.5	2
28	2	2.5
40	2	2.5

9. 不锈钢管

不锈钢管管子规格如表 8.27 所示。

表 8.27　不锈钢管管子规格

通径/mm	管壁厚度/mm
15	2
20	2
25	2.9

续表

通径/mm	管壁厚度/mm
32	2.9
40	2.9
50	2.9

10. 铜镍管

铜镍管管子规格如表 8.28 所示。

表 8.28　铜镍管管子规格

通径/mm	管壁厚度/mm
400	按制造厂标准
450	按制造厂标准
500	按制造厂标准

11. 管子绝缘包扎

管子绝缘包扎的参数如表 8.29 所示。

表 8.29　管子绝缘包扎

管系	绝缘包扎		
	名义管径/mm	厚度/mm	材料
热、淡水管	25 以上	20	玻璃棉
蒸汽和排气管(舱室)	25 以上	20	玻璃棉
氟利昂管(冷藏库外)	所有管径	20	玻璃棉
惰性气体水封管(甲板)	所有管径	30	玻璃棉

二十、备件和工具

1）备件和专用工具

所有机械设备备件和专用工具按设备厂标准及船级社要求配置。

2）通用工具和物料

按通用工具及物料清单设置。

第二节　渔政船轮机系统设计

一、设计依据

1. 船型

本船为渔政船，钢质船体，双机双桨，如图 8.2 所示。

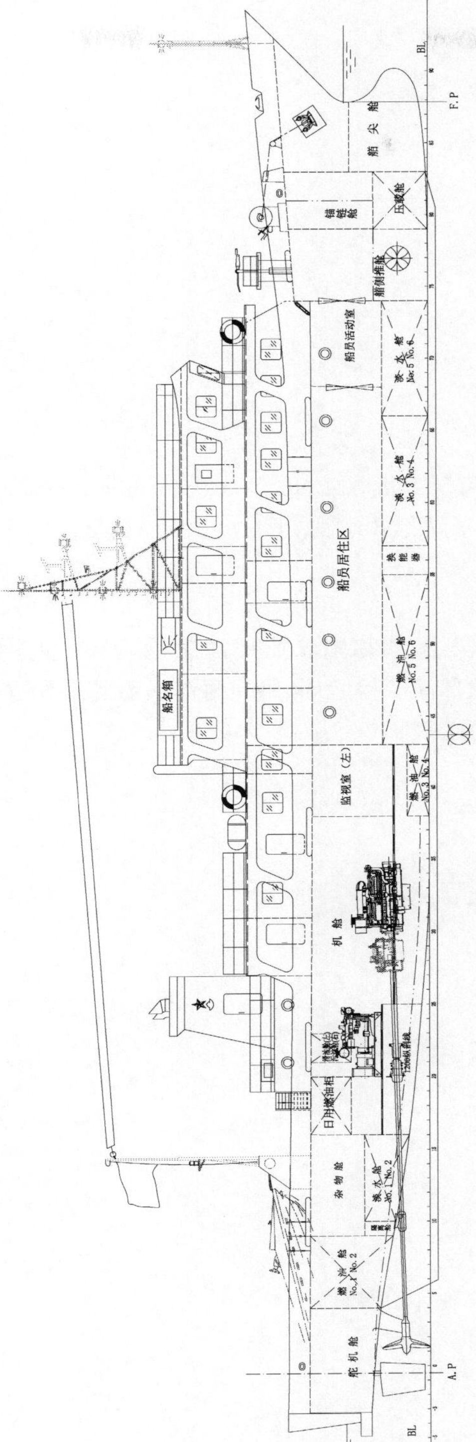

图 8.2　400 总吨渔政船总布置图

2. 船舶主要尺度

船舶的主要尺度如下：
总长：49m。
设计水线长：47m。
型宽：7.6m。
型深：4.3m。
设计吃水：2.4m。
排水量：360.9t。
船员人数：23 人。

3. 航速、续航力

设计状态下，3 级风况，两台主机在 1398kW、1950r/min 时，设计航速为 18.0kn。续航力为 1500mile。每天不少于航行 8h 情况下自持力为 15 天。

4. 燃油种类

本船动力装置按照中华人民共和国农业部渔船检验局《渔业船舶法定检验规则》(2000)、中华人民共和国农业部渔船检验局《钢质海洋渔船建造规范》(1998)和《钢质海船入级与建造规范》(2006)的有关要求设计。

二、航行设备

1. 主机

主机的参数如下。
数量：2 台。
型号：KTA50-M2。
型式：四冲程，V 型，增压中冷。
气缸数：16。
缸径：159mm。
冲程：159mm。
额定功率：1398kW。
额定转速：1950r/min。
曲轴旋转方向(面向飞轮端)：逆时针。
起动方式：压缩空气起动。
润滑方式：压力润滑。
冷却方式：闭式水冷。
螺旋桨设计点功率(SCR)：1258kW(90%持久功率)。
螺旋桨设计点转速：1800r/min。

燃油消耗率(最大功率):248.7L/h。
燃油消耗率(90%功率):221.2L/h。

2. 柴油发电机组

柴油发电机组的参数如下。
数量:2 台。
型号:CCFJ120J。
柴油机:6CTA8.3-GM155。
型式:直列,四冲程,涡轮增压带中冷器船用柴油机。
缸数:6。
缸径:114mm。
行程:135mm。
功率:155kW。
转速:1500r/min。
旋转方向(从飞轮端看)逆时针。
燃油消耗率:208g/(kW·h)。
发电机的参数如下。
型式:三相,自励无刷船用交流发电机。
功率:120kW。
转速:1500r/min。
电压:AC380。
频率:50Hz。

3. 停泊发电机组

停泊发电机组的参数如下:
数量:1 台。
型号:CCFJ40J。
柴油机:4BTA3.9-GM47。
型式:直列,四冲程,涡轮增压带中冷器船用柴油机。
缸数:4。
缸径:102mm。
行程:120mm。
功率:47kW。
转速:1500r/min。
旋转方向(从飞轮端看):逆时针。
燃油消耗率:208g/(kW·h)。
发电机的参数如下。
型式:三相,自励无刷船用交流发电机。

功率：40kW。
转速：1500r/min。
电压：AC380。
频率：50Hz。

4. 燃油锅炉

燃油锅炉的参数如下：
数量：1 台。
型号：CRZ0.081。
供暖输出功率：0.081MW。
水容量：90L。
额定出水温度：85℃。
燃油消耗：9.7L/h。

三、动力管路系统

1. 燃油系统

1）主机燃油
主机燃油消耗量 Q_1 为

$$Q_1=221.2\text{L/h}$$

续航力用油量 Q_2 为

$$Q_2=2\times221.2\times0.84\times1.1\times1500/18=34.065\text{t}$$

2）辅机燃油
两台柴油发电机组的燃油消耗量 Q_3 为

$$Q_3=1\times208\times155\times1.05\times80\%\times1500/18=2.257\text{t}$$

一台停泊发电机组的燃油消耗量 Q_4 为

$$Q_4=208\times47\times1.05\times80\%\times(15\times24-1500/18)=2.272\text{t}$$

3）锅炉燃油
锅炉燃油消耗量 Q_5 为

$$Q_5=9.7\text{L/h}$$

续航力用油量 Q_6 为

$$Q_6=9.7\times0.84\times1.1\times(15\times24-1500/18)=2.479\text{t}$$

4）工作艇燃油
工作艇的燃油消耗量 Q_7 为

$$Q_7=1\times51.7\times0.84\times1.1\times15\times4=2.866\text{t}$$

5）油灶燃油
油灶的燃油消耗量 Q_8 为

$$Q_8=2.0\times1.1\times15\times2=0.066\text{t}$$

6）燃油舱容积为

$$V_F=(Q_2+Q_3+Q_4+Q_6+Q_7+Q_8)\frac{1}{\rho}$$

$$=(34.065+2.257+2.272+2.479+2.866+0.066)\times\frac{1}{0.84}=52.38(m^3)$$

本船共设 8 个燃油舱，容积共 54.84m³。

7）燃油日用舱容积为

$$V_{FD}=Q_1 t\eta_\gamma=221.2\times8\times1.1=1.945m^3$$

本船共设两个燃油日用舱，容积共 10.2m³。

8）污油舱容积

$$V_S=K_1\cdot C_1\cdot D_1+K_1\cdot C_2\cdot D_1$$
$$=0.01\times8.92\times3.47+0.01\times1.75\times3.47=0.37m^3$$

式中，$K_1=0.05$；C_1 为主机燃料油日耗量，即 221.2L/h×0.84×2×24＝8.92t；C_2 为两台柴油发电机组和锅炉日耗量的一半，即（0.03×2＋0.08）t/h×24/2＝1.75t；$D_1=$ 3.47 天。

本船设 1 个污油舱，容积 1.38m³。

9）燃油输送泵

要求其在 4h 内泵满燃油沉淀柜：

$$V=V_{FD}/2=10.2/4=2.55m^3/h$$

现选用容量为 3.3m³/h、压力为 0.3MPa 的电动齿轮泵两组作为燃料油输送泵。

2. 滑油系统

1）滑油泵

主机滑油泵机带。

2）滑油舱容积

本船设 1 个滑油舱，容积为 2.48m³。

3）冷却水系统

（1）主机海水泵。主机海水泵机带。

（2）海水总管直径计算。

海水总管直径的计算如表 8.30 所示。

表 8.30　海水总管直径计算

序号	项目	符号	单位	计算公式或来源	航行
1	舱底泵排量	Q_1	m³/h	已知	40
2	水炮水泵排量	Q_2	m³/h	已知	150
3	总用泵排量	Q_3	m³/h	已知	40
4	海水总管总流量	Q	m³/h	$Q=Q_1+Q_2+Q_3$	230
5	海水总管内流速	V_S	m/s	取	2.5

续表

序号	项目	符号	单位	计算公式或来源	航行
6	海水总管所需面积	F_S	m^2	$F_S=\frac{Q}{3600 \cdot V_S}$	0.0256
7	海水总管直径	D	mm	$D=\sqrt{\frac{F_S}{0.785}}\times 10^3$	180
8	海水总管实际选用直径 DN=250mm				—

4）压缩空气系统

(1) 主机起动空气瓶。根据主机厂推荐，起动空气压力为 3.0MPa，空气瓶为 $0.12m^3\times$ 3.0MPa（3 个）。

(2) 空气压缩机计算。本船选用空压机为 $20.4m^3/h$（2 个），计算两台空压机充满瓶所需时间 T。

根据主机厂推荐，起动空气压力为 3.0MPa，空气瓶为 $0.12m^3\times 3.0$MPa（3 个），则

$$T=\frac{2V_1(P_1-P_2)}{2V_2\times 0.0981}=\frac{2\times 0.12(3-0.1)}{2\times 20.4\times 0.0981}=0.17\text{h}<1\text{h}，满足要求。$$

式中，V_1 为 1 个空气瓶的容量，$0.12m^3$；P_1 为空气瓶最高充气压力，3MPa；P_2 为空气瓶最小充气压力，MPa，0.1；V_2 为空气压缩机排量，m^3/h，20.4。

四、船舶管路系统

1. 舱底水系统

1）舱底水总管内径

舱底水总管内径为

$$d_1=25+1.68\sqrt{L(B+D)}=64.73\text{mm}$$

式中，L 为船长，47m；B 为型宽，7.6m；D 为型深，4.3m。

取舱底水总管直径为 DN65。

2）舱底水支管内径

舱底水支管内径为

$$\begin{aligned} d_2 &=25+2.15\sqrt{l(B+D)} \\ &=25+2.15\times\sqrt{14.5(7.6+4.3)} \\ &=53.24\text{mm} \end{aligned}$$

式中，L 为机舱长度，14.5m。

取舱底水支管直径为 DN65。

3）舱底泵

舱底泵的排量为

$$Q=5.66d_1^2\times 10^{-3}=5.66\times 4190\times 10^{-3}=23.72m^3/h$$

式中，d_1 为舱底水总管管径。

本船选用 80CLZ-7A 立式泵一台，排量为 $40m^3/h$，满足要求。

2. 生活用水系统

生活用水耗量为

$$G_1 = g_{e1} \times d \times s = 0.05 \times 15 \times 23 = 17.25\text{t}$$

式中，g_{e1} 为每人每天耗水量，0.05t/d；s 为船员人数，23 人；d 为自持力。

主、辅机的耗水量为

$$\begin{aligned} G_2 &= g_{eZ} \times N_Z \times T_Z + g_{ef} \times N_f \times T_f \\ &= (0.0031398 \times 2 \times 24 \times 15 + 0.003 \times (120 \times 2 + 40) \times 24 \times 15) \times 10^{-3} \\ &= 3.32\text{t} \end{aligned}$$

全船总耗水量 $G = 17.25 + 3.32 = 20.57\text{t}$。

本船设 36t 淡水舱，满足整个航程的淡水需求。

3. 消防系统

1）消防泵排量

根据《国际海上人命安全公约》(SOLAS)要求，消防泵的总排量应不少于舱底泵用于舱底抽水所需排量的 4/3，但在任何情况下不得少于 25m³/h：

$$Q_1 = 4Q/3 = 4 \times 23.7/3 = 31.6\text{m}^3/\text{h}$$

式中，Q_1 为消防泵所需排量，m³/h。

本船选用 80CLZ-7A 立式泵一台，排量为 40m³/h，满足要求。

2）泵的压力

泵的压力为

$$p = p_1 + p_2 + p_3$$

式中，p_1 为消火栓处的压头，取 $p_1 = 0.2\text{MPa}$；p_2 为泵到消火栓处的静压头，即

$$p_2 = 9.8H = 9.8 \times 3.5 \times 10^{-3} = 0.034\text{MPa}$$

其中，H 为消火栓距泵的垂直距离，取为 3.5m；p_3 为管路内的压力损失，按同类船预估，$p_3 = 0.02\text{MPa}$。

泵的压力 p 计算如下：

$$p = 0.2 + 0.034 + 0.02 = 0.254\text{MPa}$$

本船选用 80CLZ-7A 立式泵一台，排量为 40m³/h，与舱底泵互为备用。

3）消防总管内径

消防总管内径为

$$d = L/1.2 + 20 = 59.17\text{mm}$$

式中，L 为船长，47m。

取消防总管直径为 DN65。

4）通风系统

(1) 机舱风机(表 8.31)。

表 8.31　机舱风机计算

序号	项目名称	符号	单位	计算公式或来源	数值
1	机舱舱容	V_{MR}	m^3	已知	248.5
2	换气次数	n	n/h	已知	40
3	机电设备容积系数	C	—	选取	0.9
4	所需通风量	W	m^3/h	$W=V_{MR}\cdot n\cdot C$ $=248.5\times40\times0.9$	8946

选用两台轴流式风机，其型号为 CZF-90A（一台可逆转），风量为 $21000m^3/h$、全压为 220Pa。

选用两台离心式风机，其型号为 CLQ-15，风量为 $500m^3/h$、全压为 560Pa。

(2) 监视室风机(表 8.32)。

表 8.32　监视室风机计算

序号	项目名称	符号	单位	计算公式或来源	数值
1	监视室舱容	V_{MR}	m^3	已知	29.3
2	换气次数	n	n/h	已知	15
3	机电设备容积系数	C	—	选取	0.8
4	所需通风量	W	m^3/h	$W=V_{MR}\cdot n\cdot C$ $=29.3\times15\times0.8$	351.8

选用两台轴流式风机，其型号为 CZF-90A（一台可逆转），风量为 $21000m^3/h$、全压为 220Pa。

选用两台离心式风机，其型号为 CLQ-15，风量为 $500m^3/h$、全压为 560Pa。

(3) 船员住舱风机(表 8.33)。

表 8.33　船员住舱风机计算

序号	项目名称	符号	单位	计算公式或来源	数值
1	船员住舱舱容	V_{MR}	m^3	已知	74.48
2	换气次数	n	n/h	已知	15
3	机电设备容积系数	C	—	选取	0.4
4	所需通风量	W	m^3/h	$W=V_{MR}\cdot n\cdot C$ $=74.48\times15\times0.4$	446.9

选用一台离心式风机，其型号为 CLQ-19，风量为 $1500m^3/h$、全压为 920Pa。

第三节　浮船坞轮机系统设计

一、概述

本坞为整体式浮船坞，由连续的底部浮箱和两道连续的坞墙组成且不可分离。首部和尾部分别设置两道水密的坞墙。首部坞墙高度为1.2m，尾部坞墙高度为2.4m。

本坞浮箱横向设一道水密中纵舱壁和两道非水密旁纵舱壁，横向压载水舱被水密中纵舱壁一分为二；纵向设置七道水密横舱壁，在浮箱内设置12道非水密横舱壁。压载水舱被水密横舱壁一分为六。这样，本坞共有2×6个压载水舱，每个压载水舱的横截面均为L形，顶端伸至安全甲板下方，在安全甲板上为每个压载水舱开检修孔。

本坞在浮箱内共设干泵舱两个，各自上方设置主排水泵发电机舱。首部泵舱设置在右舷197＃与215＃之间，尾部泵舱设置在右舷43＃与61＃之间。每个泵舱内各设置两台主排水泵。首泵舱内的两台主排水泵可以为首部六个压载水舱排水，尾泵舱内的两台主排水泵可以为尾部的六个压载水舱排水。这样，保证每个压载水舱至少有两台主排水泵可以为其排水。本坞在首尾泵舱处设置两条横向通道，用于压载水舱管系以及阀门的布置。

本坞在左舷首部197＃与215＃之间设置主机舱一个。配备250kW的主柴油发电机两台。主发电机主要用于主排水泵排水作业。

本坞以380V的岸电作为主电源，另设一台150kW应急发电机组作为备用及应急电源，如图8.3所示。

1. 轮机概述

本坞轮机部分的设计按设计任务书的要求进行，主要用途如下：

(1) 万吨级货船/集装箱船修理。

(2) 其他船舶修理。

本说明书如有同现行规范抵触之处，应按新规范及近期修改通报订正。轮机部分的设计满足中国船级社(CCS)2009年颁布的《浮船坞入级与建造规范》要求。应满足的国际公约见船体说明书有关部分。

本坞轮机设备的主电源由两台柴油发电机组成。同时，本坞另设有一台120kW的应急发电机组。

燃油：0＃轻柴油(夏季)，－10＃轻柴油(冬季)。

浮船坞的压载水系统是保证沉浮性能的至关重要的系统。本坞压载水系统采用重力进水、动力排水方式。当抬举4000t重量的船舶，自完全搁墩开始起浮至抬船工作吃水，排水时间120min。本坞淡水、压缩空气、氧气和乙炔均由岸上供应。本坞可向被修进坞船舶提供消防、压载水、冷藏和空调冷却水等，同时还可接收部分被修船的生活污水。

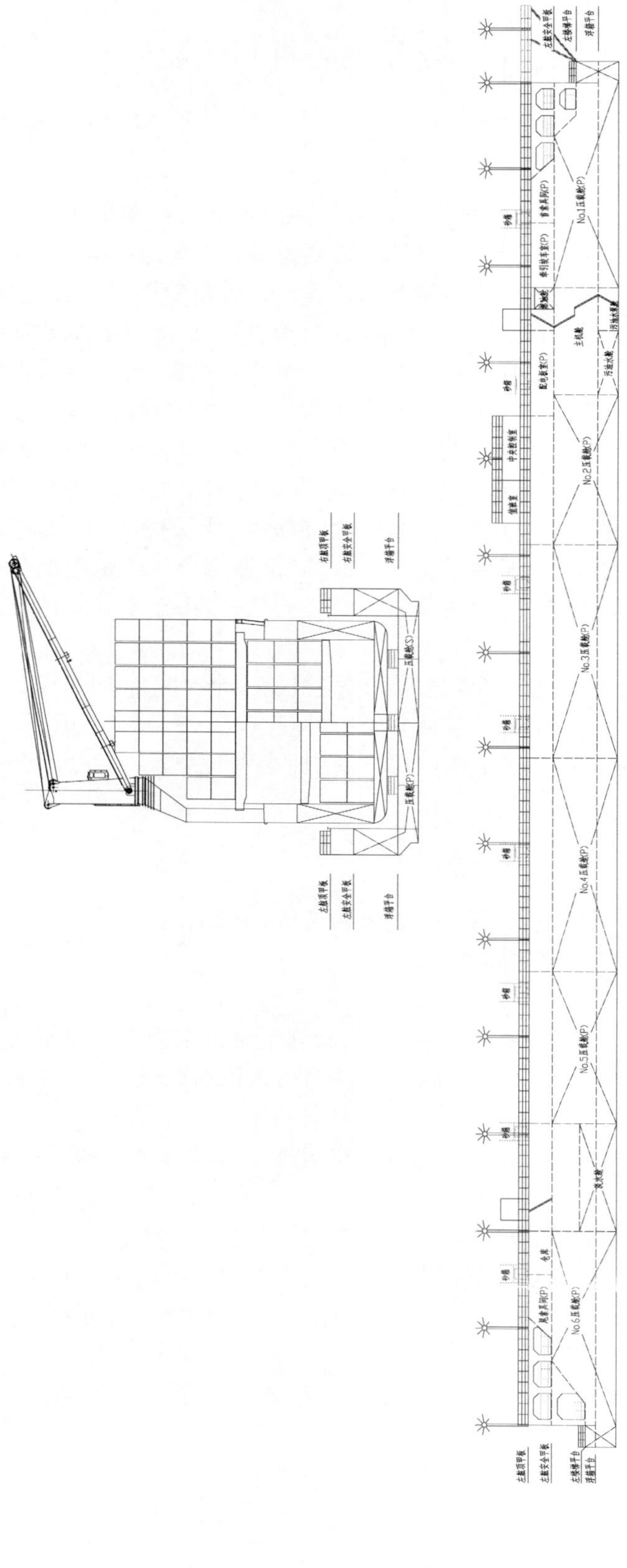

图 8.3 4000t 举力浮船坞总布置图

本说明书中所述备件及专用工具均为按设备制造厂标准所供且必须符合船级社规范。所有机械设备、阀件、箱柜的铭牌、警告牌等用中英文书写。材料、管子、管系附件和连接件等除特别说明之外，均采用我国产品，按 GB、CB、YB、ISO 标准制造。如果关于设计、建造、安装和工艺方面的某些细节在规格书和认可图中没有具体规定，那么应根据船厂的实际经验用最好的方法来操作。

应特别重视清理、检查、维护和维修。所有连接应根据船级社要求进行焊接。船厂应采取措施尽量减小机器处所和居住区的振动，振级应采用 CB/Z 310—1979 标准。噪声级应采用国标 GB 5979—1986。材料、机械和设备应采用国家认可的造船标准，除非经特批或在此文中特别提到的，但是管路和阀门配件尺寸如法兰和连接件等必须按照 ISO 等同的可替换标准。如果在此特别提到的任何材料或设备无法获得，船厂可以选用合适的等同质量的替代品。管子和所有机加工配件，如阀门和法兰等，应采用厂商的标准，且应满足国家现行标准。除特殊说明外，本说明书及以后文件、图纸中所采用的单位均为我国法定计量单位。任何设备如在本说明书中提及两次或两次以上，则仅按一次提供。

本坞进排水系统设有电磁阀控制箱、泵舱及中央控制室等。中央控制室设有控制台。

当遥控装置发生故障或有需要时，中央控制室可转换至泵舱内对主排水泵和遥控阀门进行手动操纵。

本坞泵舱共有 2 个，分别位于 40＃～56＃肋位右舷，200＃～216＃肋位右舷。泵舱设花钢板。为便于管系布置以及阀门操纵，在浮箱内泵舱处设有通道（宽约为 2400mm）。

共设 4 台主排水泵，前后泵舱各 2 台，每台排量为 $1800m^3/h$，扬程为 0.1MPa，功率 75kW。每个泵舱内还设有电磁阀控制箱 1 个，应急操作手摇泵 1 台。在前后泵舱的通道口分别设置 2 台自吸式舱底水泵（一用一备），排量 $100m^3/h$，扬程 0.3MPa，用于抽吸泵舱、通道以及浮箱甲板上污水井内的水。

每个泵舱内分别设置 1 台双排量、双扬程的消防总用泵，同时兼作对外供压载水泵，其中位于坞墙右舷后泵舱的消防总用泵兼作应急消防泵。每台泵排量为 $199m^3/h/182m^3/h$，扬程为 0.33MPa/0.79MPa，大排量时向被修船供压载水。接口引至内坞墙安全甲板梯道处。

在后泵舱内还设置 1 台对外供空调、冷藏冷却泵组，泵排量为 $100m^3/h$，扬程为 0.4MPa，向被修船供空调、冷藏冷却水。接口引至内坞墙安全甲板梯道处。

此外，泵舱内设机械抽风和机械送风。

泵舱设一斜梯通向安全甲板。

2. 设计准则

1）环境条件

除另作说明外，机械设备的容量按下述环境条件确定。

（1）泵舱温度：45℃。

（2）海水温度：32℃。

（3）绝对大气压力：0.1MPa。

2）主排水泵

当抬举 4000t 重量的船舶时，自起浮搁墩开始至抬船工作吃水，排水时间为 120min。

3）电源供给

本坞轮机设备的主电源由两台柴油发电机组供给，岸电作为备用电源。备用电源可满足消防、照明、液位测量及遥控蝶阀同时使用。本坞另设有 1 台 120kW 的应急发电机组，供应急状态下消防、照明、液位测量及遥控蝶阀同时使用。

4）风机

风机的额定排量和电机功率按下列工况设计。

(1) 绝对大气压力：0.1MPa。

(2) 环境温度：20℃。

(3) 相对湿度：60％。

(4) 空气密度：1.2kg/m^3。

5）舱(柜)

燃油舱(柜)的容积按船主要求确定。

(1) 燃油舱：1 个，约为 10m^3。

(2) 污油水舱：1 个，约为 80m^3。

(3) 淡水舱：1 个，约为 192m^3。

3. 检验和试验

凡《船用产品检验规则》规定的机械设备均应申请船级社进行产品检验。上述设备装船前的车间检验和试验在船级社验船师和船主代表在场的情况下进行。其申请报告应事先提交船主代表。车间试验的项目和方法应事先提供船主认可，其试验数据应记录并提供给船主。试验项目及拆检项目事先应提交船级社和船主认可，试验记录应提交给船主。

4. 油漆

泵舱内机械设备除另有说明外，原则上由船主提供颜色要求。所有油漆均需涂底和面漆各两度。

下述部分不用油漆：

(1) 机械的工作表面，黄铜表面。

(2) 未包覆钢板的绝热表面。

二、机械设备性能参数

1. 主发电机组

本坞设有 2 台 250kW 的主发电机组，位于机舱内。

主发电机组的规格如下。

机组功率：250kW。

电制：AC400V，50Hz，3Φ。

柴油机的规格如下。

型式：四冲程，直列，直接喷射增压柴油机。

缸数：6。

额定功率：286kW。

燃油耗率：206g/(kW·h)。

额定转速：1500r/min。

起动方式：电起动(配备滑油和淡水预加热装置)。

冷却方式：闭式水冷。

燃油种类：0＃轻柴油(夏季)，－10＃轻柴油(冬季)。

发电机的规格如下。

型式：防滴、无刷、同步、交流。

功率：250kW(功率因素 0.8)。

电制：AC400V，50Hz，3Φ。

对主发电机组配套设置相应的燃油日用舱、燃油手摇泵、燃油管系以及起动用蓄电池组等。

2. 应急发电机组

本坞另设 1 台 120kW 的应急发电机组，位于右坞墙顶甲板应急发电机室内，供应急状态下消防、照明、液位测量及遥控蝶阀同时使用。

应急发电机组的规格如下。

机组功率：120kW。

电制：AC400V，50Hz，3Φ。

柴油机的规格如下。

型式：立式、V 型、风冷、四冲程、直接喷射、自然进气。

缸数：6。

额定功率：154kW。

燃油耗率：206g/(kW·h)。

额定转速：1500r/min。

起动方式：电起动和手动液压起动(配备滑油和淡水预加热装置)。

冷却方式：风冷。

燃油种类：0＃轻柴油(夏季)，－10＃轻柴油(冬季)。

发电机的规格如下。

型式：防滴、无刷、同步、交流。

功率：120kW(功率因素 0.8)。

电制：AC400V，50Hz，3Φ。

对应急发电机组配套设置相应的燃油日用舱、燃油手摇泵、燃油管系以及起动用蓄电池组等。

3. 主排水泵

主排水泵的主要性能参数如下：
数量：4 台（离心泵为左右旋各 2 台，混流泵为右旋 4 台）。
介质：海水。
额定流量：1800m^3/h。
额定扬程：0.1MPa。
电机功率：75kW（船用电机）。
电制：AC380V，50Hz，3Φ。
额定功率：75kW。
额定转速：1500r/min。
效率：83%。
泵的材料具体如下。
泵壳：不锈钢。
叶轮：不锈钢（Z1Cr18Ni9Ti）。
叶轮密封（仅限于离心泵）：不锈钢（Z1Cr18Ni9Ti）。
轴：2Cr13。
轴套：不锈钢（AISI 316）。
密封：软填料（苎麻）。
轴承：进口（NSK），油润滑。

三、辅助机械

1. 泵

泵设备参数如表 8.34 所示。

表 8.34　泵设备参数

名称	数量	型式	排量/(m^3/h)	排出压力/MPa
舱底水泵（带自吸）	4	电动、卧式、离心	100	0.3
消防总用泵（带自吸）（其中 1 台兼作应急消防泵）	2	电动、立式、离心	199/182	0.33/0.79
供被修船空调冷却水泵	1	电动、立式、离心	100	0.4
污油水泵	1	电动、潜水	35	0.5

2. 风机

风机参数如表 8.35 所示。

表 8.35　风机参数

项目	数量	型式	排量/(m^3/h)	全风压/Pa	电机	
					kW	r/min
机舱	2	电动、轴流	10000	430	2.2	1750
前泵舱	2	电动、轴流	6500	735	3	2920
后泵舱	2	电动、轴流	6500	735	3	2920
主配电板室	1	电动、轴流	1800	225	0.75	2920
应急配电板室	1	电动、管道	400	—	—	—
牵引绞车室	2	电动、轴流	1200	300	0.75	2920
应急发电机室	1	电动、轴流	1200	300	0.75	2920

3. 杂用项

其他杂用设备参数如表 8.36 所示。

表 8.36　其他杂用设备参数

项目	数量	型式	规格
中央控制室空调机	1	电动、立柜式(冷热型)	电功率 2.5kW 辅助电加热功率 7kW
主配电板室空调机	2	电动、立柜式(单冷型)	电功率 3kW
空压机组	4	低压	排量 18m^3 压力 1.0MPa

4. 舱柜

1）燃油舱柜

燃油舱柜参数如表 8.37 所示。

表 8.37　燃油舱柜参数

项目	数量	有效容积/m^3	备注
燃油日用舱	1	10	低、高、高高位报警

2）其他

其他舱柜参数如表 8.38 所示。

表 8.38　其他舱柜参数

项目	数量	有效容积/m^3	备注
淡水舱	1	80	高、低位报警
污油水收集舱	1	192	高位报警
泵舱舱底水	2	—	高位报警

四、坞内管系

本章所述适用于所有轮机管系。

管系布置应尽可能考虑可接近和可拆性。管系应有足够的柔性以防止管系由膨胀和收缩或船体变形引起的胀缩应力。有无缝镀锌钢管的水管应采用加厚(B类或C类)。

管子弯曲通常采用冷弯法、高频热弯法或焊接弯头。弯头的弯曲半径在其中心线上将不小于直径的3倍。对于大尺寸的低压管子,可采用斜接弯头。管路设计的安装尽量为直管路,减少弯头。管路设计的安装应能承受由热膨胀和船体变形引起的附加应力。

管路通过水密舱壁或甲板,采用水密通舱件。所有穿过安全甲板或内坞墙的管子均应在安全甲板上或内坞墙内设隔离阀(压载水舱空气管除外)。管路法兰不可置于电缆束之上。所有管子应有牢固的支架和支撑防止由振动引起的损坏。

燃油压力管上的接头或阀门的布置应尽可能远离热表面和电气设备,水管上的接头或阀门应避免装于电气设备之上。在配电板上部,后方不应装设油、水管,若不可避免时,应设置可靠的防漏泄保护。

管系布置应不妨碍舱柜人孔的进出,并与底部保持足够的间隙以便清除污泥杂物。管路应避免形成气囊,在管路中易形成气囊处应设有放气装置。所有管系安装前应清除电焊渣杂质,并用压缩空气吹清。对液压管路、控制管路等应按制造厂标准工艺或有关工艺进行酸洗处理和清洗。对镀锌管一般规定为在法兰焊接完毕经酸洗处理后镀锌。在船上制造的镀锌管可在法兰焊接后在焊接部分补涂富锌漆。因不可避免的焊接而造成的相对较小的镀锌损坏部分,应涂以富锌漆。所有管路按CB标准与船主要求涂标志色漆。

1) 海底阀箱和舷外排出口

本坞前泵舱设3个海底阀箱,其中2个用于压载系统重力进水,另1个用于消防泵等其他坞用进水;后泵舱设3个海底阀箱,其中2个用于压载系统重力进水,另1个用于消防泵、对外供空调冷藏冷却水等其他坞用/对外供用进水。主海底阀的手轮应高出花钢板,并设有开闭状态的指示装置。

海底阀箱应是钢板焊接结构。每个海水阀箱均设有一个钢质通海阀,并设有防腐锌块。每一海底阀箱均设有轻便的镀锌钢板格栅,格栅的通流面积至少是海底阀通径面积的4倍。格栅应用不锈钢螺栓和带有不锈钢开口锁的螺母坚固。

每一海底阀箱的顶部应有带钢质截止阀的空气管,并通向开敞甲板处。

每一海底阀箱设有压缩空气吹洗管。

本坞主排水泵舷外排出口应装设钢质蝶形止回阀,该阀应装有贯通外板的凸肩,如果该阀装在座板上面,若座板在外板上已有凸肩,则阀的凸肩可免除。

舷外排出口应尽可能避开舷板焊缝处。

2) 管子、接头和附件

所有无缝钢管外径应遵照船舶工业标准(CB 3075—1987)。镀锌钢管采用YB234-70。焊接钢管一般用电阻焊。与泵、柜等相接的公称通径大于20mm的管子一般用法兰连接。管子接头通径20mm以上的一般用法兰连接。法兰的形式和螺栓及其连接应符合我国国家标准。对全部法兰连接的螺栓和螺母材料采用低碳钢。穿过水密或油密舱壁、甲板或柜顶的管子应采用钢结构的“三法兰”式通舱管件。管子每隔适当距离装设管卡固定以达到防振和固定目的。

在电气设备上面的管子应采用焊接套筒接头连接。根据船厂标准工艺，套筒式接头也可用在空气管、测深管、排气管和冷却水管等，采用套筒式接头的管子不宜太长、太多以方便管子拆装。

有关管子、法兰、附件的形式和材料的要求应符合表 8.39～表 8.41 的要求。

表 8.39　三类无缝钢管直径和壁厚

通径/mm	外径/mm	壁厚/mm		
		A类	B类	C类
6	10	2.0	2.0	—
8	14	2.0	2.5	—
10	17	2.5	3.0	—
15	22	2.5	3.5	4
20	27	2.5	3.5	4
25	34	2.5	4.0	4.5
32	42	3.0	4.5	6.5
40	48	3.0	4.5	6.5
50	60	3.0	4.5	6.5
65	76	3.0	4.5	6.5
80	89	3.5	4.5	7.0
100	114	4.5	5.0	8.0
125	140	4.5	5.5	8.0
150	168	5.0	6.0	9.0
200	219	6.0	7.0	9.0
250	273	6.5	8.0	9.0
300	325	6.5	9.0	10.0
400	406	6.5	11.0	12.0
450	457	7.0	12.0	14.0
500	508	8.0	12.0	14.0

注：A类壁厚可用于 2.94MPa、工作温度在 300℃以下的管子；B、C 两类壁厚按需要选择。

表 8.40　无缝紫铜管直径和壁厚

通径/mm	外径/mm	壁厚/mm
4	6	1
6	8	1
8	10	1
10	14	1

续表

通径/mm	外径/mm	壁厚/mm
15	22	1
20	24	1
25	32	1.5
32	38	1.5

表 8.41　法兰

法兰	适用压力管径	适用管材	标准号
船用搭焊钢法兰	p_g=0.6　20～700mm p_g=1.0　20～250mm p_g=0.6　20～200mm	钢管	GB 2506—1989 GB 2501—1989
船用对焊钢法兰	p_g=2.5　20～100mm p_g=4.0　20～40mm p_g=6.4　20～40mm	钢管	GB 10746—1989
船用焊接铜法兰	p_g=0.6　20～32mm p_g=1.0　20～32mm p_g=1.6　20～32mm p_g=2.5　20～32mm p_g=4.0　20～32mm	铜管	GB 2507—1989
铜管折边松套钢法兰	p_g=0.6　20～40mm	铜管	GB 10749—1989

3）材料

(1) 管子的材料如表 8.42 所示。

表 8.42　管子材料

序号	系统名称	材料	备注
1	压缩空气	无缝钢管	—
2	氧气、乙炔	无缝钢管	—
3	冷却水	镀锌无缝钢管	—
4	燃油	无缝钢管	—
5	压载水	镀锌无缝钢管(加厚)	DN500 的压载水管采用壁厚为 12mm 的钢板卷制
6	舱底水	镀锌无缝钢管	—
7	消防水	镀锌无缝钢管	—
8	疏排水	镀锌无缝钢管	—
9	水舱测深管	镀锌无缝钢管	—
10	水舱空气管	镀锌无缝钢管	—
11	仪表用管	紫铜管	—
12	污水管	镀锌无缝钢管(加厚)	—

（2）垫片。各管路法兰之间所用的垫片采用柔性石墨垫片或船主认可的材料，垫片应为定型产品，形式和尺寸按 GB 2052—1989 要求确定。

4）阀件和旋塞（考克）

海水系统的通海阀采用铸钢，其他各系统的阀件材料满足规范要求，随设备附带的阀件材料采用制造厂标准。所有阀件和旋塞的材料、结构、工艺和制造公差应采用 GB、CB 或 CBM 标准。闸阀的闸门为斜楔式，阀杆应是无升程式并有开度指示器。

闸阀、蝶阀（带自锁）、截止阀、旋塞之间的选择按所使用的系统确定。

管路上的减压阀、温控阀和其他控制阀应设计成可以高速检查和从管路上拆出。减压阀前应安装滤器，并设有旁通管路。减压阀如果自身无安全装置，应在低压侧设置安全阀。容积式泵自身设有安全阀，在排出管上应装安全阀。油舱柜速闭阀应直接装在柜体上，并能在安全场所遥控快速关闭，并设置就地操作手柄。

5）滤器

（1）水和油的粗滤器。管路中油的粗滤器通常是篮子式（滤网式），用于淡水的滤芯应是镀锌钢板，各舱底水吸入泥箱内滤网用不锈钢，用于油的为黄铜丝网。

（2）压缩空气滤器。压缩空气滤器是篮子式或 Y 式，其滤芯通常采用黄铜丝网。

（3）各系统的滤器精度要求如下。

燃油系统：800μm。

其他：通用泵进口为 8mm（滤网孔径）。

6）备件

（1）减压阀和控制阀。

① 每种尺寸备用弹簧和活塞环：1 套。

② 每种尺寸备用专门垫片和填料：1 套。

（2）安全阀。

每种尺寸备用弹簧：1 套。

（3）滤器和粗滤。

每种尺寸备用滤芯：1 个。

（4）其他。

① 每种尺寸主要弹簧（上面未提及的）：1 套。

② 每种尺寸主要填料和垫片（上面未提及的）：1 套。

③ 各种规格的管子若干。

④ 各系统阀门材料及一定规格的阀门若干。

五、压载水系统

浮船坞下沉、上浮由进排压载水系统承担。本坞进排压载水系统采用重力进水、动力排水。进排压载水系统包括主排水泵、进排压载水管、电/液式蝶阀及控制系统。4 台主排水泵同时工作能在 120min 内抬举 4000t 的船自完全搁墩开始起浮至抬船工作吃水。

主排水泵和液压蝶阀主要由中央控制室监控，另在主排水泵舱设有主排水泵的控制箱，在泵舱和中央控制室都可进行操纵，且互为连锁。

1. 主排水泵

主排水泵为干式布置。采用立式双吸双通道离心泵或立式混流水泵，本坞设 2 个泵舱。前泵舱共布置 2 台泵，后泵舱共布置 2 台泵。泵吸口中心线与泵排水管高度一致，泵组安装的控制箱可就地控制。遥控和就地控制可相互转换并连锁。

主排水泵的进、出口管路上设有压力表和真空压力表。泵进出口压力由传感器将信号送至中央控制室计算机上显示。主排水泵设计成在海水不结冰的温度下泵水，并能通过 3in 直径的颗粒而不致损坏泵的部件。泵组效率不小于 83%。泵组能在坞横倾 3°、纵倾 2°时有效操作。

2. 进排压载水管

全坞共 12 个压载水舱，纵向分为 6 舱，横向分 2 为舱，其安装 4 台主排水泵，后泵舱和前泵舱各 2 台泵，每台泵分别负责 3 个压载水舱的排水。

每台主排水泵的进水口、舷旁进水管以及负责的压载水舱支管接到一根集水总管上。前、后泵舱内 2 台主排水泵的集水总管之间设有连通管及阀，这样能做到当其中一台泵失效时，由与其连通的泵兼顾排水。

主排水泵的集水总管为 DN500（$\phi 524\times 12$mm），进水管及排出管为 DN500（$\phi 524\times 12$mm），各舱支管为 DN350（$\phi 377\times 11$mm），污水井支管为 DN500（$\phi 524\times 11$mm）。每个压载水舱吸口距舱底高度约为 80mm。

主排水系统采用镀锌无缝钢管。两道水密舱之间的直管段及较长管段处设伸缩接头。

主排水泵进、出口设橡胶挠性接管。

所有管路、附件、泵进出口的连接均需保持水密。

前后泵舱各设 2 个进水海底阀箱。海水进水阀箱进口处设格栅、格栅间隔应能防止通过 3in 以上的颗粒，进水管路上设有粗水滤器。

管子采用托架固定，托架间距一般为 2～3m，在吸口、泵进出口的挠性接管、阀和伸缩接头等处应设置托架，托架下部置以硬质树脂垫片。

六、蝶阀及电液控制系统

主排水泵排出管上设有蝶阀，通径为 DN500，4 个。同时在主排水泵的出水处设蝶形止回阀、进水处设截止阀，通径为 DN500，各为 4 个。舱旁进水蝶阀为 DN500，4 个。压载水舱支管蝶阀，通径为 DN350，12 个。污水井支管蝶阀，通径为 DN500，数量为 4 个。连通管蝶阀通径为 DN50，2 个。

全坞进排水系统共设有蝶阀 26 个，止回阀 4 个，截止阀 4 个。主排水泵排出管蝶阀及各压载水舱支管阀、污水井支阀为开度控制及指示，其余蝶阀均为开关控制及指示。

本坞遥控蝶阀采用电液控制系统，即液压泵位于驱动头上，整个控制系统仅有电缆，无液压管。12 个分舱遥控蝶阀的驱动头应配有应急电源，以备在应急状态下能通过遥控关闭进水阀，保证浮船坞的浮态不发生变化。

遥控阀控制系统的组成：1 块控制板，设于中央控制室内；2 个电磁阀控制箱，分别设于各泵舱内；2 台应急手摇泵组，分别设于各泵舱内；26 个蝶阀及电液驱动头，分别设于各泵舱内。

1. 控制板

控制板上主要装有：

(1) 阀门开度控制按钮（带阀门开度指示）、阀门开关控制按钮（带阀门开关指示）。

(2) 主排水泵起动、停止按钮（带指示灯）、电源开关进水阀紧急关闭按钮等。

(3) 主排水泵进出口压力显示、电液式驱动头故障报警装置等。

2. 电磁阀控制箱和蝶阀及液压驱动头

在每个泵舱各设置 1 个电磁阀控制箱，分别控制所在泵舱内的电液式蝶阀。电磁阀控制箱与电液驱动头之间采用电缆连接，电液驱动头直接安装在蝶阀上。

阀的开度或开关指示除了在中央控制板显示，还能在电磁阀控制箱显示。

电磁阀控制箱与电液驱动头之间采用电缆连接，电源来自控制板，电磁阀控制箱具有电遥控和手动就地控制功能。

电液驱动头带有自锁机构，驱动头上设有带单向阀的应急接口，蝶阀的开度或开/关信号由驱动头发送。

3. 应急手摇泵组

在每个泵舱内各设 1 台应急手摇泵组，共 2 台。在应急状态时，可接在蝶阀驱动头应急接口上，进行蝶阀的开、关操作。

七、液位测量系统

1. 压载水舱液位测量

需测量压载水舱数量：12 个舱（每个压载水舱增设顶部测量点，以补偿气垫压力）。

测量范围：0.1～20m。

传感器型式：吹气式测量装置。

显示方式：四位数字。

吹气测量装置布置在安全甲板上，向每个压载水舱引出吹气测量管：每个舱设两根测量管，一根开口在压载水舱中央距基线 0.4m 高度处，另一根开口在压载水舱顶部。

气/电转换机构输出 4～20mA 电信号至信号采集箱（SAU）进行 A/D 转换，进入信号处理单元。

在中央监控室的控制台上，可实时、动态模拟各舱液位，并能实时数值显示和报警。它可同时显示压载系统涉及液舱的液位高度，更直观地看出各舱液位的高度，以及各液舱的液位差值，向操作人员传送更加安全可靠的信息。本系统还能提供一路输出信号至工控计算机。

上述压载水舱均设高位(0.95H),低位报警(0.1H),通知操作人员舱内已注满或者平台输出的液量接近舱底,可以停泵(或者关阀)。

2. 四角吃水、纵横倾和挠度测量

在坞的四角及中部左、右共设 6 个传感器以测量四角吃水和浮船坞的纵、横倾。

测量点数:6。

测量范围:0～20m。

测量方式:吹气式测量装置。

显示方式:四位数字。

在左右坞墙内侧处贯穿坞墙的纵向长度分别设置一套供挠度测量的水平直管,直径ϕ40,在水平直管首到尾均匀距离引出一段直径为 DN150、长度为 3m 的垂直短管,并在垂直短管上安装测量装置。

测量点数:5×2。

测量范围:0～3m。

测量方式:压力式传感器。

显示方式:四位数字。

纵横倾及挠度系统应根据规范要求设置报警及应急停泵的功能。

八、消防水泵及消防水管系

1. 消防设施

本坞采用水灭火系统。

水灭火系统的消防泵及消防管路按中国船级社《浮船坞入级与建造规范》及船东要求进行设计。

本坞后泵舱内和前泵舱内各设有 1 台电动消防总用泵,共 2 台,由主电源及备用电源供电。其中后泵舱内的电动消防泵配有应急电源,兼作应急消防泵。

(1) 消防总用泵。

流量:199m^3/h/182m^3/h。

扬程:0.33MPa/0.79MPa。

数量:2 台。

(2) 在机舱、泵舱、中央控制室、配电板间、应急发电机室、服务处所等处设置适量的手提式灭火机。

消防总用泵同时兼作对外供压载水泵(总排量约 400m^3/h×0.33MPa),从舷外引海水向被修船供压载水。

2. 消防水管系

消防泵分别从各自舱内的海底阀吸水。消防泵出水管均与左右舷浮箱甲板层消防总管相接，坞两舷内侧的浮箱甲板层和安全甲板层均布置一根消防总管。

安全甲板层的消防总管布置在坞墙内，分支接到安全甲板层及顶甲板层各消防栓，浮箱甲板层的消防总管上相隔一定距离布置一个 DN65 的消防栓。左右舷的消防总管通过通道连通，消防总管和消防泵之间在通道处分别设置隔离阀。

2 台消防泵可同时向消防总管供水，也可单独向全坞消防水管供水。在左右坞墙顶甲板设有国际通岸接头汇流排若干组，通过国际通岸接头可向被修船供消防水等。

浮箱甲板冲洗水由消防水系统供应。

九、舱底水及污水处理系统

1. 舱底水系统

机舱地面水流至污水舱，各泵舱设有舱底水泵及管系。舱底水管子材料为无缝钢管镀锌。

2. 舱底泵

每个泵舱通道内各设 2 台舱底水泵(互为备用)，共 4 台，规格为 $100m^3/h \times 0.3MPa$，均具有自吸能力。

3. 疏排水系统

浮船坞上浮和坞修时的甲板积水，经浮箱甲板上坞墙内侧沿纵向等距离设置的污水井，通过舱底泵排入海水中。

十、全坞空气、测深、注入系统

1. 空气管

本坞压载水舱及其他液舱柜均设有空气管。每个压载水舱设有两根空气管，空气管下口的位置根据最大沉深时空气垫的要求来设置，空气管通径为 DN300，空气管上伸至顶甲板下方并弯至坞墙内壁开口。除压载水舱外其他液舱、柜的空气管均从舱、柜顶部引出，伸至顶甲板，空气管距顶甲板高度满足规范要求，空气管截面积均为注入管截面积的 1.25 倍。

污油水收集舱、燃油舱等空气管或者空气管头的出口均应设有不锈钢防火网。其他液柜设浮球式空气管头，海水阀箱空气管根部均设截止阀。

2. 测深、注入管

本坞压载水舱(12 个)、淡水舱、燃油舱、污油水收集舱等均设有测深管和测深头，测深头均设置在顶甲板，其中压载水舱、淡水舱的测深管通径为 DN40，燃油舱、污油水收集舱为 DN65。所有测深管尽可能垂直地引到舱底，并在测深管下端的舱底板上焊 10mm 厚的钢板以防冲击。燃油舱、淡水舱的燃油和淡水从顶甲板注入，在顶甲板靠近淡水舱处设有注入阀及接头。

十一、空调、采暖及全坞通风

1. 空调系统

1）概述

本坞要在部分舱室设置陆用风冷分体式空调：

(1) 中央控制室等工作舱室布置冷暖立柜式空调。

(2) 主配电板室等高发热量电气舱室布置单冷立柜式空调。

(3) 分体式空调外机拟全部布置在本坞外坞墙，空调机凝水管直接排至外坞墙外侧。

2）空调具体配置

用于中央控制室的空调机(3P)配置如下。

型式：柜式，风冷热泵型。

电功率：2.5kW。

辅助电加热功率：7kW。

数量：1 台。

用于配电板室的立柜式空调机(3P)配置如下。

型式：柜式，风冷型(单冷)。

电功率：3kW。

数量：2 台。

2. 通风系统

1）机舱通风

本坞主机舱通风采用机械送风、抽风方式，换气次数取 40 次/h。

2）泵舱通风

本坞设有 2 个主排水泵舱，通风采用机械送风、抽风方式，换气次数取 20 次/h。

3）其他舱室通风

本坞在牵引绞车室、主配电板室、应急配电板室和应急发电机室等舱室设有机械通风。

全坞舱室的换气次数如表 8.43 所示。

表 8.43 全坞舱室的换气次数及通风方式

舱室名称	每小时换气次数	通风方式
主机舱	40	机械抽风、机械送风
泵舱	20	机械抽风、机械送风
牵引绞车室	10	机械送风
主配电板室、应急配电板室	20	机械送风
应急发电机室	15	机械送风

十二、压缩空气系统

本坞喷砂用压缩空气(压力 0.8MPa)、坞修风动工具及各海底阀箱冲洗用压缩空气(压力 0.4MPa)由岸上供应。此外,另设 4 台空压机组($8m^3/h \times 1.0MPa$,带 125L 空气瓶)分别位于左右坞墙安全甲板牵引绞车室(左和右),提供用于吹气式测量系统的压缩空气。

十三、高压水清洗系统

高压水清洗系统为冲洗被修理船舶外板而设置。高压水泵为船主自配,高压清洗水取自淡水舱。

十四、氧气、乙炔系统

坞上氧气、乙炔由岸上供应,在左右坞墙壁内侧敷设氧气、乙炔管系。左右舷的氧气、乙炔管经通道相连通。按供氧气、乙炔量满足 80 把氧乙炔割刀的使用量。

十五、供/接收被修船系统

1. 供被修船压载水、冷却水系统

由泵舱内的 2 台消防总用泵在低扬程下兼作对外供压载水泵(总排量约为 $400m^3/h \times 0.33MPa$),从舷外引海水通过设在本坞左右两舷靠前部的两个 DN200 的供水接头向被修船供压载水。

被修船的空调及冷藏冷却水由位于后泵舱的 1 台对外供冷却水泵($100m^3/h \times 0.6MPa$)引海水后从安全甲板梯道处供给。该管路与消防水管路连通兼作消防管路保压用。

2. 接收被修船生活污水、污油水系统

本坞设 1 个污油水储存舱,被修船的生活污水通过设在顶甲板的生活污水国际通岸接头进入该储存舱。该舱内的污油水通过污油水泵泵至专用污油水处理船。

参 考 文 献

陈国钧,曾凡明.2009.现代舰船轮机工程[M].长沙:国防科技大学出版社.

陈海泉,任福安,尹峰,等.2013.船舶辅机[M].大连:大连海事大学出版社.

陈可越.2007.船舶设计实用手册[M].北京:中国交通科技出版社.

陈宁,王军.2017.船舶管路设计基础[M].北京:国防工业出版社.

程国瑞.2001.船舶动力装置原理[M].北京:人民交通出版社.

李春野.2008.主推进动力装置[M].大连:大连海事大学出版社.

李建光.2010.船舶及海洋工程动力装置设计指南[M].武汉:华中科技大学出版社.

李世臣.2010.海上轮机实习[M].大连:大连海事大学出版社.

陆金铭.2014.船舶动力装置原理与设计[M].北京:国防工业出版社.

吕庭豪.2014.船舶动力装置原理与设计[M].武汉:华中科技大学出版社.

彭雪竹.2012.国内外双燃料发动机发展状况分析[J].船舶与设备,(3):16-21.

盛振邦,刘应中.2003.船舶原理[M].上海:上海交通大学出版社.

徐筱欣.2007.船舶动力系统[M].上海:上海交通大学出版社.

曾凡明,吴家明,庞之祥.2009.舰船动力装置原理[M].北京:国防工业出版社.

张连丰.2014.船舶防污染管理[M].大连:大连海事大学出版社.

中国船级社.2009.钢质海船入级与建造规范[M].北京:人民交通出版社.

中国海事服务中心.2012.油船货物操作[M].大连:大连海事大学出版社.

周明顺.2014.船舶柴油机[M].大连:大连海事大学出版社.